합격을 완성할 단 하나의 선택!
편입수험서 No.1 김앤북

김영편입 **영어** 시리즈

| 어휘시리즈 |

| 1단계 기출(문법, 독해, 논리) |

| 1단계 워크북(문법, 독해, 논리) |

| 2단계 기출(문법, 독해, 논리) |

| 2단계 워크북(문법, 독해, 논리) |

| 3단계 기출문제 해설집 |

김영편입 **수학** 시리즈

1단계 이론서(미분법, 적분법, 선형대수, 다변수미적분, 공학수학)

| 2단계 워크북(미분법, 적분법, 선형대수, 다변수미적분, 공학수학) |

| 3단계 기출문제 해설집 |

축적된 **방대한 자료**와 **노하우**를 바탕으로 **전문 연구진**들의 교재 개발,
실제 시험과 **유사한** 형태의 **문항**들을 개발하고 있습니다.
수험생들의 **합격**을 위한 **맞춤형 콘텐츠**를 제공하고자 합니다.

내일은 시리즈 (자격증/실용 도서)

자격증

정보처리기사 필기, 실기

컴퓨터활용능력 1급, 2급 실기

빅데이터분석기사 필기, 실기

데이터분석 준전문가(ADsP)

GTQ 포토샵 1급

GTQi 일러스트 1급

리눅스마스터 2급

SQL개발자

실용

코딩테스트

파이썬

C언어

플러터

자바

코틀린

SQL

유니티(출간예정)

스프링부트(출간예정)

머신러닝(출간예정)

전기/소방 자격증

2024 전기기사 필기
필수기출 1200제

2025 소방설비기사 필기
공통과목 필수기출 400제

2025 소방설비기사 필기
전기분야 필수기출 400제

2025 소방설비기사 필기
기계분야 필수기출 500제

김앤북의 가치

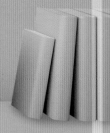

도전
신뢰

끊임없이 개선하며 **창의적인 사고**와 **혁신적인 마인드**를 중요시합니다.
정직함과 **도덕성**을 갖춘 사고를 바탕으로 회사와 고객, 동료에게 **믿음**을 줍니다.

함께
성장

자신과 회사의 발전을 위해 **꾸준히 학습**하며, 배움을 나누기 위해 노력합니다.
학생, 선생님 **모두 만족시킬 수 있는 **최고의 교육 콘텐츠**와 **최선의 서비스**를
위해 노력합니다.

독자
중심

한 명의 독자라도 **즐거움**과 **만족**을 느낄 수 있는 책, 많은 독자들이 함께 **교감**하는
책을 만들기 위해 노력합니다. **분야를 막론**하고 **독자들의 마음속**에 오래도록 깊이
남는 **좋은 콘텐츠**를 만들어가겠습니다.

김앤북은 메가스터디 아이비김영의
다양한 교육 전문 브랜드와 함께 합니다.

김영편입   **김영평생교육원**   미대편입 **Ch ngjo**

UNISTUDY   **더조은아카데미**   **메가스터디아카데미**

메가스터디교육그룹
아이비원격평생교육원   **엔지니어랩**

합격을 완성할 단 하나의 선택

김영편입
영어

논리

기출 **1**단계

김앤북
KIM&BOOK

합격을 완성할 단 하나의 선택

김영편입 영어
논리

기출 **1**단계

PREFACE

편입영어시험을 처음 준비하는 수험생이 제일 먼저 하는 생각은 무엇일까요? 우선 편입영어시험이 어떻게 출제되는지 파악하기 위해서, 기출문제를 확인해 볼 것입니다.

그런데 기출문제는 편입생 선발을 위한 실전 문제들로 구성되어 있다 보니, 편입을 처음 접하는 수험생은 영어 문제에 대한 중압감으로 시작도 전에 포기하고 싶은 마음이 들 수도 있습니다.

하지만, 모든 기출문제가 어려운 문제로만 구성되어 있는 것이 아니며, 수험생은 쉬운 기출문제를 통해 편입영어시험에 대한 기본적인 감각을 익힌 후, 난이도가 높은 문제들로 실력을 키워나갈 수 있습니다.

이것이 "김영편입 기출 시리즈"를 단계별로 제작하게 된 이유입니다. "김영편입 기출 시리즈"는 편입영어시험을 처음 준비하는 수험생이 부담을 갖지 않고 문제를 풀어보면서 기초 실력을 쌓을 수 있도록 제작된 "기출 1단계", 그리고 어려운 기출문제로 구성되어 실전에 대비할 수 있는 "기출 2단계"로 구성되어 있습니다.

본서는 수험생이 기본 실력을 점검하고 적용해 볼 수 있는 편입영어 초·중급 난이도의 기출문제들로 구성된 "기출 1단계"입니다.

"기출 1단계"는 편입영어시험의 대표 유형인 문법, 논리, 독해의 3종으로 구성되어 있습니다. 문법의 경우 일목요연하게 정리된 이론이 어떻게 문제에 적용되는지 알 수 있도록 했으며, 논리와 독해의 경우 시험에 자주 출제되는 유형을 파악하고 이에 대비할 수 있도록 했습니다. 그리고 엄선된 기출문제뿐 아니라 기출문제에 대한 필수어휘와 상세한 해설도 함께 수록하였습니다.

"기출 1단계"를 통해 편입영어에 자신감을 얻으시길 바랍니다.

김영편입 컨텐츠평가연구소

HOW TO STUDY

편입 논리 이렇게 출제된다!

○ 논리는 주어진 문장이나 글에서 빈칸을 완성하는 문제 유형입니다. 문제의 유형을 살펴보면 one-blank 유형과 multi-blank 유형이 있으며, 단문의 어휘형 논리 문제와 중·장문의 독해형 논리 문제가 골고루 출제되고 있습니다.

○ 논리 문제를 해결하는 데 있어 어휘력은 매우 중요합니다. 특히 순접이나 역접의 관계에 의거해, 단서가 되는 말의 동의어나 반의어를 찾아야 하는 문제가 많이 출제됩니다.

○ 중·장문의 독해형 논리 문제와 멀티블랭크 유형의 비중이 매년 꾸준히 높아지고 있고, 선택지의 어휘도 까다로워지는 등 문제의 난이도가 계속 상승하는 추세입니다.

이렇게 대비해라!

○ 논리는 쉬운 문제부터 조금씩 난이도를 높여가며 훈련하는 것이 좋습니다. 처음에는 단문의 문제들을 통해 빈칸 전후의 글이 어떻게 전개되는지 파악하고 단서가 되는 표현을 찾아내는 훈련을 해야 합니다. 이런 훈련이 충분히 이루어진 다음엔 중·장문의 문제로 차츰 난이도를 높여가는 것이 효과적입니다.

○ 어휘를 학습할 때 단순히 그 어휘만 암기하기보다 동의어와 반의어를 함께 정리해나가면 많은 도움이 됩니다.

○ 어휘 학습과 더불어 구문독해 훈련도 반드시 필요합니다. 문장을 정확히 해석하기 위해선 자주 쓰이는 구문의 문장들을 반복 학습하여 문장의 구조를 파악하는 능력을 기를 필요가 있습니다.

이 책은 이렇게 구성했다!

○ 유형 이해와 실전 훈련을 모두 할 수 있도록 두 개의 파트로 구성했습니다. PART 1에서는 빈출 유형 5가지를 살펴보고 유형별 예제문제를 통해 각각의 유형을 완전히 숙지할 수 있게 했습니다. PART 2에서는 모든 유형을 한데 섞은 총 32회분의 테스트로 실전 훈련을 할 수 있도록 구성했습니다.

○ 본 교재에서는 최신 기출문제를 토대로 시험에 자주 출제되는 논리의 유형을 선별하여 총 5가지 유형으로 제시했습니다.

논리 유형 이해 PART 1

○ 논리의 유형을 5가지로 분류해 각각의 유형을 살펴보고, 해당 유형의 예제문제를 수록하여 적응 훈련을 할 수 있도록 구성했습니다.

○ 정답을 추론할 수 있는 단서가 되는 중요 연결사나 어휘를 몇 가지 기호들을 사용하여 표시해 문장의 논리적 구조를 한 눈에 보기 쉽게 하였습니다.

실전 훈련 PART 2

○ PART 1에서 익힌 5가지 유형을 한데 섞어 총 32회분의 테스트로 실전 훈련을 할 수 있습니다.

○ 쉬운 문제부터 난이도를 높여가며 훈련할 수 있도록 단문 위주의 쉬운 문제들로 구성했습니다.

정답과 해설 ANSWERS & TRANSLATION

○ 논리 문제는 사실상 '어휘 문제'라고 말할 정도로 어휘력을 요구하는 문제들이 많습니다. 본 해설은 문제에 제시된 주요 어휘들을 꼼꼼히 정리하여 어휘 학습까지 병행하여 학습할 수 있게 했습니다.

CONTENTS

해설편

일러두기

본 교재에 수록된 문제들은 100% 편입 기출문제입니다.
문제의 출처(출제연도, 대학)는 각 문제의 해설 부분에 모
두 정확히 표기했습니다.

교재의 내용에 오류가 있나요?

www.kimyoung.co.kr ➡ 온라인 서점 ➡ 정오표 게시판
정오표에 반영되지 않은 새로운 오류가 있을 때에는 교재 오류신고
게시판에 글을 남겨주세요. 정성껏 답변해 드리겠습니다.

PART 1

합격을 완성할 단 하나의 선택

**김영편입 영어
논리**

기출 **1** 단계

01

순접

🔑 KEY NOTE

1 원인과 결과를 나타내는 표현

because / because of / since / therefore / thus / consequently / hence / due to / so ~ that / so ~ as to / in the sense that / as a result / now that / result in / lead to / accordingly / 'the 비교급 + the 비교급' 등

예제 ▶▶▶

1 Education was one of the functions of the church● at that time; therefore, the majority of teachers were _____.

① ministers●   ② classicists
③ scientists   ④ educators

인과관계의 의미를 갖는 부사 therefore가 주어져 있으므로 전후 문장은 원인과 결과의 관계에 있다. '교육이 교회의 역할들 가운데 하나였다'라고 했으므로, 동그라미 표시된 church가 키워드가 된다. 따라서 선택지 가운데 church와 관련성 있는 단어를 찾으면 정답이 된다.

그 당시에는 교육이 교회의 역할들 가운데 하나였다. 그런 까닭에 대다수의 선생님들은 성직자였다.

예제 ▶▶▶

2 The schoolroom was very beautiful● around Christmastime because of the _____.

① decorations●   ② vacation
③ teacher   ④ snow

---

because of가 있으므로 이것을 전후한 표현은 인과관계를 이룬다. 동그라미 표시된 beautiful이 키워드이며, 이것의 근거가 될 수 있는 표현을 고르면 정답이 된다. 따라서 정답은 ①이다. 크리스마스 시즌에 휴가가 있을 수 있고 눈이 올 수도 있겠으나, 교실 안이 아름다운 이유로는 설득력이 떨어진다.

크리스마스 무렵에는 여러 가지 장식들로 인해 교실이 매우 아름다웠다.

예제 ▶▶▶
3

In Korea the rate of _____ has **so** grown in the last years **that** most of people can recently read and write*.

① income   ② literacy*
③ death   ④ birth

so ~ that 구문을 이루고 있으므로, that의 앞부분은 원인, that의 뒷부분은 결과에 해당한다. '대부분의 사람들이 글을 읽고 쓸 줄 알게 된 것'은 어떤 비율이 상승한 결과이겠는가를 묻는 문제라 할 수 있다. 따라서 동그라미 표시된 부분과 연관 있는 단어인 ②가 정답이 된다.

한국에서 문자 해독률이 최근 몇 년 사이에 꽤 많이 상승해서, 근래에는 대부분의 사람들이 글을 읽고 쓸 줄 안다.

예제 ▶▶▶
4

The Japanese are a highly _____ people, and **hence** highly sensitive* to the opinions which foreigners hold concerning them and their country.

① proud   ② international
③ self-conscious*   ④ friendly

'그러므로'의 의미를 가진 hence가 있으므로, hence를 전후한 문장들은 원인과 결과의 관계에 놓이게 된다. 따라서 동그라미 표시된 sensitive의 원인이 될 수 있는 표현, 혹은 유사한 의미의 표현이 빈칸에 들어가야 한다.

일본인들은 매우 자의식이 강한 사람들이다. 그래서 그들과 그들의 나라에 대해 외국인들이 갖고 있는 견해에 매우 민감하다.

🔑 KEY NOTE

2 | 순접 혹은 순방향의 점증적 의미를 갖는 표현

A and B / not only A but also B / both A and B 등

예제 ▶▶▶
1

Mary was very annoyed that her secretary did not meet her deadlines, and she warned her that her laziness● **and** _____ could result in her dismissal.

① tediousness　　　　　② menace

③ disrepute　　　　　④ procrastination●

> 비서가 기한을 제대로 지키지 못했다고 했고, 메리는 그 이유로 laziness를 들고 있다. 구나 절을 대등하게 연결하는 and가 주어져 있으므로, 빈칸에는 동그라미 표시된 단어와 유사한 의미의 단어가 들어가야 한다. 따라서 정답은 ④가 된다.
>
> 메리(Mary)는 비서가 기한을 맞추지 못하자 무척 화가 났다. 그래서 그녀에게 게으름을 피우고 미루기를 거듭하면 해고시킬 수 있다고 경고했다.

예제 ▶▶▶
2

"I could send only a telegram, not a letter. And so I tried to convey the gist of my experience overseas, hoping for **both** brevity● **and** _____ in as few words as possible." Dad explained later.

① clarity●　　　　　② wordiness

③ innuendo　　　　　④ ambiguity

> 빈칸은 both A and B 구문의 일부를 이루고 있으므로, 동그라미 표시가 돼 있는 단어와 유사하거나 밀접한 연관이 있는 단어가 들어가야 한다. 그러므로 ①이 가장 적절하다. 간결함을 추구할 경우 의미가 모호해질 수 있다고 생각할 수도 있겠으나, gist가 가진 의미의 속성을 고려하면 ④는 정답으로 부적절하다.
>
> "편지는 보낼 수 없었고 전보만 보낼 수 있었다. 그래서 나는 가능한 한 짧은 글 속에 간결함과 명확함을 추구하면서 경험한 바의 요점을 해외로 전하려 했다."라고 아버지는 나중에 설명하셨다.

예제 ▶▶▶
3

The business was not only successful•, but also highly _____.

① dubious   ② compromising
③ bankrupt   ④ profitable•

not only A but also B 구문이며, 이때 A와 B에 해당하는 표현은 유사한 의미와 성격을 가진다. 따라서 위 문제의 빈칸에는 동그라미 표시된 단어와 의미나 성격이 유사한 단어가 들어가야 한다.

그 사업은 성공적이었을 뿐 아니라 이윤도 많이 났다.

---

cf. A and B 구문, both A and B 구문 등에서 상반되는 의미의 표현이 연결되는 경우

Marshal Philippe Pétain, unlike any other French citizen of this century, has been paradoxically object of both great veneration• and great _____.

① reverence   ② interest
③ empathy   ④ contempt ⟷
⑤ praise

both A and B 구문이지만, 점선으로 표시돼 있는 paradoxically로 인해 빈칸에는 앞에 나온 단어와 반대되는 의미의 단어가 들어가야 한다. 선택지 중에서 부정적인 의미를 갖는 단어는 ④뿐이다.

이 세기의 다른 프랑스 시민과는 달리, Marshal Philippe Pétain은 역설적이게도 대단한 존경과 엄청난 경멸, 모두의 대상이었다.

3

목적 또는 수단의 의미를 갖는 표현

in order to / so as to / for / through / by / so that ~ can[may] 등

예제 ▶▶▶
1

Unfortunately, our educational● system moves backwards. Children are forced to abandon the joy of childhood **in order to** _____.

① eat   ② study●
③ play   ④ watch TV

in order to는 목적을 나타내는 표현이다. 현재의 교육 제도로 인해 아이들이 어린 시절의 즐거움을 포기해야 한다면, 그것은 교육과 관련된 무언가를 아이들이 해야 하기 때문일 것이다. 따라서 정답은 ②가 된다.

불행하게도, 우리의 교육 제도는 후퇴하고 있다. 아이들은 공부를 하기 위해 어린 시절의 즐거움을 포기하는 수밖에 없다.

예제 ▶▶▶
2

A meeting● for all department managers has been arranged **so that** we **can** _____ the company's financial problems.

① deplete   ② perturb
③ exile   ④ discuss●

목적을 나타내는 so that ~ can[may] 표현이 있으므로, 빈칸 이하는 회의가 주선된 목적에 해당하는 내용이어야 한다. 회의를 하는 목적은 어떤 사안에 대해 논의하기 위한 것이므로 키워드 a meeting과 가장 연관성 있는 단어는 선택지에서 ④의 discuss이다.

회사의 재정적인 문제들을 토의할 수 있도록 모든 부서 책임자 회의가 주선되었다.

🔑 KEY NOTE

4 | 유사 비교나 비유와 관련된 표현

similarly / in the same way / correspondingly / as ~ so / like /
alike / similar to / A is to B what C is to D / no more ~ than 부정 비교 등

예제 ▶▶▶
1

A man who acts like a brother● toward his comrades treats them in
_____ love.

① paternal   ③ sororal
② fraternal●   ④ maternal

직접적인 비유를 나타내는 like가 쓰였으므로 빈칸에는 동그라미 표시된 brother와 연관 있는 단어가 들어가야 한다.

자신의 동료들에 대해 형제처럼 행동하는 사람은 그들을 형제애로 대하는 것이다.

예제 ▶▶▶
2

Society is like a building●, which stands firm when its foundations are strong
and all its timbers are sound. The man who cannot be trusted is to society
 what a bit of rotten timber is to _____.

① man   ② a house●
③ society   ④ us

하이라이트 처리된 부분을 통해 A is to B what C is to D의 비유 구문이 적용돼 있음을 알 수 있다. 따라서 믿을 수
없는 사람과 사회와의 관계는 썩은 재목과 무엇과의 관계와 같은가를 묻는 문제이다. 첫 번째 문장에서 사회를 건물에
비유하고 있으므로, 빈칸에는 동그라미 표시된 단어와 가장 유사한 성격을 가진 단어를 넣어야 한다.

사회는 마치 건물과 같다. 건물이란 모름지기 토대가 강건하고 모든 재목이 튼튼할 때에 견고하게 서 있을 수 있다. 믿을 수 없는
사람과 사회와의 관계는 썩은 재목과 집의 관계와 같다.

●

♪ KEY NOTE

5 부연설명 또는 재진술 문장을 이끄는 표현

that is to say / in other words / namely / as it were /
what we call 등

예제 1 ▶▶▶

Everyone knows● what history is, `that is to say`, everyone is _____ with the word, and has a confident notion of what it means.

① familiar●　　　　　　　　② obvious
③ credited　　　　　　　　④ treasured

> that is to say 뒤에는 부연설명을 하는 표현이 오므로, 빈칸에는 앞서 표현한 것을 설명하거나 재진술하는 내용이 들어가야 한다. 주어진 문제에서는 동그라미 표시된 knows와 유사한 의미를 갖는 표현이 필요하다. 빈칸 뒤에 전치사 with가 주어진 것에 유의하면, 정답은 ①이 된다.
>
> 우리 모두는 역사가 무엇인지 알고 있다. 다시 말해, 누구든지 그 말에 익숙하고 그것이 무엇을 의미하는지에 대해 자신 있는 나름 대로의 견해를 가지고 있다.

예제 2 ▶▶▶

Boys' groups have a leader and followers●; `in other words`, they are _____ structured. The leader tells others what to do and resists taking orders from anyone else.

① democratically　　　　　② liberally
③ loosely　　　　　　　　④ hierarchically●

> in other words 뒤에는 부연설명 혹은 재진술하는 문장이 온다. 따라서 빈칸에는 in other words 앞에 주어져 있는 문장을 달리 표현할 수 있는 단어가 와야 한다. 어떤 집단에 리더와 그 리더를 따르는 사람이 있다는 것은 결국 그 집단이 계급적 혹은 계층적이란 것이므로 ④가 정답으로 적절하다.
>
> 소년들의 집단에는 지도자와 추종자들이 있다. 바꿔 말해, 그 집단들은 계급조직으로 구성돼 있다. 지도자는 다른 소년들에게 무엇을 해야 할지를 지시하며, 다른 어떤 아이들로부터도 명령을 받기를 거부한다.

| Choose the one that best completes the sentence.

01 I cannot work at home because there are too many _____ there.

① attractions   ② detractors

③ distractions   ④ contractors

02 After two nights without sleep, she felt _____ and incapable of exertion.

① sluggish   ② soluble

③ skeptical   ④ satirical

03 If a firm's income is greater than its expenditure, it will make a(n) _____.

① profit   ② share

③ market   ④ agent

04 My mother receives regular acupuncture treatments to _____ her back pain.

① alleviate   ② allot

③ allure   ④ ally

05 Human activity wipes out more than a thousand plant and animal species every year, and many more species are pushed to the edge of _____.

① habitat   ② extinction

③ survival   ④ erosion

06 Compassion was the force that _____ slavery and put an end to child labor.

① affirmed   ② adhered to
③ advised   ④ abolished
⑤ afforded

07 Our only hope is to prove that the witness was _____ and guilty of perjury.

① mendacious   ② prejudiced
③ improper   ④ meddlesome

08 Floods mean death, injury, and property damage. For this reason we _____.

① discourage flood control   ② try to stop them
③ look forward to them   ④ find them thrilling

09 Seeds cannot be stored infinitely; they _____ and are vulnerable to disease.

① flourish   ② vegetate
③ effectuate   ④ deteriorate

10 News of the self-inflicted death of the Van Dusens was profoundly disturbing to all those who attach a moral _____ to suicide and regard it as a violation of God's laws.

① stigma   ② disease
③ dogma   ④ opinion

11   Since no cure for AIDS has yet been discovered, treatment is _____ at best.

① palliative   ② inert

③ abrasive   ④ plausible

12   The dinner conversation was so _____ that Amanda fell asleep in her dessert dish.

① banal   ② gripping

③ intriguing   ④ blunt

13   Businesses would respond to the sales decrease by reducing their own spending and _____ their employees.

① giving out   ② turning on

③ laying off   ④ calling forth

14   Because of the sometimes _____ nature of business, we arranged to meet immediately after the conference was over.

① peaceful   ② urgent

③ turbulent   ④ exciting

15   Like doctors exploring the mysteries concealed within the human body, astronomers are finding that X-rays offer an invaluable means for examining otherwise _____ structures.

① hidden   ② ambivalent

③ diseased   ④ ephemeral

ANSWERS

01 ③

I cannot work* at home **because** there are too many
_____ there.

① attractions   ② detractors
③ distractions*   ④ contractors

주의를 산만하게 하는 것들이 너무 많기 때문에 나는 집에서 공부할 수 없다.

▶ because는 '이유'를 나타낸다. '집에서 공부 또는 일을 할 수 없는' 이유를 유추한다. '매력, 유혹하는 것들(attractions)'보다는 ③의 '주의를 산만하게 하는 것들(distractions)'이 더 적절하다.

▷ attraction n. 매력 detractor n. 비방자, 비난자 distraction n. 주의를 산만하게 하는 것 contractor n. 계약인, 청부업자

02 ①

After two nights without sleep, she felt _____ **and**
incapable of exertion*.

① sluggish*   ② soluble
③ skeptical   ④ satirical

한숨도 자지 않고 이틀 밤을 보낸 후에, 그녀는 동작이 느리고 일에 진력할 수 없음을 느꼈다.

▶ 등위접속사 and가 있으므로 incapable of exertion과 유사한 의미의 단어가 들어가야 한다. ①이 적절하다.

▷ exertion n. 노력, 진력 sluggish a. 게으른; 동작이 느린 soluble a. 녹는; 해결할 수 있는 skeptical a. 회의적인, 의심 많은 satirical a. 풍자의, 비꼬는

03 ①

If a firm's income is greater* than its expenditure, it will
make a(n) _____.

① profit*   ② share
③ market   ④ agent

어떤 회사의 수입이 지출보다 더 크다면 그 회사는 이익을 볼 것이다.

▶ if 조건문은 '원인과 결과'의 관계를 나타낸다. 회사 입장에서 '수입이 지출보다 많다'면 긍정적인 결과를 낳을 것이다. ①의 '이익(profit)'이 쓰여야 당연한 결과가 되며, 문장의 의미도 자연스러워진다.

▷ income n. 수입, 소득 expenditure n. 지출, 소비 profit n. 이익, 수익

04 ①

My mother receives regular acupuncture treatments* **to**
_____ her back pain.

① alleviate*   ② allot
③ allure   ④ ally

나의 어머니께서는 등의 통증을 덜기 위해 정기적으로 침술 치료를 받는다.

▶ '침술 치료'를 받는 이유는 등의 통증을 '덜기 위함'일 것이다. ①의 alleviate가 적절하다.

▷ acupuncture n. 침술, 침술 요법 alleviate v. 경감하다; 완화하다 allot v. 할당하다 allure v. 꾀다, 유혹하다 ally v. 동맹하다, 연합하다

05 ②

Human activity wipes out more than a thousand plant and
animal species every year*, **and** many more species are
pushed to the edge of _____.

① habitat   ② extinction*
③ survival   ④ erosion

인간의 활동 때문에 매년 1천 종(種) 이상의 식물과 동물들이 사라지고 있고, 더 많은 종들이 멸종 위기까지 몰리고 있다.

▶ and는 '대등'의 등위접속사이다. 따라서 앞뒤 문장의 내용이 비슷해야 한다. 앞에서 '매년 1천 종(種) 이상의 동식물이 사라지고 있다'고 했다. '더 많은 종(種)의 동식물들은 어떤 위기에 처했을까'를 유추하면 된다. '죽음'과 관련된 단어는 ②의 extinction이다.

▷ wipe out (먼지 따위를) 닦아내다; 죽이다, 파괴하다 habitat n. 서식지; 거주지 extinction n. 멸종, 사멸 survival n. 생존 erosion n. 부식; 침식

06

Compassion was the force that _____ slavery and put an end to° child labor.

① affirmed
② adhered to
③ advised
④ abolished●
⑤ afforded

연민의 감정이 노예제도를 폐지하고 미성년 노동에 종지부를 찍은 원동력이었다.

④

▶ and는 등위접속사이므로 빈칸 부분도 '미성년 노동에 종지부를 찍다(put an end to child labor)'와 유사한 내용이 되어야 한다. '노예제도를 없애다'는 뜻이 되어야 의미상 병치를 이룬다. ④의 '폐지했다(abolished)'가 적절하다.

compassion n. 동정; 연민 put an end to ~를 끝내다, ~에 종지부를 찍다 affirm v. 확언하다; 주장하다 adhere v. 부착하다; 고수하다(to) abolish v. 폐지하다

07

Our only hope is to prove that the witness was _____ and guilty of perjury°.

① mendacious●
② prejudiced
③ improper
④ meddlesome

우리의 유일한 희망은 그 증인이 거짓말하는 사람이었고 위증죄를 범했다는 것을 증명하는 것이다.

①

▶ and는 등위접속사로 전후에 유사한 뜻의 어구가 쓰여야 한다. 뒤에 '위증죄를 범한(guilty of perjury)'으로 미루어 빈칸에도 이와 유사한 뜻의 ①의 '거짓말하는(mendacious)'이 가장 적절하다.

guilty a. 유죄의 perjury n. 위증 mendacious a. 거짓의; 거짓말하는 prejudiced a. 편견에 사로잡힌, 편파적인 improper a. 부적절한 meddlesome a. 참견하기 좋아하는

08

Floods mean death, injury, and property damage°. For this reason we _____.

① discourage flood control
② try to stop them●
③ look forward to them
④ find them thrilling

홍수는 곧 사망, 부상, 재산 피해를 뜻한다. 이런 이유로 우리는 홍수를 막도록 힘쓴다.

②

▶ 앞에서 홍수에 대한 부정적인 결과로 '인명 피해와 재산 손실'을 언급했다. 이런 이유로 우리가 무엇을 하는지 찾으면 된다. ②의 '그것[홍수]들을 막도록 노력한다'가 가장 적절하다.

injury n. 상해: 모욕 property n. 재산, 자산: 소유권 thrilling a. 오싹하게 하는: 감격적인, 떨리는

09

Seeds cannot be stored infinitely; they _____ and are vulnerable to disease°.

① flourish
② vegetate
③ effectuate
④ deteriorate●

씨앗이 무한히 저장될 수는 없다. 왜냐하면 그것들의 질이 떨어지게 되고 병에도 취약하기 때문이다.

④

▶ and는 '대등'의 등위접속사이다. '병에 피해를 입기 쉬운'과 유사한 부정적인 의미의 어구가 쓰여야 하며, 그것이 '무한히 그대로 보존될 수 없는' 이유로 합당해야 한다. '나쁜 상태가 되다'라는 의미의 ④가 적절하다.

vulnerable a. 상처를 입기 쉬운; 취약한 flourish v. 번영하다, 번성하다 vegetate v. 생장하다; 단조로운 생활을 하다 effectuate v. 일으키다; (법률 등을) 실시하다 deteriorate v. 악화되다, 더 나빠지다

10

News of the self-inflicted death of the Van Dusens was profoundly disturbing to all those who attach a moral _____ to suicide and regard it as a violation of God's laws°.

① stigma●
② disease
③ dogma
④ opinion

뱅 뒤상(Van Dusens)이 죽음을 스스로 자초하였다는 소식은 자살에 도덕적인 오점을 부여하고 그것을 하나님의 율법을 위반한 것으로 간주하는 모든 사람들의 마음을 크게 어지럽게 하고 있었다.

①

▶ and는 '대등'의 등위접속사이므로, 앞뒤 내용은 유사하거나 같은 맥락이어야 한다. '자살을 하나님의 율법을 어긴 것으로 간주한다'고 했으므로 앞부분도 그와 유사한 의미가 되어야 한다. 부정적인 뜻의 ① stigma가 적절하다.

self-inflicted a. 자초한 attach v. 붙이다; 부여하다 stigma n. 치욕, 오명 dogma n. 교의, 교리

11　　　　　　　　　　　　　　　　①

Since no cure for AIDS• has yet been discovered, treatment is _____ at best.

① palliative•　　　　② inert
③ abrasive　　　　　④ plausible

에이즈(AIDS)에 대한 치료제가 아직 발견되지 않았기 때문에, 치료는 기껏해야 임시방편이다.

▶ since는 '이유'를 나타낸다. '에이즈 치료제[법]가 아직 없다'고 했으므로, 현재의 치료법은 '미봉책에 불과하다'는 내용이 되어야 한다. ①의 '일시적으로 억제하는, 임시방편의(palliative)'가 적절하다.

▶ palliative a. (병·고통을) 일시적으로 억제하는: 임시방편의 inert a. 활발하지 못한 abrasive a. 벗겨지는, 쓸리는: 연마의 plausible a. 그럴듯한, 정말 같은

12　　　　　　　　　　　　　　　　①

The dinner conversation was so _____ that Amanda fell asleep• in her dessert dish.

① banal•　　　　　② gripping
③ intriguing　　　④ blunt

저녁 만찬에서의 대화가 너무나 진부해서 아만다(Amanda)는 그녀의 후식을 앞에 놓고 잠들어 버렸다.

▶ so ~ that 구문은 '원인과 결과'의 관계를 나타낸다. 결과에 대한 단서는 당연히 원인이 될 것이다. '잠이 들었다'면 '아주 피곤했거나 혹은 대화가 지루하거나 그 내용이 진부했을 것'이라 유추할 수 있다.

▶ banal a. 진부한, 평범한 gripping a. 흥미를 끄는, 매력 있는 intriguing a. 음모를 꾸미는; 흥미를 끄는 blunt a. 무딘; 둔감한

13　　　　　　　　　　　　　　　　③

Businesses would respond to the sales decrease by reducing• their own spending and _____ their employees.

① giving out　　　② turning on
③ laying off•　　　④ calling forth

기업들은 회사 자체의 지출을 줄이고 직원들을 해고함으로써 판매 부진에 대응하려고 한다.

▶ and는 '대등'의 등위접속사이다. '기업 자체의 지출을 줄이다(reducing their own spending)'와 '종업원들(employees)'로 미루어, 빈칸에는 '감원하다'가 들어가야만 and 앞 부분처럼 판매 부진에 대응하는 방법이 될 수 있다.

▶ give out 배포하다: 발표하다 turn on 공격하다: 흥미를 끌다 lay off (직원을) 일시 해고하다 call forth 불러일으키다

14　　　　　　　　　　　　　　　　②

Because of the sometimes _____ nature of business, we arranged to meet immediately• after the conference was over.

① peaceful　　　　② urgent•
③ turbulent　　　　④ exciting

때때로 긴박한 그 사업의 특성 상 우리는 협의가 끝나자마자 즉시 회의를 준비했다.

▶ '협의가 끝나자마자 즉시 회의를 준비했다'는 것은 그 사업이 '긴급하다'는 것을 말해준다.

▶ arrange v. 배열하다; 준비하다 immediately ad. 곧, 바로, 즉시 urgent a. 긴급한, 절박한 turbulent a. (날씨·풍파 등이) 사나운; 격동의, 격변의

15　　　　　　　　　　　　　　　　①

Like doctors exploring the mysteries• concealed within the human body, astronomers are finding that X-rays offer an invaluable means for examining otherwise _____ structures.

① hidden•　　　　　② ambivalent
③ diseased　　　　　④ ephemeral

인체 내에 숨겨진 신비를 탐구하는 의사들처럼, 천문학자들은 엑스선이 (우주의) 다른 숨겨진 구조를 조사하는 데 매우 중요한 수단을 제공한다는 사실을 밝혀내고 있는 중이다.

▶ like는 '~처럼'의 뜻으로, 직유적인 표현을 하는 데 쓰인다. 의사들이 인체의 신비를 탐구하는 것처럼, 천문학자들은 우주의 비밀을 풀고 있다는 뜻이 되어야 한다. '신비(mysteries)'에 대응할 수 있도록 '다른 숨겨진 구조'라는 의미를 만드는 ①이 정답으로 적절하다.

▶ mystery n. 신비, 불가사의 conceal v. 숨기다, 비밀로 하다 hidden a. 숨은, 비밀의 ambivalent a. 양면 가치의; 상반하는 감정을 품은 diseased a. 병의; 병적인 ephemeral a. 덧없는; 단명한

02

역접

♪ KEY NOTE

1

양보 관계를 나타내는 표현

although / though / even though / even if / while / 'no matter + 의문사' 구문 / despite / in spite of / nevertheless 등

예제 1 ▶▶▶

Even though the scientists are _____ about their new findings, they are wary● of disclosing them until further testing.

① negative
② confident ⬌
③ rational
④ indifferent

양보절을 이끄는 even though가 있으므로 종속절과 주절은 서로 상반되는 내용이 되어야 한다. 동그라미 표시된 wary가 이 문제를 푸는 키워드이며, 따라서 빈칸에는 이것과 반대되는 의미의 단어가 들어가야 한다.

그 과학자들은 자신들이 새롭게 발견한 것들에 관해 확신하고 있지만, 더 많은 실험을 할 때까지 그것들을 발표하는 데 있어 신중을 기하고 있다.

예제 2 ▶▶▶

In spite of being a successful career woman●, she is very _____. In particular, she enjoys cooking and gardening.

① economical
② diligent
③ domestic ⬌
④ shy

in spite of는 양보의 표현으로, 이것이 이끄는 구와 주절은 서로 상반되는 내용이 되어야 한다. 주어진 문장에서 키워드로 삼을 수 있는 표현은 career woman이며, 커리어 우먼의 일반적인 경향을 감안하면, 이것과 반대되는 의미를 갖는 표현으로는 domestic이 가장 적절하다.

성공적인 커리어 우먼이 되었음에도 불구하고, 그녀는 매우 가정적이다. 특히 그녀는 요리와 원예를 즐긴다.

Although he was a grown man● with a family, he behaved in a(n) _____ manner, clamoring for attention if he did not get his way.

① childish ⟷   ② offensive
③ sullen   ④ imposing

양보절을 이끄는 although가 있으므로, 빈칸에는 동그라미 표시된 grown man과 의미상 상반되는 속성을 가진 단어가 들어가야 한다.

그는 가족이 딸린 어른이었지만, 어린애처럼 행동했으며, 자신이 하고 싶은 대로 하지 못하면 관심을 끌려 시끄럽게 굴었다.

cf. although, though 등이 이끄는 구문이 '반대'가 아닌 '정도의 차이'를 나타내는 경우

Even though formidable● winters are the norm in the Dakotas, many people were unprepared for the _____ of the blizzard of 1888.

① inevitability   ② ferocity●
③ importance   ④ probability
⑤ mildness

양보절을 이끄는 even though가 있으며, 빈칸의 근거가 될 키워드는 동그라미 표시된 formidable이다. 그런데 even though가 있다고 해서 formidable과 상반되는 뉘앙스의 단어 mildness를 고르면 논리적으로 어색해진다. 혹독한 겨울을 일상적으로 경험하는 사람들에게 그보다 온화한 겨울이 문제될 리가 없기 때문이다. 따라서 위 문장의 even though는 '정도의 차이'를 나타내는 역할을 하는 것으로 봐야 하며, formidable보다 정도가 센 의미를 가진 ②가 정답이 된다.

다코타(Dakota) 주(州)는 가공할 만한 겨울이 일상적인 것이지만, 많은 사람들이 1888년에 엄습한 눈보라의 지독스러움에는 대비가 돼 있지 않았다.

2 대조, 역접 관계를 나타내는 표현

but / however / whereas / unlike / far from / on the contrary /
rather than / not A but B / not so much A as B 등

예제
1

Whereas the older customers tend to prefer genuine* stones, the younger generation wants _____ ones.

① sophisticated
② decorated
③ artificial ↔
④ glittering

> 대조, 역접의 의미를 가진 접속사 whereas가 쓰였으며, 나이가 지긋한 고객들의 성향과 젊은 세대의 성향이 대비되고 있다. 단서가 될 키워드는 genuine이며, 보석에 있어서 이것과 반대되는 의미의 단어를 고르면 된다.
>
> 나이가 지긋한 고객들은 진품 보석을 선호하는 반면, 젊은 세대들은 인조 보석을 원한다.

예제
2

Experienced shoppers* refrain from using the credit card whenever possible. The _____, **however**, is more easily enticed by the ability to spend all the money as he or she likes.

① fund manager
② expert on loan
③ bank manager
④ novice ↔

> 역접의 접속부사 however를 기준으로 하여 전후 문장이 대조를 이루어야 한다. 키워드가 되는 표현은 Experienced shoppers이며, 이것과 문맥상 상반되는 의미를 갖는 단어를 빈칸에 넣어야 한다.
>
> 경험이 많은 구매자는 가능하면 어디서든 신용카드 사용을 자제한다. 그러나 초심자는 자기 마음대로 모든 돈을 쓸 수 있는 능력에 더 쉽사리 유혹을 당한다.

Farmers were encouraged to keep° **their livestock in pens** rather than **letting them _____ freely.**

① reside   ② repose
③ roam ⇔   ④ roll

rather than은 대조를 나타내는 표현이고, 핵심이 되는 키워드는 동그라미 표시된 keep이다. 따라서 이것과 상반되는 의미의 단어를 찾아야 한다. 주체가 '가축(livestock)'이므로 '(동물이) 이리저리 돌아다니다'라는 의미를 가진 ③이 적절하다.

가축을 방목하기보다는 축사에 가둬두도록 농부들에게 장려하고 있었다.

Medieval kingdom did not become constitutional republics overnight°; on the contrary **, the change was _____.**

① unpopular   ② gradual ⇔
③ unexpected   ④ advantageous

대조를 나타내는 표현 on the contrary가 있으므로 전후 문장의 내용은 반대되는 것이어야 하며, 이때 주어진 문장에서 문제를 푸는 키워드는 overnight이다. 따라서 이것과 반대되는 의미를 가진 ②가 빈칸에 들어가는 것이 가장 자연스럽다.

중세의 왕국이 하룻밤 사이에 입헌 공화국이 된 것은 아니었다. 그와는 반대로, 그러한 변화는 점진적이었다.

| Choose the one that best completes the sentence.

01 He was guided by _____ rather than by ethical considerations.

① precepts   ② consequence
③ morality   ④ expediency

02 He left the presidency in _____, but his reputation has now been rehabilitated.

① ovation   ② reserve
③ absence   ④ disgrace

03 I could read almost all the letters in that print-out, but a few of them were _____.

① illiterate   ② illegible
③ immature   ④ illogical
⑤ immaculate

04 In contrast to the durability of the old classic movies, many of today's movies seem designed to have only _____ appeal.

① sensual   ② superficial
③ ephemeral   ④ mundane

05 While the media still devote a lot of time to disasters, budgets for reporting on other international stories have _____ in recent years.

① disappeared   ② dwindled
③ increased   ④ skyrocketed

06 Although his remarks appeared _____ at first, we began to see how really pertinent they were.

① slow   ② cryptic
③ remote   ④ confident

07 Government officials should be absolutely _____, but unfortunately some will accept money for favors.

① adversary   ② incorruptible
③ invariable   ④ unsophisticated
⑤ exquisite

08 Even though she was 80 years old, she was _____ by the thought of traveling alone all of Europe.

① unattainable   ② unprecedented
③ reluctant   ④ undaunted
⑤ worried

09 The pamphlet argues that imagination is not a gift _____ to poets, but something everyone possesses.

① relevant   ② conducive
③ inimical   ④ unique

10 Even the beggars of Calcutta are _____ than the estimated 15 million people now starving in West Bengal.

① cooperating for the better   ② better off
③ very happy   ④ more convenient

11 Despite repeated urgings to reconsider his resignation, Adams remained _____ in his refusal.

① innate   ② unstable

③ muscular   ④ adamant

12 The press thought the manager would be depressed by his dismissal but he just _____.

① turned it on   ② called it off

③ laughed it off   ④ pushed it up

⑤ clamped it down

13 Ken lives by himself and tries never to see other human beings. Although he is a(n) _____, he is not lonely.

① millionaire   ② hermit

③ orator   ④ intellectual

14 The immigrant's attitude toward the new country was generally not one of _____, but of accomplishment.

① bandage   ② advantage

③ despair   ④ habitat

15 I was shocked to see those people dressing alike, looking alike and thinking alike; they were supposed to be liberated, but it just seemed like stifling _____.

① conformity   ② commitment

③ mediocrity   ④ stigma

ANSWERS

01 ④

He was guided by _____ **rather than** by ethical considerations*.

① precepts　　　　　　② consequence
③ morality　　　　　　④ expediency ↔

그는 윤리적 고려 사항들보다 오히려 편의주의에 의해 더 좌우되었다.

▶ rather than은 비교 표현이다. '윤리적 고려 사항들(ethical considerations)'과 반대되는 개념이 쓰여야 하므로 ④의 '편의주의'가 적절하다.

ethical a. 도덕상의, 윤리적인 precept n. 교훈; 격언 consequence n. 결과; 중요성 morality n. 도덕성, 윤리성 expediency n. 편의; 편의주의

02 ④

He left the presidency in _____, **but** his reputation has now been rehabilitated*.

① ovation　　　　　　② reserve
③ absence　　　　　　④ disgrace ↔

그는 대통령직을 불명예스럽게 떠났지만, 이제는 그의 명성이 회복되었다.

▶ but은 '역접'의 등위접속사이다. '명성이 회복되었다'로 미루어, 대통령직에서 물러날 때는 '불명예스럽게' 떠났다고 유추할 수 있다.

presidency n. 대통령의 직[지위, 임기] rehabilitate v. 원상태로 복원하다; 복권[복직, 복위]시키다 ovation n. 열렬한 환영, 대인기 reserve n. 비축, 예비 absence n. 부재; 결석 disgrace n. 불명예, 치욕

03 ②

I could read* almost all the letters in that print-out, **but** a few of them were _____.

① illiterate　　　　　　② illegible ↔
③ immature　　　　　　④ illogical
⑤ immaculate

나는 저 인쇄물의 거의 모든 글자들을 읽을 수 있었지만 그 가운데 몇 글자는 읽기 어려웠다.

▶ but은 '역접'의 등위접속사로 앞뒤 문장의 내용이 서로 상반되어야 한다. 앞에서 '읽을 수 있었다'고 했으므로, but 이하의 내용은 '읽을 수 없었다'가 되어야 한다. 즉 '모든 글자 중 몇 개는 읽을 수 없었다'가 되어야 한다. ②의 illegible이 적절하다.

illiterate a. 문맹의; 교양이 없는 illegible a. 읽기 어려운, 판독[독해]하기 어려운 immature a. 미숙한; 미완성의 illogical a. 비논리적인, 불합리한 immaculate a. 흠이 없는; 청순한

04 ③

In contrast to the durability* of the old classic movies, many of today's movies seem designed to have only _____ appeal.

① sensual　　　　　　② superficial
③ ephemeral ↔　　　　④ mundane

오래된 고전 영화의 영속성과 대비되게, 오늘날 많은 영화들은 단지 한 순간의 매력을 끌기 위해 만들어진 것 같다.

▶ in contrast to에 의해 '고전 영화(the old classic movies)'와 '오늘날의 영화(today's movies)'가 대비되고 있다. '영속성'을 뜻하는 durability는 작품의 긴 생명력을 의미하는데, 이와 반대되는 말이 쓰여야 하므로, 빈칸에는 ③의 ephemeral이 가장 적절하다.

durability n. 내구성; 영속성 sensual a. 관능적인; 호색의 superficial a. 표면(상)의; 피상적인 ephemeral a. 덧없는; 단명한, 단 하루뿐인 mundane a. 현세의, 세속적인

05 ②

While the media still devote a lot of time* to disasters, budgets for reporting on other international stories have _____ in recent years.

① disappeared　　　　② dwindled ↔
③ increased　　　　　④ skyrocketed

매스컴들이 여전히 재난에 많은 시간을 할애하고 있는 반면에, 다른 국제적인 기사에 대한 보도에 대한 예산은 최근 들어 줄어들었다.

▶ while은 서로 상반된 의미의 두 절을 연결하는 접속사이다. '많은 시간을 할애하고 있다'고 했으므로, while에 의해 '다른 기사 보도에 대한 예산이 감소되었다'는 부정적인 내용이 되어야 한다. ②의 dwindled가 적절하다. ①도 부정적인 의미이긴 하지만 '예산이 사라졌다'는 지나치다.

disaster n. 재난, 재해 budget n. 예산; 경비 dwindle v. 줄다, 작아지다 skyrocket v. 급히 상승하다

06 ③

Although his remarks appeared _____ at first, we began to see how really pertinent° they were.

① slow
② cryptic
③ remote ↔
④ confident

▶ although는 양보절을 이끄는 접속사이므로, 앞뒤의 내용이 상반되어야 한다. '(나중에) 얼마나 적절한 것인지 알게 되었다'는 내용과 대조를 이루기 위해서는, '처음에는 (관계가) 먼 것처럼 보였거나, 관련이 적은 것 같았다'가 되어야 상반된 의미가 된다. 따라서 빈칸에 적절한 것은 ③의 remote이다.

▶ pertinent a. 적절한; 관계있는 cryptic a. 숨은, 비밀의; 신비의 remote a. 먼, 멀리 떨어진; 간접적인

처음에는 그의 소견이 관계가 적은 것처럼 보였지만, (나중에) 우리는 그의 소견이 얼마나 실로 적절한 것인지 알기 시작했다.

07 ②

Government officials should be absolutely _____, but unfortunately some will accept money for favors°.

① adversary
② incorruptible ↔
③ invariable
④ unsophisticated
⑤ exquisite

▶ but은 '역접'의 접속사이다. '유감스럽게도 청탁에 대한 대가로 돈을 받는다'는 부정적인 뜻으로 미루어 앞 내용은 그 반대인 긍정적인 내용이 되어야 한다. ②의 incorruptible이 가장 적절하다.

▶ adversary a. 반대하는; 적의 incorruptible a. 부패하지 않는; 청렴한 invariable a. 변화하지 않는, 불변의 unsophisticated a. 소박한; 정교하지 않은 exquisite a. 아주 아름다운; 절묘한

정부 관리들은 절대적으로 청렴해야 한다. 그러나 유감스럽게도 몇몇 공무원들은 청탁에 대한 대가로 돈을 받는다.

08 ④

Even though she was 80 years old°, she was _____ by the thought of traveling alone all of Europe.

① unattainable
② unprecedented
③ reluctant
④ undaunted ↔
⑤ worried

▶ even though는 양보절을 유도하므로, 종속절과 주절의 내용이 상반되어야 한다. 상식적으로 '여든 살의 할머니가 혼자서 전 유럽을 여행한다'는 것은 본인은 물론 주위의 사람들에게는 매우 걱정스러운 일이다. 그러나 문두에 쓰인 even though로 미루어 '할머니 자신은 이러한 사실에 겁내지 않는다'는 뜻이 되어야 의미가 자연스러워진다.

▶ unattainable a. 얻기 어려운; 도달하기 어려운 unprecedented a. 전례 없는 reluctant a. 마음 내키지 않는, 마지못해 하는 undaunted a. 겁내지 않는, 용감한

여든 살의 나이임에도 불구하고 그녀는 대담하게 유럽의 전 지역을 혼자서 여행한다는 생각을 했다.

09 ④

The pamphlet argues that imagination is not a gift _____ to poets, but something everyone possesses°.

① relevant
② conducive
③ inimical
④ unique ↔

▶ not A but B 구문은 'A가 아니라 B다'라는 뜻으로 B에 중점을 둔다. '역접'의 접속사 but에 의해 A와 B는 각각 성질이 다르거나 대조되는 어구가 쓰여야 한다. 그러므로 '모든 사람이 갖고 있는 어떤 것'과 반대되는 ④의 '유일한, 독특한(unique)'이 정답으로 적절하다.

▶ relevant a. 관련 있는; 적절한 conducive a. 도움이 되는 inimical a. 해로운; 적대하는 unique a. 유일한; 독특한

그 소논문은 상상력이란 유일하게 시인에게만 있는 타고난 재능이 아니라 모든 사람이 갖고 있는 것이라고 주장한다.

10 ②

Even the beggars of Calcutta are _____ than the estimated 15 million people now starving° in West Bengal.

① unintelligent
② better off ↔
③ very happy
④ more convenient

▶ 비교 구문이다. 비교는 서로 상반되거나 이질적인 것을 대조하는 방법이다. '굶주리는(starving)'과 반대되는 뜻인 ②의 '더 잘사는(better off)'이 쓰여야 적절한 비교가 된다.

▶ starve v. 굶주리다; 갈망하다 cooperate v. 협력하다, 협동하다 be better off 한결 더 잘살다, 형편이 더 좋다 convenient a. 편리한

심지어 캘커타(Calcutta)의 거지들조차도 오늘날 서부 벵골(West Bengal)에서 굶주리고 있는 1,500만 명으로 추산되는 사람들보다 더 잘산다.

11 ④

Despite repeated urgings to reconsider his resignation*, Adams remained _____ in his refusal.

① innate   ② unstable
③ muscular   ④ adamant ↙

사직을 재고하라는 거듭된 촉구에도 불구하고, 애덤스(Adams)는 그의 거절 의사에 있어서 단호한 입장을 보였다.

▶ despite는 '양보'의 의미를 지닌 전치사이다. '사직을 만류함에도 불구하고 사퇴를 고집했다'는 내용이 되어야 상반된 진술이 된다. 따라서 정답은 ④의 adamant이다.

» resignation n. 사직; 포기 refusal n. 거절, 거부 innate a. 타고난, 선천적인 unstable a. 불안정한; 변하기 쉬운 muscular a. 근육의; 늠름한 adamant a. 단호한

12 ③

The press thought the manager would be depressed* by his dismissal but he just _____.

① turned it on   ② called it off
③ laughed it off ↔   ④ pushed it up
⑤ clamped it down

신문사는 그 매니저가 자신의 해고로 인해 우울해 할 것이라 생각했지만, 그는 그것을 가볍게 웃어 넘겼다.

▶ but은 '역접'의 등위접속사이다. 신문사의 생각과 반대되는 내용인 ③이 쓰여야 적절하다.

» depressed a. 우울한; 불경기의 dismissal n. 해고; 해산 turn on (전기·가스·수도 등을) 켜다 call off 취소하다, 중지하다 laugh off 웃어넘기다 push up 밀어 올리다 clamp down 단속하다

13 ②

Ken lives by himself and tries never to see other human beings. Although he is a(n) _____, he is not lonely*.

① millionaire   ② hermit ↔
③ orator   ④ intellectual

켄(Ken)은 혼자 살면서 결코 다른 사람들을 만나려 하지 않는다. 비록 그는 속세를 등진 사람이지만, 외롭지 않다.

▶ '혼자 살면서 다른 사람들을 만나려 하지 않는다'고 했다. although는 '양보'의 접속사로 앞뒤 문장은 서로 상반된 진술이 되어야 한다. 이로 미루어 '혼자 지내는 사람이지만 외롭지 않다'는 내용이 되어야 한다. 따라서 빈칸에는 '속세를 버린 사람'의 뜻인 ②의 hermit가 적절하다.

» lonely a. 외로운 millionaire n. 백만장자 hermit n. 은둔자, 속세를 버린 사람 orator n. 연설자; 웅변가 intellectual n. 지식인

14 ③

The immigrant's attitude toward the new country was generally not one of _____, but of accomplishment*.

① bandage   ② advantage
③ despair   ④ habitat

이민 가서 살게 될 새로운 나라에 대한 이민자의 태도는 대개 절망적인 것이 아니라 의욕적이다.

▶ not A but B 구문은 'A가 아니라 B다'라는 뜻으로 B에 중점을 둔다. '역접'의 접속사 but에 의해 A와 B는 성질이 다르거나 대조되는 어구가 쓰여야 한다. accomplishment와 대조되는 ③의 '절망(despair)'이 적절하다.

» immigrant n. 이민; 이주자 accomplishment n. 성취, 완성; 업적 bandage n. 붕대, 안대, 동여매는 띠 advantage n. 유리; 이점 despair n. 절망, 지포자기 habitat n. 서식지, 거주지

15 ①

I was shocked to see those people dressing alike, looking alike and thinking alike; they were supposed to be liberated*, but it just seemed like stifling _____.

① conformity ↔   ② commitment
③ mediocrity   ④ stigma

나는 그 사람들이 똑같은 옷을 입고, 똑같은 외모를 하고, 똑같은 생각을 하고 있는 것을 보고 놀랐다. 그들은 자유로울 거라고 기대했지만, 그런 모습은 숨 막힐 정도의 획일적인 체제순응 같아 보일 뿐이었다.

▶ 자유로울(liberated) 것이라 상상했지만, 옷차림, 외모, 심지어 생각하는 것이 모두 같아 보여 충격적이라고 했다. '자유에서 나오는 다양성'과 반대되는 개념인 '일치, 순응(conformity)'이 쓰여야 적절하다.

» liberate v. 자유롭게 하다, 해방하다 stifle v. 숨 막히게 하다 conformity n. 유사; 순응 commitment n. 약속; 위임 mediocrity n. 평범, 보통 stigma n. 치욕, 오명

03

어조 결정과 전환

🔑 KEY NOTE

1 부사를 통한 어조 결정

paradoxically / ironically / unexpectedly / unfortunately /
otherwise / similarly / fortunately 등

예제 ▶▶▶ 1

Unfortunately●, over fifty thousand workers were _____ during the nineteenth century in the country.

① sold off ② taken off
③ put off ④ laid off●

> 문두에 쓰인 부사 unfortunately가 전체 문장의 어조를 결정하고 있다. unfortunately는 부정적인 의미의 단어이므로, 빈칸에 들어갈 표현 역시 마찬가지로 부정적인 의미의 것이어야 한다.
>
> 불행하게도, 19세기 동안 그 나라에서 5만 명이 넘는 노동자가 해고당했다.

예제 ▶▶▶ 2

Paradoxically, altruism● may in fact be _____ if it aids only one's close relatives.

① stalwart ② beneficent
③ selfish ⟷ ④ censorious

> 동그라미 표시된 altruism이란 단어의 속성은 긍정적인 것이지만, 문두에 위치한 부사 paradoxically가 어조의 반전을 가져오는 의미를 갖고 있으므로, 빈칸에는 altruism과 반대되는 의미의 단어가 들어가야 한다.
>
> 역설적이게도, 이타주의가 오직 가까운 친척들에게만 도움을 준다면 실제로는 이기적인 것이 될 수도 있다.

🔑 KEY NOTE

2

긍정 혹은 부정 표현을 통한 흐름 전환

not과 같은 부정어, 혹은 긍정적·부정적 의미의 단어가
문장의 흐름을 전환시킬 수도 있다.

예제 ▶▶▶
1

In times of crisis there is a tendency to regard wistfully "the good old days"●
so that the virtues of the past seem greater and its [faults] are _____ .

① critical   ② new
③ reduced ⟺   ④ apparent

regard wistfully the good old days라는 긍정적인 내용 뒤에 결과를 나타내는 so that 구문이 나오므로, 이어지는
내용도 긍정적인 것이어야 한다. 그래서 virtues라는 긍정적인 단어가 주어졌다. 이어서 and가 있으므로 순접의 문장
이 되어야 하는데, 점선 표시된 부정적인 단어 faults가 주어졌으므로 빈칸에도 부정적인 의미의 단어가 들어가야 한
다. ①에도 부정적인 의미가 있긴 하나, greater와 부정적으로 호응하는 단어를 찾는 것이 보다 적절하다.

위기의 시대에는 '좋았던 옛 시절'을 그리워하면서 바라보는 경향이 있다. 그 결과 과거에는 장점들이 더 많았던 것처럼 보이고 결
점들은 줄어든다.

예제 ▶▶▶
2

The progress of Korea's opera companies depends on their willingness to be
challenged and grow creatively●. **Otherwise** , their productions will continue
to [lack in] _____ .

① prima donnas   ② serenades
③ inspiration●   ④ producers

otherwise는 '그렇지 않으면'이란 의미이므로, 이어지는 문장은 이것의 앞에 언급된 내용과 반대되는 내용을 언급해
야 한다. 주어진 문장에서 otherwise 앞에는 grow creatively라는 긍정적인 내용이 위치하고 있다. 그런데 이어진 문
장의 동사가 부정적인 의미의 동사구, lack in이므로 빈칸에는 긍정적인 의미의 단어가 들어가야 otherwise 이하가
부정적인 의미가 된다. creatively를 참고하면, 이것과 유사한 의미를 가진 inspiration이 적절하다.

한국 오페라 극단들의 발전은 기꺼이 도전을 받아들이고 창의적으로 성장하려는 노력 여부에 달려 있다. 그렇지 않으면, 그들의
작품에는 계속 영감(靈感)이 결여될 것이다.

예제 ▶▶▶
3

The prevention of tooth decay is at present an unsolved problem.
Even though cavities are easily identified●, attempts to isolate the
agent responsible for their occurrence have not yet been _____.

① refuted　　　　　　　　　　② successful●
③ undertaken　　　　　　　　　④ discussed

> 양보절을 이끄는 even though 뒤에 긍정적인 의미의 표현이 왔으므로, 주절의 내용은 부정적인 것이어야 한다. 그런
> 데, 점선 표시된 것처럼 빈칸 앞에 not이라는 부정어가 위치하고 있으므로 빈칸에 들어갈 단어는 긍정적인 것이어야
> 한다. 따라서 정답은 ②가 된다.
>
> 충치의 예방은 지금도 미해결 과제이다. 충치를 쉽게 찾아낼 수 있지만, 그것이 발생하는 원인이 되는 병원체를 분리해내는 시도
> 는 아직 성공하지 못했다.

예제 ▶▶▶
4

Unless the environmentalists can draft a more _____ proposal,
the courts will disallow their proposition as too vague●.

① specific ⟷　　　　　　　　② ambiguous
③ obscure　　　　　　　　　　④ dubious

> 주절에 disallow라는 동사가 주어져 있으며, 조건절도 이와 유사한 방향으로 내용이 전개되어야 한다. 그런데 하이라
> 이트 처리돼 있는 unless에는 그 자체에 not의 의미가 포함돼 있으므로, 빈칸에는 동그라미 표시된 vague와 반대되
> 는 의미의 단어가 들어가야 한다.
>
> 환경보호론자들이 보다 구체적인 제안서를 입안하지 않으면, 법원은 그들의 제안을 너무 모호하게 여겨 기각할 것이다.

🔑 KEY NOTE

3 | 시간 관련어를 통한 흐름 전환
once / early / formerly / no longer / before / after / until 등

예제 ▶▶▶
1

The [once] _____ Marlboro man is slowly disappearing° from view in many countries around the world because of prohibitions against cigarette advertising.

① elusive　　　　　　　② precarious
③ ubiquitous ⟺　　　　④ notorious

부사 once는 '한때, 일찍이'라는 의미로, 주어진 문장은 once에 의해 문맥상 대조의 의미를 이루고 있다. 지금 disappearing하고 있다면, 예전에는 이와 반대의 상황, 다시 말해 어디서나 찾아볼 수 있을 만큼 많았을 것이므로 빈칸에 들어갈 정답은 ③이 된다.

한때 도처에 깔려 있던 말보로 맨(Marlboro man)은 담배 광고 금지 조치로 인해 세계 여러 나라에서 그 모습이 서서히 사라지고 있다.

예제 ▶▶▶
2

The experimenters set down as a basis for their study several principles which they considered so well established° as to be [no longer] _____.

① conclusive　　　　　　② obsolete
③ absolute　　　　　　　④ controversial ⟺

no longer는 '더 이상 ~하지 않다'는 의미이므로, 이것을 전후해서는 서로 반대되는 의미의 표현이 와야 한다. 따라서 빈칸에는 동그라미 표시된 well established와 반대 의미를 가진 단어가 들어가야 한다.

실험자들은 더 이상 논란의 여지가 없을 만큼 잘 정립되었다고 여겨지는 몇 가지 법칙들을 그들이 하는 연구의 토대로 세웠다.

03 어조 결정과 전환　41

TEST

01 If nothing _____ our project, we can finish it by next week.

① gets in the way of   ② gets the hang of

③ let go of   ④ gets out of

02 Paradoxically, the beliefs of the era are usually the _____ of a former one.

① tenets   ② predilections

③ heresies   ④ precursors

03 Sue was really the one who ran things. Bert was just the _____ chairman of the committee.

① nominal   ② integral

③ authentic   ④ substantial

04 The development of agriculture and that of industry act and react on each other; they are complementary and not _____.

① redundant   ② organized

③ concentrated   ④ competitive

05 The animal's mouth is disproportionately large in comparison with his narrow throat. When he fills his mouth with food, he must chew for a very long time before he can _____.

① eat   ② swallow

③ breathe   ④ drink

06   Minerals are inorganic; they are not, nor have they ever been, _____ substances.

① living   ② valuable
③ simple   ④ inert

07   Now I regret my _____ decision to quit my job so abruptly and move to New York.

① considerate   ② sleek
③ rancid   ④ impetuous

08   If you want to help people, you've got to be real. Don't be _____. Come on as yourself.

① hesitant   ② sympathetic
③ imposing yourself   ④ phony

09   At a time when even entry-level jobs often require a bachelor's degree, hardly anyone _____ the importance of a college education.

① objects   ② suspects
③ disagrees   ④ disputes

10   I once met a woman who, having been left with a fortune, said that she would never feel free till she had got rid of her property. She maintained that one became possessions' servant and not their _____.

① friend   ② master
③ colleague   ④ accountant

11 There was nothing _____ about James' scientific theories; in fact, they were quite shallow.

① pacific   ② fervent

③ portent   ④ profound

12 Michael talks about being both a nihilist and an atheist during his life, yet he never does _____ faith in God.

① affirm   ② lose

③ praise   ④ supplicate

13 Criticism that tears down without suggesting areas of improvement is not _____ and should be avoided if possible.

① constructive   ② destructive

③ interesting   ④ forced

14 The government has acknowledged that homelessness is a problem, but it has failed to _____ the seriousness of the problem.

① repair   ② correct

③ grasp   ④ improve

15 The members of any profession naturally seek to defend and protect one another; police officers, for instance, testify for one another in court, and doctors rarely _____ one another's medical decisions.

① criticize   ② explain

③ review   ④ examine

ANSWERS

01 ①

If [nothing] _____ our project, we can finish it by next week*.

① gets in the way of ↔
② gets the hang of
③ let go of
④ gets out of

어떤 것도 우리의 계획에 방해가 되지 않으면, 우리는 다음 주까지 그것을 끝낼 수 있다.

▶ '다음 주까지 끝낼 수 있다'로 미루어, 앞부분은 긍정적인 내용의 조건이 되어야 한다. 부정어 nothing이 있으므로 의미상 빈칸에는 부정적인 어구가 쓰여야 한다. '방해가 되다'의 gets in the way of가 쓰여야 적절한 조건문이 되어 앞뒤 문장은 원인과 결과의 관계가 된다.

▪ get in the way of ~의 방해가 되다 get the hang of 요령을 알다; ~의 방법을 배우다 let go of ~에서 손을 놓다 get out of ~에서 나오다; (탈것에서) 내리다

02 ③

[Paradoxically], the beliefs of the era* are usually the _____ of a former one.

① tenets
② predilections
③ heresies ↔
④ precursors

역설적으로 그 시대의 신념들은 대개 그 이전 시대에는 이단시되었던 것이다.

▶ 그 시대 사람들의 신념이 이전 시대에서 금기시되었던 것이 되어야, '역설적으로, 모순되는(paradoxically)' 현상이 된다. ③의 '이단(heresies)'이 적절하다.

▪ paradoxically ad. 역설적으로, 모순되게 tenet n. 주의, 신조, 교리 predilection n. 편애 heresy n. 이단 precursor n. 선구자; 선각자

03 ①

Sue was really the one* who ran things. Bert was [just] the _____ chairman of the committee.

① nominal ↔
② integral
③ authentic
④ substantial

수(Sue)가 실제로 여러 가지 일들을 운영했던 바로 그 사람이었다. 버트(Bert)는 단지 그 위원회의 명목상 의장에 불과했다.

▶ 문장 속에서 부사어의 어조에 유의할 필요가 있다. really는 강조를 의미하므로, Sue는 긍정적인 개념으로서 '실질적인 인물'이 될 것이며, just는 '단지(only)'의 뜻이므로 그 다음에는 대수롭지 않은 개념이 들어가야 한다. 따라서 ①의 '명목상의(nominal)'가 적절하다.

▪ really ad. 정말(이지); 사실 run v. 경영하다, 관리하다 nominal a. 이름만의, 명목상의 integral a. 필수의; 완전한 authentic a. 믿을 만한; 진정한 substantial a. 실질적인

04 ④

The development of agriculture and that of industry act and react on each other; they are complementary* [and] [not] _____.

① redundant
② organized
③ concentrated
④ competitive ↔

농업 발전과 산업 발전은 서로 영향을 주고받고 있다. 이 둘은 서로 경쟁적인 게 아니라 상호 보완적이다.

▶ '농업과 산업은 서로 영향을 주고받는다'고 했고 '상호 보완적(complementary)'이라고 했으므로, 이와 같은 맥락이 되어야 한다. 부정어 not이 있으므로 ④의 competitive가 쓰여 '서로 경쟁적이지 않다'가 되어야 한다.

▪ complementary a. 보충하는; 서로 보완하는 redundant a. 여분의; 중복되는 organized a. 조직화된, 질서 정연한 concentrated a. 집중된; 농축된 competitive a. 경쟁의; 경쟁력을 지닌

05 ②

The animal's mouth is disproportionately large in comparison with his narrow throat. When he fills his mouth with food, he must chew* for a very long time [before] he can _____.

① eat
② swallow ↔
③ breathe
④ drink

동물의 입은 좁은 목구멍에 비해 불균형적으로 크다. 동물은 입에 음식을 가득 넣고 오랫동안 씹어야 삼킬 수 있다.

▶ 음식을 오랫동안 씹는 행위는 어떤 행위를 하기 전에 하는 것인지 유추한다. '삼키다(swallow)'가 적절하다.

▪ disproportionately ad. 불균형적으로 chew v. 씹다 swallow v. 들이키다, 삼키다 breathe v. 호흡하다

06 ①

Minerals are inorganic*; they are not, nor have they ever been, _____ substances.

① living ⟷
② valuable
③ simple
④ inert

광물은 무기물이다. 그것들은 살아 있는 물질이 아니며, 지금까지 한 번도 살아 있는 물질이 아니었다.

▶ 앞에서 광물은 무기물이라고 했고, 이어지는 뒤의 문장에서 부정어 not이 있으므로 반대의 뜻인 ①의 living이 들어가면 자연스러운 문장이 된다.

▶ mineral n. 광물; 광석 inorganic a. 무생물의, 무기물의 living a. 살아 있는 valuable a. 귀중한; 값비싼 simple a. 단순한 inert a. 활발하지 못한, 생기가 없는

07 ④

Now I regret my _____ decision to quit my job so abruptly* and move to New York.

① considerate
② sleek
③ rancid
④ impetuous*

이제 나는 그렇게 갑자기 직장을 그만두고 뉴욕으로 이사 가려는 성급한 결정을 후회하고 있다.

▶ '갑자기(abruptly)' 어떤 일을 하려한 것은 '심사숙고하지 않은' 것이므로, ④의 '성급한(impetuous)'이 적절하다.

▶ abruptly ad. 갑자기, 뜻밖에 considerate a. 동정심 많은, 인정이 있는 sleek a. 매끈매끈한, 윤기 나는 rancid a. 고약한 냄새가 나는, 역겨운 impetuous a. 충동적인, 성급한

08 ④

If you want to help people, you've got to be real*. Don't be _____. Come on as yourself.

① hesitant
② sympathetic
③ imposing yourself
④ phony ⟷

당신이 사람들을 돕기를 원하면 당신은 진실해야 한다. 거짓된 행동을 하지 말라. 진실한 모습이라는 인상을 주어라.

▶ '남을 도우려면 진실해야 한다'고 했다. 또 '당신 자신인 것처럼 그런 인상을 주라'고 했다. 따라서 부정의 어구가 포함된 빈칸에는 '진실하지 못한'을 뜻하는 단어가 쓰여야 한다. ④의 phony가 가장 적절하다.

▶ real a. 진실의; 현실의 come on as ~라는 인상을 주다 hesitant a. 머뭇거리는, 주저하는 sympathetic a. 동정적인; 공감하는 impose oneself 주제넘게 나서다 phony a. 가짜인, 허위인

09 ④

At a time when even entry-level jobs often require a bachelor's degree*, hardly anyone _____ the importance of a college education.

① objects
② suspects
③ disagrees
④ disputes ⟷

하급직조차 흔히 학사 학위를 요구하는 때에 대학 교육의 중요성에 대해 이의를 제기하는 사람은 거의 없다.

▶ 하급직(비숙련직)을 얻는데도 학사 학위가 필요하다는 것은 대학 교육의 중요성을 인정하는 말이다. 앞에 부정을 나타내는 hardly가 있으므로 부정을 의미하는 단어가 와야 긍정이 되어 대학 교육이 중요하다는 뜻이 된다. ①과 ③은 '반대하다'는 의미이지만 자동사이므로 뒤에 전치사를 동반해야 한다. 따라서 가장 적절한 것은 ④의 disputes이다.

▶ entry-level a. 하급의; 초보적인 object v. 반대하다, 이의를 제기하다 suspect v. 의심하다, 수상히 여기다 disagree v. 일치하지 않다, 의견이 다르다 dispute v. 토의[토론]하다; 논박하다, 이의를 제기하다

10 ②

I once met a woman who, having been left with a fortune, said that she would never feel free till she had got rid of her property. She maintained that one became possessions' servant* and not their _____.

① friend
② master ⟷
③ colleague
④ accountant

나는 언젠가 상당한 재산을 물려받은 어떤 부인을 만났는데, 그녀는 자신의 재산을 다 없앨 때까지 결코 자유로움을 느낄 수 없을 것이라고 말했다. 그녀는 사람은 소유물의 하인이지 그것의 주인이 될 수 없다고 주장했다.

▶ and는 '대등'의 등위접속사이다. and 앞뒤는 유사한 형태 또는 비슷한 뜻의 어구가 쓰여야 한다. 부정어 not이 있으므로 앞의 '하인(servant)'과 대비되는 '주인(master)'이 쓰여야 가장 적절하다.

▶ be left with a fortune (큰) 재산을 물려받다 get rid of ~을 면하다, 제거하다, 처리하다, 없애다 property n. 재산, 자산 possession n. 소유; (pl.) 소유물, 재산 servant n. 고용인, 하인 master n. 주인 colleague n. 동료; 동업자 accountant n. 회계원, (공인) 회계사

11 ④

There was [nothing] _____ about James' scientific theories; in fact, they were quite shallow*.

① pacific
② fervent
③ portent
④ profound ↔

제임스(James)의 과학 이론에는 심오한 것이 없었다. 사실, 그 이론들은 아주 피상적이었다.

▶ '사실 아주 피상적이었다(in fact, they were quite shallow)'로 미루어 앞 문장은 '부정적인' 뜻이 되어야 한다. 그런데 부정어 nothing이 있으므로 shallow와 반대되는 ④의 profound가 쓰여야 적절하다.

shallow a. 얕은; 피상적인 pacific a. 평화로운, 태평한 fervent a. 뜨거운, 타는 듯한; 열렬한 portent n. 징후, 전조 profound a. 해박한; 심오한

12 ②

Michael talks about being both a nihilist and an atheist* during his life, [yet] he [never] does _____ faith in God.

① affirm
② lose*
③ praise
④ supplicate

마이클(Michael)은 일생동안 허무주의자와 무신론자가 되는 것에 관하여 이야기한다. 그럼에도 불구하고, 그는 결코 신(神)에 대한 믿음을 잃지 않는다.

▶ yet은 '역접'의 접속사로, '그럼에도 불구하고, 하지만, 그래도'의 뜻이다. '무신론자가 되는 것'을 얘기했지만, '신을 부정하지는 않았다'는 뜻이 되어야 전후가 대비되는 내용이 된다. 따라서 ②의 lose가 쓰이는 것이 적절하다.

nihilist n. 허무주의자; 무정부주의자 atheist n. 무신론자 affirm v. 확언하다; 주장하다 lose v. 잃다, 상실하다 praise v. 칭찬하다 supplicate v. 탄원하다; 간청하다

13 ①

Criticism that tears down without suggesting areas of improvement is [not] _____ [and] should be avoided* if possible.

① constructive ↔
② destructive
③ interesting
④ forced

개선의 여지를 제안하지 않고 헐뜯는 비판은 건설적이지 못하며, 가능한 한 피해야만 한다.

▶ '가능한 한 피해야만 한다'면, 바람직하지 못하기 때문일 것이다. 부정어 not이 있으므로 긍정적인 뜻의 단어가 쓰여야 하는데, 문맥상 ①이 적절하다.

avoid v. 피하다, 회피하다 constructive a. 건설적인; 적극적인 destructive a. 파괴적인; 해로운

14 ③

The government has acknowledged* that homelessness is a problem, [but] it [has failed] to _____ the seriousness of the problem.

① repair
② correct
③ grasp*
④ improve

정부는 집이 없는 것이 문제임을 인정하고 있었으나, 그 문제의 심각성을 파악하지 못하고 있었다.

▶ but은 '역접'의 의미의 등위접속사이다. '인정했다(has acknowledged)'는 긍정적인 태도이다. 뒤 문장의 내용은 but에 의해 반대 진술이 되어야 하므로 부정적인 태도가 되어야 한다. 그런데 부정적인 뜻이 fail이 있으므로, 빈칸에는 '인정했다'와 유사한 뜻인 ③의 grasp가 가장 적절하다.

acknowledge v. 인정하다, 시인하다 repair v. 수리하다, 수선하다 correct v. (잘못을) 바로 잡다 grasp v. 붙잡다; 이해하다, 파악하다 improve v. 향상시키다

15 ①

The members of any profession naturally seek to defend and protect one another; police officers, for instance, testify* for one another in court, [and] doctors [rarely] _____ one another's medical decisions.

① criticize ↔
② explain
③ review
④ examine

어떤 직업의 일원은 당연히 서로를 지지하고 보호하려 애쓴다. 예를 들어 경찰관들은 법정에서 서로를 위해 증언하고, 의사들은 서로의 의학적 결정을 좀처럼 비판하지 않는다.

▶ '같은 직업에 종사하는 사람들은 서로 지지하고 보호하려고 노력한다'고 했다. 경찰처럼 의사들도 다른 의사들이 내린 의학적 결정을 존중한다는 뜻이 되어야 한다. 부정어 rarely가 있으므로 ①의 criticize가 적절하다.

defend v. 변호하다, 지지[옹호]하다 testify v. 증언하다; 증명[입증]하다 criticize v. 비난하다; 비평하다 explain v. 설명하다; 해명하다 review v. 재검토하다 examine v. 검사하다, 조사하다, 검토하다

04

어휘를 통한 유추

1

문장의 구조보다는 특정 어휘에 초점을 맞춰 해결해야 하는 유형이다.
먼저 문장에서 키워드를 찾는다.
그리고 문맥과 상황을 살펴 빈칸을 유추한다.

예제 ▶▶▶
1

In an autocracy●**, all power is vested in the _____.**

① wealthy   ② ruler●
③ people   ④ clergy

autocracy는 '독재정치' 혹은 '독재국가'라는 의미이다. 이것은 권력이 통치자에게 집중되어 있는 정치 형태 혹은 국가 형태를 의미하므로 정답은 ②가 된다.

독재국가에서 모든 권력은 통치자에게 속해 있다.

예제 ▶▶▶
2

Many people in that country think it's foolish to try to predict your future from the stars●**. So, they don't believe in _____.**

① astrology●   ② geology
③ philosophy   ④ seismology

재진술이나 요약을 분명히 드러내주는 어구가 없지만 그런 유형으로 보아야 하며, 정답을 찾는 단서가 되는 표현은 predict your future from the stars이다. 별을 통해 운명을 예언하는 것은 점성학이므로 ①이 정답이 된다.

그 나라의 많은 사람들은 자신의 운명을 별을 통해 점치는 것을 어리석다고 생각한다. 그래서 그들은 점성학을 믿지 않는다.

예제 ▶▶▶
3

The sad● little boy sat quietly in the corner of the room with a(n) _____ look on his face.

① amused   ② orderly
③ ecstatic   ④ dejected●

주어를 수식하고 있는 형용사 sad가 정답을 찾는 키워드이다. sad와 유사한 의미를 가진 ④가 정답이 된다.

슬픔에 빠진 그 어린 소년은 낙담한 표정을 한 채 방구석에 조용히 앉아 있었다.

예제 ▶▶▶
4

Poles and Italians, in particular, were apt to come as _____ visitors to earn enough money in the US to establish themselves comfortably in the homeland. From 1899 to 1924, nearly four million Italians entered the US, but more than two million departed●.

① temporary●   ② native
③ permanent   ④ foreign

빈칸에 들어갈 단어는 이어진 문장에서 언급된 내용을 통해 유추해야 하며, 동그라미 표시된 nearly four million Italians entered the US, but more than two million departed가 근거가 된다. '거의 4백만 명이 입국한 후, 2백만 명 이상이 떠났다'는 것은 이들이 영구적인 정착을 위해 온 것이 아니라, 단기적인 목적을 갖고 왔다는 것이 된다. 따라서 빈칸에는 '일시적인'이란 의미의 ①이 들어가는 것이 적절하다.

특히, 폴란드인과 이탈리아인은 미국에서 충분한 돈을 벌어서 고국에 돌아가 편안한 생활을 하려는 일시적인 방문자로서 미국에 입국하는 경향이 있었다. 1899년부터 1924년 사이에 거의 4백만 명의 이탈리아인이 미국에 들어왔지만, 2백만 명 이상이 떠났다.

| Choose the one that best completes the sentence.

01 The personnel manager read all the _____ herself.

① applications   ② applicants

③ applies   ④ applicators

02 Ben is a successful lawyer with hundreds of _____.

① clients   ② consumers

③ customers   ④ guests

03 Automation has made the clothes-washing process _____.

① burdensome   ② self-operating

③ unorthodox   ④ democratic

04 The national air travel system was _____ by a pilots' strike.

① parallel   ② paradox

③ paralysis   ④ paralyzed

05 My father is a _____ eater and won't eat overcooked vegetables.

① negligent   ② perfunctory

③ lariat   ④ fastidious

06   In such a _____ grouping, a wide range of talent must be expected.

① casual   ② formal
③ homogeneous   ④ congenial
⑤ heterogeneous

07   I always feel _____ when I look down from the top of a high building.

① dejected   ② peckish
③ giddy   ④ hoarse

08   A judgement made before all the factors are known must be called _____.

① premature   ② fair
③ harsh   ④ deliberate

09   A person who kills a great number of people of the same race commits _____.

① genocide   ② homicide
③ parricide   ④ insecticide

10   We live in an era of _____. To really succeed it is necessary to be an expert in one
particular field. That leaves little chance for someone to become a well-rounded
person.

① industrialization   ② globalization
③ modernization   ④ specialization

11   In former times people believed that thunder and lightning were signs of _____ forces.

     ① meticulous   ② bombastic

     ③ retentive   ④ preternatural

12   It is _____ that the world's population sometime in the next century will be between 11 billion and 14 billion.

     ① proved   ② recommended

     ③ estimated   ④ confessed

13   Farmers can _____ a contract with the mill to lock in a certain price in order to be protected against falling prices.

     ① draw in   ② draw on

     ③ draw out   ④ draw up

14   _____ techniques, introduced in the mid-1850s, made it possible to transport meat and other perishables all over the world.

     ① Communication   ② Machinery

     ③ Production   ④ Refrigeration

15   A _____ is a place where people keep a computer screen, television, or stereo. It is often designed to hide the electronic device by making it look like a piece of furniture.

     ① monitor   ② remote control

     ③ database   ④ console

ANSWERS

01 ①

The personnel manager read° all the _____ herself.

① applications°　　② applicants
③ applies　　④ applicators

그 인사부장은 지원서를 모두 직접 읽었다.

▶ '읽었다(read)'로 미루어 '글로 쓰인 것'임을 유추할 수 있다. ①의 '지원서(applications)'가 가장 적절하다.

application n. 적용, 응용; 신청(서)　applicant n. 지원자; 신청자　apply v. 적용하다; 신청하다　applicator n. (약·화장품·도료 등을) 바르는 기구

02 ①

Ben is a successful lawyer° with hundreds of _____.

① clients°　　② consumers
③ customers　　④ guests

벤(Ben)은 수백 명의 의뢰인이 있는 잘나가는 변호사이다.

▶ '성공한 변호사(a successful lawyer)'로 미루어 사건을 의뢰하는 사람이 많음을 유추할 수 있다. '법률적인 소송이나 변호를 의뢰하는 사람'은 ①의 clients이다.

lawyer n. 법률가; 변호사　client n. 소송[변호] 의뢰인; 고객, 단골손님　consumer n. 소비자, 수요자　customer n. (단골)손님, 고객, 거래처　guest n. 손님, 내빈; 특별 출연자

03 ②

Automation° has made the clothes-washing process _____.

① burdensome　　② self-operating°
③ unorthodox　　④ democratic

자동화는 세탁 과정을 자동으로 하게 했다.

▶ '자동화(automation)'는 기계 작동, 처리 과정 등을 기계 스스로 하게 하는 것을 의미한다. ②가 정답이다.

automation n. 자동화　burdensome a. 부담이 되는　self-operating a. 스스로 작동하는　unorthodox a. 정통이 아닌; 이단의　democratic a. 민주주의의; 민주적인

04 ④

The national air travel system was _____ by a pilots' strike°.

① parallel　　② paradox
③ paralysis　　④ paralyzed°

조종사들의 파업으로 전국 항공 교통망이 마비되었다.

▶ '조종사 파업으로(by a pilots' strike)'라는 표현으로 미루어 빈칸에는 ③, ④를 먼저 검토할 수 있다. 문법적으로 빈칸이 be 동사 was 뒤에 위치하고 있으므로 ③의 '마비(paralysis)'가 쓰이면 '항공 교통망과 동일물이 되므로 어색해진다. 따라서 '항공 교통망이 조종사들의 파업에 의해 마비되었다'는 뜻이 되도록, 즉 의미상 수동의 관계가 되도록 ④의 과거분사 paralyzed가 쓰여야 한다.

strike n. 타격; 파업　parallel n. 평행; 유사　paradox n. 역설, 모순　paralysis n. 마비　paralyzed a. 마비된; 무력한

05 ④

My father is a _____ eater and won't eat overcooked vegetables°.

① negligent　　② perfunctory
③ lariat　　④ fastidious°

나의 아버지는 식성이 까다로운 사람이어서 너무 익힌 야채는 먹지 않으려 하신다.

▶ '너무 익힌 야채는 좋아하지 않는다'라는 내용으로 미루어, '(식성이) 까다로운(fastidious)' 사람이라 할 수 있다.

overcooked a. (요리를) 너무 익힌, 바싹 구운　negligent a. 게을리 하는, 태만한, 부주의한, 소홀한　perfunctory a. 형식적인, 마지못한　lariat n. 올가미용 밧줄　fastidious a. (기호·요구가) 까다로운, 괴팍스러운

06   ⑤

In such a _____ grouping, a wide range of talent must be expected*.

① casual
② formal
③ homogeneous
④ congenial
⑤ heterogeneous*

그러한 이질적인 분류에 있어서 광범위한 재능이 당연히 요구된다.

▶ '광범위한 재능이 요구된다'고 한 점으로 미루어 분류의 대상은 '상당히 복잡한 것'이라 유추할 수 있다. ⑤의 '이질적인(heterogeneous)'이 적절하다.

▶ casual a. 우연한; 평상의 formal a. 형식의; 공식적인 homogeneous a. 동종의, 동질의 congenial a. 같은 성질의; 기분이 좋은 heterogeneous a. 서로 다른 종류의; 이질적인

---

07   ③

I always feel _____ when I look down from the top of a high building*.

① dejected
② peckish
③ giddy*
④ hoarse

고층 건물 꼭대기에서 내려다볼 때 나는 늘 현기증을 느낀다.

▶ '고층 건물 꼭대기에서 내려다볼 때' 어떤 증상을 느끼는지 유추한다. 대부분의 사람들이 '현기증'을 느낄 것이다.

▶ dejected a. 기운 없는, 낙담한 peckish a. 배가 좀 고픈; 화를 잘 내는 giddy a. 현기증나는, 어지러운 hoarse a. 목이 쉰; 귀에 거슬리는

---

08   ①

A judgement made before all the factors are known* must be called _____.

① premature*
② fair
③ harsh
④ deliberate

모든 요인들을 알기 전에 내려진 판단은 성급한 결정으로 불려야 한다.

▶ '어떤 일이 일어난 요인을 모두 알기 전에 판단을 내렸다'면 '성급한' 결정이라 할 수 있다.

▶ premature a. 너무 이른, 시기상조의 fair a. 공평한, 올바른 harsh a. 거친 deliberate a. 계획적인, 고의의

---

09   ①

A person who kills a great number of people of the same race* commits _____.

① genocide*
② homicide
③ parricide
④ insecticide

같은 민족의 아주 많은 사람들을 죽이는 사람은 대량 학살의 범죄를 저지르는 것이다.

▶ '같은 민족의 아주 많은 사람들을 죽이는 행위'를 뜻하는 말은 ①의 '대량 학살, 집단 학살(genocide)'이다.

▶ genocide n. (민족의) 대량 학살, 집단 학살 homicide n. 살인(죄); 살인범 parricide n. 근친 살해 insecticide n. 살충제

---

10   ④

We live in an era of _____. To really succeed it is necessary to be an expert* in one particular field. That leaves little chance for someone to become a well-rounded person.

① industrialization
② globalization
③ modernization
④ specialization*

우리는 전문화 시대에 살고 있다. 정말로 성공하기 위해서는 특정한 한 분야에서 전문가가 되어야 한다. 이것은 다재다능한 사람이 될 가능성을 허용하지 않는 것이다.

▶ 특정한 한 분야에서 전문가가 되어야 하는 것은 '전문성'을 요구하는 시대이기 때문일 것이다.

▶ well-rounded a. 균형이 잡혀 완벽한; 다방면의 industrialization n. 산업화, 공업화 globalization n. 세계화, 국제화 modernization n. 현대화, 근대화 specialization n. 특수화, 전문화

11

④

In former times people® **believed that thunder and lightning were signs of** _____ **forces.**

① meticulous ② bombastic
③ retentive ④ preternatural®

옛날에 사람들은 천둥과 번개를 초자연적인 힘의 표시라고 믿었다.

▶ 천둥과 번개가 치는 과학적 이유를 몰랐던 옛날 사람들은 이를 어떻게 생각했을지 유추해야 한다.

meticulous a. 세심한; 꼼꼼한 bombastic a. 과대한, 과장된 retentive a. 보유하는; 기억이 좋은 preternatural a. 초자연적인; 이상한

12

③

It is _____ **that the world's population** sometime in the next century® **will be between 11 billion and 14 billion.**

① proved ② recommended
③ estimated® ④ confessed

다음 세기 언젠가 세계 인구는 110억에서 140억 사이가 되리라고 추산되고 있다.

▶ '다음 세기 언젠가(sometime in the next century)'로 미루어 '확정적인' 뜻을 지닌 단어는 쓰일 수 없다. '통계적으로 예측된'의 뜻을 지닌 단어가 필요하다. ③의 estimated가 적절하다.

prove v. 입증하다 recommend v. 추천하다, 권하다 estimate v. 예상하다; 어림잡다 confess v. 고백하다; 인정하다

13

④

Farmers can _____ **a** contract® **with the mill to lock in a certain price in order to be protected against falling prices.**

① draw in ② draw on
③ draw out ④ draw up®

농부들은 가격 하락으로부터 보호받기 위해 제분소와 일정 가격을 유지하는 계약서를 작성할 수 있다.

▶ '일정 가격을 유지하는 계약서(a contract to lock in a certain price)'로 미루어, '(문서를) 작성하다'는 뜻의 draw up이 가장 적절하다.

draw in 끌어들이다; (비용을) 줄이다 draw on (장갑·구두 등을) 끼다, 신다 draw out 꺼내다; (계획을) 세우다 draw up 끌어올리다; (문서를) 작성하다

14

④

_____ **techniques, introduced in the mid-1850s, made it possible to transport meat and other** perishables® **all over the world.**

① Communication ② Machinery
③ Production ④ Refrigeration®

1850년대 중반에 도입된 냉장 기술로 육류와 썩기 쉬운 다른 식품들을 전 세계로 운송하는 일이 가능해졌다.

▶ '육류와 썩기 쉬운 식품들을 전 세계에 (온전하게) 운송할 수 있게 했다'는 내용이다. 여러 종류의 기술이 이를 가능하게 했겠지만, 육류와 썩기 쉬운 식품(생선, 야채 등)은 '운반 도중에 신선도가 떨어지고 상하기 쉬운 식품'이므로, ④의 '냉장(refrigeration)'이 정답으로 가장 적절하다.

transport v. 수송하다, 운반하다 perishable n. 썩기 쉬운 물건[식품] machinery n. 기계류; 기계 장치 refrigeration n. 냉각, 냉동; 냉장

15

④

A _____ **is a place where people keep a computer screen, television, or** stereo®. **It is often designed to hide the electronic device by making it look like a piece of furniture.**

① monitor ② remote control
③ database ④ console®

콘솔은 사람들이 컴퓨터 스크린, 텔레비전, 혹은 스테레오 등을 보관하는 장소이다. 그것은 종종 가구처럼 보이게 함으로써 전자 제품을 숨기도록 디자인된다.

▶ '콘솔(console)'은 컴퓨터, 텔레비전 등의 전자 제품들을 한 곳에 모아 놓은 것이다.

hide v. 숨기다, 감추다 electronic a. 전자(학)의 console n. 콘솔; (전축·텔레비전 등의) 콘솔형 캐비닛

05

멀티블랭크

1

빈칸이 두 개 이상인 문제가 꾸준히 출제되고 있다.
두 개의 빈칸은 서로 연관돼 있을 수도 있고 아닐 수도 있다.
먼저 키워드를 찾고, 한 가지 접근법일지 복수의 접근법일지를 판단한다.

예제 ▶▶▶
1

Because he was _____ and the life of the party, his friends thought that he was happy◦, but his wife was _____ **and** shy◆ and was thought to be unhappy.

① garrulous● — taciturn◆   ② inimical — gregarious
③ melancholy — sympathetic   ④ philanthropic — conciliatory

여러 가지 접근 방법이 있겠으나, 그 가운데 한 가지를 적용하면 다음과 같다. 첫 번째 문장은 원인과 결과의 구문이며, 동그라미 표시된 happy를 참고하면 첫 번째 빈칸에는 밝고 긍정적인 의미의 단어가 들어가야 한다. 두 번째 빈칸은 순접의 접속사 and로 shy와 이어져 있으므로 이와 비슷한 의미 속성의 단어가 필요하다. 두 조건을 모두 만족시키는 선택지는 ①이다.

그가 말이 많고 또 파티에 생기를 불어넣는 인물이었기 때문에 그의 친구들은 그가 즐거웠다고 생각했다. 하지만 그의 아내는 말수가 적고 수줍음을 타서 즐겁지 않았을 거라고 생각했다.

예제 ▶▶▶
2

He was ⌊uneven⌋ in his approach to the problem, **at once** _____ **and** _____.

① surly — frivolous   ② conscientious — well-meaning
③ careless — whimsical   ④ sincere● — reluctant ↔

at once A and B 구문이지만, 점선으로 표시한 uneven이라는 단어가 '한결같지 않다'는 의미이므로 두 개의 빈칸에는 각각 서로 상반되는 의미 혹은 성격의 단어가 들어가야 한다.

그는 그 문제에 접근하는 방법이 한결같지 않았다. 진지하기도 했으며 마지못해 하는 듯하기도 했다.

예제 3 ▶▶▶

The customers were `so` incensed● at the obvious _____ of the waiter `that` they could `not` _____ their anger and refused to pay their check.

① properness — condone　　② fortitude — mollify

③ ineptitude● — alleviate ⟺　④ urgency — confuse

첫 번째 빈칸의 경우, 앞의 동그라미 표시된 부정적인 의미의 단어가 위치해 있으므로, 화를 내게 된 이유 혹은 대상 역시 부정적인 것이어야 한다. 전체 문장은 원인, 결과의 'so ~ that' 구문이며, 화를 낸 결과는 부정적인 것이어야 하므로, refused to pay처럼 and 앞부분 역시 부정적인 내용이어야 할 것이다. 그런데, 빈칸 앞에 not이 위치하고 있으므로, 두 번째 빈칸에는 긍정적인 의미의 단어가 들어가야 한다. 두 가지를 모두 만족시키는 선택지는 ③이다.

손님들은 그 웨이터의 눈에 거슬리는 서투름에 너무 화가 나서 화를 누그러뜨리지 못하고 계산하기를 거부했다.

예제 4 ▶▶▶

The exhibit was a complete _____, `thereby` confirming the rumors from Paris of the artist's _____.

① triumph — apathy　　② failure — geniality

③ success● — brilliance●　④ disaster — virtuosity

문맥상 인과관계의 의미를 갖는 분사구문이 있으므로, 두 개의 빈칸에는 모두 긍정적인 의미의 단어가 들어가거나, 모두 부정적인 의미의 단어가 들어가야 한다. 이러한 관계로 이루어진 짝은 ③이다.

그 전시회는 큰 성공을 거뒀다. 그로써 그 예술가가 비범하다는 파리로부터의 소문이 확인된 셈이다.

예제 ▶▶▶ 5

Although ancient tools were _____ preserved, enough● have survived to allow us to demonstrate an occasionally interrupted◆ **but** generally _____ progress through prehistory.

① rarely ⟷ (●) — continual ⟷ (◆)　② partially — noticeable
③ unwittingly — documented　④ superficially — necessary

양보절을 이끄는 although가 있으므로, 주절과 종속절의 내용은 서로 반대이어야 한다. 따라서 첫 번째 빈칸에는 동그라미 표시된 enough와 상반되는 의미의 단어가 들어가야 한다. 두 번째 빈칸의 경우, 역접의 접속사 but이 앞에 있으므로, 이 but 앞에 위치한 단어와 반대의 의미를 가진 단어가 필요하다.

고대의 도구들이 드물게 보존되어 있긴 해도, 가끔 중단되었지만 전반적으로는 지속적인 선사시대 전반에 걸친 발전을 우리가 증명하기에 충분할 만큼이 남아 있었다.

예제 ▶▶▶ 6

Despite lingering _____ at home and abroad, the Korean economy is showing clear signs of recovery● **thanks to** continued _____ exports.

① agitation — peevish　② possibilities — bullish
③ standoff — deficient　④ uncertainties ⟷ — robust●

문두에 있는 despite는 양보의 의미를 가진 전치사이므로, 첫 번째 빈칸에는 signs of recovery와 대조를 이루는 부정적인 의미의 단어가 들어가야 한다. 두 번째 빈칸에는 앞에 '~덕분에'라는 의미의 thanks to가 있는 점, 그리고 문맥상 두 번째 빈칸의 결과 signs of recovery를 보여주게 됐다는 점 등을 고려하면, 긍정적인 의미의 단어가 들어가야 한다. 두 조건을 모두 만족시키는 선택지는 ④이다.

국내외에 잔재하는 불확실성에도 불구하고 한국경제는 지속되는 굳건한 수출로 인해 경기 회복의 확연한 징조를 보이고 있다.

| Choose the one that best completes the sentence.

01 Frustrated by the many _____, the scientist reluctantly _____ his experiment.

① successes — finished
② dangers — extended
③ liabilities — studied
④ complications — terminated

02 John always procrastinates; his _____ only _____ the problem of the impending deadline.

① sloth — augmented
② fortitude — disparaged
③ immunity — derided
④ petulance — disclaimed

03 Not only the _____ are fooled by propaganda; we can all be misled if we are not _____.

① gullible — wary
② illiterate — mature
③ ignorant — cynical
④ credulous — aggressive
⑤ ludicrous — prodigious

04 The drunken driver was filled with _____ for having caused the _____ injuries to the child.

① remorse — fatal
② desire — mindless
③ hangover — self-inflicted
④ ecstasy — insensible

05 Although historians have long thought of Genghis Khan as a _____ potentate, new research has shown he was _____ by many of his subjects.

① despotic — revered
② tyrannical — abhorred
③ jocular — esteemed
④ peremptory — invoked

06   _____ of refuse and garbage at open dumps long remained a major _____ of air pollution in many of our cities.

① Purchasing — result   ② Burning — cause
③ Consideration — concern   ④ Collection — benefit
⑤ Rejection — reason

07   The _____ of the house was unbelievable; it was difficult to realize that human beings could live in such _____.

① disorder — isolation   ② stench — disarray
③ barrenness — labyrinth   ④ squalor — filth
⑤ spaciousness — confusion

08   Although a presupposition may later be confirmed or denied by empirical research and thereby proved to be _____, it can never be said to have been a(n) _____.

① right or wrong — falsehood   ② descriptive or not — error
③ true or false — lie   ④ black and white — prevarication

09   After carefully evaluating the genuineness of the painting, the art critics unanimously agreed that the work had been done by a _____ and should be _____.

① progeny — renewed   ② charlatan — rejected
③ neophyte — banned   ④ fanatic — purchased

10   We are _____ the intellects of the past; or, rather, like children we take it for granted that somebody must supply us with our supper and our _____.

① ungrateful to — ideas   ② dependent on — repose
③ unfaithful to — needs   ④ afraid of — allowance
⑤ indebted to — wants

11   Research has shown that for most voters, choosing a candidate is an impulsive judgment rather than _____ decision; not so much rational as it is _____.

① an emotional — cerebral
② a haphazard — random
③ a deliberate — intuitive
④ an intentional — logical

12   Retailers hope that advanced surveillance systems and _____ internal controls will help them _____ mounting losses from shoplifting and employee theft.

① weak — eradicate
② intrusive — deduct
③ stringent — stem
④ officious — double

13   It cannot be gainsaid that the _____ on behalf of the immigrants by the association was less well organized; thus it is hardly surprising that its impact was _____.

① effort — negligible
② full — further
③ movement — questionable
④ assistance — optimal

14   Sacred places range from entire cities to that special room in your home, and can be man-made or part of _____. Since they are associated as much with sorrow as with joy, they can be sites commemorating great _____.

① nature — loss
② artwork — battles
③ environment — achievements
④ temples — saints
⑤ world — cemeteries

15   Although the positive news that the cancer was caught in time to treat it with radiation therapy is often a cause for momentary celebration, that temporary _____ is quickly _____ with the realization that the treatments may take months.

① euphoria — dampened
② gladness — elevated
③ sorrow — alleviated
④ buoyancy — augmented

ANSWERS

01 ④

Frustrated* by the many _____, the scientist reluctantly♦ _____ his experiment.

① successes — finished
② dangers — extended
③ liabilities — studied
④ complications* — terminated♦

많은 혼란으로 인해 좌절한 그 과학자는 마지못해 자신의 실험을 종결했다.

▶ '좌절한(frustrated)'으로 미루어 앞의 빈칸에는 그 원인이 쓰여야 한다. 또 '마지못해(reluctantly)'로 미루어 뒤의 빈칸에는 '좌절하여' 결과적으로 취한 행동을 나타내는 단어가 필요하다. ④가 적절한 인과관계를 표현한다.

▶ frustrate v. 실망시키다; 좌절시키다 reluctantly ad. 마지못해, 싫어하면서 liability n. 책임, 의무 complication n. 복잡; (사건의) 혼란 terminate v. 끝내다, 종결시키다

02 ①

John always procrastinates*; his _____ only _____ the problem of the impending deadline.

① sloth* — augmented*
② fortitude — disparaged
③ immunity — derided
④ petulance — disclaimed

존(John)은 항상 꾸물거린다. 그의 게으름은 임박한 마감시간의 문제를 증가시킬 뿐이었다.

▶ '꾸물거리다(procrastinate)'와 관계된 것은 '게으름(sloth)'이고, 게으름을 피우면 마감시간이 임박해서 시간에 쫓기는 문제를 증가시키게 된다.

▶ procrastinate v. 꾸물거리다, 질질 끌다 impending a. 임박한, 절박한 deadline n. 마감 시간, 최종 기한 sloth n. 게으름, 나태 augment v. 늘리다, 증대시키다 fortitude n. 용기, 불굴의 정신 disparage v. 비난하다; 헐뜯다 immunity n. 면제; 면역 deride v. 조롱하다, 비웃다 petulance n. 안달, 보챔 disclaim v. 거부하다; 부인하다

03 ①

Not only the _____ are fooled by propaganda*; we can all be misled♦ if we are not _____.

① gullible* — wary ⟷(♦)
② illiterate — mature
③ ignorant — cynical
④ credulous — aggressive
⑤ ludicrous — prodigious

잘 속는 사람들이 허위선전에 기만당할 뿐 아니라, 만약 신중하지 않으면 우리도 모두 속을 수 있다.

▶ 허위선전에 속는 사람은 '잘 믿거나 잘 속는 사람'이고, 마찬가지로 신중하거나 조심하지 않으면 역시 속을 수 있다.

▶ fool v. 속이다, 기만하다 propaganda n. (허위·과장된) 선전 mislead v. 호도하다; 속이다 gullible a. 잘 속는 wary a. 경계하는, 신중한 illiterate a. 문맹의 mature a. 성숙한 ignorant a. 모르는; 무식한 cynical a. 냉소적인 credulous a. 잘 속는 aggressive a. 적극적인; 공격적인 ludicrous a. 터무니없는 prodigious a. 엄청난, 굉장한

04 ①

The drunken driver was filled with _____ for having caused the _____ injuries to the child*.

① remorse* — fatal*
② desire — mindless
③ hangover — self-inflicted
④ ecstasy — insensible

술 취한 그 운전자는 그 아이에게 치명적인 부상을 입힌 데 대해 심한 양심의 가책을 느꼈다.

▶ 선택지 중에서 명사 injuries를 수식할 수 있는 형용사로 ②의 mindless와 ④의 insensible은 의미상 적절하지 못하다. 또 for 이하는 의미상 앞의 빈칸에 대한 '이유'가 되어야 하는데, '숙취'를 뜻하는 ③의 hangover는 문맥상 적절치 못하다. '사고를 내서 사람을 불구로 만든 술 취한 운전자의 심리 상태'로 가장 적절한 것은 ①이다.

▶ drunken a. 술에 취한 injury n. 상해, 부상 remorse n. 후회, 양심의 가책 fatal a. 치명적인 mindless a. 어리석은 hangover n. 숙취 self-inflicted a. 자초한 ecstasy n. 무아경, 황홀경 insensible a. 무감각한; 의식을 잃은

05

Although historians have long thought of Genghis Khan as a _____ potentate, new research has shown he was _____ by many of his subjects.

① despotic● — revered⇔
② tyrannical — abhorred
③ jocular — esteemed
④ peremptory — invoked

역사가들은 오랫동안 칭기즈칸(Genghis Khan)을 전제적인 권력가로 여겨왔지만, 최근 연구에 의하면 그는 자신의 많은 백성들에게 존경을 받았다는 사실이 드러나고 있다.

▶ 양보의 접속사 although가 있으므로, 앞뒤 문장은 상반되는 내용이어야 한다. '권력가(potentate)'를 수식하기에 적합한 단어는 ①, ②, ④이다. 상반된 내용이 되어야 하므로, 뒤의 빈칸에는 긍정적인 뜻의 ①, ③이 쓰여야 한다. 따라서 ①이 쓰여야 양보를 나타내는 내용이 된다.

° potentate n. 권력가; 군주 despotic a. 독재적인; 횡포한 revere v. 존경하다; 숭배하다 tyrannical a. 폭군의; 전제적인 abhor v. 몹시 싫어하다 jocular a. 우스운, 농담의 esteem v. 존경하다, 존중하다 peremptory a. 단호한; 독단적인 invoke v. 기원하다; 호소하다

06

_____ of refuse and garbage● at open dumps long remained a major _____ of air pollution in many of our cities.

① Purchasing — result
② Burning● — cause●
③ Consideration — concern
④ Collection — benefit
⑤ Rejection — reason

쓰레기와 음식물 찌꺼기를 노천 쓰레기장에서 소각하는 것은 오랫동안 우리가 사는 많은 도시에서 여전히 공기오염의 주요한 원인이 되었다.

▶ '공기오염의 주요한 무엇이 되고 있다'로 미루어, 앞의 빈칸은 '노천 쓰레기장에서의 어떤 행위가 공기오염에 영향을 주는 것'이 되어야 한다. 부정적인 뜻인 ②의 '소각(burning)'과 ④의 '수집(collection)'이 쓰일 수 있다. ⑤의 rejection은 '폐기물'이어서 어색하다. 뒤의 빈칸에는 ②의 '원인(cause)'과 ⑤의 '이유(reason)'가 가능하다.

° refuse n. 폐물, 쓰레기 garbage n. (음식) 찌꺼기; 쓰레기 dump n. 쓰레기 버리는 곳 burn v. 불에 태우다

07

The _____ of the house was unbelievable●; it was difficult to realize● that human beings could live in such _____.

① disorder — isolation
② stench — disarray
③ barrenness — labyrinth
④ squalor● — filth●
⑤ spaciousness — confusion

그 집의 불결한 상태는 믿기 어려울 정도였다. 사람이 그런 쓰레기 틈에서 살 수 있었는지 이해하기 어려웠다.

▶ 집(사람이 사는 곳)의 상태가 믿기 어려울 정도라는 의미와 사람들이 그런 곳에서 살 수 있다는 것을 이해하기 어렵다는 의미가 같기 때문에, 결국 두 개의 빈칸에는 비슷하게 부정적인 의미의 단어가 들어가야 된다.

° disorder n. 혼란, 무질서 isolation n. 고립 stench n. 악취 disarray n. 혼란 barrenness n. 불모, 메마름 labyrinth n. 미로 squalor n. 불결함; 누추함 filth n. 오물, 쓰레기 spaciousness n. 널찍함, 광활함 confusion n. 혼란

08

Although a presupposition may later be confirmed or denied● by empirical research and **thereby** proved to be _____, it can never be said to have been a(n) _____.

① right or wrong — falsehood
② descriptive or not — error
③ true or false● — lie●
④ black and white — prevarication

비록 가정은 나중에 실험상의 연구결과에 의해 확인되거나 부인될 수 있고 그것에 의해 사실인지 그릇된 것인지가 증명될 것이지만 그것이 절대 거짓이었다고 말해질 수는 없다.

▶ ①의 right or wrong이 주관적 의견일 수 있다면 ③의 true or false는 객관적 사실에 근거한 논리적 판단이다. presupposition이라는 단어 자체가 논리적 가정을 의미하며 confirm의 정의가 to state or show that sth is definitely true or correct인 점을 미루어 보아 첫 번째 빈칸에는 true or false가 더 적절하다고 할 수 있다. 또한 falsehood와는 다르게 lie는 누군가를 속이기 위한 계획된 의도를 갖고 있으므로 presupposition은 처음부터 사실이 무엇인지를 모른 채 가정만을 하는 것이므로 틀린 가정으로 밝혀졌을지라도 이를 결코 '의도된 거짓말'이라고 말할 수는 없는 것이다.

° presupposition n. 예상, 가정; 전제[선행] 조건 empirical a. 경험상의, 실험상의; 경험[실험]에 의한 prevarication n. 얼버무림, 핑계, 변명

09

After carefully evaluating the genuineness° of the painting, the art critics unanimously agreed that the work had been done by a _____ and should be _____.

① progeny — renewed
② charlatan° — rejected°
③ neophyte — banned
④ fanatic — purchased

②

▶ 미술작품의 진위를 평가한 후라 했으므로 진위와 관련성이 가장 깊은 ②의 'charlatan(사기꾼, 돌팔이)'이 첫 빈칸에 가장 적절하다. 이런 사람이 그린 가짜 작품은 불합격시켜 퇴짜 놓아야 하는 것이므로 두 번째 빈칸에도 ②의 rejected가 가장 적절하다.

▷ evaluate v. 평가하다 genuineness n. 진짜, 정품 unanimously ad. 만장일치로 progeny n. 자손; 후계자 charlatan n. 사기꾼, 돌팔이 reject v. 거절하다 neophyte n. 신참, 초심자 ban v. 금지하다 fanatic n. 광신자, 열광자

그 그림의 진품 여부를 신중하게 평가한 후에 미술 비평가들은 그 그림이 사기꾼에 의해 그려졌다는 것과 그래서 받아들여질 수 없다는 것에 만장일치로 동의했다.

10

We are _____ the intellects° of the past; or, rather, like children we take it for granted° that somebody must supply us with our supper and our _____.

① ungrateful to° — ideas° ② dependent on — repose
③ unfaithful to — needs ④ afraid of — allowance
⑤ indebted to — wants

①

▶ 과거의 지성인들에 대한 우리의 태도를 식사제공을 당연히 여기는 태도에 비유하고 있으므로 첫 번째 빈칸에는 은혜를 모른다는 의미가 적절하다. 그리고 지성인들이 제공해 줄 수 있는 것이 두 번째 빈칸에 적절하다.

▷ intellect n. 지성인 take it for granted that ~을 당연하게 여기다 ungrateful a. 은혜를 모르는, 감사할 줄 모르는 unfaithful a. 충실하지 못한 allowance n. 용돈, 수당; 허락 indebted a. 빚이 있는; 은혜를 입은

우리는 과거의 지성인들을 감사히 여기지 않는다. 아니 오히려 아이들처럼 우리는 누군가가 우리에게 먹을거리와 사상을 제공해야 된다는 것을 당연하게 여기고 있다.

11

Research has shown that for most voters, choosing a candidate is an impulsive° judgment rather than _____ decision; not so much rational° as it is _____.

① an emotional — cerebral
② a haphazard — random
③ a deliberate ⟷(°) — intuitive ⟷(♦)
④ an intentional — logical

③

▶ A rather than B와 not so much A as B에서는 A와 B가 서로 대조되는 내용을 나타낸다. impulsive와 대조되는 것은 deliberate와 intentional이고, rational과 대조되는 것은 random과 intuitive인데, 이를 모두 만족시키는 것은 ③이다.

▷ impulsive a. 충동적인; 추진력 있는 rational a. 이성적인; 추리의 cerebral a. 대뇌의; 지적인 haphazard a. 우연한; 계획성이 없는 random a. 닥치는 대로; 임의의 deliberate a. 신중한; 계획적인 intuitive a. 직관의 intentional a. 고의의, 계획적인 logical a. 논리적인; 타당한

대부분의 투표자들의 경우에 후보자를 선택하는 것은 신중한 결정보다는 충동적인 판단이며 이성적이기보다는 직관적인 것임을 조사는 보여주었다.

12

Retailers hope that advanced surveillance° systems and, _____ internal controls will help them _____ mounting losses° from shoplifting and employee theft.

① weak — eradicate ② intrusive — deduct
③ stringent° — stem° ④ officious — double

③

▶ 앞의 빈칸은 등위접속사 and에 의해 '강화된 감시 체계'와 연결되어 있으므로 뒤의 명사구도 이와 유사한 의미의 ③의 '엄격한(stringent)' 내부 통제(장치)가 되어야 한다. 이로 인해 예상하는 결과는 '늘어나는 손실을 줄이거나 아예 근절시키는 것'이라 유추할 수 있다. 뒤의 빈칸에는 ① '근절하다(eradicate)'와 ③ '막다(stem)'가 적절하다.

▷ surveillance n. 감시, 감독 shoplifting n. 가게 좀도둑질 theft n. 도둑질, 절도(죄) eradicate v. 뿌리째 뽑다; 근절하다 intrusive a. 끼어드는; 침입적인 deduct v. (세금 따위를)공제하다, 빼다 stringent a. 엄중한 stem v. (반대 따위를) 저지하다, (흐름을) 막다 officious a. 참견하기 좋아하는

소매상인들은 보다 강화된 감시 체계와 엄중한 내부 통제장치가 가게 좀도둑질과 종업원의 절도로 인해 계속 늘어나는 손실을 막는 데 도움이 되길 바라고 있다.

13 ①

It cannot be gainsaid that the _____ on behalf of the immigrants by the association° was less well organized◆; thus it is hardly surprising that its impact was _____.

① effort° — negligible◆
② full — further
③ movement — questionable
④ assistance — optimal

이민자들을 위한 협회의 노력이 다소 덜 조직화되었다는 점은 부정할 수 없으므로 그 영향력이 하찮은 것은 결국 놀랍지 않다.

▶ 우선 문법적으로 첫 번째 빈칸에는 명사가 와야 하므로 ②는 오답이다. 내용상 협회가 이민자들을 도울 것을 유추할 수 있으므로 첫 번째 빈칸에는 ①의 원조를 위한 '노력'이나 ④의 '도움'의 내용이 적절하다. 또한 thus를 통해서 첫 번째 문장과 두 번째 문장이 인과관계임을 알 수 있는데, 첫 번째 문장에서 이런 노력 또는 도움이 다소 덜 조직화되었다고 했으므로 두 번째 문장에서는 그 결과로 노력 또는 도움의 영향 역시 미미했다는 흐름으로 이어져야 한다. 따라서 정답은 ①이다.

》 gainsay v. 부정하다; 반대하다   on behalf of ~을 대신하여, ~을 위해   negligible a. 무시해도 좋은, 하찮은 optimal a. 최선의, 가장 바람직한

---

14 ①

Sacred places range from entire cities to that special room in your home, and can be man-made° or part of _____. Since they are associated as much with sorrow◆ as with joy, they can be sites commemorating great _____.

① nature ⟷ (●) — loss◆
② artwork — battles
③ environment — achievements
④ temples — saints
⑤ world — cemeteries

도시 전체에서부터 당신의 집에 있는 그 작은 방에 이르기까지 모두 신성한 장소들이 될 수 있다. 또 그것은 인공적인 것일 수도 있고 자연의 일부일 수도 있다. 신성한 장소들이란 기쁨과 연관되어 있는 것만큼이나 슬픔과도 연관되어 있기 때문에, 심각한 패배를 기념하는 장소가 될 수도 있다.

▶ 대조와 반의의 논리가 적용되고 있는 지문이다. 도시 전체와 작은 방이 대조를 이루듯이, 인공과 대조되는 것은 '자연'이며, 마찬가지로 두 번째 빈칸은 기쁨과 대조되는 슬픔과 연관된 단어가 적절한데 '실패'가 이에 해당한다.

》 sacred a. 신성한; 종교적인 commemorate v. 기념하다 achievement n. 성취 saint n. 성인 cemetery n. 공동묘지

---

15 ①

Although the positive news° that the cancer was caught in time to treat it with radiation therapy is often a cause for momentary celebration◆, that temporary _____ is quickly _____ with the realization that the treatments may take months.

① euphoria◆ — dampened ⟷ (●)
② gladness — elevated
③ sorrow — alleviated
④ buoyancy — augmented

암을 적당한 때에 발견하여 방사선 요법으로 치료했다는 긍정적인 소식은 잠시 동안 기뻐할 이유가 되겠지만, 치료가 몇 개월 걸릴 수도 있다는 현실 때문에 그 일시적인 행복감은 금방 꺾이게 된다.

▶ 암 치료에 대한 긍정적인 소식이므로 앞부분의 내용은 '잠시 동안의 기쁨(momentary celebration)'과 같은 뜻이 되어야 한다. 따라서 첫 번째 빈칸에는 euphoria, gladness가 쓰일 수 있다. '치료가 몇 개월 걸릴 수 있다'는 '잠시 동안(momentary, temporary)'이 아니므로, 두 번째 빈칸에는 '이런 기쁨이 사라진다'는 부정적인 뜻이 되어야 한다. ①이 적절한 짝이다.

》 euphoria n. 행복감; 도취감 dampen v. 축축하게 하다; 기를 꺾다 gladness n. 기쁨 elevate v. (들어) 올리다, 높이다 alleviate v. 경감하다; 완화하다 buoyancy n. 부력; 곧 기운을 차리는 기력 augment v. 늘리다, 증대시키다

합격을 완성할 단 하나의 선택

김영편입 영어
논리

기출 **1**단계

PART 2

| Choose the one that best completes the sentence(s). ▶▶▶ ANSWERS P.238

01 She seemed _____, barely sweating after a 10-mile run.
① culpable   ② exhaustible
③ indefatigable   ④ intangible

02 They were hired as _____ workers to do the job, so they had to find another job in a week.
① permanent   ② good
③ temporary   ④ last

03 No one will question his _____ as a scholar.
① status   ② statute
③ statue   ④ stature

04 In the _____ of the disastrous flood, people came together to assist all affected.
① forefront   ② aftermath
③ posterity   ④ residue

05 Authors have come and gone, but Shakespeare has remained a _____ favorite.
① bilateral   ② hilarious
③ perennial   ④ transient

06 Too many children were leaving school _____ and innumerate.
① employed   ② illiterate
③ married   ④ aged

07 The Ethiopian wolf is mostly diurnal, but becomes _____ in areas where it is persecuted.

① garrulous   ② agile
③ omnivorous   ④ nocturnal

08 The poster was written in letters big enough to be _____ across the room.

① incorrigible   ② undecipherable
③ lethal   ④ legible

09 I think I'll have to have my eyes _____; I find it increasingly difficult to read small print.

① examined   ② organized
③ reformed   ④ adjusted

10 He was on the _____ of moving on from the project when a single late-night experiment proved successful.

① committee   ② summit
③ decision   ④ verge

11 When a country undergoes economic change, the effects of the _____ are not only financial.

① transition   ② recession
③ commerce   ④ underside

12 He's been working in Barcelona for a year, but his friends are all _____, not local people.

① conservatives   ② novices
③ expatriates   ④ patriots

13 He is an environmental artist who changes the look of a place on a very large scale, often with colorful fabric, _____ allowing people to look at that place in a new way.

① thereby
② rigidly
③ portably
④ competitively

14 The evidence against the accused man proved to be so weak that the jury had no choice but to _____ him.

① acquit
② emulate
③ resuscitate
④ incarcerate

15 The campaigns of Alexander the Great did not result in the establishment of a new empire, but rather in _____ of an existing empire — that of the Persians.

① usurpation
② probation
③ investment
④ relinquishment

16 In Copenhagen, Denmark, in 1943, 10-year-old Annemarie Johansen and her best friend Ellen Rosen have their lives disrupted forever by the Nazi _____ of Jews.

① collaboration
② persecution
③ rehabilitation
④ secularization

17 It is difficult to describe in words what a spiral is, but it is easy to _____ it by making circles of decreasing radiuses with a finger.

① allow
② demonstrate
③ measure
④ subscribe

18 The public debates were often _____, finally deteriorating into mudslinging contests.

① informative
② inspiring
③ insightful
④ bitter

19   Pausanias is aware of the effects of the _____ and looting enforced by the colonial armies which brought a dispersal of the 'authentic' Greek heritage.

① perusing   ② pillaging
③ perpetuating   ④ pleaching

20   The president, vice-president, and all civil officers of the United States, shall be removed from office on _____ for, and conviction of, treason, bribery or other high crimes and misdemeanors.

① perjury   ② impeachment
③ embezzlement   ④ resignation

21   Studies _____ her conviction, which became even firmer with time, that music is somewhat magical in its ability to teach and reach, enhancing learning and building enduring skills.

① appeased   ② perplexed
③ deteriorated   ④ bolstered

22   We have become so democratic in our habits of thought that we are convinced that truth is _____ through a _____ of facts.

① determined — plebiscite
② assimilated — hierarchy
③ exulted — transcendence
④ founded — monolith

23   _____ is the legal right to keep and look after a child, especially the right given to a child's mother or father when they get divorced: Child _____ is normally granted to the mother.

① custody   ② confinement
③ detention   ④ abduction
⑤ counsel

24   With tens of thousands of Russian troops massed on the Ukraine border, the highly
_____ call between the two leaders came amid growing worries by the US and
Western allies about Russia's threat to its neighbor.

① communicable   ② threatening
③ amicable   ④ friendly
⑤ anticipated

25   Malaysia and Singapore in their separate ways illustrate the tensions between the
_____ language and the languages of ethnic and cultural identity. Bilingualism and
multilingualism will be _____ in both countries for years to come.

① native — uncalled
② vernacular — necessary
③ local — specified
④ particular — paradoxical
⑤ international — essential

Choose the one that best completes the sentence(s). ▶ ▶ ▶ ANSWERS P.242

01 The boy is so shy that he's _____ about talking in public.

① dubious   ② attractive
③ hilarious   ④ appropriate
⑤ apprehensive

02 When there is a world shortage of food, taking good _____ land out of use is a sin.

① arable   ② barren
③ putrefied   ④ arid

03 Corruption had _____ the company; every single of its executives belonged in jail.

① flourished   ② permeated
③ examined   ④ withstood
⑤ withheld

04 The film was not very impressive; its plot was predictable and the acting was _____.

① evocative   ② impeccable
③ mediocre   ④ whimsical

05 _____, the art of finding the middle ground, is a key aspect of the negotiating process.

① Consultation   ② Compromise
③ Persistence   ④ Steadfastness

06 The tsunami was like a _____, crushing almost everything in its way.

① pilgrimage   ② cohesion

③ juggernaut   ④ photosynthesis

07 Tea growers in Darjeeling, India, are limiting the use of their _____ name.

① preferred   ② geological

③ ponderous   ④ geographic

08 Do you think you can _____ the crying baby with a warm bottle of milk?

① shift   ② elicit

③ provoke   ④ appease

09 It was announced in the meeting that the times were provisional and _____.

① were subject to confirmation

② were finally fixed

③ could not be set back

④ would not be changeable

⑤ would be invariable

10 A(n) _____ of blockbuster hits contributed to poor results from this summer's box office.

① slew   ② dearth

③ portion   ④ assortment

11 Even though all workers are _____ to one sick day per month, taking one without a good reason is generally frowned upon.

① allowed   ② entrusted

③ required   ④ entitled

12 There are some _____ components of human language — the things without which no language could exist.

① expendable
② existent
③ humane
④ indispensable

13 In order to really enjoy snowboarding, you need to have a very high _____ to cold weather.

① weakness
② robustness
③ frailty
④ delicateness
⑤ tolerance

14 The report on the legal system shows many _____ examples of the iniquity of the criminal law.

① benign
② flagrant
③ exultant
④ conducive

15 The guests were treated to a delicious main course _____ by a splendid dessert before the concert began.

① complemented
② complicated
③ complimented
④ complimentary

16 Use of cool and measured language as a rhetorical tactic is one way to ensure a debate that will never erupt in _____.

① acrimony
② equability
③ litigation
④ soliloquy
⑤ treaty

17 We find it difficult to translate a foreign text literally because we cannot capture the _____ of the original passage exactly.

① connotation ② alienation
③ succinctness ④ levity

18 The chairman was so _____ that we often discovered that we had absolutely no idea what he was thinking.

① stringent ② taciturn
③ ostentatious ④ pliable

19 Global energy use will grow 36% by the year 2035, _____ mostly by China's rapid increase in energy consumption.

① spurred ② decreased
③ interfered ④ plummeted

20 The clarity of his diction, the colloquial rhythms, the simplicity of his images, and above all the folksy speaker — these are intended to make the poems look _____.

① unplanned ② cryptic
③ elaborate ④ uncritical

21 Behaviour therapy is in some ways the _____ of psychoanalysis. Psychoanalysis focuses on cause, behaviour therapy on consequence.

① antithesis ② counterpart
③ synthesis ④ analogue

22 Although America developed a massive service of inland canals and river steamboats, they were not _____ to the speeding wheels of the new industrial production.

① abated ② geared
③ apprehended ④ held

23　What lies behind the voter _____ among the young? The popular explanation is that people — specially young people — are alienated from the political system, turned off by the shallowness and negativity of candidates and campaigns.

① advocacy　　　　　　　　② anxiousness

③ apathy　　　　　　　　　④ asymmetry

24　We were amazed that a man who had been heretofore the most _____ of public speakers could, in a single speech, electrify an audience and bring them cheering to their feet.

① pedestrian　　　　　　　② enthralling

③ auspicious　　　　　　　④ versatile

25　Emerging markets, such as BRIC (Brazil, Russia, India, China) used to be an essential _____ for the common portfolio for stock brokers, but many investors are now reassessing their investment rationale.

① remedy　　　　　　　　　② ingredient

③ diagnosis　　　　　　　　④ alteration

01 It was a _____ start to the event, so people were very happy.

① dubious   ② terrible
③ scary   ④ promising

02 Penicillin can have an _____ effect on a person who is allergic to it.

① abrupt   ② anxious
③ awkward   ④ austere
⑤ adverse

03 This attack will _____ the already tense relations between the two countries.

① exacerbate   ② eradicate
③ envision   ④ espouse

04 The olfactory sense means "concerned with the sense of _____."

① sight   ② smell
③ taste   ④ touch

05 The family's _____ decision to donate their land for a park showed their unselfishness.

① altruistic   ② premature
③ stingy   ④ biased

06 When the parties could not reach a consensus, a labor specialist was asked to _____ in the dispute between workers and management.

① eradicate   ② speculate
③ elaborate   ④ arbitrate

07 The Indians did not _____ protesting until all of Gandhi's followers had been released from the British jail.

① deny   ② cease
③ commence   ④ committee

08 Negotiations between the two parties have reached a _____; neither side is willing to shrink from previously stated positions.

① prolongation   ② destination
③ conformity   ④ stalemate

09 The drama has become one of the most talked about recent shows on TV, due to the popularity of the actors and the _____ storylines.

① far fetched   ② horrendous
③ clichéd   ④ gripping
⑤ repulsive

10 No matter what measures are taken, medicine will sometimes _____, and it isn't reasonable to ask that it achieves perfection.

① flourish   ② ameliorate
③ advance   ④ falter

11 Due to financial reasons, some scientists are often compelled to _____ their ongoing research projects.

① confuse   ② extend
③ forsake   ④ incarcerate
⑤ resume

12 Often the prosecutors made false promises of _____ in order to obtain confessions of the accused.

① compassion   ② reduction
③ leniency   ④ flamboyancy

13 Gender-neutral clothing is back in vogue, but the _____ has mirrored broader social changes throughout the 20th century.

① fraud   ② enigma

③ hustle   ④ craze

14 It is believed that elephants may sometimes _____ the destruction of forests by pushing down trees that later provide fuel for forest fires.

① duplicate   ② revoke

③ initiate   ④ prohibit

⑤ navigate

15 Loving her parents one moment and hating them the next, Judy was confused by her _____ feelings toward them.

① inane   ② flippant

③ irrevocable   ④ ambivalent

16 Mathematicians have a distinctive sense of beauty: they strive to present their ideas and results in a clear and compelling fashion, dictated by _____ as well as by logic.

① feasibility   ② aesthetics

③ obligation   ④ intellect

17 After five hours of fishing, it was nearing 6 p.m., the sun was setting, and my father said, "Let's call it _____."

① a day   ② an end

③ a close   ④ a windup

18 In a just society the liberties of equal citizenship are taken as settled; the rights secured by justice are not _____ to political bargaining or to the calculus of social interests.

① included   ② superior

③ subject   ④ likely

19 South Korean golfer Shin Ji-yai, who won the LPGA's top rookie prize this year, received _____ with her moving speech, which she delivered in English.

① a stifled giggle   ② roaring laughter
③ a mere hiss   ④ standing ovation

20 A _____ is the difference between two amounts, especially the difference in the number of votes or points between the winner and the loser in an election or other contests.

① margin   ② statistics
③ significance   ④ verification
⑤ matrix

21 Octopuses are known as _____ predators. But sometimes, an octopus participates in an undersea hunting party, traveling with fish of several species that are also looking for a meal.

① profane   ② solitary
③ collective   ④ inferior

22 Updike _____ the personal, invoking it only in the realm of anecdote: reflections on getting older; asides, in takes on Blake Bailey's biography of John Cheever.

① backs up   ② backs away from
③ backs out   ④ backs into

23 Not only did the students ask for changes in the list of required subjects, but they also demanded the right to choose their courses _____ their own taste and future needs.

① because of   ② thanks to
③ according to   ④ regardless of

24   Considering the lifelong devastation that other family traumas, such as child abuse or drug addiction, could cause, two years of my sufferings seemed like a _____ amount of time.

① burdensome   ② tremendous

③ stupendous   ④ manageable

25   The general public seems to hold less _____ for doctors than before. According to a Gallup poll, 57 percent of the people questioned agreed that "doctors don't care about people as much as they used to."

① animosity   ② curiosity

③ esteem   ④ privacy

Choose the one that best completes the sentence(s).   ▶▶▶ ANSWERS P.250

01   The two soldiers faced each other in deadly _____.

① enmity   ② perfection
③ gratitude   ④ leniency

02   That poor old man is so _____ that he can scarcely walk.

① crude   ② bereft
③ adept   ④ decrepit

03   A taxpayer is _____ when the total liabilities exceed his or her total assets.

① affluent   ② distracted
③ insolvent   ④ inverted
⑤ rapacious

04   In the political world, even _____ enemies can be transformed into friends.

① docile   ② implacable
③ congenial   ④ benevolent

05   The politician is frustrated at credit not being given where it is _____.

① insisted   ② done
③ allowed   ④ praised
⑤ due

06   China is home to 1.4 billion people, making it the most _____ country in the world.

① assiduous   ② copious
③ ubiquitous   ④ populous

07 These recent layoffs are a direct response to _____ revenue slowdowns.

① upset   ② offset

③ inset   ④ onset

08 Most of the butterflies _____ in the first frosts of autumn.

Buddhism had to adapt to the new world or _____.

① fly   ② adopt

③ perish   ④ publish

⑤ survive

09 In *2001: Space Odyssey*, the astronaut _____ A.I. not to harm humans, which is not followed.

① disrupts   ② imposes

③ commands   ④ tolerates

10 It might seem obvious to say that novels are _____ but some are composed almost entirely of facts.

① fictitious   ② realistic

③ factional   ④ picturesque

11 The emperor was revered by the Incas as a sun-god and _____ absolute authority over his subjects.

① fomented   ② denounced

③ wielded   ④ relegated

12 For any animal, happiness seems to _____ in the opportunity to express its creaturely character — its essential pigness or wolfness.

① compose   ② dwindle

③ belie   ④ consist

13 The very dry weather close to harvest is expected to reduce the crop _____ by approximately 20 percent.

① pit   ② yield

③ farm   ④ collect

14 The judge was especially severe in his sentencing because he felt that the criminal had shown no _____ for his heinous crime.

① compendium   ② composure

③ compunction   ④ concession

15 An itch that's difficult to scratch becomes a major vexation, so it's _____ that itchy, red and painful eyes are frequent complaint.

① sheer folly   ② little wonder

③ a real mystery   ④ a natural cause

16 Attendance at the workshop is _____ for all faculty members except those scheduled to teach while it is in session.

① laudatory   ② exemplary

③ mandatory   ④ discourteous

17 _____ is the use of another person's ideas or expressions in your writing without acknowledging the source.

① Anachronism   ② Plagiarism

③ Individualism   ④ Capitalization

18 The con man _____ us into thinking that he would make us rich. Instead, he tricked us into giving him several hundred dollars.

① persecuted   ② harassed

③ deluded   ④ violated

19 The 'alpha male' is the dominant one in the social structure, so other members exhibit their submission to him _____.

① by bowing before him
② by fighting against him
③ by yelling at him aloud
④ by eliminating his followers
⑤ by coalescing with his enemies

20 Writer of outstanding books on ancient civilizations, Thomas Wright is internationally _____ for his work as researcher.

① acclaimed   ② renounced
③ prosecuted   ④ instigated

21 Freud laid the foundation for an understanding of the self as _____; he detailed a conception of the individual subject as always at odds with itself.

① confusing   ② optional
③ unconscious   ④ hidden
⑤ divided

22 The mentality of enmity can poison a nation's spirit, block a nation's progress to freedom and democracy, and _____ brutal life-and-death struggles.

① abhor   ② impede
③ stifle   ④ instigate

23 Nobody knows how big the universe is, but astronomers estimate that it contains about 100 billion galaxies, each _____ an average of 100 billion stars.

① banishing   ② comprising
③ evacuating   ④ substituting

24   People _____ the natural resources of the earth by wasting or polluting them. The industrialized countries are particularly guilty of this: wastes from large factories are poured into rivers and the air.

① accumulate   ② abuse
③ purify   ④ implement

25   The same facial expressions are associated with the same emotions, regardless of culture or language. There are some facial expressions of emotion which are _____ characteristic of the human species.

① culturally   ② linguistically
③ randomly   ④ universally

05

Choose the one that best completes the sentence(s).

▶▶▶ ANSWERS P.254

01   If a young man says that he is a celibate, it means he is a _____.

① hermit   ② bachelor
③ scholar   ④ teacher

02   There was nothing _____ about his philosophical thinking; in fact, it was quite shallow.

① slavish   ② vociferous
③ nepotistic   ④ profound

03   At one point in his talk, the speaker _____ to tell us of an interesting incident.

① digressed   ② lulled
③ squealed   ④ exaggerated

04   Genius is the capacity to see ten things where the _____ man sees one.

① phenomenal   ② ordinary
③ perverted   ④ excellent

05   The availability of fake IDs on the Internet could _____ the efforts to stop underage drinking.

① mount   ② applaud
③ duplicate   ④ undermine

06   After being offered a new job with a better salary, Tom accepted the offer _____.

① at loose ends   ② in a rut
③ on the tip of his tongue ④ without reservation
⑤ tongue in cheek

07   This is all the more conspicuous in _____ regions, where four seasons have their own unique hues.

① temperate   ② volatile

③ versatile   ④ frigid

08   The three-day cricket match seemed _____ to our guests; they were used to watching sports for only a couple of hours.

① irresolute   ② interminable

③ comprehensible   ④ fleeting

09   Since water from rain or rivers is scarce in some places, a lot of water is pumped up out of the ground for _____ to grow crops for food.

① irrigation   ② hydration

③ distribution   ④ precipitation

10   _____ refers to the substitution of an agreeable or inoffensive expression for one that may offend or suggest something unpleasant.

① Euphemism   ② Catechism

③ Expressionism   ④ Symbolism

⑤ Objectivism

11   He has happily spent his post-Olympic days making public appearances and _____ his celebrity.

① cashing in on   ② catching up with

③ getting even with   ④ making up for

12   It was such a(n) _____ decision that I didn't even get an opportunity to tell my parents about it.

① amorous   ② vigorous

③ pompous   ④ spontaneous

13 Because of the weather conditions, we'd like to _____ this Wednesday's meeting until sometime next week.

① comprehend ② infer
③ deter ④ postpone

14 In this animation the characters didn't speak a single word. The entire story was told through actions. But I feel like these stories turn out way better than stories with _____.

① dialogue ② music
③ imagination ④ lesson
⑤ pictures

15 European ministers are insisting that Greece implement a severe _____ plan to quickly reduce its fiscal deficit.

① austerity ② investment
③ booster ④ development

16 Researchers from across the country worked for many months, putting in _____ effort to develop a new prototype.

① considerable ② proficient
③ secondary ④ present

17 The attorney protested that the testimony being provided was not _____ to the case and asked that it be stricken from the court record as irrelevant.

① antithetical ② accustomed
③ incongruent ④ germane

18 Maintaining a courageous hope even while in prison, Nelson Mandela spent years trying to convince others that the fight against apartheid was not _____.

① futile   ② worthwhile
③ foreseeable   ④ premeditated

19 Paul's grandmother is a _____ businesswoman; once she turned a small ice cream shop into a popular restaurant and sold it for a huge profit.

① sagacious   ② repellent
③ ludicrous   ④ permeable

20 A: I wanted it to be a surprise. Do not spill the _____.
B: Yes, it's a secret. We should not let the _____ out of the bag.

① milk — cat
② corns — dog
③ water — dog
④ beans — cat
⑤ peas — dog

21 The bonds of fraternity that binds the members together in common activity are in fact so _____ that they can evaporate at any moment.

① tangible   ② tyrannical
③ tenuous   ④ tenacious

22 The organization dedicated to wildlife and conservation has earned the highest honor that can be _____ upon a university with a wildlife program.

① depended   ② seized
③ bestowed   ④ prevailed

23 People in the advertising industry are working to _____ the new media channels into the broader world of print and electronic media to maximize the entire system's potential for selling.

① integrate   ② compromise
③ denominate   ④ impose

24 Writing helps us to record and communicate ideas. It is a definitive and essential part of daily human experience. Whether we write a shopping list or an e-mail, we use a tool without which we would find ourselves _____.

① isolated   ② liberated
③ enhanced   ④ manipulated

25 When are the people going to realize that women are a _____ source of our national defense? Canadian law has been revised, and now women are allowed to serve in all military positions in the Canadian armed forces.

① viable   ② representative
③ distinctive   ④ superficial
⑤ presumptuous

06

Choose the one that best completes the sentence(s).

▶ ▶ ▶ ANSWERS P.258

01   It was a clear day but, out of the _____, a high wind came.

① red   ② blue

③ grey   ④ black

⑤ green

02   The Great Wall of China was not _____, although it did help defend against attacks.

① irreversible   ② impenetrable

③ inexplicable   ④ irrefutable

03   _____ are chemicals produced naturally by fungi to kill their rivals: bacteria.

① Antipoles   ② Anecdotes

③ Antidotes   ④ Antibiotics

04   I hate the heat — it makes me feel so _____ I just don't want to move or do anything.

① pedantic   ② listless

③ hoarse   ④ winded

05   Politicians often try to _____ the other parties in order to win votes.

① adjourn   ② acquit

③ tide   ④ malign

06   Often our emotions _____ us, and we speak or act without thinking first.

① put up with   ② come up with

③ make up for   ④ get the better of

07   The new house had virtually no furniture, so I _____ a mattress from a pile of blankets.

① improvised   ② pretended

③ forged   ④ retired

08   Along with an irresistible charm, Jane _____ her fine facial features from her mother.

① captured   ② inherited

③ contributed   ④ bequeathed

⑤ inhabited

09   Anna was _____ in wonder as the ship took on a shape of jagged angles and ragged curves.

① adept   ② agape

③ ascetic   ④ accessible

10   To the _____ of everyone living in the fire area, the main blaze has continued unabated on its path of wanton destruction.

① consternation   ② temerity

③ nonchalance   ④ appeasement

11   Hemingway wrote in short, declarative sentences and was known for his tough, _____ prose.

① strong   ② terse

③ complicated   ④ long

⑤ shallow

12   English is a _____ language. It is made up of words that originated in many other languages.

① metrical   ② laconic

③ derivative   ④ complacent

13   Her manner is friendly and relaxed and much less _____ than she appeared at her press conference.

① compatible   ② eligible
③ formidable   ④ cordial

14   The mobile operators have lowered the price of the new high-end smartphone by providing _____.

① allowances   ② subsidies
③ supplements   ④ substitutes
⑤ charities

15   Psychologists say that people taken hostage sometimes feel not _____ toward their captors but _____.

① bitterness — remorse   ② resentment — sympathy
③ rapport — compassion   ④ fear — agony
⑤ contempt — rancor

16   Newspapers have always acted as a(n) _____ on government, as the eyes of the people watching the politicians at work.

① check   ② balance
③ obstacle   ④ advocate

17   Jim's _____ behavior at the dance raised some eyebrows; he was certainly the only one who spent the night walking on his hands.

① adroit   ② aberrant
③ aesthetic   ④ apposite

18   Because I find that hot summer weather _____ me and leaves me very tired, I try to leave the city every August and go to Maine.

① boosts   ② enervates
③ soothes   ④ energizes

19 Despite the mixture's _____ nature, we found that by lowering the temperature in the laboratory we could dramatically reduce its tendency to vaporize.

① resilient   ② homogeneous
③ insipid   ④ volatile

20 The new immigrants brought different languages and different cultures to the United States, but gradually most of them _____ to the dominant American culture they found here.

① accumulated   ② assimilated
③ accrued   ④ adopted

21 Until the mid-1800s, the Chinese and Korean governments decided to _____ themselves as much as possible from encounters with the imperialistic Western powers.

① accommodate   ② insulate
③ propagate   ④ confront

22 Having survived the financial crisis relatively unscathed, Asians are harking back to the _____ ways of our grandparents. But being penny-wise doesn't mean we've lost the drive to acquire the finer things in life.

① abstruse   ② frugal
③ inchoate   ④ irascible
⑤ rapacious

23 Top Assets personnel pass a(n) _____ 18-step evaluation process and come with all the necessary credentials and experience. In order to pass the evaluation process, extensive knowledge in the financial field is necessary.

① gratifying   ② limited
③ comprehensive   ④ expensive
⑤ impractical

24 Now that scientists have found the hormone that triggers hunger, they should take the next step and discover how this hormone can be controlled. Such a discovery would be an enormous advance in the war against _____.

① obesity   ② headaches
③ diabetes   ④ stomachaches

25 A conservative is someone who believes that the established order deserves respect, even reverence. By contrast, someone ready to alter the established order in pursuit of a vision of a better world is _____.

① an infidel   ② a royalist
③ an anarchist   ④ a liberal

| Choose the one that best completes the sentence(s).　　▶▶▶ ANSWERS P.262

01　Before the children's argument got out of hand, their father _____ by separating them.

① hesitated　　　　　　　　② intervened

③ terminated　　　　　　　　④ persevered

02　For the _____ of the world, human contact often causes anxiety and frustration.

① introvert　　　　　　　　② socialite

③ zealot　　　　　　　　　　④ hypocrite

03　The court ruled he could not be held personally _____ for his wife's debts.

① suitable　　　　　　　　② legitimate

③ liable　　　　　　　　　④ indispensable

04　Harriet B. Stowe was _____ writer until the publication of *Uncle Tom's Cabin*.

① a notorious　　　　　　　② an infamous

③ an eminent　　　　　　　④ an obscure

05　Seven of the city's 27 bridges will also get new lights so that they can _____ the city at night.

① eliminate　　　　　　　　② illuminate

③ pamper　　　　　　　　　④ conjure

06   I _____ of the family as being in a constant state of change.
The Queen is said to _____ a child although she is old.

① deserve   ② perceive
③ observe   ④ conceive
⑤ recognize

07   The decomposition is rather slow enough to be _____ but definitely not negligible.

① insidious   ② rapacious
③ indigenous   ④ rapturous

08   The investors with a huge _____ in the outcome are some of the wealthiest people in America.

① stack   ② flank
③ stake   ④ flake

09   Her _____ personality was a welcome addition to the gloomy atmosphere at the annual meeting.

① amiable   ② plangent
③ lackadaisical   ④ cadaverous

10   He is credited for making the first phonograph and kinetoscope, an early _____ of the cameras used in the motion picture industry.

① precursor   ② offspring
③ recluse   ④ ascetic

11   Even with a(n) _____ search of the area, the rescue team could not find any clue of the missing child.

① cursory   ② ephemeral
③ sluggish   ④ exhaustive

12 Many of the multinational companies are able to effectively set whatever price they like for the food because they have a _____.

① monopoly   ② hierarchy
③ propensity   ④ compromise

13 Certain events have a huge, irreversible impact as seen in the French Revolution, which brought about _____ social change.

① incidental   ② circumstantial
③ drastic   ④ moderate

14 When asked if we get wiser with age, the Romantic composer Louis-Hector Berlioz replied: "_____ is a great teacher, but unfortunately it kills all its pupils."

① Art   ② Experience
③ Knowledge   ④ Sorrow
⑤ Time

15 When Margaret Mitchell was deciding upon a name for the novel that became *Gone with the Wind*, _____ titles she considered included *Baa! Baa! Black Sheep*.

① alternative   ② controversial
③ misleading   ④ unsavory

16 Daniel was extremely angry about my _____, so I promised him to be prompt next time in order to assuage him.

① punctuality   ② extravagance
③ garrulity   ④ tardiness

17 In order to _____ traffic on the roads, the Ministry of Transportation has begun a campaign to encourage individuals to use public transportation.

① intensify   ② alleviate
③ assist   ④ deteriorate

18 Initially she was unable to come to _____ with the fact her parents were older and her friends looked so different.

① consolation   ② improvement

③ struggles   ④ terms

19 Professor Singh argues that the major aid institutions could make better use of the funds that they have at their _____.

① disapproval   ② dismissal

③ disposal   ④ dispersal

⑤ dispel

20 The Native American, _____ to this continent, may have come here across the Bering Strait at some time in their history.

① incorrigible   ② inherited

③ ingenious   ④ indigenous

21 One of the central challenges for the prosecution was to establish that the murder was _____, for they could then pursue the maximum possible sentence.

① premeditated   ② predisposed

③ forewarned   ④ foreseen

22 Due to her diligence and overflowing creativity, the author was known for her _____ writing, and readers looked forward to her constant flow of books.

① prolific   ② pedestrian

③ reprehensible   ④ intellectual

23 The sight of beggars on city streets and the _____ of the homeless may inspire sympathy but also concern, for the same reason.

① charity   ② benefit

③ plight   ④ dearth

24   We feel obliged to give back to people who have given to us, even in a small way. We want to even up the scales. A sociologist sent Christmas cards to 600 random strangers and received 200 in return. That's the power of _____.

① adaptability   ② compatability
③ equality   ④ reciprocity
⑤ sincerity

25   When it comes to public celebrations, the people of Brazil's Rio de Janeiro have no _____, and the Carnival that explodes in Rio just before the nation settles down to Lent has all the music, color, and excitement anyone could ask for.

① substance   ② novelty
③ reality   ④ match

08

01 Two bad storms _____ their corn crop.

① broke   ② hurt

③ ruined   ④ bruised

02 Their married life was not _____ since it ended in divorce.

① noticeable   ② tranquil

③ cogent   ④ urgent

03 As soon as the bird got stuck in the soccer net, the children ran over to help it out of its _____.

① annihilation   ② inundation

③ impeachment   ④ predicament

04 The prime minister dismisses criticism that he has _____ the economy and social issues.

① recovered   ② neglected

③ proceeded   ④ advanced

05 The court viewed these documents as state secrets whose unauthorized release could _____ treason.

① constitute   ② abnegate

③ broach   ④ exempt

06   The factory manager brings the assembly line to a _____ if a defective auto part is found.

① block   ② quit

③ stay   ④ halt

07   Luther was _____ on the subject of his accomplishments: he didn't like to talk about himself.

① reticent   ② robust

③ requisite   ④ replete

08   When I am travelling alone, I tell myself I should remain _____ at all times when I walk by myself in an unfamiliar street.

① indolent   ② vigilant

③ palatal   ④ obsolete

09   Jimmy forgot to put the milk in the refrigerator for a week, and now it has been completely _____.

① stupefied   ② specified

③ selected   ④ spoiled

10   Many of our natural resources are being _____ far more rapidly than nature can replace them.

① discovered   ② diffused

③ protected   ④ created

⑤ depleted

11   According to the EU chief negotiator, the United Kingdom has chosen to leave the European Union, _____ the benefits and advantages held by member states.

① beseeching   ② inheriting

③ procuring   ④ renouncing

12   Although business partnerships enjoy certain advantages over sole proprietorships, there are _____ as well.

① rectitudes   ② merits
③ symptoms   ④ drawbacks
⑤ misunderstandings

13   The government's claims that there is no poverty _____ an enormous number of homeless people on the streets.

① is accentuated by   ② is accredited to
③ are belied by   ④ are proven by

14   A government study found that people who are exposed to secondhand smoke have a higher risk of _____ diabetes.

① developing   ② infecting
③ transmitting   ④ treating

15   The defendant was alleged to have been an army deserter, but the judge said that was _____ to the case.

① meticulous   ② irrelevant
③ urbane   ④ reputable

16   Despite the fact that over time the originally antagonistic response to his sculpture has lessened, any individuals hardly _____ his art.

① castigate   ② applaud
③ denounce   ④ ignore

17   This will be the test of the next four years: Americans who haven't been this divided in more than a century elected two leaders who have bet their success on finding _____ ground.

① common   ② economical
③ perennial   ④ transnational

18 The terms "sex" and "gender" in common usage outside of scientific circles are seemingly treated as _____. However, the distinction is important to biologists, psychologists, and other scientists.

① antonyms
② metaphors
③ slangs
④ synonyms

19 Older theories are not so much abandoned as corrected. Einstein himself always insisted that his own work was a modification rather than a(n) _____ of Newton's.

① rejection
② injection
③ projection
④ indication
⑤ vindication

20 At the auto show, the world's auto-makers _____ a number of hybrid gas-electric and battery-powered models, several of which attracted the most fastidious buyers.

① shrouded
② prevailed
③ unveiled
④ detracted

21 With the advent of modern science, nature ceased to be seen as a meaningful order. _____, it came to be understood mechanistically, governed by the laws of physics.

① Otherwise
② Instead
③ Thus
④ Nonetheless
⑤ Likewise

22 In his speech delivered to the first-year medical students, the dean said "Gentlemen, you are collectively _____ on a great voyage to the frontiers of medical knowledge."

① relapsing
② deviating
③ embarking
④ terminating

23   Instead of walking at one pace the whole time, break your walk up into blocks and
_____ between a regular pace and a brisk pace.

① alternate back and forth

② speed intervals

③ get your heart rate up

④ improve your aerobic capacity

24   When a man goes back to look at the house of his childhood, it has always _____:
there is no instance of such a house being as big as the picture in memory and
imagination calls for.

① enlarged   ② broken

③ advanced   ④ shrunk

⑤ diffused

25   Some people say that any items over 50 years old can be called _____, while others
say it must be over 100 years old. The term is usually applied to objects that are
valuable because they are rare or are of high quality.

① antiques   ② ruins

③ treasures   ④ wastes

01   He is _____ towards old people.

① considerate   ② considerable

③ considering   ④ considered

02   The failure of the company to win the _____ contract signaled the beginning of its collapse.

① factitious   ② inconsiderate

③ incompetent   ④ lucrative

03   The _____ surgeon sewed Lana's finger to her forehead.

① famous   ② terse

③ incompetent   ④ inert

04   The rain, so far from being _____, did a good deal of damage to the crops.

① harsh   ② inopportune

③ seasonable   ④ turbulent

⑤ vernacular

05   In the United States lanes are _____ for cars with more than one occupant.

① reserved   ② manufactured

③ resolved   ④ subsided

06   The feminist movement played a role in _____ women from gender biases at home and at work.

① dismissing   ② differing

③ emancipating   ④ exempting

07   We had to make sure that the old foes were not seated next to each other because they _____ each other.

① admired   ② trusted

③ detested   ④ commended

08   Angry citizens are refusing to _____ a local café after its owner posted a crude joke online.

① obstruct   ② delegate

③ intercede   ④ patronize

09   Notorious as it is, English cooking is not so awful as its _____ would have us believe.

① commenders   ② detractors

③ garnishers   ④ salvagers

10   The family _____ each other with the knowledge that Jennifer had fought her cancer bravely.

① hindered   ② abhorred

③ warranted   ④ solaced

11   The ultraviolet radiation is responsible for skin cancer, which _____ around 15,000 lives each year in the U.S. alone.

① records   ② suffers

③ claims   ④ estimates

12 The book is highly recommended to those readers who are suffering from chronic mental depression, for it is _____ funny and humorous stories.

① devious from
② devoid of
③ replete with
④ tantamount to

13 Malaria is one of the worst examples of the damage that transmissible diseases can _____.

① wreak
② assess
③ deflect
④ reflect

14 The philosopher tries to _____, better than before, that great Universe-watch which the inquisitive scientist has analytically taken apart.

① put together
② create
③ break down
④ experiment

15 Reeve was cast in the title role in the 1978 hit movie Superman; three successful sequels _____ his status.

① cemented
② disgraced
③ risked
④ tarnished

16 The new manager was so _____ that he would change his mind whenever anyone disagreed with him.

① pliable
② orthodox
③ querulous
④ voracious

17 He seems to be a(n) _____ type par excellence; he seldom rises, except after great provocation.

① thoughtful
② vigorous
③ sedentary
④ arduous

18 The weather changes so _____ that you can't tell what it is going to be like from one day to the next.

① drastically ② seasonally
③ ironically ④ immediately

19 She dressed so unusually that she stood out from everyone else and often looked _____ in a crowd.

① suspicious ② reclusive
③ extravagant ④ conspicuous
⑤ indulgent

20 Many health experts say that Africa's poverty and politics are to _____ for diseases that in most developed countries are easily preventable.

① blame ② call
③ criticize ④ destroy

21 Human traditions all tend toward _____ and decay. They try to perpetuate things that cannot be perpetuated. They cling to objects and values which time destroys without mercy.

① procrastination ② contamination
③ abomination ④ demoralization
⑤ stagnation

22 An appropriate amount of frustration is necessary for developing _____; you can ruin your kid by unconditionally granting all of his or her wishes the moment they are expressed.

① confidence ② indulgence
③ patience ④ self-esteem

23   Be _____. Arriving late to an interview can be deadly. No employer wants to hire someone who is not responsible enough to come to work on time. Get to the interview 10-15 minutes early to help yourself relax before you step into the office.

① honest   ② punctual

③ resistant   ④ cheerful

⑤ confident

24   Unlike other small children, Peter refused to eat anything during the day and he would eat only bananas and peanut butter at night. His parents could not understand his _____ behavior.

① neutral   ② affectionate

③ abnormal   ④ philosophical

25   Inexpensive technology is _____ the growth of employee monitoring, according to the Privacy Foundation in Denver. Critics such as Fredrick Lane, attorney and author, say most workers would be shocked to know how vulnerable they are.

① rising   ② spurring

③ lessening   ④ alleviating

⑤ exacerbating

10

Choose the one that best completes the sentence(s). ▶▶▶ ANSWERS P.274

01 Quantum theory was initially regarded as absurd and _____ with common sense.

① persistent   ② incompatible
③ disqualified   ④ content

02 Only _____ families were invited to the gala event.

① opaque   ② abundant
③ expensive   ④ affluent

03 The protestors became so _____ that police were called in to stop their disruptive behavior.

① leery   ② shrewd
③ unruly   ④ benign

04 We've almost _____ coffee. We'll have to get some more tomorrow.

① run away with   ② done away with
③ cut down on   ④ run out of

05 With that one _____ comment, he brought an end to all the aimless talk.

① illegible   ② incisive
③ inedible   ④ ingrained

06 He's a very good person; unkindness is _____ to his nature.

① foreign   ② harmful
③ ambiguous   ④ informal

07 Before the pressing issues are discussed, the _____ matters should not be covered.

① ancillary   ② anemic
③ augmentative   ④ apathetic

08 A notarized signature will suffice; it will _____ the need for you to come in personally.

① inflict   ② connote
③ obviate   ④ emphasize

09 The children tended to gather together quietly for a while until they broke into _____ play.

① boisterous   ② prodigal
③ guileless   ④ inexorable

10 Public demonstrations of elected leaders getting the vaccine can help Americans hesitant about its safety _____.

① overcome their fears
② hurry to demonstrate their trust
③ save their lives
④ praise their courage

11 Borrelia is the most contagious strain of any bacteria; infections are _____, yet diagnostics are lacking.

① rampant   ② elusive
③ flawed   ④ restrained

12 The bomb attacks have generally been _____ to a group of international terrorists, but now Flynn is telling a different story altogether.

① impeded   ② attributed
③ recounted   ④ refuted

13 While having been replaced by computers in the 21st century workplace, typewriters are still _____ in the design world for their timeless appearance.

① amplified
② detached
③ lauded
④ restrained

14 The _____ of their alumni has enabled many colleges to offer scholarship to deserving students.

① penury
② largess
③ polemic
④ quandary

15 Plenty of computers know thousands of words and complex rules of grammar. But they are _____ communicators.

① salient
② dismal
③ viable
④ robust

16 The author purposely left the ending of his novel _____ so readers would have to decide for themselves what happened.

① hideous
② migratory
③ ambiguous
④ illuminating

17 He had widely read but seldom thought deeply, so his apparent learning is really quite _____.

① superficial
② superior
③ supercilious
④ superfluous

18 Despite the labor union's protest, the company decided to _____ its workforce and production in response to declining demand and falling profits.

① trim
② expand
③ sustain
④ operate

19 Your _____ is the way that chemical processes in your body cause food to be used in an efficient way, for example to make new cells and to give your energy.

① metabolism
② reproduction
③ physiology
④ complexion
⑤ digestion

20 Richard Wagner was frequently intolerant; moreover, his strange behavior caused most of his acquaintances to _____ the composer whenever possible.

① shun
② revere
③ tolerate
④ condescend

21 Offering a(n) _____ collection of unique items, from doormats to frames to monogrammed bathrobes and towels, PersonalMall.com has just what you are looking for.

① monotonous
② ordinary
③ extensive
④ temporary

22 In his homeland, Genghis Khan's reputation needs little enhancement. There he is _____ as the first ruler of a united Mongolia, and his face can be found on paper currency.

① protected
② revered
③ driven
④ estimated
⑤ surrounded

23 The threat of the storm did not _____ Tom's excitement for the race because he had _____ running in even the most unpleasant weather.

① diminish — no reservations about
② improve — no concerns about
③ lessen — no inclinations to go
④ overstate — no abilities for

24   British society still has quite a strong class system which is based on birth and social position. The upper class consists mainly of members of the _____. The most senior are the royal family and members of the peerage.

① aristocracy   ② bureaucracy
③ conspiracy   ④ meritocracy

25   Using our natural capital has a delayed cost, as well as an increasingly intolerable impact on all those who suffer from climate change and pollution. This is why it is _____ to put social, environmental and good-governance objectives at the heart of society.

① imperative   ② primitive
③ optional   ④ political

| Choose the one that best completes the sentence(s).   ▶▶▶ ANSWERS P.278

01   The divisions in congress have _____ progress on environmental legislation.

① extracted   ② deduced

③ hoarded   ④ hindered

02   Though I like solitude, there are times when I prefer _____.

① solo   ② company

③ resolution   ④ nobleman

03   As soon as the mountain fire started, everyone was ordered to _____ the town.

① evacuate   ② vanish

③ petrify   ④ inhabit

04   The company is planning to file bankruptcy within weeks and _____ its business.

① audit   ② streamline

③ reimburse   ④ liquidate

05   Violence begins to snowball, becoming finally an irresistible _____.

① earthquake   ② avalanche

③ holocaust   ④ flood

06   Have you seen a mug anywhere, John? We seem to be one _____.

① missed   ② less

③ deficient   ④ short

07 A storage of durable goods comes in _____ in times of natural emergency.

① short   ② handy

③ terms   ④ sacred

08 Human settlements _____ less than three percent of the earth's land area.

① consist of   ② account for

③ determine on   ④ are composed of

09 Knowledge is _____; we can't touch, fondle or slap it, but we can manipulate it.

① eminent   ② preconceived

③ impromptu   ④ intangible

10 As more people migrate to large cities in search of work, the populations of many small towns are _____.

① ascending   ② emerging

③ dwindling   ④ prevailing

11 The nurse had a(n) _____ manner which was comforting to the patients during their difficult time.

① cynical   ② benevolent

③ fierce   ④ impatient

12 We must ask you to treat this information _____ until the report is finally published.

① in confidence   ② at a loss

③ by accident   ④ for good

13 The man who saved the child's life received a medal of honor from the city for his _____ act.

① conspicuous   ② altruistic
③ obscure   ④ impudent

14 The homeless need help beyond mere _____; they need to be rehabilitated to a life with hope.

① bureaucracy   ② suffrage
③ subsistence   ④ aphasia

15 The _____ of online comments disparaging a victim's appearance can make them depressed.

① insularity   ② malevolence
③ providence   ④ dearth

16 Behavioral geneticists have looked for _____ influences by comparing the temperamental similarities of pairs of identical and fraternal twins.

① adverse   ② calming
③ disruptive   ④ hereditary

17 To what extent do we shape our brains through experience? The effects of a profound perceptual _____ such as blindness may cast an unexpected light on these questions.

① sense   ② capacity
③ prejudice   ④ deprivation

18 A number of studies have determined that there is a direct _____ between sugar intake and diabetes.

① prescription   ② comparison
③ correlation   ④ predilection

19 Severe verbal abuse that children experience at an early age can _____ wounds that will remain for their entire life.

① taint   ② probe

③ soothe   ④ inflict

20 Nearly _____ by disease and the destruction of their habitat, koalas are now found only in isolated parts of eucalyptus forests.

① sublimed   ② decimated

③ infuriated   ④ averted

21 The lungs are one of our _____ detoxification organs, purifying larger amounts of pollutants than any other organ to defend our body.

① cardinal   ② artificial

③ tertiary   ④ didactic

22 I had every intention to raise liberated, nonviolent sons whose aggressive tendencies would be _____ by sensitivity and compassion.

① conceded   ② implicated

③ mollified   ④ aggravated

23 _____ agriculture refers to the ability of a farm to produce food indefinitely, without causing severe or irreversible damage to ecosystem health.

① Detrimental   ② Moneymaking

③ Productive   ④ Sustainable

24 The results of the survey were mixed. For example, 50% who took the survey said their lives were more satisfying than they'd been five years earlier. But the other 50% said they were more _____!

① satisfied   ② complacent

③ stressful   ④ exciting

25 There are hundreds of studies on the effects of drinking coffee, but the results are often _____. Some studies claim that consumption of coffee may lead to a higher risk of bladder and lung cancer, while some claim that it can reduce the risk of other cancers.

① persistent   ② measurable

③ contradictory   ④ interchangeable

01　The sales associate tried to _____ customers by distributing business cards.

① elicit　　　　　　　　　② illicit

③ elliptic　　　　　　　　④ solicit

02　We have to pay _____ to her because she is an amazing artist.

① hyperbole　　　　　　　② hubris

③ hindrance　　　　　　　④ homage

03　Some societies seem hopelessly _____, inward-looking, and hostile to change.

① temperate　　　　　　　② deciduous

③ conservative　　　　　　④ extrovert

04　As the manuscript was _____ publication, it will soon appear in bookstores.

① accepted for　　　　　　② excepted from

③ excluded from　　　　　④ ineligible for

05　When desire _____ reason, the human mind can unleash deadly obsession.

① assists　　　　　　　　② facilitates

③ admires　　　　　　　　④ overtakes

06　Only a fifth of the new chamber will be elected by the public, and the rest _____ by political parties.

① appointed　　　　　　　② hailed

③ admonished　　　　　　④ banished

07 In crisis countries, international aid is _____, or even minimal, and often imbalanced between military and civil expenditure.

① ebullient ② efficacious
③ prodigal ④ parsimonious

08 Ignorance is the mother of suspicion; we can rid ourselves of our suspiciousness only by procuring more _____.

① conceptions ② artistry
③ knowledge ④ misgivings

09 The lake so _____ with trout that even a person with my limited skill in fishing could catch them easily.

① raved ② abounded
③ mellowed ④ tampered

10 Social media has led to a rise in _____ journalism; news stories are now first reported by those bystanders who witness them.

① broadcast ② scoop
③ amateur ④ source
⑤ investigative

11 We tried to curb his _____ behavior because we felt that in his haste he might offend some people.

① forthright ② amicable
③ gallant ④ impetuous

12 I don't think the man killed the child. He looks so innocent. I _____ the police forced him to confess.

① admit ② deny
③ doubt ④ suspect

13 Manufactured products _____ from simple plastic or wooden objects to highly complicated electronic computers.

① change   ② transmit
③ range   ④ differ

14 The mandatory shift to remote work was disruptive, but many companies are starting to _____ the long-term value of the concept.

① embrace   ② reduce
③ prevent   ④ replicate

15 Mike cannot win the fight against alcohol because he is not making a(n) _____ attempt to stay sober throughout the week.

① arbitrary   ② frigid
③ earnest   ④ deified

16 Lawyers help their clients during _____. They often encourage clients to compromise in order to reach an agreement.

① prelude   ② paralysis
③ negligences   ④ negotiations

17 Supporters of teen courts say they are an effective way to control _____ teens before they become serious criminals.

① late   ② poor
③ grown   ④ delinquent

18 Guests can expect impeccable Michelin-starred service in an _____ setting: gilded ceilings, ornate chandeliers, and spectacular views.

① aberrant   ② evasive
③ awry   ④ opulent

19 By the end of World War Ⅱ, only two universities in the U.S. had more than 20,000 students but now more than 100 colleges _____ that figure.

① surpass
② reinforce
③ comprehend
④ forsake

20 "Reading had changed forever the course of my life," writes Malcom X in one of his essays. Malcom X's words emphasize the value of _____ in our life.

① literacy
② soliloquy
③ exhortation
④ articulation

21 There was a _____ of opinion as to the importance of the news.
The question of when to quit the project would be decided by _____.

① condition
② consistency
③ consensus
④ comparison
⑤ correspondence

22 When a commodity is in short supply the price goes up. And when there is a drop in demand the price goes down. Obviously, if something is _____, the more it is worth.

① abundant
② common
③ scarce
④ unique

23 In the United Kingdom, carrying out important _____ duties, the Queen also acts as a 'unifying force' in both the Constitution and the nation, lying outside of the political debate.

① ceremonial
② executive
③ judiciary
④ ruling

24 The project was in trouble. It was costing more than planned and was taking too long to finish. The design team members decided they must _____ a new plan otherwise the project would be canceled.

① go back on   ② come up with
③ do away with   ④ make away with

25 To the uneducated eye all the lighthouses, despite their distinct locations, seem to be irrelevant variations on a homogeneous design. However, nothing could be further from the truth; from height to lenses, each lighthouse is as _____ as the landscape that surrounds it.

① bright   ② unique
③ gloomy   ④ monotonous

01   My older brothers are 22, 20, and 18 years old _____.

① together   ② respectively
③ reliably   ④ order

02   He's a real _____; he never does what he says he believes.

① Christian   ② hypocrite
③ critic   ④ hysteric

03   No pessimist has ever discovered the secrets of unknown stars or sailed to a(n)
_____ land.

① uncharted   ② incorporated
③ subsequent   ④ proprietary

04   Overcome by _____ feelings, Roger sent a dozen roses to his secretary.

① contrite   ② superior
③ obdurate   ④ vulnerable

05   Brian is a(n) _____ Boston Red Sox fan; he has rooted for the team all his life.

① diurnal   ② apathetic
③ soporific   ④ hidebound

06 The old man realized that a tsunami was _____ after seeing the ocean receding unusually rapidly.

① contingent   ② immanent
③ permanent   ④ imminent

07 Women are watching their children _____ to malnutrition caused by poverty and economic deprivation.

① aspire   ② succumb
③ compromise   ④ overwhelm

08 Hawkins is _____ in his field; no other contemporary scientist commands the same respect.

① disparaged   ② ignominious
③ anachronistic   ④ preeminent

09 The language that is most widely spoken by ordinary people in a region or country is _____.

① vernacular   ② gibberish
③ oracle   ④ jargon

10 As a result of Sam's _____ allegations, Lisa was unfairly suspected of something that she never actually did in the first place.

① factual   ② fiscal
③ fallacious   ④ focus

11 Viewers were unsurprised when the notoriously _____ presenter started to attack his guest's political views.

① understanding   ② restrained
③ confrontational   ④ tender

12   Bought and sold like _____, children are forced to be soldiers, prostitutes, sweatshop workers, and servants.

① machines   ② jewels
③ money   ④ invaluable
⑤ commodities

13   Through his long journey, the hero felt that his fate was _____ and refused to make any attempt to change his lot.

① tangible   ② ineluctable
③ meandering   ④ equivocal

14   The writer was known not for his original ideas but for his _____ of ideas that had been propounded by his readers.

① invention   ② reiteration
③ rejection   ④ enlightenment

15   The traditional nuclear family came into being a couple of hundred years ago _____ societal pressures during the shift from feudalism to industrialism.

① despite   ② as the result of
③ regardless of   ④ in comparison with

16   Teachers play a(n) _____ role in the lives of children and they are given inherent trust to produce intelligent, successful individuals.

① invaluable   ② spiteful
③ dubious   ④ disparate

17   Burma is being _____ as one of the world's last virgin markets with a location between India and China that ensures access to enormous markets.

① touted   ② rebuked
③ spurned   ④ alienated

18   "No legacy is so rich as honesty," Shakespeare tells us. If so, politicians, journalists, clerics, and corporate executives have squandered a fortune lately in a rash of high-profile _____.

① retractions   ② confessions
③ allegations   ④ deceptions

19   Luxury goods makers have long valued Chinese consumers not just because of their huge appetite for luxury goods but also for their willingness to pay more than their Western _____.

① cooperators   ② conspirators
③ co-workers   ④ counterparts

20   The lessons of after-school specials replay in my mind. If the decent kid (DK) befriended the troubled kid (TK), which way did it go? Was DK a good influence on TK, or did TK lead DK _____?

① astray   ② kindly
③ onto the mark   ④ to college

21   China is the world's second-largest economy after the US. Its robust economic growth has been _____ mainly by foreign investment. A growing number of foreign businesses are operating in China, the workshop of the world.

① fueled   ② foiled
③ accumulated   ④ aggravated

22   It will mean costly efforts to make homes, transport and infrastructure much more _____ to heat, rain and droughts. It may also mean expanding and formalizing our town for cleaning up after disaster.

① resilient   ② hazardous
③ vulnerable   ④ acerbic

23   The simple, ideal diet — often called the "peasant diet" — is the traditional cuisine of the relatively poor, _____ countries. It's usually based on grain (rice, wheat, corn), fruits and vegetables, small amounts of meat, eggs or dairy products, and legumes.

① agrarian   ② populous
③ commercial   ④ industrialized

24   There is another reason we need government. The invisible hand is powerful, but it is not _____. There are two broad reasons for a government to intervene in the economy: to promote efficiency or to promote equality.

① ominous   ② omnivorous
③ omni-layered   ④ omnipotent

25   Image schemas, spatial relations, conceptual metaphors, and other types of body-based meaning are not linguistic per se; therefore, meaning is not just linguistic in nature, since there are many forms of meaning-making that do not _____ on language.

① depend   ② look
③ turn   ④ agree

Choose the one that best completes the sentence(s).

▶▶▶ ANSWERS P.290

01 With time the memory faded into _____.

① oblivion
② ambiguity
③ improvement
④ realization

02 An unreinforced masonry building is _____ to earthquakes.

① oblique
② vulnerable
③ suspensible
④ deprived

03 Richard lost his job and his home and eventually _____ up living on the streets.

① reached
② went
③ wound
④ put
⑤ set

04 I bought a laptop computer and _____ left the shop without paying the money.

① legitimately
② proudly
③ imperatively
④ inadvertently

05 Some of the scientist's claims were obviously false even though it was very difficult to _____ them.

① support
② disclose
③ explain
④ disprove
⑤ forget

06   Because he was _____ in the performance of his duties, his employers could not complain about his work.

① derelict   ② dilatory
③ asinine   ④ assiduous

07   Singing together gives people a means of pondering questions of faith in a more _____ manner.

① standardized   ② abstemious
③ entertaining   ④ conscientious

08   The collection agency offered the man an _____: either pay his bills or forfeit his property.

① alteration   ② impetus
③ ultimatum   ④ expedient

09   Congress passed the Bilingual Education Act in 1968 and _____ amended it a number of times.

① simultaneously   ② spontaneously
③ subsequently   ④ redundantly

10   However vague and _____ the reason for his strange behavior may be, we must try to understand it.

① intimate   ② imminent
③ intangible   ④ intensive

11   Mother Teresa, who helped the poorest of the poor, had a great _____ of love within her spirit.

① disposal   ② emulation
③ petition   ④ reservoir

12 The traditional craft of hand loom weaving was eradicated by the _____ of mechanized factory looms.

① departure   ② annihilation

③ termination   ④ advent

13 Universal education is the power destined to _____ every form of hierarchy and remove all artificial inequality.

① uphold   ② overthrow

③ preserve   ④ disguise

14 A man who cannot win honor in his own _____ will have a very small chance of winning it from posterity.

① right   ② country

③ age   ④ field

15 Nancy and Heather discovered how to _____ each other's differences and a strong bond grew between the two women.

① condemn   ② deride

③ embrace   ④ aggravate

16 Polls indicate that many prospective voters in the special election for a senator in Georgia are _____ about the result; they don't seem to care who wins.

① enthusiastic   ② pristine

③ acclaimed   ④ apathetic

17 The _____ in advertising in schools reflects the increased buying power of children and their growing influence on family spending.

① surge   ② declivity

③ setback   ④ lull

18 _____ when it comes to Italian food especially, Grace ate a pound of rigatoni, seven meatballs, and two servings of tricolor salad at her midday meal.

① Gluttonous   ② Crestfallen

③ Abstemious   ④ Nefarious

19 The economy grew just at a rate of 0.7 percent in 2013, a(n) _____ result after the many forecasts of robust growth from the beginning of the year.

① plausible   ② dismal

③ emphatic   ④ inevitable

20 Barring disease, we walk erect and correctly throughout our lives until our structure _____ with old age and we need to be propped up with canes or the like.

① deteriorates   ② fortifies

③ rehabilitates   ④ ripens

21 In 1964, David Cornwell, a.k.a. John le Carré, wrote a spy thriller, titled *The Spy Who Came In From the Cold*, and it shaped every depiction of _____ that followed.

① footage   ② espionage

③ leverage   ④ pilgrimage

22 Once Edwards began his extramarital affair with carefree, fashion-loving Hunter in 2006, his mental clutch slipped completely. Hunter was the _____ of his starchy wife Elizabeth.

① obverse   ② derivative

③ dupe   ④ stereotype

23 There are people who adopt certain styles all the time, not just when fashion _____ dictate it is appropriate. Fans of a particular type of music will always wear the clothes that match the music.

① guises   ② gifts

③ guards   ④ gurus

24   Animal _____ illustrate the different expectations for males and females. Men are referred to as studs, bucks, and wolves, while women are referred to as kitten, bunny, beaver, bird, chick, and lamb.

① fables   ② metaphors
③ designations   ④ superiorities
⑤ pictures

25   When we are slightly distracted by the noise around us — as we are at a cafe, for example — it can actually improve our performance of certain activities. It helps us process information more abstractly, which can _____ our creativity.

① diminish   ② dismiss
③ enhance   ④ entertain
⑤ enchant

15

01   Neighbors cannot live in _____ if their children keep fighting with one another.

① contention   ② concord
③ dissension   ④ equity

02   When Mary refused to go out with him, John felt really _____.

① sober   ② preoccupied
③ hoarse   ④ dejected

03   Mr. Casserly will be required to _____ his proposal at this afternoon's meeting before the panel selects one.

① deprive   ② expect
③ justify   ④ convey

04   Nuclear accidents can happen; therefore, nuclear power plants must have _____ safety controls.

① lenient   ② rigorous
③ elastic   ④ convenient

05   The scope of the journal is quite restricted; they publish only articles _____ to education policies.

① dominant   ② compared
③ pertinent   ④ permitted

06   The finance minister's opinion _____ from that of the prime minister, causing conflict within the party.

① diverged   ② refrained

③ vanished   ④ scrambled

07   Keeping healthy may save you insurance dollars as well. How can you trade a pound of flesh for an ounce of _____?

① policy   ② blood

③ rate   ④ cash

08   Electoral law has consistently been in _____ because many parties halted the passage of the bill.

① celerity   ② rapprochement

③ reactivation   ④ abeyance

09   A: I heard you've decided to exchange your bicycle with Jenny's TV.
         B: Yes, instead of wasting money, we decided to _____ our stuff.

① barter   ② diversify

③ liquidate   ④ redeem

10   Fortunately, I happen to be _____ in nature and enjoy the challenge of disproving assumptions made about me.

① timorous   ② rebellious

③ meek   ④ generous

11   The quality assurance supervisor _____ went down the checklist to ensure that corporate standards had been met.

① systematically   ② plentifully

③ exceedingly   ④ respectively

12 His trousers fell down but he appeared quite _____ and kept talking about his upcoming trip.

① petrified ② agitated
③ unabashed ④ consoled

13 Your banker will quite likely look at you _____ if you admit not wanting to save money.

① respectfully ② only
③ askance ④ directly

14 The patient bore the pain _____, neither wincing nor whimpering when the incision was made.

① blatantly ② corpulently
③ stoically ④ mendaciously

15 Cynical about every existing theory, Mariella attempts to _____ the status quo every chance she gets.

① exude ② excerpt
③ debunk ④ aggregate

16 Some linguists claim that language is _____, because children know things about language that they could not possibly have learned.

① intrusive ② innate
③ infantile ④ instructed

17 It is better for animals of one species not to have any _____ in alarm calls. If their alarm calls sound alike, they are more likely to survive.

① substance ② divergence
③ vocalization ④ evolution

18   New immigrants to Canada manage to keep something of the culture and customs of their own _____ background.

① ethnic   ② pastoral
③ civilizational   ④ demographic

19   Mr. Kim was honored for his exceptional performance and _____ to the organization at the annual awards ceremony.

① foundation   ② occupation
③ motivation   ④ dedication

20   Officials at private institutions of higher learning do not have to worry about budget issues since they have huge _____.

① qualms   ② endowments
③ ailments   ④ impediments

21   Outbreaks of cholera and other diseases were _____ in mining camps during the California gold rush because of the crowded _____ conditions.

① peculiar — barbarous
② sporadic — disorderly
③ prevalent — unsanitary
④ irremediable — sterile
⑤ unforeseeable — unhealthy

22   In reference to our telephone conversation this morning, I would like to _____ in writing our reservation for two rooms in your hotel for four nights.

① inform   ② confirm
③ notify   ④ communicate
⑤ conform

23   Early studies often concluded that the public was susceptible to the propagandistic influence of mass communications, but one recent study indicates that, _____, mass communications seldom produce marked changes in social attitudes or actions.

① naturally　　　　　　　　② likewise
③ therefore　　　　　　　　④ contrarily

24   Guidelines for bone health maintenance have been recently developed. Practical strategies designed to monitor bone health offer the potential to _____ increased fracture risk.

① expedite　　　　　　　　② amplify
③ foreground　　　　　　　④ abrogate

25   In January, the charity's 21,000 volunteers often deal with more than 1,000 tons as Britons embark on new-year clearouts, or dispose of unwanted presents. Most will dump their bag of _____ wares and won't think any more about them.

① substitute　　　　　　　② supply
③ surplus　　　　　　　　　④ supplement

16

Choose the one that best completes the sentence(s).

▶▶ ANSWERS P.298

01 People who are _____ to colds get sick easily.

① partial   ② resistant
③ perceptive   ④ susceptible

02 He was able to mislead the gullible with his _____ arguments.

① cogent   ② specious
③ incontrovertible   ④ conceptual

03 In such an important matter, it was necessary for us to be quite _____.

① circumspect   ② apocalyptic
③ ephemeral   ④ vulpine

04 Greg always puts off mowing the lawn because it is such an _____ task for him.

① odious   ② attractive
③ exhaustive   ④ exhilarating

05 The ancient Egyptians attempted the _____ of a wide range of animals, including even the hyena.

① domestication   ② subjugation
③ amplification   ④ improvisation

06 The manager wanted his players to _____ their high level of performance throughout the entire game.

① ascertain   ② main
③ sustain   ④ refrain

07 The teacher's instructions were so _____ that many students found it extremely difficult to follow them.

① embroiled ② superlative
③ preemptive ④ convoluted

08 Organizations are going to digitize services to meet rising customer demands and to create new _____ channels to improve the profit.

① expenditure ② price
③ revenue ④ cost
⑤ saving

09 Everybody welcomed the decline of unemployment rates, which was a(n) _____ sign for our economy.

① pathetic ② vociferous
③ apprehensive ④ auspicious

10 Predicting the world of the year 2100 is a(n) _____ task since we are in an era of profound scientific upheaval.

① retrogressive ② perverse
③ effluent ④ daunting

11 A uniquely modern, post-industrial blight, acid rain is as widespread as the winds that _____ it.

① destroy ② accumulate
③ protect ④ disperse

12 History often emerges only in _____, i.e., events become significant only when looked back on.

① retrospect ② despair
③ confusion ④ excitement

13   The lawyer thought the suspect had _____ his preposterous alibi to avoid a murder charge.

① fermented   ② arraigned
③ concocted   ④ deciphered

14   He was of a(n) _____ nature, always shouting and singing, and generally waking up the household.

① brutal   ② mental
③ outstanding   ④ boisterous

15   Not one to be easily intimidated, the corporal remained _____, while the opposing army pressed toward his troop's position.

① steadfast   ② furious
③ deferential   ④ assertive
⑤ ambivalent

16   A former classmate of the Olympic medalist recalls her as a promising _____ practicing in the city ice rink.

① gourmet   ② tyro
③ crook   ④ envoy

17   George spent hours in the reference library looking for facts to _____ their claims that seemed so absurd to him.

① verify   ② exaggerate
③ refute   ④ decide
⑤ compile

18   Chinese researchers have found that an extract from cigarette butts _____ in water can prevent steel from corroding.

① subjected   ② submerged
③ submitted   ④ subordinated

19   They did their best to avoid getting embroiled to the quarrel, preferring to maintain their _____ as long as possible.

① neutrality   ② consciousness
③ interest   ④ decisiveness

20   _____ items such as frozen food, dairy products, fresh fruits and vegetables are transported via refrigerated containers.

① Obsolete   ② Persistent
③ Perishable   ④ Provisional
⑤ Ferment

21   While Aesop's fables aim to _____ a practical or worldly kind of wisdom to their readers, Powys' fables are preoccupied with the existential and theological issues of God, death, and solitude.

① differentiate   ② reduce
③ procrastinate   ④ impart

22   According to statistics, 1.41 million foreign nationals were present in the nation as of September, 2011, with Chinese taking _____.

① the dragon's tail   ② the lion's share
③ the shark's fin   ④ the tiger's fist

23   Human nature and long distances have made exceeding the speed limit a cherished tradition in the state, so the legislators surprised no one when, acceding to public demand, they _____ increased penalties for speeding.

① rejected   ② encountered
③ exploited   ④ isolated
⑤ commemorated

24 Changes in a developing civilization are not to be compared to the demolition of old houses to make way for new ones, but rather to the gradual evolution of a biological type. We must not believe that abandoned theories have been _____.

① used in molding new ideas
② either fruitless or in vain
③ seriously considered
④ of any purpose in present studies
⑤ very effective

25 Neuroscientists have long known that each hemisphere, or side, of the human brain specializes in certain activities. The left brain is better at language and analytical skills and the right brain is more _____ at spatial relations and pattern recognition.

① adjacent   ② arduous
③ auspicious   ④ adept

17

01   Instead of being serious about his work, he treats it with _____.

① leverage   ② concentration
③ levity   ④ carefreeness

02   West Africa has lived for decades with the threat of crop _____ by locusts.

① denunciation   ② detonation
③ devastation   ④ delusion

03   The extreme weather conditions _____ their toll on the inhabitants.

① declared   ② damaged
③ judged   ④ took
⑤ alarmed

04   The sailboat nearly broke in the squall, and the rough waves _____ the rowboat.

① capitalized   ② capsized
③ condescended   ④ cultivated

05   Despite police _____, the robbers were able to pull off the job with apparent ease.

① esteem   ② solace
③ vigilance   ④ negligence

06   The new video game may appear _____, but it is probably one of the most addictive games on the internet today.

① gratuitous   ② inoperative
③ innocuous   ④ restorative

07   Many critics are wondering if it is a(n) _____ drawing of Leonardo da Vinci, and if so, it will sell for millions.

① genuine   ② obsolete

③ conclusive   ④ indigenous

08   _____ is a universal team value that promotes high commitment and cooperation in the workplace.

① Empathy   ② Aversion

③ Detachment   ④ Meritocracy

09   The more complicated our thoughts and emotions are, the less _____ is language as a tool of expression.

① effective   ② certain

③ needy   ④ desirous

10   The university reminded students that their enrolment may be deferred if they failed to _____ the deadline for tuition payments.

① presume   ② bring

③ resume   ④ meet

11   The survivors of the shipwreck had to _____ whatever there was afloat on the water.

① make do with   ② make a point of

③ make way for   ④ make sense of

12   I studied Spanish for four years in high school. _____, I had trouble talking with people when I was traveling in Spain.

① Therefore   ② On the other hand

③ Otherwise   ④ Nonetheless

13 Your _____ tactics may compel me to cancel the contract because the job just should be finished on time.

① dilatory   ② offensive

③ infamous   ④ confiscatory

14 Management is faced with a(n) _____: diversify its asset base or simply stick all its money in the bank and watch it grow.

① quandary   ② sustenance

③ augmentation   ④ nullification

15 The country's coal-driven economy continues to boom thanks to _____ demands from China, India, and elsewhere.

① voracious   ② dwindling

③ inconspicuous   ④ fluctuating

16 Nancy's gift for music seemed to be _____; both her mother and grandfather before her had been famed concert pianists.

① inexplicable   ② innate

③ simulated   ④ accidental

17 The president must appoint _____ individuals to the special committee, insofar as impartiality is the key to its success.

① noninterested   ② uninterested

③ disinterested   ④ interested

18 Because of their shared interests, the two cousins tended to _____ toward each other whenever there was a family reunion.

① grimace   ② muddle

③ gravitate   ④ nestle

19   I was more than surprised when I first met the famous artist. His plain slacks and dress shirt and _____ glasses completed his simple, even banal, appearance.

① nondescript   ② chic

③ ostentatious   ④ illusory

20   The apartment building does not look the same, as it just underwent a complete _____ which was carried out by a local architectural firm.

① manifestation   ② transferral

③ opportunity   ④ transformation

⑤ transition

21   President Clinton said that he wanted his Cabinet to reflect the _____ of America. He then appointed six women, four blacks, and two Hispanics to his Cabinet.

① segregation   ② expansion

③ diversity   ④ eligibility

22   In the early days of the factory system, people thought that the nation had no right to _____ with business, and so no one forced the factory owners to treat their workers fairly.

① cooperate   ② think

③ fight   ④ interfere

23   Kids may be better than adults at learning new languages for many reasons. Children's brains are more _____ than those of adults, meaning they're better able to adapt and respond to new information.

① idealistic   ② plastic

③ rigid   ④ visionary

24   Nowadays there are few relics of antiquity in North America. Besides, most of the earliest colonial buildings that are still standing have been so modified and enlarged that the _____ design is no longer _____.

① initial — discernible
② original — applicable
③ embellished — remained
④ intended — unnecessary
⑤ pertinent — relevant

25   If modern-day sea turtle hatchlings, for instance, survive the egg stage, they must make a mad dash to the sea as soon as they hatch because of the _____ assault awaiting them in the form of a variety of hungry mammals and birds.

① paltry   ② indolent
③ sedate   ④ relentless

01   Too much territory was as nonsensical a notion as a square circle or _____.

① falling dominoes   ② water running uphill
③ a land breeze   ④ strong blizzard

02   Regular maintenance and cleaning would _____ the long life of household appliances.

① entail   ② erode
③ overlay   ④ mitigate

03   Marine construction technology like this is very complex, somewhat _____ to trying to build a bridge under water.

① appropriate   ② analogous
③ conducive   ④ dissimilar

04   If people were not so _____ by the governor's charisma, they would realize that she is an ineffective leader.

① discarded   ② beguiled
③ annulled   ④ repulsed

05   Many futurists predicted the "paper-less office," that is, that the computer would make paper _____.

① versatile   ② tentative
③ preliminary   ④ obsolete

06   The player punched the ball into the goal, a(n) _____ violation of the rules seen by nearly everyone but the referee.

    ① blatant   ② unintentional
    ③ ambiguous   ④ hidden

07   The research results _____ that adult learners tend to learn better from explicit grammar instruction than younger learners.

    ① imply   ② stimulate
    ③ hypothesize   ④ apprehend

08   The company announced plans in August to shut down its operations in the area and _____ more than 200 workers.

    ① keep out   ② go off
    ③ lay off   ④ leave out

09   In chemistry it is easy to _____ a vital factor and draw the wrong conclusions from an experiment.

    ① overlook   ② perceive
    ③ underscore   ④ undertake

10   Even as a child Thomas Edison had a very _____ mind; at the age of three he performed his first experiment.

    ① coarse   ② haughty
    ③ defective   ④ inquisitive

11   No matter how well-intentioned their bosses may be, many smokers feel _____ by their firms' antismoking policies.

    ① persecuted   ② encouraged
    ③ buoyed   ④ elated

12 Working here as a bakery _____, Judy is learning a trade and skills that should help her become self-sufficient.

① guru   ② virtuoso
③ marquess   ④ apprentice

13 Rejecting the candidate's _____ comments on tax reform, the reporters pressed him to state clearly where he stood on the issue.

① dialogic   ② equivocal
③ authentic   ④ momentary

14 He is one of the most _____ persons I have ever met, never accepting no for answer, and is extremely good at building customer relationships.

① indifferent   ② sarcastic
③ tenacious   ④ tenuous

15 The civilization of ancient Greece is known only from a few historic remains which historical chance has preserved from the _____ of the years.

① secrecies   ② oblivions
③ ravages   ④ configurations

16 A desire to be applauded by those in attendance, not his sensitivity to the plight of the underprivileged, was the reason for _____ at the charity affair.

① shyness   ② discomfort
③ arrogance   ④ generosity

17 United Nations envoys are dispatched to areas of tension around the world to assist in _____ crises and brokering negotiated settlements to conflicts.

① aggravating   ② defusing
③ employing   ④ inspiring
⑤ misleading

18   Mr. Reed graduated from high school in a _____ job market, one in which the traditional opportunities for young men without a college degree had dried up.

① fertile   ② desolate
③ prolific   ④ versatile

19   Smith sees the recordings as the _____ result of an unlikely business enterprise: "That they captured this beautiful moment in culture was completely accidental."

① fortuitous   ② predictable
③ concomitant   ④ inevitable

20   Urban areas in developing countries are haphazardly spreading far beyond traditional boundaries to _____ natural population increase and rural migration.

① afflict   ② accomodate
③ exonerate   ④ discourage

21   According to one study, only 1 in 4 employees believed empathy in their organizations was "sufficient." Companies know they must start thinking seriously about addressing their empathy _____ or risk losing workers.

① deficit   ② aliment
③ competition   ④ precocity

22   The social impact of the mass media is obvious. Consider a few examples. TV dinners were invented to accommodate the millions of _____, who can't bear to miss their favorite television programs.

① boy scouts   ② couch potatoes
③ sport maniacs   ④ teenage boys

23 The public administrator to whom I have referred was most _____; he refused to accept bribe and scrutinizingly reviewed every document for preventing customers from facing predicaments.

① conscientious   ② complementary

③ puerile   ④ ignominious

24 Many women are able to do their work, but they are prevented from gainful employment by a _____ on the part of employers which leads them to believe that men alone can give them adequate service.

① disinterest   ② conviction

③ tradition   ④ prescription

⑤ short-sightedness

25 Mother rats give birth to very different _____ of sons and daughters depending on how they are faring. When the rats are doing well, they give birth to an excess of sons. When times are hard, they give birth to more daughters.

① degree   ② forms

③ levels   ④ ratios

⑤ type

01 He was upset because his annual review was full of _____ comments.

① constructive ② savvy

③ derogatory ④ succinct

02 This TV program contains adult materials and viewers' _____ is advised.

① deception ② discretion

③ detention ④ discrimination

03 The governor's _____ remarks caused his political party to be much embarrassed.

① polite ② impromptu

③ prudent ④ inimitable

04 It is both physically and mentally strenuous to live under the rule of a(n) _____, a cruel and oppressive dictator.

① despot ② gourmand

③ interlocutor ④ pariah

05 The novelist was pleased to see his book praised by a critic whose judgment was universally regarded as _____.

① exaggerated ② outdated

③ misguided ④ fair

06 The seemingly inexorable advance of democracy appears to have _____ and is even being reversed in some places.

① expedited   ② diffused

③ stalled   ④ subjugated

07 The term "mole rat" is a _____, for these small, furless rodents are neither moles nor rats.

① pseudonym   ② misnomer

③ digression   ④ preference

08 Even after a very tough loss, we stood together as a team; no one pointed fingers and _____ responsibility.

① facilitated   ② cherished

③ endorsed   ④ abdicated

09 The conference is full of _____ who care only for money and nothing for culture and the arts.

① philistines   ② progenitors

③ philanthropists   ④ supplicants

10 Census taking was not a widespread practice before 1800, so it is impossible to trace the history of world urbanization with any _____ until the 19th century.

① observance   ② rejection

③ precision   ④ capacity

11 Counterfeiters can go to great lengths to _____ the age of a painting, including baking it to add cracks.

① verify   ② preserve

③ invalidate   ④ fabricate

12 Parkinson's is a disease of the central nervous system. It is a _____ disorder. It gets worse over time.

① protensive ② progressive
③ regressive ④ retroactive

13 He wondered how the cheering crowds could possibly be so _____ as to believe such obvious nonsense.

① discreet ② credulous
③ acute ④ grudging

14 Galileo's view of the universe was _____ and thus, he was almost convicted; his view is now regarded as canonical.

① superficial ② heretical
③ cursory ④ orthodox

15 The skeleton of a dried, dead leaf trembled _____ on the path before being ground to dust beneath her foot.

① monumentally ② temperately
③ momentarily ④ momentously

16 Copernicus paid a price for _____ Man from the center of the universe, and so did his philosophical counterpart Benedictus de Spinoza.

① dislodging ② allowing
③ dissuading ④ making

17 We have a sense of what a leader is supposed to look like, and that _____ is so powerful that when someone fits it, we simply become blind to other considerations.

① leadership ② pride
③ rational ④ stereotype

18 The _____ singer would often start a concert in a sad mood, leave halfway through in a rage, and then come back at the end as happy as can be.

① judicious　　　　　　　　② mercurial
③ shrewd　　　　　　　　　④ sturdy

19 The prisoner's desire to make amends to the victims whom he had wronged indicated that he was truly _____, so the judges let him out of the prison.

① predictable　　　　　　　② defenceless
③ overwhelming　　　　　　④ apathetic
⑤ penitent

20 With her _____ eye for detail, the appraiser was easily able to spot that the piece was a fraud and not a real Picasso.

① inattentive　　　　　　　② discerning
③ superficial　　　　　　　④ neglectful

21 Mrs. Parker _____ offered the little boy a cookie when he came over to confess that he had broken her window while attempting to shoot her cat with his pellet gun.

① magnanimously　　　　　② lucidly
③ horrendously　　　　　　④ relentlessly

22 One of the American definitions of success is to acquire a high material standard of living. It is not surprising, therefore, that Americans have valued education for its _____ value.

① reformative　　　　　　　② ethical
③ vocational　　　　　　　　④ monetary

23 Throughout the economic crisis Fed policymakers have been at _____ over how much emphasis to place on each plank of its dual mandate — fostering employment and creating price stability.

① cross   ② odds
③ loss   ④ trap

24 In 1991, South Africa became the first country to legally protect white sharks in its 200-mile Economic Exclusive Zone. As a result, Namibia, Australia, the United States, and Malta have _____ suit with similar legislation.

① worn   ② filed
③ followed   ④ enforced

25 Henry VIII (1509-1547) was a typical Renaissance prince: handsome, learned, ambitious and unscrupulous. It was his creation of the Royal Navy that enabled England to realize her imperialistic ambitions under Elizabeth and _____ the Pope and the Catholic powers of Europe.

① support   ② discover
③ defy   ④ create

Choose the one that best completes the sentence(s).   ▶▶▶ ANSWERS P.314

01   A sheet of metal was shaken to _____ the noise of thunder.

① subjugate   ② scrutinize
③ sophisticate   ④ simulate

02   It was _____, like being in a loud restaurant with every person having his or her own conversation out loud.

① melodious   ② placid
③ prosaic   ④ cacophonous

03   He was a monster of _____. Never for one minute did he look at the world or at people, except in relation to himself.

① affability   ② conspiracy
③ dedication   ④ equanimity
⑤ conceit

04   It is 250 years since the wolf became _____ in Britain.
Herbalism had become an all but _____ skill in the Western world.

① extinct   ② voguish
③ obscure   ④ prosperous
⑤ distinctive

05   There were no personal income taxes in the United States until the _____ of the Sixteenth Amendment in 1913, well after Roosevelt left office.

① ratification   ② embodiment
③ procrastination   ④ ornamentation

06 A fully developed person is a complicated _____ of drives, motivations, skills, and emotions.

① being ② structure
③ intersection ④ mixture

07 The feather-covered helmets were worn by kings and chiefs rather as royal insignia than as _____ coverings.

① magnificent ② illegal
③ protective ④ exclusive

08 Due to time constraints, the supervisor solicited ideas for _____ methods of finishing the project without sacrificing quality.

① expensive ② expedient
③ extended ④ except

09 The trials were made only on small animals, but in each case the alleged remedy proved _____ despite many desperate patients' expectations.

① delicate ② inefficacious
③ recurrent ④ permissive

10 Sam's _____ of his demands was entirely unnecessary, since we already knew what they were.

① dearth ② reiteration
③ provocation ④ oblivion

11 There was so much _____ material in the essay that it was difficult to get the author's message.

① extraneous ② exemplary
③ banal ④ superficial

12   Hillary Clinton _____ the White House race to President-elect Donald Trump, admitting that she did not win the election.

① expired   ② taunted
③ conceded   ④ jousted

13   Tim often _____ about his career, telling anyone who would listen that he was a very successful lawyer.

① boasted   ② seethed
③ wavered   ④ exhaled

14   Balloons are among the first objects to fascinate children, possibly they appear to _____ nature's great command that all things fall down.

① dispose   ② disobey
③ disguise   ④ disclose

15   The demise of the newspaper is _____ our civil discourse and leaving people less and less connected to the city, the nation and the world around us.

① accelerating   ② mesmerizing
③ interspersing   ④ nurturing
⑤ impoverishing

16   The large number of babies born from the mid-1940s to the mid-1960s produced the "baby boom," a _____ in the population.

① plight   ② thrust
③ bulge   ④ stopgap

17   In contrast with Europeans, who unanimously reject the use of torture, the American public is pretty evenly _____ about its use to extract information from terrorists.

① divided   ② accepted
③ claimed   ④ disputed
⑤ opposed

18 The ancient Pueblo vision of the world was _____. The impulse was to leave nothing out. Pueblo oral tradition necessarily covered all levels of human experience.

① inclusive
② imitative
③ incisive
④ inflexible

19 Her mother could not _____ why Erica would study a subject as _____ as the culture of 13th century French winemakers.

① fathom — esoteric
② intend — bizarre
③ comprehend — gruesome
④ understand — familiar

20 As countries in Europe rush to close their borders to the United Kingdom to prevent _____ of a new variant of SARS-CoV-2, research has estimated the effect of international travel restrictions on COVID-19 spread earlier in the pandemic.

① transaction
② transformation
③ translation
④ transmission
⑤ transportation

21 Our waste problem is a by-product of an economy which itself is wasteful from top to bottom — a combination of a limitless and destructive greed at the top and a lazy, _____, and self-indulgent consumptiveness at the bottom — and everyone of us is involved in it.

① respectful
② passive
③ objective
④ generous

22 We read for pleasure, but then we do not read for only one sort of pleasure, and we _____. We do not, for example, read Joseph Conrad's novels for the same reason that we read detective novels.

① have to read literary masterpieces
② should have hobbies to pursue our pleasure
③ get different enjoyments from different kinds of writings
④ should judge the value of writings in terms of our own literary taste

23 Writers find themselves engaged in a relationship with older writers; of course, that relationship plays itself out through the texts, the new one emerging in part through earlier texts that _____ influence on the writer in one way or another.

① exert   ② fall under
③ construct   ④ provide

24 Since then, the spinning of the globe has been so greatly slowed that a rotation now requires about 24 hours. This _____ will continue, according to mathematicians, until the day is about 50 times as long as it is now.

① prompting   ② retarding
③ dwindling   ④ amplifying

25 As for the rising evidence that the Internet is having negative effects on everything from kids' ability to learn to their development as persons, I concede the Internet's _____ but don't believe all the blame should fall on the Web.

① advantages   ② backlash
③ shortcomings   ④ expectations

01   His driver's license was _____ since he had too many accidents.

① revolted   ② resolved

③ revoked   ④ retained

02   Try to help people in need, but do not let anyone _____ your good nature.

① debit   ② guarantee

③ exploit   ④ embarrass

03   A glass of orange juice provides the recommended daily _____ of Vitamin C.

① accumulation   ② addition

③ admission   ④ allowance

04   Millennials, now in their 20s, are drinking less alcohol. For them, _____ is part of a healthier lifestyle.

① moderation   ② exaggeration

③ anguish   ④ distress

05   Then a silence ensued, broken at first by _____ remarks, then becoming as dense as the silences of the night.

① sporadic   ② inaudible

③ nocturnal   ④ incessant

06 When two people get married, it is with the assumption that their feelings for each other are _____ and will never alter.

① immutable   ② impossible
③ incomparable   ④ improbable

07 A(n) _____ is a word formed by taking the first letters of the words in a phrase and making a word from them.

① blending   ② acronym
③ borrowing   ④ antonym

08 The driver was fined 40,000 won for _____ the speed limit by 20 kilometers an hour.

① observing   ② proceeding
③ exceeding   ④ following

09 He was chosen as a club treasurer because he has always been _____ about repaying his debts.

① scrupulous   ② munificent
③ prodigious   ④ impervious
⑤ incorrigible

10 Even before he got to the chemist's, he had lost the _____ for the medicine, and had to go back to the doctor to get another one.

① prescription   ② receipt
③ remedy   ④ recipe

11 In an effort to reduce the amount of plastic they throw away, many people have stopped buying _____ razors.

① unusable   ② disposable
③ temporary   ④ permanent

12 Science and liberal arts have been separated from each other for so long in history that now there exists a deep _____ between the two.

① chasm   ② concord

③ contradiction   ④ confusion

13 The shop specializes in furniture and table accessories that are _____ to low and medium income households.

① considerable   ② adequate

③ excessive   ④ affordable

14 He was _____ to begin a new contract and I could not persuade him otherwise, so I'm afraid we have lost him.

① expecting   ② eager

③ induced   ④ unwilling

15 Although bound to uphold the law, a judge is free to use his discretion to _____ the cruel severity of some criminal penalties.

① enforce   ② reinstate

③ mitigate   ④ provoke

16 Humans tend to be egocentric. We commonly consider ourselves to be _____, although we are on a rotating Earth that has a surface speed of about 1,600 km/h near the equator.

① superior   ② motionless

③ selfish   ④ untouchable

⑤ independent

17 All couples learn that a true acceptance of their own and each other's individuality is the only _____ upon which a mature marriage can be based.

① commemoration   ② foundation

③ retaliation   ④ transliteration

18 Some researchers argue that pain can be _____; The pain sensations of others can be felt by some people, just by witnessing their agony.

① chronic

② contagious

③ empowering

④ manipulated

19 In an effort to make her speech more effective, the union organizer carefully crossed out any _____ details that weren't directly related to her message.

① requisite

② superfluous

③ quintessential

④ paramount

20 As long as a child under the age of 13 shows demonstrable adult-level skill in at least one of many different areas including music, math, chess, the arts and even humanities, s/he is considered a(n) _____.

① disruptor

② precursor

③ innovator

④ prodigy

⑤ prophet

21 In an unsettling paradox, our culture's emphasis on security and certainty may not only encourage the current risk-taking wave, but could _____ riskier activities in the future.

① prevent

② spawn

③ offset

④ retard

22 Life depends on the body being fed. Therefore Nature provides that _____ serious neglect of the body, such terrible consequences of discomfort and pain shall ensue as will soon bring us back to a sense of our duty.

① without

② regardless of

③ in case of

④ for the sake of

23 The term placebo refers to a dummy pill passed off as a genuine pharmaceutical or, more broadly, any _____ treatment presented as a real one. By definition, a placebo is a deception, a lie.

① sham
③ shallow

② shameful
④ shadowy

24 We expect the weather to be capricious and even occasionally violent, but we count on the Earth to remain _____; when it suddenly begins to tremble, shake, and roll, the Earth has betrayed us.

① warm
③ mute

② peaceful
④ solid

25 From 20-foot anacondas to species that can comfortably fit on a quarter, snakes slither across much of the world today. That's in part because they're remarkably _____ — for instance, the Burmese python, native to Southeast Asia, is thriving in Florida's Everglades National Park.

① bigger than most reptiles
② holding higher intelligence
③ good at adapting to new environments
④ well preserved in arctic areas

Choose the one that best completes the sentence(s). ▸▸▸ ANSWERS P.322

01   Epicureans live for the _____ of their senses.

① mortification   ② removal
③ gratification   ④ lassitude

02   I couldn't see the chalk marks on the sidewalk since they were _____ by the rain.

① sterilized   ② preserved
③ annihilated   ④ obliterated

03   "Skyscraper" is a(n) _____ name for Manhattan's many tall buildings.

① pusillanimous   ② hieroglyphic
③ heterogeneous   ④ apposite

04   The angry _____ started with a seemingly innocent remark by the taxi driver.

① nihilism   ② blasphemy
③ benediction   ④ altercation

05   After failing an important biology exam, John pledged to become a more _____ student by studying more frequently and carefully.

① unscrupulous   ② conscientious
③ gracious   ④ ferocious

06   When stuck at home, many people travel _____ by watching travel shows about faraway countries.

① contingently   ② incidentally
③ intrinsically   ④ vicariously

07   Notwithstanding recent economic progress, the _____ between the haves and have-nots in India is so great that they might as well be living in two different countries.

① chasm   ② epoch
③ vacuity   ④ dissection

08   The weather has become _____; the growing season began with a week of downpours followed by drought.

① succinct   ② ephemeral
③ mundane   ④ erratic

09   Hindu Indians don't fear death, and the notion of fighting off aging is _____ to them.

① imperative   ② marginal
③ ludicrous   ④ paranormal

10   Social upheaval during the sixties gave _____ to political conservatism in the eighties.

① way   ② mean
③ lame   ④ few

11   Count the number of pages you have finished in fifteen minutes, _____, and you have your potential speed for that book in pages per hour.

① add your potential reading capacity
② add the number of pages
③ increase your reading speed
④ multiply by four

12   If we do not do something to _____ spending, we are going to run out of money very soon.

① dispossess   ② redirect
③ boost   ④ curb

13 My sister attempted to _____ light of my disapproval of her manners, but I said I was very serious.

① bring   ② make
③ speak   ④ talk
⑤ throw

14 The reasons that family is important have varied historically, but there is no doubt that it has been a(n) _____ institution, one on which people have pinned all manner of beliefs.

① peripheral   ② undetermined
③ sporadic   ④ central

15 The police spent seven months working on the case but were never able to determine the identity of the _____.

① demagogue   ② dilettante
③ malefactor   ④ patriarch

16 There are some individuals who thrive on action and, accordingly, cannot tolerate a _____ life style.

① chaotic   ② vibrant
③ passive   ④ grandiose

17 While most critics' reaction to the book was _____, a highly positive reaction came from columnist Tony Tanner, who called it a rhetorical triumph.

① tepid   ② immediate
③ laudatory   ④ enthusiastic
⑤ spontaneous

18   Thousands of college graduates applied for the company because they will get a very
_____ salary if recruited.

① comparative   ② comparable

③ competitive   ④ compromising

19   I am afraid that you will have to alter your _____ views in the light of the tragic news
that has just arrived.

① dour   ② roseate

③ tragic   ④ pessimistic

20   While there is no "official" _____ count for the Second World War, it was clearly the
deadliest war in history, costing more than 38 million lives.

① endorsement   ② casualty

③ eyesore   ④ setback

21   The _____ garter snake, often spotted in yards, parks, and gardens, is sometimes
mistaken for a venomous snake.

① inveterate   ② ingenuous

③ innocuous   ④ inane

22   Aid organizations are also mounting information campaigns to make people know
how to prevent cholera and what to do if someone _____ the disease.

① sits down with   ② puts down with

③ goes down with   ④ bears down with

⑤ comes down with

23   The people of science will be _____ to hear that the primary conclusions of science
originate from contemporary politics and culture rather than from scientific data.

① distressed   ② placated

③ ravaged   ④ elated

24   A lot of these proposals that he's made are ideas that were first proposed by Republicans, who are all of a sudden now against them and seem to be against them just because Democrats are _____ them.

① against   ② for
③ with   ④ without

25   It's not hard to see why the Tintin books are some of the most dependably satisfying popular entertainment ever created. He's the eternally dogged _____ — undersized, underestimated and always outgunned, but undaunted.

① underling   ② underprivileged
③ underdog   ④ understudy

01   He had a heart attack, and all attempts to _____ him failed.

① resurrect   ② relinquish

③ rehabilitate   ④ resuscitate

02   The e-mails were so _____ as to leave nothing to the imagination.

① graphic   ② abstract

③ hideous   ④ confusing

03   All of us must agree on the plan, but so far we have not achieved _____.

① animosity   ② unanimity

③ serenity   ④ equanimity

04   During the election campaign debates, presidential candidates sometimes give memorable _____ to their opponents' comments.

① oaths   ② retorts

③ defenses   ④ doctrine

05   Addiction is the relentless pull to a substance or an activity that becomes so _____ it ultimately interferes with everyday life.

① imposing   ② compulsive

③ incompatible   ④ mandatory

06 In the wood, too, a man casts off his _____, as the snake his slough, and at what period soever of life is always a child.

① skin   ② years
③ sorrow   ④ memories

07 Your _____ remarks spoil the effect of your speech; try not to stray from your point.

① digressive   ② discerning
③ disputatious   ④ dishonest
⑤ digestive

08 Life is a one-way street. No matter how many _____ you take, none of them leads back. Once you know and accept that, life becomes much simpler.

① hedges   ② thrones
③ meals   ④ detours
⑤ polls

09 Some journalists will always try to _____ on the private conversations of the royal family.

① fall   ② eavesdrop
③ discuss   ④ dovetail

10 Because I support capital punishment for heinous crimes of murder, I have been the subject of outraged attacks by voters who find my position _____.

① reprehensible   ② suave
③ veracious   ④ prudent

11 She found him to be unbearably _____ and would often simply turn away when he began speaking.

① amiable   ② magnanimous
③ verbose   ④ chivalrous

12 The salesperson's _____ voice was exceptionally annoying. Potential customers avoided anywhere near her product.

① jovial   ② pleasant
③ strident   ④ affectionate

13 According to the U.S. _____ of 1860, the number of slave-owning blacks in Manchester County, Virginia, would be down to five.

① population   ② agenda
③ census   ④ memo

14 After jostling through the crowd every morning rush hour, she wants to escape the office treadmill in this metropolitan city and austerely live in a(n) _____ place.

① sequestered   ② aclutter
③ swamped   ④ palatial

15 Maria Sharapova must bring more intensity to reach the final when facing her _____ Serena Williams in the French Open showpiece today.

① nemesis   ② caliber
③ rancor   ④ patron

16 Whereas the change in the cultured speech of a language is a process that requires years to become pronounced, the evolution of slang is rapid and its usage _____.

① ephemeral   ② facetious
③ vulgar   ④ sedentary

17 Steve Jobs was the most celebrated, successful business executive of his generation, yet he _____ many basic tenets of business wisdom.

① flouted   ② conceived
③ squandered   ④ refurbished

18   Before downloading and installing any program, staff members should check with the company technician whether it is _____ with the existing system.

① undeniable   ② amenable
③ complementary   ④ compatible

19   Because scientific assessments of whether or not global warming is occurring have been _____, it has been difficult to convince the public that this phenomenon is a critical problem that needs to be addressed.

① substantial   ② indisputable
③ inconclusive   ④ plausible
⑤ tranquil

20   Our daily lives inevitably immerse us in materialistic concerns, which is why we need to remove ourselves from _____ matters now and then in order to attend to our neglected spiritual lives.

① rustic   ② worldly
③ serious   ④ religious

21   When the school team won the city championship in basketball, the students and professors alike showed their _____ by giving high fives to anyone they happened to encounter.

① misfortune   ② elation
③ adversity   ④ complaint

22   While in some ancient societies the king's horseman was required to accompany the deceased king to _____, it is the custom in others for captains to go down with their ships.

① the otherworld   ② the palace
③ a hunting ground   ④ the port

23   There's a kind of _____ you see in family photographs, generation after generation. The same ears, the same funny nose. Sometimes now looks a lot like then. Still, it can be hard to tell whether the resemblance is more than _____ deep.

① similarity — waist
② appearance — not
③ look — less
④ composition — so
⑤ likeness — skin

24   A recent statistic shows that half the voters under age 29 have no listed phone number and live in the cellular shadows, effectively _____ to traditional get-out-the-vote efforts.

① prolonged
② dedicated
③ immune
④ comparable

25   In Western Europe, being hunted to death was not wolves' only problem: they also suffered from shrinking _____. As the human population rose, people chopped down the forests for firewood and ate the deer and boar on which the wolves had fed.

① habitat
② longevity
③ foss
④ instantiation

24

Choose the one that best completes the sentence(s).

▶▶▶ ANSWERS P.330

01 After being locked in the closet, my brother thought he might grow up to be _____.

① wrecked ② enlightened

③ claustrophobic ④ invisible

⑤ insipid

02 He was _____ that the allegations were untrue, so I took him on trust.

① content ② nonchalant

③ adamant ④ turbulent

03 Because of its outspoken support of the president, the news network was accused of being _____ to the government.

① magnanimous ② ephemeral

③ subservient ④ conspicuous

04 Getting an A+ in English is not an easy _____ for a student who has never resided in an English-speaking nation.

① attribute ② training

③ example ④ feat

05 Someone who is _____ has a clear understanding of many different facts about the world or about a particular subject.

① palpable ② meticulous

③ manageable ④ knowledgeable

⑤ categorical

06 Yellow fever is still active in South America and Africa, and many countries require visitors to be _____ before they can enter.

① identified   ② estranged
③ expelled   ④ suspected
⑤ vaccinated

07 We were _____ with our limited food supplies, knowing that the winter ahead would be long and cold.

① diagnosed   ② abundant
③ provident   ④ contented

08 The _____ of having 20 five-year-olds in the house for a birthday party was too much for Julie's mother to handle.

① tranquility   ② exemption
③ tumult   ④ condensation

09 Jack argues that Islam must adapt to modern _____.
Jane was admitted to the _____ of politicians and lawyers.

① member   ② circle
③ company   ④ society
⑤ association

10 Nancy Pelosi, the California Democrat _____ a trail as the first female speaker of the House in U.S. history.

① sizzled   ② blazed
③ carved   ④ raved

11   With recent developments in electronic and hybrid car technology, how long will it be before traditional gas vehicles are completely _____?

① operational   ② incapable
③ conceivable   ④ outmoded
⑤ mainstream

12   Somehow the idea of an earthquake unsettles us even more than the prospect of other natural _____, such as tornadoes and hurricanes.

① laws   ② catastrophes
③ cycles   ④ resources

13   Mixed gender messages were prevalent in *Aladdin*. The prince frequently displayed emotion and was sensitive and helpful, _____ traditionally associated with femininity.

① provisions   ② natures
③ attributes   ④ supplements

14   Thailand's military government pointed to supporters of the ousted prime minister as possible _____ behind a series of bombings.

① culprits   ② molesters
③ fledglings   ④ portrayers

15   It is important that young children should see things, and not merely read about them. _____, the best education is through direct experience and discovery.

① Consequently   ② However
③ That is   ④ Rather

16   With improved access to education and health, people see new opportunities for making a living and no longer consider children a needed insurance against _____ in old age.

① destitution   ② detention
③ detestation   ④ solidarity
⑤ solvency

17 She returned to Turin in June, after the first wave ended; today she works in a local facility that was once a nursing home but was _____ to a COVID-19 hospital when the disease crested again this autumn.

① traversed   ② contingent
③ converted   ④ sufficient

18 Scientists strive to develop theories that _____ as wide a range of phenomena as possible, and physicists in particular tend to get excited about the prospect of describing everything that can happen in the material world in terms of a small number of rules.

① disambiguate   ② discern
③ advance   ④ encompass

19 Hutton noted two _____ sequences of layered rock: an upper sequence in which the strata were nearly horizontal, and a lower sequence in which the layers were nearly vertical.

① parallel   ② rapid
③ immediate   ④ distinct

20 Advertising shapes our perception of the world as surely as architecture shapes our impression of a city. Good, responsible advertising can serve as a(n) _____ influence for change, while generating profits.

① positive   ② negative
③ insignificant   ④ confusing

21 Mores and folkways are the basic rules of everyday life. Although we sometimes resist pressure to _____, we can see that norms make our dealings with others more orderly and predictable.

① conform   ② deviate
③ abscond   ④ evince

22 The boy usually feels that it is childish to obey the rules at home or at school. He feels that to ignore them makes him manly. _____, it is obedience that is manly and disobedience that is childish.

① As a rule   ② As a result

③ On the contrary   ④ For instance

23 Ball games were connected to _____ in primitive societies. People believed that success in ball games would help their crops to grow and help the players to produce children as well.

① rituals   ② leisure

③ fertility   ④ intimacy

⑤ sports

24 A growing consensus among scientists is that using phones and computers can be _____, both emotionally and physically, which helps explain why drivers may have trouble turning off their devices even if they want to.

① stressful   ② dangerous

③ competent   ④ compulsive

25 Families with young children that cross the border illegally are treated rather _____. They're usually released into the care of community social services on the U.S. side and given a court date, unless they are suspected of crimes more serious than making an illegal border crossing.

① deliberately   ② punctually

③ leniently   ④ shrewdly

⑤ harshly

01   Sally couldn't pay the rent so she was _____ from her apartment.

① disallowed   ② prohibited

③ prevented   ④ evicted

02   Many victims of the earthquake sat _____ outside their ruined homes.

① euphoric   ② redolent

③ forlorn   ④ beguiled

03   The new boss is so arrogant that he is completely _____ to all criticism.

① impermeable   ② impervious

③ void   ④ lenient

04   When I've _____ the 'get through' entries, I'll get on with the 'get to' ones.

① got through   ② got along with

③ got in   ④ got across

05   The exhibition in Paris _____ with a trip I am taking there, so I can spend a day at the exhibition during my visit to the city.

① registers   ② coincides

③ holds   ④ incurs

06   We know through painful experience that freedom is never _____ given by the oppressor; it must be demanded by the oppressed.

① reluctantly   ② voluntarily

③ indignantly   ④ belatedly

07   The company was accused of selling milk that had been _____ by the addition of water.

① condensed   ② improved

③ adulterated   ④ endangered

08   The early James Bond movies are full of fantastic inventions, whereas the latest movies are more _____.

① showy   ② fictitious

③ antiquated   ④ realistic

09   America is becoming a(n) _____: half of all members of Congress are millionaires and 268 had an average net worth of 1 million dollars or more.

① bureaucracy   ② democracy

③ aristocracy   ④ plutocracy

10   According to the latest news _____ on KBCD radio, all traffic on the Pacoma Straits Bridge has been suspended due to gale-force winds.

① discharge   ② bulletin

③ publication   ④ letter

⑤ production

11   In this age of cell phones, faxes, and emails, picking up a feather pen to write a letter seems almost _____.

① congenital   ② caustic

③ antediluvian   ④ ineluctable

12   Ms. Schallert has _____ the mid-term exam until tomorrow, so I have an extra day to study.

① cancelled   ② turned down

③ prepared for   ④ put off

13　During wartime many familiar products are not produced, because they involve materials no longer _____.

① precious
② scarce
③ available
④ useful

14　Mass communications and market forces produce powerful incentives to master the English language and accept a degree of _____.

① assimilation
② dissimulation
③ aspiration
④ dissociation

15　The Foreign Ministry came under _____ for failing to change the term "Sea of Japan" in some diplomatic cables and online archives.

① earth
② water
③ fire
④ air

16　Some female soldiers hate the _____ of the law. They want women in the military to have the same rights and responsibilities as men.

① discrimination
② harmony
③ impartiality
④ philanthropy

17　The intellectual flexibility distinctive in a multicultural nation has been restrained in classrooms where the cultural _____ of our country has not been reflected.

① uniformity
② diversity
③ invariability
④ literacy

18　Jane, listening to the debate of her two suitors, noticed the _____ contrasts between them: faith and kindness on one side, and skepticism and hostility on the other.

① slight
② stark
③ sterile
④ specious

19   Forty years after the 1973 Middle East oil embargo _____ an era of energy scarcity, the U.S. is in the midst of a power revolution, driven largely by new technology.

① transacted   ② shut down
③ ushered in   ④ accumulated

20   Values are beliefs held in common by members of a group. They often come from _____. For example, some historians assert that the settlement of the American West in the nineteenth century shaped many American values.

① isolated concepts   ② contrived images
③ shared experiences   ④ educated hypotheses

21   If you are angry that someone spoiled the plot of a movie or revealed the ending of a book, don't be. A new study by researchers from the University of California at San Diego shows spoilers may _____ enjoyment, even for suspense-driven story lines and film plots.

① abate   ② baffle
③ degrade   ④ enhance

22   The great majority of cardiac-arrest victims die before help can reach them. But these deaths are not _____. Many of the thousand cardiac-arrest incidents occurring each day are clearly survivable.

① invincible   ② impossible
③ identifiable   ④ inevitable

23   As the music reached me, I reflected that I had heard the symphony often before, that I was probably to hear it often again under different conditions — and that it always had been, and _____, the same satisfying music.

① could be replaced
② have irritated me in any state
③ would be in the future
④ would be appropriately eliminated

24   In experience, the meaning of space often _____ with that of place. Architects talk about the spatial qualities of place; they can equally well speak of the locational qualities of space. The ideas 'space' and 'place' require each other for definition.

① collides   ② merges
③ contests   ④ dispenses

25   The newspaper reported that the man was poisoned to death by an overdose of arsenic, and a bottle of arsenic was found in the purse of his secretary. The district attorney presented that bottle as _____ evidence to prosecute his secretary.

① inculpatory   ② venal
③ disfigured   ④ fabricated

| Choose the one that best completes the sentence(s). ▶▶▶ **ANSWERS** P.338

01   It's best not to tell her off because she's very _____ and she may start to cry.

① sensible   ② sensitive
③ sympathetic   ④ responsible

02   These people are _____: they follow orders and obey other people's wishes.

① impertinent   ② docile
③ concupiscent   ④ perverse

03   Hot milk has long been a standard cure for insomnia because of its _____ quality.

① amorphous   ② soporific
③ plaintive   ④ malevolent

04   Many superstitions are so widespread and so old that they must has risen from a depth of the human mind that is _____ to race or creed.

① related   ② mediocre
③ pathetic   ④ indifferent

05   The amenities provided to guests may include such things as the availability of a gym or swimming pool, and _____ meals.

① acclaimed   ② complimentary
③ affordable   ④ complementary
⑤ charged

06 Without the political will to implement them, such ambitious plans are often _____.

① auspicious ② expeditious

③ propitious ④ forlorn

07 The value of foreign currencies _____ depending on the strength of their economy at any given time.

① fluctuates ② flutters

③ flickers ④ flaps

08 To be _____ for employment at Trinton Laboratories, applicants are required to have a graduate degree in chemistry or biology.

① eligible ② considerable

③ official ④ partial

09 Many people _____ the consequences of high blood pressure, but family physicians stress that hypertension is a dangerous condition if left untreated.

① apprehend ② assess

③ measure ④ underestimate

10 The _____ of the apartment was unbelievable; it was difficult to realize that men could live in such filth.

① immaculateness ② size

③ squalor ④ beauty

11 In the event of employment, false or misleading information given in the job application may result in _____.

① coordination ② resistance

③ frustration ④ dismissal

12   When designing the new house, the architect had to consider whether she should
_____ the existing structure or keep it to utilize within her design.

① modernize   ② renovate
③ demolish   ④ alter
⑤ erect

13   The novel is born of the recognition that routine reality can be endlessly captivating,
and that the mere representation of it can be a(n) _____ end in itself.

① piddling   ② beguiling
③ enthralling   ④ stultifying

14   After the hurricane, the river was once again _____. It was hard to believe that only
hours before it had been wild and dangerous.

① buoyant   ② turbulent
③ ebullient   ④ tranquil

15   When Mexico _____ California to the United States in 1848, signers of the treaty did
not know that gold had been discovered there.

① ceded   ② allocated
③ bestowed   ④ bequeathed

16   The government promised great changes in the coming year, but any improvement in
people's lives was _____.

① erudite   ② exponential
③ infinitesimal   ④ integral

17   Parents scold their children before others, but kids should not be severely _____ in
front of others, for it could have a bad effect on them.

① reprieved   ② rebelled
③ reckoned   ④ reprimanded

18 Airlines take their cell phone ban more seriously, ＿＿＿＿ recent news reports of a 1996 study that found no evidence of interference with navigation systems.

① as ② since

③ despite ④ following

19 If you take something ＿＿＿＿, you believe that it is true or accept it as normal without thinking about it.

① seriously ② randomly

③ for granted ④ to the limit

⑤ on top

20 Some ancient civilizations believed that the stars were fixed to a(n) ＿＿＿＿ sphere surrounding the Earth, and modern maps of the sky are based on a similar idea.

① mundane ② vertical

③ celestial ④ ephemeral

21 On December 10, 1948, the member states of the UN, who had been ＿＿＿＿ to consider the Universal Declaration of Human Rights, voted overwhelmingly to adopt this document.

① convoked ② conjectured

③ concocted ④ condoned

22 That people can make out the musical features of birdsongs suggests that despite the vast evolutionary ＿＿＿＿ between birds and mammals, songbirds and humans share some common auditory perceptual abilities.

① gulf ② proximity

③ semblance ④ bridge

23   A police official who requested _____ because he was not authorized to speak publicly about the investigation said materials showed that Dr. Murray had obtained supplies for Mr. Jackson from Applied Pharmacy.

① implication   ② nomination
③ anonymity   ④ appointment

24   While junk food is often blamed for the rise in diabetes, researchers say gourmet food is another _____. Diabetes specialist Dr. Cohen says many people are unaware that meals at restaurants are often as high in fat, salt and sugar as fast food.

① culprit   ② dynamo
③ misogynist   ④ pundit
⑤ decoy

25   In a court of law, after considering evidence such as a verbatim record of a confession, the jury reaches a(n) _____. However, if the accused disagrees with the conviction, a retrial can take place. If the claims of the accused pass the test of justification, a new _____ is reached, and the conviction is overturned.

① verdict   ② itinerary
③ covenant   ④ declaration
⑤ propaganda

I Choose the one that best completes the sentence(s).　▶▶▶ ANSWERS P.342

01　The two parties in the dispute finally agreed on a _____.

　① stalemate　　　　　② plight
　③ criterion　　　　　④ standpoint
　⑤ compromise

02　Her approach to education was considered _____ because it was so non-traditional.

　① radical　　　　　② monotonous
　③ complacent　　　　④ unspoiled

03　The white, _____ shirt will turn blue if it is washed with the colored clothes.

　① discrete　　　　　② lusty
　③ permeable　　　　④ stainproof

04　Her normally _____ complexion lost its usual glow when she heard the news of her brother's accident.

　① wan　　　　　　② pallid
　③ ashen　　　　　④ sanguine

05　A thorough investigation _____ the school from any blame and recommended only a few minor changes.

　① exhaled　　　　　② expelled
　③ executed　　　　④ exonerated

06 The willingness to experiment and invent led to another American trait, a can-do spirit, a sense of _____ that every problem has a solution.

① pessimism   ② vandalism
③ optimism   ④ chauvinism

07 It is unfortunate that none of the government agencies have made any appreciable contribution in _____ the harsh conditions in our inner cities.

① ameliorating   ② camouflaging
③ exaggerating   ④ polarizing

08 The committee members believe that the proposal to redevelop the waterfront area is not _____ due to the extremely high cost.

① candid   ② pompous
③ feasible   ④ tenuous

09 Neal Stephenson _____ the term "metaverse" in his 1992 novel, *Snow Crash*, where it referred to a 3D virtual world inhabited by avatars of real people.

① complied   ② crossed
③ catered   ④ coined

10 As the storm moved inland, it also swamped southern Malawi and eastern Zimbabwe. Torrential rains continue to _____ the region, adding to the misery.

① deluge   ② obviate
③ feign   ④ substantiate

11 Kathy really loved her birthday gift from her boyfriend, but she thought it was too expensive. She told him that he didn't get his money's _____.

① expense   ② price
③ worth   ④ quality
⑤ present

12   I am ready to accept your proposal with (the) _____ that you meet your obligations within the next two weeks.

① proviso ② disbelief
③ misfortune ④ insincerity

13   After he painted his house bright orange, Paul became the neighborhood _____. No one on the block wanted anything to do with him.

① pariah ② vagabond
③ delegatee ④ trailblazer

14   Congress should ensure that private innovations with technology _____ by, at the very least, preventing any regulatory actions that may threaten their use.

① flourish ② stammer
③ diminish ④ discontinue

15   The journalist who shouted at the president as he made his speech was _____ from the press conference by security guards.

① dejected ② disjected
③ injected ④ ejected

16   Some people are _____ with their technology; they like to have all the latest technology just to impress their friends.

① obtrusive ② resolute
③ ostentatious ④ discreet

17   Whatever the reason, absolving people who commit war crimes _____ society in general, and the men and women who served honorably.

① is beneficial to ② does great harm to
③ does bring happiness to ④ is desirable for

18   _____ are prepared from harmful viruses or bacteria and administered to patients to provide immunity to specific diseases. The various types of _____ are classified according to the method by which they are derived.

① toxins   ② organisms
③ antigens   ④ vaccines
⑤ cures

19   American English relies on the linguistic _____ of its subcultures to maintain its vitality. This often begins as a powerful, instinctual act of communicative creativity within a marginalized community.

① innovation   ② conformity
③ inaccuracy   ④ incompetency
⑤ rigidity

20   Being in touch with others allows us to create social universes made of _____ — e.g. language, numbers, gestures, emoticons — and social rules, which are shared and understood by everybody.

① information   ② points
③ positions   ④ symbols
⑤ tools

21   For decades, the words of those telling the truth have been _____. Because the victor writes history, the history of the West has been written to minimize the realities experienced by people of color, even to those who experience them first-hand.

① strongly encouraged   ② widely publicized
③ left unheeded   ④ well documented

22   Security does not allow any internet-accessible hardware into this facility! Contacts can be made only via wireless radio, with which you still need to be very _____ when using it.

① dismal   ② discreet
③ discrete   ④ distractive
⑤ distinguished

23 The Latin word '_____' means "left," "on the left hand," hence, "awkward," and also "unlucky," "bad," and so forth. It was borrowed in English in the same form and with the same meanings.

① ambient　　　　　　　② sinister
③ dexterous　　　　　　④ precarious

24 The people of ancient Mesopotamia were among the first to develop fixed settlements due to an advanced economy that was primarily based on agriculture. _____ earlier societies that relied on a hunter-gatherer lifestyle, the Mesopotamian civilization cultivated barley as an essential food source.

① In contrast to　　　　② In spite of
③ In addition to　　　　④ Similar to
⑤ In order to

25 The fast food industry currently employs some of the most _____ members of American society. It often teaches basic job skills — such as getting to work on time — to those who can barely read, who have been leading chaotic lives, or who were shut off from the mainstream.

① felicitous　　　　　　② chivalrous
③ disadvantaged　　　　④ prominent

01   The store advertisement was very _____ because it wasn't clear that you had to spend more than $100 to get a free dinner coupon.

① organized   ② appealing
③ revealing   ④ deceptive
⑤ explanatory

02   The method of storage altered as the information became alphabetized and the eye _____ the ear as the chief organ employed for this purpose.

① outlasted   ② constricted
③ supplanted   ④ ushered in

03   In frogs and toads, the tongue is fixed to the front of the mouth in order to facilitate _____ it at some distance, greatly aiding in the capture of insects.

① contracting   ② projecting
③ vibrating   ④ withdrawing

04   People would think easily that happiness and success could not coexist; but, according to the author, it is wrong to think that success is won most of the time _____ happiness.

① in terms of   ② in spite of
③ at the cost of   ④ at odds with

05   Neural networks and genetic algorithms are examples of methods that _____ excitement in the 1990s by appearing to offer alternatives to the stagnating paradigm.

① stimulated   ② tranquilized
③ deprived   ④ regressed

06 Coach Mark Pinker will _____ one of the most powerful positions in NBA, putting behind an up-and-down coaching career in the process.

① get over
② take over
③ look over
④ come over
⑤ make over

07 Breakdown in negotiations may bring about _____ of ties between the two countries.

① sampling
② severing
③ savaging
④ simmering

08 Most of the refugees moved between various types of _____ work that exposed them to unstable employment, low wages, and dangerous working conditions.

① conspicuous
② fastidious
③ precarious
④ tenacious

09 The distinctive qualities of African music were not appreciated or even _____ by Westerners until fairly recently.

① deplored
② ignored
③ neglected
④ perceived

10 His speech last night was _____ because it lacked unity, organized ideas illogically, and alternated between formal and informal style.

① impeccable
② infallible
③ impassive
④ incoherent

11 It has been suggested by many commentators that the desired economic _____ can only be achieved after extensive revision of the existing labor laws.

① malaise
② turpitude
③ resuscitation
④ trepidation

12   The president of the Republic _____ between a certain audacity and a prudent realism.

① oscillated   ② metamorphosed
③ classified   ④ exaggerated

13   It is a horrific yet understandable truth that paying ransoms to free hostages will _____ worsen the problem in the long term.

① bilaterally   ② implausibly
③ invariably   ④ momentarily

14   They may seek to _____ the work of the council because they see it as a threat to their interests.

① support   ② thwart
③ provide   ④ motivate

15   Our society has developed a taboo against the use of words associated with group hatred, as a way to _____ said hatred.

① unfetter   ② ennoble
③ transfuse   ④ stigmatize

16   Its lonely majesty, its power, and the wild grandeur of its surroundings would make the eagle the living creature rather than a mere museum _____.

① spectrum   ② specimen
③ speckle   ④ speculation

17   In developed countries with low birthrates, consensus statistics reveal _____ populations, with growing numbers of elderly people but _____ able to provide tax money for health care and pensions.

① decreasing — more exiles   ② increasing — less children
③ growing — fewer youths   ④ shrinking — fewer workers
⑤ smaller — more students

18 In his unexpurgated autobiography, Mark Twain commented freely on the flaws and foibles of his country, making some observations so acerbic that his heirs and editors feared they would _____ Twain's reputation if not withheld.

① remedy   ② mar

③ restore   ④ acknowledge

19 Even though it was only a small glass of juice, the nutrition drink claimed to include an amount of vitamins and minerals _____ to that found in a full day's worth of fruits and vegetables.

① separate   ② equivalent

③ permanent   ④ impressive

20 The environmental movement has never been short on noble goals. Preserving wild spaces, cleaning up the oceans, protecting watersheds, neutralizing acid rain, saving endangered species — all laudable. But today, one ecological problem _____ all others: global warming.

① outweighs   ② accomplishes

③ revamps   ④ investigates

21 Food is necessary for all living things. The body requires good nutrition to function well. Therefore, it seems quite _____ that starving animals that eat barely enough to survive are the ones who live the longest.

① critical   ② ironic

③ plausible   ④ conceptual

22 Still, in many less developed countries, developmental journalism is advocated by the conservative leaders of society who argue that their countries are _____ democracies with many internal and external threats.

① fragile   ② robust

③ contentious   ④ potent

23 Globalization, expanded capacity, and advances in technology have required organizations to be fast and flexible if they are to survive. The result is that most employees today work in a climate best characterized as _____.

① industrious   ② consistent

③ temporary   ④ indigent

24 A letter of application is a sales letter in which you are both salesperson and product, for the purpose of an application is to attract an employer's attention and persuade him or her to grant you an interview. To do this, the letter should present _____.

① what you want from the job

② what your financial situation is

③ what you can offer the employer

④ your attitude to the job

⑤ your interest in the job

25 The sea creatures appear to be capable of performing calculations that are more complicated than simply "_____." Presented with a choice between one shrimp or two, they will actually choose the single shrimp when they have learned through experience that they are rewarded for this choice.

① shrimp is most delicious

② ingredient is more important

③ ocean gets contaminated

④ more food is better

01   A stay will not be granted, unless there is _____ evidence that the appeal will be stifled.

① ominous   ② cogent
③ illusory   ④ obsolete

02   Under voluntary programs, students are not required to buy uniforms if they cannot afford them; if students do not wear uniforms, they will not be _____.

① abdicated   ② reprimanded
③ subdivided   ④ distinguished

03   On seizing power, the leader of the coup d'état tried to establish the _____ of his military government.

① cordiality   ② discrepancy
③ frugality   ④ legitimacy

04   Arriving at the meeting nearly an hour late, Tom apologized for having been _____ by a traffic jam.

① contained   ② sustained
③ maintained   ④ detained

05   He delivered the _____ speech at his college commencement because he graduated summa cum laude.

① keynote   ② inaugural
③ valedictory   ④ plenary

06   While exercise burns calories and you must burn calories to lose weight, exercise can also _____ hunger, which causes us to eat more.

① appease   ② deplete
③ negate   ④ prompt

07   Being the favorite may boost self-esteem and confidence. But studies show it can also leave kids with a sense of arrogance and _____.

① gratification   ② entitlement
③ loyalty   ④ lunacy

08   Not limiting their activities to the earthly realm, spies have _____ the fantasy worlds of online games, conducting surveillance and capturing data.

① surmised   ② infiltrated
③ relegated   ④ obliterated

09   The most optimistic estimates predict that about half of living languages are _____, meaning that they will die with their current generation of speakers.

① extinct   ② moribund
③ conserved   ④ mnemonic

10   The relatives who received little or nothing sought to _____ the will by claiming that the deceased had not been in his right mind when he had signed the document.

① obey   ② submit
③ invalidate   ④ acquiesce

11   Scientists develop specialized vocabularies that are emotionally neutral because words have powers of suggestion that _____ their exact denotation. For their most precise statements, scientists abandon words and use only numerals and letters.

① blur   ② buttress
③ devise   ④ exhort

12 Regardless of their ages, students can rise above their problems, but they need a reason to do so. This is where flunking, as an effective school policy, comes in, since fear of potential failure can certainly _____ them.

① sanitize
② motivate
③ allocate
④ demoralize

13 Personal relations are _____ today. They are regarded as bourgeois luxuries, as products of a time of fair weather which is now past, and we are urged to get rid of them, and to dedicate ourselves to some movement or cause instead.

① summoned
② disdained
③ revered
④ pampered

14 String theory is an extremely recondite model for understanding the universe: many physicists struggle with the theory's _____ implications of ten interconnecting dimensions.

① lucid
② edifying
③ abstruse
④ enthralling

15 Shelley's *Defence* argues that "Poets are the unacknowledged _____ of the world." These lines mean that poets are able to write the laws of the world by which we live our lives.

① defenders
② legislators
③ creators
④ benefactors

16 The Congress had very little power to do anything. It could not pass tax laws; it did not have the sole _____ to coin money for use by the states, nor could it regulate trade between the states.

① requirement
② determination
③ arrangement
④ investigation
⑤ authority

17 As the seasonal end of daylight saving time approaches, many sleep scientists and circadian biologists say it should be ended _____ because of potential ill effects on human health.

① permanently   ② tentatively

③ conditionally   ④ drastically

18 Arendt wishes to overcome the subjectivism of morality-as-conscience, prone as it is to idiosyncracy and, potentially, violence, and the deadly banality of respectability, which can lead ordinary men like Eichmann to _____ crimes.

① heinous   ② lukewarm

③ invigorating   ④ anticipating

19 Three telecommunications companies have threatened to sue the government over the cancellation of the original arrangement, claiming that the recent increases in operation costs are too _____ for them to absorb.

① vulnerable   ② enigmatic

③ prolific   ④ exorbitant

20 Essentially, linguistic data comes in two general forms, written or spoken. However, there are also _____ categories, such as texts that are written to be spoken (e.g. lectures, plays, etc.), and which may therefore exhibit features that are in between the two clear-cut variants.

① distinctive   ② immediate

③ intermediate   ④ separate

21 Thanks to technological progress, Big Brother can now be almost as _____ as God. Nor is it only on the technical front that the hand of the would-be dictator has been strengthened.

① dormant   ② lenient

③ omnipresent   ④ oblivious

22 In a rapidly industrializing nation, in which there were many perils of poverty and violence, as well as opportunity, schools needed to _____ thrift, civility, and self-control in the young.

① inculcate　　　　　　　　② terminate
③ amplify　　　　　　　　　④ dissipate

23 The evidence as to the vastness of the universe continues to grow at an amazing rate. The chasm between what we know and all that can be known seems not to _____, but to increase with every new discovery.

① fester　　　　　　　　　② dwindle
③ vacillate　　　　　　　　④ augment

24 There is something funny about comparing excellences _____. It may not even make sense to ask, "Am I more handsome than she is a good tennis player?" Or, "Was Babe Ruth a greater baseball player than Shakespeare was a playwright?"

① among the similar people
② between people in different ages
③ of great achievers
④ we cannot measure
⑤ across different dimensions

25 Surprisingly, the fossil record suggests that there has been a rather _____ decline in the size of the human brain during the past 15,000 years, partly but not wholly reflecting a shrinking body that seems to have accompanied the arrival of dense and "civilized" human settlements.

① restrained　　　　　　　② fearful
③ generous　　　　　　　　④ steep

| Choose the one that best completes the sentence(s).   ▶▶▶ **ANSWERS** P.354

01   This is a _____ in the history of car design — the world's first electric car.

     ① windfall   ② milestone

     ③ notoriety   ④ frustration

02   We heard that train service to the city had to be _____ a little because of the bad weather.

     ① daubed   ② initiated

     ③ curtailed   ④ deduced

03   Among 72 patients with severe neurological symptoms, 40 _____ Guillain-Barré syndrome, a dangerous auto-immune dysfunction.

     ① assigned   ② permeated

     ③ contracted   ④ inhaled

04   Anna made many a _____ decision, making it difficult for anyone to trust her inclinations.

     ① pivotal   ② stringent

     ③ judicious   ④ capricious

05   So in this sense the universe is intractable, astonishingly _____ to any human attempt at full knowledge.

     ① relevant   ② pandering

     ③ yielding   ④ immune

06 My uncle's letters are annoyingly _____. They are wordy and always repeating the news of previous letters.

① abundant   ② redundant
③ hyperbolic   ④ reticent

07 Research on the environment has been alerting the general public to the perils of pollution and _____ consumption of natural resource.

① stingy   ② profligate
③ sustainable   ④ meager

08 In some ways, the coronavirus is mystery. Even scientists don't know how long immunity lasts or whether a vaccine will stop its spread and _____ this wretched chapter to a close.

① make   ② bring
③ have   ④ eliminate

09 Many developing countries suffer from _____; it is difficult to transport goods from one place to another, and to move around the country.

① poor transference
② inferior delivery
③ a poor infrastructure
④ a mediocre management system

10 The cost for medical education can be _____ for some students, driving young doctors away from lower-paying specialties, such as pediatrics and psychiatry, as well as jobs in rural or less wealthy areas.

① austere   ② marginal
③ prohibitive   ④ compensatory

11   My days were filled with silent pain. I isolated myself, just as I had done as a child when things at home weren't going too well. The darkness consumed me day and night, lasting months each time, like a _____.

① warm spring   ② cold winter

③ hot summer   ④ crisp fall

⑤ cool autumn

12   Self-control is the ability to do something that benefits your long-term goals, instead of something that might satisfy your immediate desires. But for many of us, short-term satiations are irresistible — we end up sacrificing the well-being of _____ all too easily.

① our neighbors   ② our inner selves

③ our future selves   ④ our future generations

13   A guest lecturer at our school spoke on the contrast between Haiti's few _____ people and all the others — people so indigent that they live on the hills in three-sided shacks.

① pessimistic   ② juvenile

③ affluent   ④ innocuous

14   The Chinese government employs tens of thousands of people to watch Web activity, and a number of Web users have ben imprisoned because of e-mails or postings that authorities found _____.

① obligatory   ② oblivious

③ objective   ④ objectionable

15   Psychoanalytic studies of the so-called "double bind" have shown that nothing is more confusing and disturbing to a child, or has more _____ effects, than contradictory messages from an adult about important issues.

① demotic   ② diminutive

③ diminished   ④ detrimental

16 In Turkey, intrigue is eternal. Last week, 330 retired and serving military officers were _____ of a conspiracy to launch a coup in 2003; their supporters, in turn, decry a conspiracy by the "Islamist" government against the "secular" armed forces.

① convicted ② convinced
③ composed ④ consisted

17 Unlike the _____ Capote, who was never happier than when he was in the center of a crowd of celebrities, Faulkner, in later years, grew somewhat reclusive and shunned company.

① austere ② congenial
③ tenacious ④ gregarious

18 There is a great difference between supermarket tomatoes and home garden ones. The supermarket tomatoes have very little taste; their color is pale yellow-red and they are almost as hard as rocks. _____, home garden tomatoes are deep red, juicy, tasty and tender.

① That is ② In addition
③ In consequence ④ On the other hand

19 On a high bluff brushed with pines peppered with wild rosemary and thyme, swatches of ripening vineyards take advantage of the cool mountain air to produce grapes that would _____ under the Mediterranean heat of the lowlands.

① thrive ② flourish
③ proliferate ④ wilt

20 Minahasa, northeasternmost portion of the longest of the four peninsulas, projects from the curiously shaped and mountainous island of Celebes (Sulawesi), Indonesia. The peninsula _____ northeast between the Celebes and Molucca seas.

① protects ② propounds
③ protracts ④ protrudes

21　He advised younger politicians to criticize their rival's policies without _____ them personally: "Once you start attacking people's character and their motivations, you prevent them from ever being able to get over the policy disagreement you had, and you lose them as someone you can potentially work with."

① consulting　　　　　　② deceiving
③ offending　　　　　　④ praising

22　The region deep beneath the ocean's surface is _____ on account of the absolute darkness, the freezing temperatures, the relative lack of food, and the crushing pressure. At first glance, it seems a virtually impossible place for life to exist, yet, as exploratory missions to the deepest parts of the ocean have discovered, it does.

① inflexible　　　　　　② invisible
③ incorrigible　　　　　④ inhospitable
⑤ inflammable

23　Already the amount of pollutants in our air seems almost enough to bury us — and it is growing year by year. Many of our government leaders are worried by that growth. No one knows all the _____ air pollution may be doing, but everyone knows it is growing faster than our efforts to combat it.

① harm　　　　　　　　② justice
③ probability　　　　　④ retrospect
⑤ advance

24　Scientists are busy altering the genes of the animals and plants we use for food. The genes of corn have been altered to create new _____ that are resistant to insects and to herbicides. A new, golden-colored rice, high in Vitamin A, is also the _____ of genetic alteration.

① varieties — product
② plants — characteristic
③ genes — condition
④ foods — environment
⑤ items — process

25 Our sense of time is an unsteady and subjective one. Emotions, music, events in our surroundings, and shifts in our attention all have the power to speed time up for us or slow it down. When presented with images on a screen, we perceive angry faces as lasting longer than neutral ones and the color red as lasting longer than blue. _____.

① The watched pot boils fast, and time flies when we're having fun
② The watched pot never boils, and time flies when we're having fun
③ The unwatched pot never boils, and time flies when we're bored
④ The unwatched pot never boils, and time flies when we're having fun
⑤ The unwatched pot boils fast, and time flies when we're bored

31

Choose the one that best completes the sentence(s). ▶▶▶ ANSWERS P.358

01 Engineers _____ the test flight at the last minute because of engines problems.

① aborted   ② beleaguered
③ accelerated   ④ usurped

02 Because she is so _____, I cannot predict what course she will follow at any moment.

① inert   ② unusual
③ impulsive   ④ sentimental
⑤ silent

03 The story was so predictable and the characters so dull that it's no wonder the show met such a(n) _____ response.

① effusive   ② lucrative
③ lethargic   ④ enthusiastic

04 Because of the _____ nature of this medium, it is not used when the artist hopes to create an enduring work.

① perennial   ② poignant
③ perishable   ④ prolific

05 He escaped the prison island which should have been his haven of rest and repentance for his life, and came back to the country where he had been _____.

① proscribed   ② perched
③ perpetuated   ④ precipitated

06 His bitter _____ with club managing director Karren Brady coupled with a faltering bid towards the Premiership has not made St. Andrew's the happiest of places.

① jihad ② coup d'état
③ feud ④ upheaval

07 Ms. Simpson told Mike that because his ideas were disorganized, his composition lacked _____.

① adherence ② coherence
③ transcendence ④ correspondence

08 Pharmaceutical analytics units must collaborate with multiple stakeholders to increase their accountability for quality use of medicines, and to _____ in medical disputes.

① evolve ② consult
③ concoct ④ legislate
⑤ intervene

09 The _____ for the young writer came at last and his career was launched with the publication of his first book.

① breakup ② discovery
③ breakthrough ④ advantage

10 We would like to remind you that Alberta Bank also offers a wide range of savings accounts that are ideal for customers who wish to earn _____ from their savings.

① interest ② expenditure
③ investment ④ insurance
⑤ expansion

11 Being _____ isn't just about seeing the big things. It's also about training yourself to focus on the little things. What do you see about a situation that other people are missing?

① practical   ② irrational
③ confident   ④ observant

12 As food, water, and fuel resources become scarce, competition for control of those resources becomes more _____, thereby resulting in conflict and environmental damage.

① adjacent   ② irrelevant
③ inductive   ④ reasonable
⑤ intense

13 With polls indicating rising anti-Americanism worldwide, there has been a(n) _____ increase in discussions about reinvigorating America's public diplomacy efforts among government officials.

① stationary   ② paradoxical
③ commensurate   ④ inexplicable

14 If you're a city dweller, the gym you end up choosing should be within a walkable distance from home or work as research has demonstrated that _____ can directly correlate with usage rates.

① reliability   ② proximity
③ compatibility   ④ affordability

15 Even when my mother was with me in the room, yet this only made the distance even more _____; an almost palpable distance built on the intensity of our desperate longing to be anywhere else.

① tenuous   ② vague
③ tangible   ④ subtle

16 The fears and courage with which a brave man deals are clearly those commensurate with human powers. That man is brave who shows _____ in the midst of perils which most men or all men fear.

① reluctance　　　　　　　② cowardice
③ intrepidity　　　　　　　④ diffidence

17 Twenty-five Articles of Religion was prepared by John Wesley, founder of Methodism, for the Methodist church in the United States. The _____ was accepted at the conference in Baltimore, MD., in 1784, when the Methodist Episcopal Church was formally organized.

① discord　　　　　　　　② unison
③ uniform　　　　　　　　④ creed

18 Even when considering comparable applicants, colleges favor the affluent. The widespread practice of _____ admitting the children of alumni is a fund-raising technique. And for the true wealthy, there is always the option of making a significant donation.

① inclusively　　　　　　② impartially
③ allegedly　　　　　　　④ preferentially

19 Scholars now agree that the _____ of writing seems to coincide with the transition from nomadic lifestyle to more permanent agrarian ones — because people were growing food and tending to livestock, it became necessary to develop ways of keeping track of inventory and property.

① adversity　　　　　　　② adamant
③ adherence　　　　　　　④ advent

20 Criticism is not fault-finding, it is a balanced opinion. No statement must be made without a reason and an explanation being given. This is necessary if it is to have a guiding influence, as it should. To condemn without pointing the way to improvement helps nobody. Therefore, all criticism should be _____.

① careful　　　　　　　　② logical
③ retrospective　　　　　④ constructive
⑤ generous

21   Whether it's watching a show like Squid Game or listening to BTS hits such as Butter or Dynamite, _____ are you've had some kind of Korean influence in your life. That South Korean influence has now reached the Oxford English Dictionary. The accepted _____ on the English language has added 26 new words of Korean origin to its latest edition.

① chances — authority
② odds — change
③ studies — understanding
④ likelihoods — basis
⑤ sure — meaning

22   Some people reject torture on principle. They believe that it violates human rights and fails to respect the intrinsic dignity of human beings. Their case _____ torture does not depend on utilitarian considerations. They argue that human rights and human dignity have a moral basis that lies _____ utility.

① for — outside   ② against — beyond
③ about — in   ④ toward — under
⑤ on — above

23   Here, for the first time, a journalist gains access to the archive of one of the most comprehensive longitudinal studies in history. Its contents, as much literature as science, offer _____ insight into the human condition — and into the brilliant, complex mind of the study's longtime director, George Ashburn.

① pretentious   ② profound
③ ambiguous   ④ superficial

24   Alexandrite, so named after Russian Tsar Alexander II, is a rare variety of chrysoberyl and was first discovered in Russia's Ural Mountains. It's now mined in Sri Lanka, East Africa and Brazil, but the Russian gemstones are the most prized for their quality and even more for their rarity now that the Russian mines have been _____.

① thrived   ② sprawled
③ depleted   ④ befuddled

25 AI may indeed eliminate some categories of jobs but may also spawn _____ jobs that incorporate the new technology into an old format. As was the case with the rollout of electricity at the turn of the 20th century, new fields of study spring up too. Electrical engineers weren't really needed before electricity became something more than a parlor curiosity, after all.

① academic   ② engineering

③ field   ④ high-tech

⑤ hybrid

32

01 Every physician treats some patients from whom he expects no _____ reward.

① pecuniary ② inceptive
③ invalid ④ haphazard

02 Our professor's talent with _____ is her subtle way of lightening the mood while still _____ a serious attitude.

① understatement — maintaining
② understatement — provoking
③ irony — exaggerating
④ irony — aggravating

03 Because animation's power to attract and teach children is so _____, we must not _____ the effect that a daily diet of vulgar, violent programs has on young children.

① obvious — inhibit
② limited — disregard
③ universal — absorb
④ dangerous — estimate
⑤ enormous — underestimate

04 The unethical researchers used a tool that they knew would _____ the results of the safety test and make the cars look safer than they really were.

① transcend ② skew
③ compile ④ refrain

05 The distinction between active and passive euthanasia is thought to be crucial for medical ethics. The idea is that it is _____, at least in some cases, to withhold treatment and allow a patient to die.

① permissive   ② drastic

③ emphatic   ④ discredited

06 James Bond takes a bullet, tumbles from a train into a rocky ravine, fakes his own death and goes _____ after someone uploads a YouTube video identifying every secret agent in Britain.

① berserk   ② aloof

③ apace   ④ incognito

07 Tom and Jim were not wearing seat belts and were thrown from the car. Jim was killed and Tom's spine was broken. The third person, who was wearing his seat belt, _____ only minor injuries.

① fostered   ② neglected

③ sustained   ④ hid

08 Write a dying person's journal. Let us suppose you are dying of cancer, AIDS, or some other _____ diseases. You are still young but you cannot avoid death. To cope with your death you decide to write a dying person's journal.

① incurable   ② well-known

③ unavoidable   ④ venereal

09 Forget what you may have heard about a digital divide or worries that the world is splintering into "info haves" and "info have nots." The fact is, technology fosters _____, and it's often the relatively cheap and mundane devices that do the most good.

① stability   ② peace

③ equality   ④ freedom

10 These days so many marriages end in divorce that our most sacred vows no longer ring with truth. "Happily ever after" and "Till death do us part" are expressions that seem on the way to becoming _____.

① pertinent
② obsolete
③ recurrent
④ scrupulous

11 Binge drinking, defined as the heavy, episodic use of alcohol, has _____ on campuses despite both a general decrease in alcohol consumption among Americans and an increase in the number of abstainers.

① persisted
② disappeared
③ dwindled
④ insisted

12 There are times in everyone's life when several crises hit you at once and multiple priorities _____. No matter how organized and balanced you have become, occasionally you will find yourself in a situation where everything is urgent, time sensitive, and deadline driven.

① dissipate
② mitigate
③ converge
④ deteriorate
⑤ augment

13 This image of Mars as potentially harboring life persisted until July of 1965, when the Mariner probe sent back twenty-two close-up photographs of the surface. These pictures revealed a stark and barren landscape which was a far cry from the _____ Mars envisioned by many.

① fertile
② desolate
③ feasible
④ secular
⑤ eclectic

14   Consumers have the impression of _____ choices among brands, but this is often misleading. Many of the biggest furniture stores are owned by one company, and a large _____ of the dozens of laundry detergents in most supermarkets are made by only two corporations.

① slim — supply
② limited — minority
③ improved — miscalculation
④ vast — percentage
⑤ limitless — overestimation

15   The U.S. and its allies have long pressed China to stop helping favored industries with subsidies, government preferences and other interventions. Now they are beginning to copy China. Last month, the U.S. Senate voted for direct industry subsidies _____: $52 billion for new semiconductor fabrication plants.

① as much as their seniors
② with little precedent
③ much less than before
④ as usual
⑤ based on earlier amounts

16   While developing a sense of identity is an important part of the teenage years, Erikson did not believe that the formation and growth of identity were just confined to adolescence. Instead, identity _____ as people confront new challenges and tackle different experiences.

① is determined by the environment
② is defined by what they do
③ is revealed by their personality
④ shifts and grows throughout life
⑤ shapes our view of life

17   Embryonic stem cell research is believed to hold the key for better treatments and possible cures for some serious illnesses. Stem cells are primitive cells, and they have the ability to change into many different types of cells. There are over 300 distinct types of cells in the human body, but stem cells are the only types that can _____.

① grow into other kinds of cells

② replace human internal organs

③ speed up recovery from illnesses

④ make up 30% of the human body

18   We can introduce energy-saving mechanisms into the household: energy-saving light bulbs and water meters, for example. It is difficult to persuade people to use less energy and water, or to eat less food, but the most effective way to motivate people to change wasteful practices is to make these essential commodities _____.

① consumed locally   ② exempted from tax

③ more widely available   ④ much more expensive

19   Seed collectors must go into the wild to get high-quality seeds from enough species, which is _____ for healthy land restoration. But there's a science to doing this properly, from predicting the exact week the seeds will be ready to understanding how to collect enough without _____ the system.

① necessary — energizing

② enjoyable — entertaining

③ vital — depleting

④ forbidden — trespassing

⑤ harmful — improving

20   Siblings have a pressing need to amass the knowledge they have of each other. Each is eager to know what makes the other tick. Each seeks to know which buttons to press to make the other cry or cringe. Each wants to know how to get the other to laugh and how to win the other's affection and _____.

① resentment   ② sanction

③ approval   ④ persistence

21   Maslow's hierarchy of needs theory was first published in 1943 and envisages a(n) _____ of needs on five levels, each of which has to be satisfied before moving up to the next level. The first level is _____ needs such as food and drink, followed by security, love, esteem and self-fulfillment.

① list — psychological
② circle — superficial
③ infinitude — selfish
④ pyramid — physiological
⑤ outline — psychotic

22   Edward Jenner's innovations, beginning with his successful 1796 use of cowpox material to create _____ to smallpox, quickly made the practice widespread. His method underwent medical and technological changes over the next 200 years, and eventually resulted in the _____ of the disease.

① cure — disapproval
② immunity — eradication
③ therapy — enclosure
④ resistance — adjustment

23   Atomic bombs used a process called fission to _____ plutonium or uranium into smaller atoms and a chain reaction releasing massive amounts of energy. Hydrogen bombs used fusion, which _____ small atoms like hydrogen. Essentially, it's two bombs in one.

① contrast — structures
② split — combines
③ combine — splits
④ structure — contrasts

24   Studies show that one of the best ways to change behavior and form a new habit is to _____ it with an existing behavior — what in the science of habit formation is called "stacking." It's the reason doctors, for example, suggest taking a new medication at the same time you brush your teeth or have your morning coffee: You're more likely to remember to take your pill when you piggyback it onto an existing habit.

① separate   ② confine
③ bundle   ④ exaggerate

25   The popularity of Black Lives Matter has rapidly _____ over time. Whereas public opinion on the movement was net negative in 2018, it grew increasingly popular through 2019 and 2020. A June 2020 poll found that 67% of adult Americans expressed some support for that movement. A later poll conducted in September 2020 showed that support among American adults had dropped to 55%.

① evaporated   ② improved
③ shifted   ④ worsened

해설편

01 ③	**02** ③	**03** ①	**04** ②	**05** ③	**06** ②	**07** ④	**08** ④	**09** ①	**10** ④
11 ①	**12** ③	**13** ①	**14** ①	**15** ①	**16** ②	**17** ②	**18** ④	**19** ②	**20** ②
21 ④	**22** ①	**23** ①	**24** ⑤	**25** ⑤					

TEST 01

01 2013 단국대　　③

콤마 뒤에서 '10마일을 달린 후에도 거의 땀을 흘리지 않았다'고 했는데, 이 상황은 '그녀가 지치지 않는 것처럼 보였다'는 말로 표현할 수 있다.

culpable a. 과실이 있는, 비난할 만한, 괘씸한 exhaustible a. 고갈시킬 수 있는, 소진될 수 있는 indefatigable a. 지칠 줄 모르는, 끈기 있는 intangible a. 손으로 만질 수 없는; 실체가 없는, 무형의

그녀는 지칠 줄 모르는 것 같아 보였다. 10마일을 달리고 난 뒤에도 거의 땀을 흘리지 않았기 때문이다.

02 2020 강남대　　③

일주일 후에 또 다른 일을 구해야 했다면, 그 일을 하기 위해 잠시 고용된 임시직이었기 때문일 것이므로, 빈칸에는 ③이 적절하다.

hire v. 고용하다 permanent a. 영구한, 영속하는 temporary a. 일시적인, 임시의

그들은 그 일을 하기 위해 임시 직원으로 고용되었기 때문에 일주일 후에 또 다른 일을 구해야만 했다.

03 2001 경원대　　①

빈칸 뒤의 as a scholar는 '학자로서'의 의미로, 사람의 '자격, 지위, 신분'을 나타낸다. 그러므로 ①이 빈칸에 적절하다.

status n. 지위; 상태; 자격; 신분 statute n. 법령, 법규; 규칙 statue n. 상(像), 조상(彫像) stature n. (사람의) 키, 신장; 발달(정도), 수준

아무도 학자로서의 그의 지위에 이의를 제기하지 못할 것이다.

04 2020 경기대　　②

사람들이 피해자들을 돕기 위해 나서게 된 것은 홍수로 인해 재난이 발생했기 때문이다. 즉, 홍수가 사람들의 구호활동을 초래한 것이므로, 빈칸에는 '여파', '결과'라는 의미의 ②가 들어가는 것이 적절하다.

disastrous a. 비참한; 재난의, 재해의 flood n. 홍수 come together (협력을

위해) 모이다 assist v. 돕다, 조력하다 forefront n. 최전선; (흥미·여론·활동 따위의) 중심 aftermath n. (전쟁·재해 따위의) 결과, 여파, 영향; (전쟁 따위의) 직후의 시기 in the aftermath of ~의 여파로 posterity n. 자손; 후세, 후대 residue n. 나머지; 찌꺼기

막심한 피해를 준 홍수의 여파로, 사람들은 함께 모여 모든 피해자들을 돕는 일에 나섰다.

05 2019 서울여대　　③

but 앞에서 작가들이 세상에 등장했다가 사라졌다고 했는데, 이것은 작가로서의 입지를 '지속적으로' 굳히지 못했다는 말이다. 따라서 역접의 접속사 but 다음은 이와 반대되게, '지속적으로 인기가 있는' 작가라는 말이 되어야 할 것이다. 그러므로 ③이 빈칸에 가장 적절하다.

author n. 작가 come and go 나타났다 사라졌다 하다 favorite n. 좋아하는 사람, 인기 끄는 사람 bilateral a. 쌍방의, 양측의 hilarious a. 유쾌한, 명랑한 transient a. 일시적인, 순간적인; 덧없는

여러 작가들이 등장했다가 사라졌지만, 셰익스피어(Shakespeare)는 사람들이 지속적으로 좋아해왔던 작가다.

06 2010 계명대　　②

학교는 배움을 위한 곳이라는 점을 우선적으로 염두에 두어야 하며, 빈칸은 순접의 접속사 and를 통해 innumerate와 연결돼 있다는 점을 고려해야 한다. innumerate가 '수를 셀 줄 모르는'이라는 의미이므로 '글자를 모르는'이란 의미의 illiterate가 가장 자연스럽게 연결된다.

innumerate a. 수를 셀 줄 모르는 employed a. 고용된 illiterate a. 글자를 모르는, 문맹의 married a. 결혼한 aged a. 늙은, 나이든

너무 많은 아이들이 글자를 모르고 수를 셀 줄 모르는 채로 학교를 떠나고 있었다.

07 2021 덕성여대　　④

에티오피아 늑대가 주행성이라고 한 다음 역접의 접속사 but이 왔으므로, 주행성과는 반대되는 '야행성'을 의미하는 ④가 빈칸에 적절하다.

diurnal a. 〈동물〉 낮에 활동하는, 주행성(晝行性)의 persecute v. 성가시게 괴롭히다, 졸라대다 garrulous a. 수다스러운, 말이 많은 agile a. 날렵한, 민첩한

omnivorous a. 아무거나 먹는; <동물> 잡식성의 nocturnal a. 야행성의

에티오피아 늑대는 대개 주행성(晝行性)이지만 (포식자에게) 괴롭힘을 당하는 곳에서는 야행성(夜行性)이 된다.

08 2014 명지대   ④

포스터가 충분히 큰 글씨로 쓰여 있었다고 했으므로, 그 방 어디서나 '읽을 수 있었을' 것이다.

incorrigible a. (나쁜 버릇 등이) 고칠 수 없는, 구제할 수 없는 undecipherable a. 판독할 수 없는 lethal a. 치명적인, 죽음을 초래하는, 치사의 legible a. (글자·인쇄물이) 읽기 쉬운, 판독할 수 있는

그 포스터는 그 방 어디서나 읽을 수 있을 정도로 충분히 큰 글씨로 쓰여 있었다.

09 2022 덕성여대   ①

작은 글씨를 읽는 것이 점점 힘들어지고 있다면, 눈을 검사해 보아야 할 것이다.

small print 작은 글씨로 인쇄된 것 examine v. 시험하다; 검사하다 organize v. 정리하다 reform v. 개혁하다 adjust v. 조정하다

눈을 검사해봐야 할 것 같다. 작은 글씨로 인쇄된 글을 읽는 것이 점점 힘들어지기 때문이다.

10 2021 한국외대   ④

심야에 했던 실험이 성공했기 때문에 그 과제에서 다른 과제로 '막 넘어가려고 했었다'는 의미가 되는 것이 가장 자연스럽다.

verge n. 가장자리, 경계 on the verge of ~의 직전에 move on 넘어가다, 이동하다 late-night a. 심야의 committee n. 위원회 summit n. 정상; 절정 decision n. 결정, 판단

심야에 실시한 실험 하나가 성공한 것으로 판명되었을 때, 그는 그 과제에서 다른 과제로 막 넘어가려는 참이었다.

11 2021 서울여대   ①

economic change의 change를 대신할 수 있는 표현이 들어가야 하므로, '변천', '변화'라는 의미를 가진 ①이 빈칸에 적절하다.

undergo v. (영향·검사 따위를) 받다, 입다; (시련 등을) 경험하다, 겪다 financial a. 재정상의, 재무의 transition n. 변천, 변화; 과도기 recession n. 퇴거, 후퇴; 불경기 commerce n. 상업; 통상, 무역 underside n. 아래쪽, 밑면; <비유적> 내면, 이면; 좋지 않은 면

한 국가가 경제적 변화를 겪을 때, 그 변화의 영향이 재정적인 것만은 아니다.

12 2013 명지대   ③

not A but B 구문은 'B, not A'의 형태로도 쓸 수 있으며, 이 때 A와 B에는 서로 상반되는 의미의 표현이 들어간다. 빈칸 이하는 'B, not A'의 형태이므로, 빈칸에는 local people과 반대되는 의미의 표현이 들어가야 함을 알 수 있다. 따라서 '국외 거주자'를 뜻하는 ③이 정답으로 적절하다.

conservative n. 보수주의자 novice n. 신참자, 초심자 expatriate n. 국외에 거주하는 사람, 해외 주재[근무]하는 사람 patriot n. 애국자, 우국지사

그는 1년 동안 바르셀로나에서 일하고 있지만, 그의 친구들은 모두 현지인들이 아닌 국외 거주자들이다.

13 2018 한국공학대   ①

다채로운 천을 사용하여 장소의 외양을 바꾸는 환경 예술가들의 행위와 그 행위의 결과를 이어주는 적절한 표현은 '그것에 의하여, 그렇게 함으로써'의 의미를 가진 ①이다.

fabric n. 직물, 천 thereby ad. 그것에 의하여, 그 때문에, 그렇게 함으로써 rigidly ad. 굳게; 엄격히 portably ad. 휴대용으로, 간편하게 competitively ad. 경쟁적으로

그는 어떤 장소의 외양을 종종 다채로운 천을 사용하여 대대적으로 바꾸어 놓는 환경 예술가인데, 그렇게 함으로써 사람들이 그 장소를 새로운 방식으로 바라보게 한다.

14 2009 단국대   ①

피고에 대한 증거가 너무 미미한 것으로 판명되었다고 했으므로, 배심원은 피고를 석방할 수밖에 없었다고 해야 인과관계의 흐름이 자연스럽다.

jury n. 배심원 acquit v. 석방하다, 방면하다 emulate v. 경쟁하다, 애쓰다; 모방하다 resuscitate v. 소생시키다; 복원하다 incarcerate v. 투옥하다, 유폐하다

피고에 대한 증거가 너무 미미한 것으로 판명되어서 배심원은 피고를 석방할 수밖에 없었다.

15 2021 세종대   ①

not A rather[but] B 구문에서 A와 B에는 문맥상 상반되는 의미의 표현이 온다. '새로운 제국의 수립'과 대조를 이루는 표현은 '기존 제국의 찬탈'이 될 것이므로 ①이 정답이 된다.

campaign n. 군사행동; 출정, 종군 establishment n. 설립, 창립 empire n. 제국 usurpation n. 찬탈, 강탈 probation n. 검정, 시험; 수습 investment n. 투자 relinquishment n. 포기, 철회, 양도

알렉산더 대왕의 출정은 새로운 제국을 수립하는 결과가 아니라, 오히려 기존 제국, 즉 페르시아 제국을 찬탈하는 결과를 가져왔다.

16 2021 숭실대   ②

유대인인 안네마리와 친구의 삶이 무너지게 되는 것은 나치의 유대인 '박해'가 원인이었을 것이므로, ②가 빈칸에 적절하다.

collaboration n. 공동 작업[연구], 협력 persecution n. (종교상의) 박해, 학대 rehabilitation n. 사회 복귀, 갱생 secularization n. 세속화

1943년 덴마크 코펜하겐에서, 10살의 안네마리 요한슨과 그녀의 가장 친한 친구인 앨런 로젠은 유대인들에 대한 나치의 박해로 인해 그들의 삶이 영원히 무너지게 된다.

---

17 2019 세종대   ②

손가락으로 반지름이 작아지는 원을 만드는 행위는 나선형이 무엇인가를 '행동을 통해 설명하는' 것이다. '어떤 대상을 시범, 모형, 행동 등을 통해 보여주고 설명하는 행위'를 의미하는 단어는 demonstrate이다.

describe v. 묘사하다, 기술하다, 설명하다 spiral n. 나선, 나선형; 소용돌이 radius n. 반지름 allow v. 허락하다, 허가하다 demonstrate v. 증명하다; (행동으로) 보여주다; (모형·실험을 통해서) 설명하다 measure v. 재다, 측정하다 subscribe v. 승낙하다, 기부하다

나선형이 무엇인지를 말로 표현하기는 어렵지만, 손가락으로 반지름이 작아지는 원들을 만듦으로써 행동을 통해 그것을 설명하는 것은 쉬운 일이다.

---

18 2000 세종대   ④

'결국 악화되었다'는 일종의 결과를 나타낸다. 결과의 내용이 부정적인 것이므로, 원인에 해당하는 앞부분도 '나쁜 상태'를 뜻하는 부정적인 내용이 되어야 할 것이므로, ④가 빈칸에 적절하다.

deteriorate v. 나쁘게 하다; (질·가치 따위를) 저하시키다 mudslinging n. (정치운동에서의) 중상모략 행위 informative a. 정보의; 유익한, 교육적인 inspiring a. 영감을 주는, 가슴 뛰게 하는 insightful a. 통찰력이 있는 bitter a. 쓴; 격렬한; 신랄한

공개토론들은 종종 신랄해져 결국에는 상대방을 중상모략하는 싸움으로 악화되었다.

---

19 2021 홍익대   ②

빈칸은 순접의 접속사 and를 통해 '약탈'이라는 의미의 looting과 연결돼 있으므로, 빈칸에는 이와 유사한 의미의 ②가 들어가야 한다.

loot v. 약탈하다 enforce v. 시행하다, 집행하다; 강요하다; 강행하다 dispersal n. 분산, 전파 authentic a. 진정한, 입증된 peruse v. 숙독[정독]하다 pillage v. 약탈하다, 강탈하다 perpetuate v. 영구화하다, 영속시키다 pleach v. (나뭇가지 등을) 엮다, (머리를) 땋다

(로마의) 식민지 주둔군에 의해 강행되어 '진정한' 그리스 유산의 분산을 가져온 약탈과 강탈의 결과를 파우사니아스(Pausanias)는 알고 있다.

---

20 2017 가천대   ②

treason, bribery or other high crimes and misdemeanors는 빈칸 뒤에 있는 전치사 for와 conviction 뒤의 전치사 of에 공통으로 이어지는 목적어임에 유의한다. 주어진 글은 대통령과 같은 주요 공직자가 중대 범죄로 유죄판결을 받는 경우에 면직될 수 있다는 내용이 되는데, 빈칸에는 유죄판결을 받기에 앞서 이루어져야 하는 절차에 해당하는 표현이 들어가야 하므로, 적절한 것은 '고위공무원에 대한 의회의 소추(訴追) 행위'를 의미하는 '탄핵(impeachment)'이다.

vice-president n. 부통령 remove v. 해임하다, 면직시키다 conviction n. 신념, 확신; 유죄 판결 treason n. 반역; 배신, 배반 bribery n. 뇌물; 뇌물을 주는[받는] 행위 misdemeanor n. 경범죄, 비행 perjury n. 거짓맹세, 위증(죄) impeachment n. 비난, 탄핵; 고발 embezzlement n. 횡령, 착복, 유용 resignation n. 사직, 사임; 포기, 단념

미국의 대통령, 부통령, 그리고 모든 공무원들은 반역, 뇌물 수수 혹은 다른 중대 범죄와 비행으로 탄핵되어 유죄판결을 받는 경우 면직된다.

---

21 2018 홍익대   ④

그녀의 확신이 시간이 지남에 따라 '더욱' 확고해졌다는 것은 이미 확신이 확고한 상태에 있었다는 말이 된다. 따라서 연구결과들이 이런 그녀의 확신을 '강화시켜 주었다'고 해야 적절하므로, ④가 정답이다.

conviction n. 확신, 신념 reach v. (남을) 감동시키다 enhance v. 향상시키다 appease v. 진정시키다 perplex v. 당황하게 하다 deteriorate v. 악화시키다 bolster v. 강화시키다

여러 연구가 시간이 지날수록 더욱 확고해지는 그녀의 확신을 강화시켜 주었는데, 그 확신이란 음악은 다소 신비하게도, 교화하고 감동을 주는 능력에 있어서 학습을 향상시켜주고 인내력을 길러준다는 것이었다.

---

22 2019 덕성여대   ①

'so ~ that …(너무나 ~해서 …하다)' 구문은 '원인과 결과'의 관계를 나타낸다. '우리의 사고 습관이 너무나도 민주주의적인(democratic) 것이 되었다'고 했는데, 민주주의를 대표하는 것이 투표와 선거임을 감안하면, 주절에 대한 결과로는 '진실도 투표로 결정된다고 확신하게 되었다'가 적절하다.

democratic a. 민주주의의, 민주적인 determined a. 결심한; 결연한, 단호한 plebiscite n. 국민투표, 일반투표; 대중 토의 assimilate v. 동화시키다 hierarchy n. 계급, 계층; 계급 제도 exult v. 기뻐 날뛰다, 미칠 듯이 기뻐하다 transcendence n. 초월, 탁월; (신의) 초월성 found v. 설립하다; ~의 기초[근거]를 두다 monolith n. 돌 하나로 된 비석; (정치적·사회적인) 완전한 통일체

우리는 사고 습관이 너무나도 민주주의적인 것이 되어버렸기 때문에 진실이 사실에 대한 국민투표를 통해 결정된다고 확신하고 있다.

23 2022 건국대   ①

이혼 시에 부부 중 어느 한쪽에서 자녀를 보호하고 돌볼 수 있는 권리는 '양육권(custody)'이다.

legal a. 법률의; 적법한 get divorced 이혼하다 grant v. 주다, 부여하다 custody n. 보관, 관리; (특히 이혼·별거에서) 자녀 양육권 confinement n. 감금, 억류 detention n. 구류, 구금 abduction n. 유괴 counsel n. 의논; 권고

양육권은 자녀를 보호하고 돌볼 수 있는 법적 권리로, 특히 부부가 이혼 시에 자녀의 어머니나 아버지에게 주어지는 권리를 일컫는다. 자녀 양육권은 대체로 어머니에게 주어진다.

24 2022 숙명여대   ⑤

우크라이나 국경에 수만 명의 러시아군이 집결된 상황은 일촉즉발의 상황인데, 두 나라 정상 간의 전화는 전쟁의 위기를 완화시킬 수 있는 '기대하던' 사항이므로 빈칸에는 ⑤가 적절하다.

mass troops on the border 국경에 군대를 집결하다 amid prep. 가운데[중]에 ally n. 동맹국 communicable a. 전달되는, 전염성의 threatening a. 협박하는, 위협적인 amicable a. 우호적인, 원만한 friendly a. 친절한, 상냥한 anticipated a. 기대하던, 대망의

우크라이나 국경에 수만 명의 러시아군이 집결된 상황에서, 이웃나라에 대한 러시아의 위협에 대해 미국과 서방 동맹국들의 우려가 커지는 가운데 두 정상 사이의 매우 기대되는 전화통화가 이루어졌다.

25 2013 이화여대   ⑤

갈등은 대립관계에 있는 두 개의 대상 사이에서 발생하는 것이므로, 첫 번째 빈칸에는 ethnic and cultural identity와 문맥상 반대되는 의미를 갖는 표현이 들어가야 한다. '인종적, 문화적 정체성을 가진 언어'는 자국에서 쓰고 있는 언어를 가리킨다고 할 수 있으므로, 빈칸에는 '국제어'라는 의미를 만드는 international이 적절하다. 한편, 자국어와 국제어가 함께 사용되는 경우, 적어도 2개 언어를 사용하는 능력은 향후에 반드시 필요하게 될 것이므로 두 번째 빈칸에는 necessary, essential이 들어갈 수 있다. 따라서 정답은 ⑤가 된다.

separate a. 분리된; 따로따로의; 별개의 illustrate v. 설명하다, 예증하다 tension n. 긴장(상태) ethnic a. 인종의, 민족의; 민족 특유의 identity n. 동일성; 주체성; 정체성 bilingualism n. 2개 국어 상용(常用); 2개 국어를 말하는 능력 multilingualism n. 여러 언어의 사용 (능력) native a. 타고난, 선천적인; 토착의 uncalled a. 초대받지 않은, 부탁받지 않은 vernacular a. 자국의, 본국의; 지방의 specify v. 일일이 이름을 들어 말하다; 상술하다, 자세히 쓰다 paradoxical a. 역설적인, 모순된 international a. 국제적인 essential a. 근본적인, 필수의; 가장 중요한

말레이시아와 싱가포르는 국제어와 인종적, 문화적 정체성을 가진 언어 사이의 갈등을 각기 다른 방식으로 보여주고 있다. 향후 몇 년간은 2개 언어를 사용하는 능력 혹은 여러 언어를 사용하는 능력이 그 두 국가에서 필수적인 것이 될 것이다.

01 ⑤	**02** ①	**03** ②	**04** ③	**05** ②	**06** ③	**07** ④	**08** ④	**09** ①	**10** ②
11 ④	**12** ④	**13** ⑤	**14** ②	**15** ①	**16** ①	**17** ①	**18** ②	**19** ①	**20** ①
21 ①	**22** ②	**23** ③	**24** ①	**25** ②					

01 2020 광운대   ⑤

소년이 수줍음이 많다고 했으므로, 대중 앞에서 이야기하는 것을 '걱정할' 것이다. 따라서 ⑤가 정답이다.

dubious a. 의심스러운, 수상한 attractive a. 매력적인 hilarious a. 유쾌한 appropriate a. 적절한 apprehensive a. 걱정하는, 염려하는

그 소년은 너무 수줍음이 많아서 대중 앞에서 이야기하는 것을 걱정하고 있다.

02 2018 명지대   ①

식량이 부족한 상황에서, 어떠한 땅을 사용하지 않는 것이 죄악인지를 묻고 있다. 식량을 생산할 수 있는 '경작에 알맞은' 땅을 쓰지 않는 것은 식량이 부족한 상황에서 죄악이 될 것이므로, ①의 arable이 정답이다.

shortage n. 부족, 결핍 sin n. 죄, 죄악 arable a. 경작에 알맞은, 개간할 수 있는 barren a. 메마른, 불모의 putrefied a. 부패된 arid a. 건조한, 불모의

식량이 세계적으로 부족할 때에 좋은 경작지를 사용하지 않는 것은 죄악이다.

03 2018 아주대   ②

모든 임원들이 예외 없이 감옥에 있었다면, 부패가 그 회사 전반에 만연해 있었다는 게 이유가 될 수 있다.

executive n. 간부, 임원 flourish v. 번창하다 permeate v. 스며들다, 침투하다, 퍼지다 examine v. 검토하다 withstand v. 견뎌내다 withhold v. 억제하다

부패가 회사에 퍼져 있었다. 모든 임원들이 감옥에 있었다.

04 2019 가톨릭대   ③

세미콜론 이하는 '그 영화가 그다지 인상적이지 않았다'는 앞 문장의 내용을 부연해서 설명하는 역할을 한다. 따라서 영화에 대한 부정적인 요소를 언급하는 내용이 되어야 할 것이므로, '배우의 연기가 평범했다'는 의미를 만드는 ③이 빈칸에 적절하다.

impressive a. 인상에 남는, 인상적인 predictable a. 예언할 수 있는, 예상할 수 있는 evocative a. ~을 불러내는, 환기하는 impeccable a. 결함이 없는, 비난의 여지가 없는, 완벽한 mediocre a. 좋지도 나쁘지도 않은, 평범한, 썩 좋지는 않은 whimsical a. 마음이 잘 변하는, 변덕스러운

그 영화는 그다지 인상적이지 않았다. 줄거리는 예상 가능했고 연기도 평범했으니까.

05 2019 경기대   ②

'절충안', '협상'과 가장 관련 있는 표현이 빈칸에 들어가야 할 것이므로, '타협'이라는 의미의 ②가 정답으로 적절하다.

middle ground 중용, 중도, 타협안, 절충안; 중간 입장 aspect n. 양상, 국면; 견지, 견해 negotiate v. 협상하다, 협의하다 consultation n. 상담, 의논, 협의 compromise n. 타협, 절충 persistence n. 고집, 완고; 지속 steadfastness n. 확고부동함, 견고함

타협은 절충안을 찾는 기술로, 협상 과정에서 핵심이 되는 측면이다.

06 2020 세종대   ③

빈칸 뒤에서 '지나가는 길에 있는 모든 것들을 부숴버렸다'고 했으므로, '크고 강한 물체'라는 의미를 가진 표현이 빈칸에 적절하다.

tsunami n. 쓰나미, 해일 pilgrimage n. 순례 여행, 긴 여행 cohesion n. 결합, 단결, 유대 juggernaut n. 초대형 트럭; (통제할 수 없는) 비대한 힘, (군함·전차 등의) 거대한 괴물; 거대 조직 photosynthesis n. 광합성

쓰나미는 거대한 괴물 같았으며, 지나가는 길에 있는 거의 모든 것들을 짓뭉개버렸다.

07 2013 경기대   ④

다르질링의 차 재배업자들이 '다르질링'이라는 이름을 오직 자신들만 사용하도록 하고 있다는 내용이다. 다르질링은 특정 지역의 이름이므로, '지리적인'이란 의미의 ④가 빈칸에 들어가야 한다.

limit v. 제한하다, 한정하다 preferred a. 우선의; 발탁된, 승진한 geological a. 지질학의, 지질의 ponderous a. 대단히 무거운, 육중한 geographic a. 지리학의; 지리적인

인도 다르질링(Darjeeling)의 차(茶) 재배업자들은 그들의 지리적 명칭을 사용하는 것을 제한하고 있다.

---

08 2016 한국공학대   ④

with는 '수단[도구]'를 나타내는 전치사로 쓰였다. 우유 한 병이 울고 있는 아기를 어떻게 하기 위한 목적을 갖고 있는 것일까를 묻는 문제이므로, 빈칸에는 '달래다'라는 의미의 ④가 들어가야 한다.

shift v. 이동시키다; (방향·위치 등을) 바꾸다, 변경하다 elicit v. (진리·사실 따위를 논리적으로) 이끌어내다 provoke v. (감정 따위를) 일으키다; 성나게 하다; 유발시키다 appease v. (사람을) 달래다; (노여움·슬픔 따위를) 진정[완화]시키다, 가라앉히다

울고 있는 아기를 따뜻한 우유 한 병으로 달랠 수 있다고 생각하십니까?

---

09 2018 광운대   ①

빈칸 앞에 순접의 접속사 and가 있으므로, 빈칸에 들어갈 표현은 provisional과 유사한 의미를 가진 것이어야 한다. provisional은 '일시적인', '잠정적인'이란 의미인데, 잠정적이라는 것은 앞으로 확정되어야 할 것이라는 말이므로, 빈칸에는 이러한 의미를 가진 ①이 들어가야 한다.

announce v. 알리다, 고지하다, 발표하다 provisional a. 일시적인, 잠정적인 be subject to ~의 대상이다, ~을 당하다 confirmation n. 확정, 확립; 확인 fixed a. 고정된, 일정불변한 set back 저지하다, 좌절시키다; (시계 바늘 등을) 되돌리다 invariable a. 불변의, 변화하지 않는

그 시대들은 잠정적인 것이고 확정이 되어야 하는 것들이라고 회의에서 발표됐다.

---

10 2011 단국대   ②

블록버스터(blockbuster)란 '막대한 흥행수입을 올린 영화'를 의미하므로, 올 여름의 흥행 성적이 나빠졌다면 그것은 블록버스터가 많지 않았기 때문으로 볼 수 있다. 그러므로 빈칸에는 '부족', '결핍'의 의미를 가진 ②가 들어가야 한다.

slew n. 많음, 다수 dearth n. 부족, 결핍; 기근 portion n. 한 조각, 일부 assortment n. 유별, 분류; 각종 구색

블록버스터의 부족은 이번 여름 흥행 성적이 나빠진 한 원인이 되었다.

---

11 2019 덕성여대   ④

'한 달에 한 번 병가를 낼 수 있다'는 의미가 되어야 하므로, '~를 받을 자격이 있다'는 뜻을 완성시키는 ④가 정답이다. ①의 allow도 '허락하다, 허용하다'는 뜻이지만, be allowed 다음에 전치사 to가 없거나 to 부정사인 to have가 와야만 어법에 맞는 표현이 된다.

---

sick day 병가 without a good[just] reason 정당한 이유 없이 frown upon ~에 눈살을 찌푸리다 allow v. 허락하다, 허용하다 entrust v. 맡기다, 위탁하다 require v. 요구하다; 필요로 하다 entitle v. 자격[권리]를 주다

모든 근로자들이 한 달에 한 번 병가를 낼 수 있지만, 정당한 이유 없이 병가를 내는 것은 일반적으로 눈살을 찌푸리게 한다.

---

12 2019 세종대   ④

'만약 그것이 없다면 언어가 존재할 수 없을 구성요소'라는 말은 '언어가 존재하기 위해서는 반드시 있어야 할 요소'라는 의미이다. 그러므로 빈칸에는 '필수불가결한'이란 뜻의 ④가 적절하다.

component n. 성분, 구성요소 expendable a. 소비해도 좋은, 소모성의 existent a. 존재하는, 실재하는; 현행의 humane a. 자비로운, 인도적인 indispensable a. 불가결의, 절대 필요한, 없어서는 안 될

인간의 언어에는 필수불가결한 구성요소들, 즉, 만약 그것이 없다면 언어가 결코 존재할 수 없을 요소들이 있다.

---

13 2019 상명대   ⑤

스노보드는 겨울철에 야외에서 하는 스포츠이므로, 이런 스포츠를 즐기기 위해서는 추위를 견뎌내는 '인내력'이 필요할 것이라 유추할 수 있다.

weakness n. 약함; 약점 robustness n. 강건함, 튼튼함 frailty n. 무름, 약함; 약점 delicateness n. 연약함; 섬세함 tolerance n. 내성, 인내력

스노보드를 타는 것을 정말 즐기기 위해서는 추운 날씨에 대한 매우 높은 인내력이 필요하다.

---

14 2011 국민대   ②

'형법의 부당성'은 부정적인 의미의 표현이므로, 이것을 수식하는 형용사 또한 부정적인 의미를 가진 것이어야 한다. 그러므로 '극악무도한'이란 뜻의 ②가 빈칸에 적절하다.

iniquity n. 부정, 불법 benign a. 인자한, 친절한; 온화한 flagrant a. 극악(무도)한, 악명 높은 exultant a. 환희의 conducive a. 공헌하는, 도움이 되는

법률제도에 관한 그 보고서는 형법의 부당성에 대한 많은 극악무도한 사례들을 보여주고 있다.

---

15 2017 경기대   ①

디저트는 메인 코스 요리를 먹은 후에 식사를 마무리 짓는 것으로 즐기는 음식이므로, 메인 코스 요리를 '보완하거나 보충하는' 역할을 한다고 볼 수 있다.

treat v. 다루다, 대우하다; 대접하다, 한턱내다 splendid a. 빛나는, 훌륭한; 화려한; 멋진, 근사한 complement v. 보충하다, 보완하다 complicate v. 복잡하게 하다, 까다롭게 하다 compliment v. ~에게 찬사를 말하다, 칭찬하다; ~에게 아첨의 말을 하다; 축하하다 complimentary a. 칭찬의, 찬사의; 무료의

손님들은 콘서트가 시작되기에 앞서 근사한 디저트가 곁들어진 맛있는 메인 코스 요리를 대접받았다.

---

16 2019 이화여대 ①

침착하고 신중한 언어를 사용함으로써 피할 수 있는 토론의 분위기는 '침착함', '신중함'과는 상반되는 분위기일 것이다. 빈칸에는 cool and measured와 대조적인 의미를 가진 표현이 들어가야 할 것이므로, '신랄함', '악감정'이란 뜻의 ①이 정답으로 적절하다.

measured a. 신중한, 침착한 rhetorical a. 수사학의, 수사적인 tactic n. 작전, 방책; 수단 ensure v. 책임지다; 보장하다, 보증하다; 확실하게 하다 debate n. 토론, 논쟁 erupt v. (간헐천 등이) 분출하다; (화산 등이) 분화하다; (노여움 따위를) 폭발시키다 acrimony n. (태도·기질·말 등의) 악감정, 신랄함 equability n. 균등성, 한결같음; (기분·마음의) 평정, 침착 litigation n. 소송, 기소 soliloquy n. 독백 treaty n. 조약; 협정

침착하고 신중한 언어를 수사적 수단으로 사용하는 것은 토론이 갑자기 신랄하고 험악하게 진행되지 않도록 하는 확실한 방법 가운데 하나다.

---

17 2011 단국대 ①

because 이하에서는 원문을 글자 그대로 번역하는 것이 어려운 이유를 설명해야 하는데, 이는 원문에 글자 그대로의 의미 이외의 의미가 들어 있기 때문으로 보는 것이 타당하다. 따라서 빈칸에는 '함축된 의미', '언외의 의미'라는 뜻을 가진 ①이 적절하다.

connotation n. 언외(言外)의 의미, 함축된 뜻 alienation n. 멀리함, 이간, 소외 succinctness n. 간결, 간명 levity n. 경솔, 경박

우리는 외국어 원문을 글자 그대로 번역하는 것에 어려움을 느끼는데, 이는 우리가 원문에 함축된 의미를 정확하게 파악할 수 없기 때문이다.

---

18 2011 단국대 ②

결과의 부사절 'so ~ that …' 구문이 쓰였다. that 이하에서 "그 회장이 무슨 생각을 하는지 전혀 알 수 없었다."고 했는데, 이에 대한 원인으로는 '그가 자신의 의중을 드러내지 않았다'가 적절하다. 그러므로 빈칸에는 '무언의', '말수가 적은'이란 의미의 ②가 들어가야 한다.

stringent a. 절박한; 자금이 핍박한; 엄중한 taciturn a. 말없는, 무언의 ostentatious a. 과시하는, 겉보기를 꾸미는 pliable a. 휘기 쉬운, 나긋나긋한

회장은 너무 말이 없었기 때문에 우리는 종종 그가 무슨 생각을 하고 있는지를 우리가 전혀 모른다는 것을 깨닫게 되었다

---

19 2011 국민대 ①

주절에서 전 세계의 에너지 사용량이 증가할 것이라고 했는데, 종속절에서는 이에 대한 원인이나 이유를 설명해야 할 것이므로, 중국의 에너지 소비 급증이 전 세계 에너지 사용량 증가에 '한 몫을 담당했다'는 흐름이 되도록 빈칸에는 ①이 들어가야 한다.

consumption n. 소비, 소비액 spur v. ~에 박차를 가하다; 격려하다 decrease v. 감소시키다, 줄이다 interfere v. 간섭하다 plummet v. 수직으로 떨어지다, 갑자기 내려가다

주로 중국의 에너지 소비 급증이 박차를 가함에 따라, 전 세계 에너지 사용량은 2035년까지 36% 증가할 것이다.

---

20 2019 홍익대 ①

시가 어떤 느낌이 들도록 만들어 주는 요소들이 빈칸 앞에 나열되어 있다. 일상적인 구어체와 화자(話者)의 소탈한 모습, 단순한 이미지는 특히 시를 어떤 계획을 갖고서가 아니라 '자연스럽게' 지은 느낌이 들도록 해줄 것이다. 따라서 빈칸에는 ①의 unplanned가 정답이다.

clarity n. (표현의) 명료성 diction n. 어법, 용어선택 colloquial a. (단어나 언어가) 구어체의, 일상적인 대화체의 rhythm n. 음률, 운율 simplicity n. 단순함 folksy a. (태도·양식 등이 지나치게) 허물없는, 소탈한; 서민적인 poem n. 시 unplanned a. 계획되지 않은, 예기치 못한 cryptic a. 숨은, 비밀의 elaborate a. 공들인, 정교한 uncritical a. 무비판적인

그의 시어 선택의 명료함, 구어체 운율, 이미지의 단순함, 그리고 무엇보다도 서민적인 화자(話者), 이 모든 것들은 그 시들을 계획되지 않은 것으로 보이게 만들려는 의도에서 나온 것이다.

---

21 2011 경희대 ①

'정신분석(psychoanalysis)은 원인(cause)에 초점을 맞추고, 행동요법(behaviour therapy)은 결과(consequence)에 초점을 맞춘다'고 했는데, 원인과 결과는 서로 반대되는 것이므로, 이 둘의 관계를 설명하는 표현으로는 antithesis가 적절하다.

antithesis n. 정반대, 대조 counterpart n. 한 쌍의 한 쪽; 상대물 synthesis n. 종합, 합성 analogue n. 유사물; 대등한 상대

행동요법은 어떤 면에서는 정신분석의 정반대이다. 정신분석은 원인에, 행동요법은 결과에 초점을 맞춘다.

---

22 2020 홍익대 ②

양보의 접속사가 쓰였으므로, 주절은 '내륙 운하와 하천 증기선의 대규모 운용'이라는 행위가 '새로운 산업 생산의 빠른 흐름'과 호응하지 못했다는 의미가 되어야 한다. 그러므로 '대비가 돼 있지 않았다', '맞춰져 있지 않았다'는 의미를 만드는 ②가 빈칸에 적절하다.

massive a. 육중한; 무거운; 대량의 inland a. 내륙의 canal n. 운하; 수로
industrial production 산업 생산 abate v. (수·양·정도 따위를) 줄이다 gear
v. (계획·요구 따위에) 맞게 하다, 조정하다 apprehend v. 염려하다; 이해하다;
체포하다

미국은 내륙 운하와 하천 증기선의 대규모 서비스를 발달시켰지만, 그것들
은 새로운 산업 생산의 빠른 흐름에 맞추어져 있지 않았다.

---

23 2017 숭실대   ③

빈칸 다음 문장 중에 있는 '아예 정치에 신경을 끊어버리다'는 표현은
곧 정치에 대한 무관심(apathy)을 의미한다.

alienate v. 멀리하다, 소원하게 하다; 소외감을 느끼게 만들다 turn off 신경을
끊다, 더 이상 생각하지 않다 shallowness n. 얕음; 천박함 negativity n. 부정적
성향 advocacy n. 지지, 옹호; 고취, 주장 anxiousness n. 걱정스러움; 몹시
갈망함 apathy n. 무관심, 냉담 asymmetry n. 비대칭

젊은이들 사이에 퍼져 있는 유권자로서의 무관심 뒤에는 무엇이 있는가? 널
리 행해지는 설명은 사람들, 특히 젊은 사람들이 정치 제도에서 소외되고 후
보자들과 선거운동의 천박함과 부정적인 측면들로 인해 아예 정치에 대한
신경을 꺼버린다는 것이다.

---

24 2017 중앙대   ①

'어안이 벙벙해진(be amazed)' 이유를 추론해야 한다. 그때까지 가장
'단조롭고 평범한(pedestrian)' 연사로 여겨지던 사람이 청중들을 '흥
분시키고(electrify)', '환호하게(cheer)' 만드는 것을 보았다면 어안이
벙벙해질 만할 것이다.

be amazed 어안이 벙벙하다, 깜짝 놀라다, 아연하다 heretofore ad. 지금까지
는, 이전에는 electrify v. 열광시키다, 흥분시키다; 깜짝 놀라게 하다 cheer v.
환호성을 지르다, 환호하다 pedestrian a. 평범한, 단조로운, 상상력이 없는
enthralling a. 마음을 사로잡는, 매우 재미있는 auspicious a. 상서로운, 길조의,
경사스런 versatile a. 다재다능한

우리는 그때까지 가장 평범한 연사였던 사람이 단 한 번의 연설로 청중들을
열광시키고 벌떡 일어나 환호하게 만들 수 있다는 사실에 어안이 벙벙해졌
다.

---

25 2016 가톨릭대   ②

두 문장이 역접의 접속사 but으로 연결되어 있다. but 이하에서 현재
주식 중개인들이 신흥시장에 대한 투자 이유를 재평가하고 있다고 했
다. 재평가하고 있다는 것은 투자에 신중을 기하고 있다는 말이므로, 과
거에는 누구나 망설임 없이 신흥시장의 주식을 매입했을 것이다. 다시
말해, 신흥시장 주식을 투자 자산의 필수 구성 요소로 삼았을 것이다.
따라서 빈칸에는 ②가 적절하다.

portfolio n. (개인이나 기관의) 유가증권 보유일람표 reassess v. 재평가하다;
재할당하다; 다시 과세하다 rationale n. (특정한 결정·행동 방침·신조 등의) 이유
[근거] remedy n. 치료; 구제(책) ingredient n. 원료, 재료; 구성 요소

diagnosis n. 진단 alteration n. 변경

브릭스(BRIC) 국가(브라질, 러시아, 인도, 중국)와 같은 신흥시장들은 과거
에는 주식 중개인들에게 있어서 일반적인 유가증권 보유일람표의 필수 구성
요소였지만, 현재는 많은 투자자들이 자신들의 투자 이유를 재평가하고 있
다.

01 ④	**02** ⑤	**03** ①	**04** ②	**05** ①	**06** ④	**07** ②	**08** ④	**09** ④	**10** ④
11 ③	**12** ③	**13** ④	**14** ③	**15** ④	**16** ②	**17** ①	**18** ③	**19** ④	**20** ①
21 ②	**22** ②	**23** ③	**24** ④	**25** ③					

01 2020 강남대 ④

사람들이 기뻐했다고 했으므로, 빈칸에는 사람들이 기뻐했을 만한 긍정적인 의미의 표현이 적절하다. 따라서 '조짐이 좋다'라는 의미의 ④가 정답이다.

dubious a. 의심하는, 미심쩍어 하는 terrible a. 무서운, 가공할 scary a. 무서운, 두려운 promising a. 유망한, 촉망되는, 조짐이 좋은

그것은 그 행사의 순조로운 시작이었기 때문에 사람들은 매우 기뻐했다.

02 2015 숙명여대 ⑤

어떤 물질에 대해 알레르기가 있다는 것은 '그 물질에 대해 정상과는 다른 반응을 보인다'는 것이다. 따라서 만약 어떤 사람이 페니실린에 대해 알레르기가 있다면, 그에게 페니실린은 치료 효과가 아니라 '부작용'을 겪게 만들 것이다.

allergic a. 알레르기 체질의, 알레르기에 걸린 abrupt a. 돌연한, 갑작스러운 anxious a. 걱정스러운, 불안한; 열망하는 awkward a. 서투른; 거북한, 어색한 austere a. 준엄한, 가혹한; 금욕적인 adverse a. 역(逆)의, 거스르는; 불리한; 해로운

페니실린은 그것에 대해 알레르기가 있는 사람에게 부작용을 일으킬 수 있다.

03 2022 한국외대 ①

양국이 긴장 관계에 있는 가운데 한쪽이 다른 한쪽을 공격했다면, 이것은 상황을 '더 나쁘게 만드는' 결과를 초래할 것이다.

tense a. 팽팽한; 긴장한 exacerbate v. 악화시키다; 격분시키다 eradicate v. 근절하다 envision v. 상상하다, 구상하다 espouse v. 지지하다, 신봉하다

이번 공격은 이미 긴장 상태에 있는 양국 간의 관계를 악화시킬 것이다.

04 2004 경기대 ②

olfactory는 '후각의', '냄새의'라는 의미이므로, 이와 관련 있는 ②가 빈칸에 들어가야 한다.

olfactory a. 후각의, 냄새의 sight n. 시각; 광경 smell n. 냄새

후각(嗅覺)이란 '냄새를 맡는 감각과 관련이 있다'는 것을 의미한다.

05 2020 한국외대 ①

그들이 이기적이지 않음을 보여주었다고 했으므로, 자신의 이익이 아닌 다른 사람의 이익을 꾀한다는 의미의 형용사 ①이 빈칸에 적절하다.

donate v. 기부하다, 기증하다 unselfishness n. 이기적이지 않음, 욕심 없음 altruistic a. 이타주의의, 애타적인 premature a. 조숙한; 너무 이른, 때 아닌 stingy a. 인색한, 구두쇠의 biased a. 편향된; 편견을 가진

땅을 공원 용지로 기증한 그 가족의 이타적인 결정은 그들이 이기적이지 않음을 보여주었다.

06 2017 한국외대 ④

근로자들과 경영진 사이의 분쟁이 합의에 이르지 못했다고 했으므로, 노동 전문가는 그 분쟁을 중재해달라는 요청을 받았을 것이다.

reach a consensus 합의에 이르다 eradicate v. 뿌리째 뽑다; 근절하다 speculate v. 숙고하다; 추측하다 elaborate v. 자세히 말[설명]하다, 상술하다 arbitrate v. 중재하다, 조정하다

당사자들이 합의에 이르지 못하자, 노동전문가에게 근로자들과 경영진 사이의 분쟁을 중재하도록 요청했다.

07 2020 덕성여대 ②

문맥상 '감옥에서 석방될 때까지 저항을 계속했다'라는 의미가 되어야 하겠는데, 앞에 not이 있다. deny ~ing는 '~을 부인하다'는 이므로 적절치 않고, cease ~ing가 '~을 그만두다, 끝내다'이므로 정답으로 적절하다.

release v. 석방하다 deny v. 부인하다 cease v. 그만두다, 끝내다 commence v. 시작하다, 개시하다 committee n. 위원회

인도인들은 간디(Gandhi)를 따르는 모든 사람들이 영국 감옥에서 석방될 때까지 저항을 멈추지 않았다.

08 2015 가톨릭대   ④

세미콜론(;) 이하에서 앞 문장의 내용에 대한 이유를 설명하고 있다. 양측 모두가 이전의 입장을 고수하고 있는 상황이라고 했으므로, 이는 곧 협상이 교착상태에 빠졌음을 의미한다. 따라서 ④의 stalemate가 빈칸에 적절하다.

negotiation n. 협상, 교섭 shrink from ~에서 주춤하다 prolongation n. 연장; 연기 destination n. 목적지, 행선지 conformity n. 적합, 일치 stalemate n. 교착상태, 막다름

두 당사자 간의 협상은 교착상태에 이르렀다. 어느 쪽도 이전에 표명한 입장에서 물러서려고 하지 않고 있다.

09 2020 상명대   ④

빈칸에는 드라마가 화제가 된 이유를 그 드라마의 줄거리와 관련해서 설명하는 표현이 들어가야 하므로, '(책 · 이야기 등이) 흥미[주의]를 끄는'이라는 뜻의 ④가 정답으로 적절하다.

popularity n. 인기; 대중성 storyline n. 줄거리 far-fetched a. 믿기지 않는, 설득력 없는 horrendous a. 끔찍한, 무시무시한 clichéd a. 진부한 표현이 많이 들어가 있는, 낡은 투의 gripping a. (이야기 등이) 흥미[주의]를 끄는 repulsive a. 싫은, 불쾌한

배우들의 인기와 흥미진진한 줄거리 덕분에, 그 드라마는 최근 가장 화제가 되고 있는 TV 프로그램 중의 하나가 되었다.

10 2016 경기대   ④

and 이하에서 '약이 완벽하게 약효를 발휘할 것을 요구하는 것은 합리적이지 않다'고 했는데, 이는 곧 '약이 때로는 제대로 효과를 발휘하지 않는다'는 것을 의미한다. 따라서 빈칸에는 '불안정해지다', '(활동 등이) 약해지다'는 의미의 ④가 들어가야 한다.

flourish v. 번영하다, 번성하다 ameliorate v. 개선되다, 좋아지다, 고쳐지다 advance v. 전진하다 falter v. 불안정해지다; 비틀거리다; 말을 더듬다; (활동 등이) 약해지다

어떤 대책을 강구하더라도, 때때로 약은 약효가 불안정하기 마련이다. 따라서 약이 완벽하게 약효를 발휘할 것을 요구하는 것은 합리적이지 않다.

11 2011 숙명여대   ③

재정상의 어려움이 있다면, 연구를 계속 진행하는 데 어려움을 겪을 것이다. 그러므로 빈칸에는 '그만두다'라는 의미의 ③이 들어가야 한다.

ongoing a. 전진하는, 진행 중의 extend v. 연장하다 forsake v. 저버리다; (습관·주의 등을) 그만두다, 버리다 incarcerate v. 투옥[감금]하다 resume v. 다시 시작하다

12 2006 한성대   ③

피고인에게 자신의 죄를 고백하게 하려면 처벌을 가볍게 해주겠다는 약속을 해주는 것도 한 방법이 될 것이다. 그러므로 빈칸에는 '관대함, 자비'의 의미인 ③이 적절하다.

prosecutor n. 검찰관, 검사 obtain v. ~을 얻다, 획득하다 confession n. 고백, 자백 compassion n. 동정, 연민 reduction n. 감소, 절감; 환원 leniency n. 관대함, 자비 flamboyancy n. 현란함, 화려함

검찰관들은 종종 피고인들의 자백을 얻기 위해 관대한 처분을 하겠다는 거짓 약속을 하기도 했다.

13 2020 서울여대   ④

바로 앞의 vogue(유행)와 유사한 의미를 갖는 표현이 필요하므로, 빈칸에는 ④가 적절하다.

gender-neutral a. (낱말 등이) 성 중립적인 be in vogue 유행하고 있다 fraud n. 사기, 협잡 enigma n. 수수께끼, 불가해[불가사의]한 것[사건] hustle n. 법석, 혼잡

성(性) 중립적인 옷이 다시 유행하고 있지만, 그 대유행은 20세기 내내 일어난 보다 폭넓은 사회 변화를 반영해왔다.

14 2020 숙명여대   ③

코끼리가 나무를 밀어 넘어뜨리고 그 나무로 인해 산불의 연료가 공급되고, 그로 인해 삼림의 파괴가 촉발된다면 코끼리가 삼림 파괴를 '일으키게' 되는 셈이므로 ③이 빈칸에 들어가는 것이 적절하다.

duplicate v. 복사[복제]하다, 사본을 만들다 revoke v. 폐지[철회]하다 initiate v. 개시되게 하다, 일으키다 prohibit v. 금지하다; 방해하다 navigate v. 길을 찾다; 항해하다

코끼리는 때때로 나무를 밀어 넘어뜨리고, 그 나무는 나중에 일어날 산불의 연료를 공급함으로써, (코끼리가) 삼림 파괴를 일으킬 수도 있다고 여겨진다.

15 2014 국민대   ④

'한 순간은 사랑하고, 다음 순간에는 미워한다'는 것은 애증의 감정이 교차하는 것을 의미한다. 따라서 빈칸에는 이와 같이 '서로 반대되는 감정이 함께 존재하는 것', '애증이 엇갈리는 것'을 의미하는 표현인 ④가 들어가야 한다.

confuse v. 어리둥절하게 하다, 혼란시키다, 당황하게[난처하게] 하다 inane a.

공허한, 어리석은 flippant a. 경박한, 건방진, 무례한 irrevocable a. 취소할 수 없는, 결정적인 ambivalent a. 반대감정이 병존하는, 애증이 엇갈리는

한 순간은 부모님을 사랑하고 다음 순간에는 미워하면서 주디(Judy)는 부모님에 대한 상반된 감정이 교차하는 것에 혼란스러워졌다.

---

16 2019 경기대　　②

콜론 이하는 바로 앞의 내용, 즉, '수학자들이 특유의 미적(美的) 감각을 가지고 있음'을 부연 설명하는 역할을 하므로, 빈칸에는 '아름다움에 대한 인식' 혹은 '아름다움에 대한 감각'과 가까운 의미의 ②가 적절하다.

mathematician n. 수학자 distinctive a. 독특한, 특이한; 차이를 나타내는 strive v. 노력하다 compelling a. (너무나 흥미로워서) 주목하지 않을 수 없는; 설득력 있는, 강력한 dictate v. 구술하다; 명령하다, 지시하다 logic n. 논리, 논리학 feasibility n. 실행할 수 있음, 가능성 aesthetics n. 미학(美學) obligation n. 의무, 책임 intellect n. 지성, 지력

수학자들은 특유의 미적(美的) 감각을 가지고 있다. 그들은 논리학뿐만 아니라 미학(美學)의 지시에 따라 자신들의 생각과 결과를 분명하고 설득력 있게 말하려 노력한다.

---

17 2017 한양대 에리카　　①

앞에서 '장시간 낚시를 하고서 시간이 많이 흘렀음'을 언급했으므로, 빈칸을 포함하고 있는 문장은 '오늘은 여기까지 하고 그만하자'는 의미가 되는 것이 자연스럽다. call it a day가 이와 같은 의미를 갖는 관용표현이므로 ①이 정답이 된다.

set v. (해가) 지다, 날이 저물다 call it a day 하루를 마치다, 하루의 일을 마치다 windup n. 결말; 종료; 마무리

5시간 동안 낚시를 하고 나니, 시간은 오후 6시가 다 돼 가고 해가 지고 있었다. 그래서 아빠는 "오늘은 여기까지 하고 그만하자."라고 말씀하셨다.

---

18 2020 홍익대　　③

법에 의해 보장된 권리라면, 정치적 흥정이나 사회적 이익 계산의 영향을 받지 않을 것이며 그 대상이 되지도 않을 것이다. be subject to ~는 '~의 대상이 되다', '~의 영향을 받다'라는 의미이므로 ③이 빈칸에 적절하다.

liberty n. 자유, 자립 citizenship n. 시민의 신분[자격]; 시민권 settled a. 정해진, 일정한; 변치 않는, 영속적인 secure v. 굳게 지키다; 확실하게 하다, 확고히 하다; 얻다, 획득하다 bargaining n. 거래, 교섭 calculus n. 계산법; 미적분 include v. 포함하다 superior a. (소질·품질 따위가) 우수한, 보다 나은 subject a. 지배를 받는, 복종하는, 종속하는 likely a. 있음직한, 가능하다고 생각되는

정의로운 사회에서 평등한 시민들의 자유는 확정된 것으로 여겨진다. 정의에 의해 보장된 권리는 정치적 흥정이나 사회적 이익 계산의 대상이 되지 못한다.

---

19 2010 경기대　　④

감동적인 연설에 대한 반응으로 적절한 것을 선택해야 하므로, '기립박수'라는 뜻의 ④가 정답으로 적절하다.

rookie n. 신병; (프로 스포츠의) 신인 선수 moving a. 감동시키는 stifle v. 억누르다, 억제하다 giggle n. 낄낄 웃음 roar v. 으르렁거리다; 고함치다, 크게 웃다 hiss n. 쉿 하는 소리 standing ovation 기립박수

LPGA 올해의 최고 신인상을 수상한 한국 골퍼 신지애(Shin Ji-yai)는 감동적인 영어 연설로 기립박수를 받았다.

---

20 2021 건국대　　①

두 총계 사이의 차이, 즉 선거나 경기에서 승자와 패자 사이의 득표수나 점수의 차이를 의미하는 것은 ①이다.

margin n. 차이, 마진; (찬반 투표 따위의) 표차 statistics n. 통계학, 통계자료 significance n. 중요성; 의미, 의의 verification n. 확인, 입증, 증명 matrix n. 행렬; 모체

마진(차이)은 두 총계의 사이의 차이, 특히 선거나 혹은 그 밖의 경기에서 승자와 패자 사이의 득표수나 점수의 차이이다.

---

21 2021 동국대　　②

But으로 이어지는 두 번째 문장에서 문어가 사냥을 하는 다른 물고기과 함께 사냥을 하기도 한다고 기술하고 있다. 그러므로 빈칸이 들어있는 첫 번째 문장에는 이와 반대되는 내용이 와야 한다. 따라서 빈칸에는 무리를 이룬다는 것과 반대 의미를 가진 ②가 들어가야 한다.

octopus n. 문어 predator n. 포식자 participate in 참여하다 party n. 무리 profane a. 불경스러운, 신성모독의; 세속의 solitary a. 고독한, 외로운, 혼자의 collective a. 집단적인 inferior a. 열등한

문어는 단독으로 행동하는 포식자로 알려져 있다. 그러나 때때로 문어는 똑같이 먹이를 찾는 몇몇 다른 종(種)의 물고기와 함께 이동하면서 심해의 사냥 파티에 참여하기도 한다.

---

22 2012 홍익대　　②

only가 단서가 된다. 일화의 영역에서만 인용한다면, 다른 곳에서는 개인적인 것에 대한 언급 혹은 인용을 피하려 했을 것이다. 따라서 ②가 정답이 된다.

invoke v. 기원하다, 빌다; (권위 있는 것·신성한 것을) 예로서 인용하다 realm n. 왕국, 국토; 영역, 범위 anecdote n. 일화 reflection n. 반사; 반영; 숙고 aside n. 방백 back up 후원하다, 지지하다 back away from ~에서 물러서다; 피하다 back out 후퇴하다 back into 후진시켜 ~에 부딪히다

업다이크(Updike)는 개인적인 것을 피하며, 오직 일화의 영역에서만 그것을 인용한다. 나이가 들어가는 것에 대한 의견 피력, 블레이크 베일리(Blake

Bailey)가 쓴 존 치버(John Cheever)의 전기 속 장면에 나오는 방백이 그것에 해당한다.

23 2021 수원대 ③

문맥상 학생들이 '자신의 취향과 미래의 필요에 따라 강좌를 선택할 권리를 요구했다'는 의미가 되게 ③이 들어가는 것이 적절하다.

required subject 필수 과목 taste n. 취향 according to ~에 따라서 regardless of ~와 관계없이

학생들은 필수 과목 목록의 변경을 요청했을 뿐만 아니라 자신의 취향과 미래의 필요에 따라 강좌를 선택할 권리도 요구했다.

24 2010 경기대 ④

평생 동안 겪을 정신적 고통에 비하면 2년이라는 고통의 기간은 상대적으로 짧은 것이라 할 수 있으므로, 2년의 고통 기간은 '감당할 수 있는' 기간이라 할 수 있다.

devastation n. 황폐, 유린; (정신적·도덕적) 파멸 trauma n. 정신적 외상, 마음의 충격 burdensome a. 부담이 되는 tremendous a. 거대한; 무서운 stupendous a. 엄청난, 굉장한; 거대한 manageable a. 조작[관리]할 수 있는; 처리하기 쉬운

아동학대나 약물중독과 같은 다른 가정 내에서 일어나는 정신적 충격이 초래할 수 있는 평생 동안의 정신적 파멸을 생각하면, 내가 겪는 2년이라는 고통의 기간은 감당할 수 있는 기간인 것처럼 보였다.

25 2015 숭실대 ③

설문에 응답한 사람들 가운데 과반수가 "의사들이 환자들에게 예전만큼 신경을 쓰지 않는다"고 여기고 있다고 했는데, 이는 의사들에 대한 불만이나 불평에 해당하는 것이다. 불만을 갖고 있다면 따르거나 존경하는 마음이 덜할 것이므로, 빈칸에는 ③이 들어가는 것이 적절하다.

general public 일반대중 Gallup poll 갤럽 여론조사 animosity n. 악의(惡意), 원한, 증오 curiosity n. 호기심; 골동품 esteem n. 존중, 존경, 경의 privacy n. 사적[개인적] 자유; 사생활, 프라이버시

일반대중은 예전에 비해 의사들에 대해 존경심을 덜 갖고 있는 듯하다. 갤럽(Gallup)에서 실시한 여론조사에 따르면, 설문에 응답한 사람들 가운데 57%가 "의사들이 예전만큼 사람들에게 신경을 쓰지 않는다."는 데 동의했다.

TEST 04

01 ①	02 ④	03 ③	04 ②	05 ⑤	06 ④	07 ②	08 ③	09 ③	10 ①
11 ③	12 ④	13 ②	14 ③	15 ②	16 ③	17 ②	18 ③	19 ①	20 ①
21 ⑤	22 ④	23 ②	24 ②	25 ④					

01 2001 광운대   ①

형용사 deadly가 부정적인 의미를 갖고 있으므로 이것이 수식하는 명사 또한 부정적인 의미를 갖고 있는 것이어야 한다. 따라서 빈칸에는 '증오', '적개심'의 의미를 가진 ①이 가장 적절하다.

deadly a. 치명적인; 서로 죽이는 enmity n. 증오, 적의 perfection n. 완전, 완벽, 완성 gratitude n. 감사, 사의(謝意) leniency n. 관대함, 자비

그 두 병사는 죽이고야 말겠다는 적개심으로 서로를 마주했다.

02 2006 경기대   ④

'so ~ that …' 구문은 원인과 결과의 관계를 나타낸다. 주어인 '노인'과 자연스럽게 호응하면서 '거의 걷지 못하는(can scarcely walk)'의 원인으로 가장 적절한 것은 '노쇠한(decrepit)'이다.

crude a. 천연 그대로의; 조잡한 bereft a. 잃은, 빼앗긴(of) adept a. 숙련된; 정통한 decrepit a. 노쇠한, 늙어빠진

저 불쌍한 노인은 너무 노쇠해서 거의 걷지를 못한다.

03 2021 숙명여대   ③

when 이하에서 총부채가 총자산보다 많은 채무 초과의 상태를 설명하고 있으므로, 채무를 완전히 갚을 수 없는 상태에 빠진 경우를 의미하는 ③이 빈칸에 적절하다.

taxpayer n. 납세자 liability n. (pl.) (개인·회사의) 부채 exceed v. 넘다, 초과하다 asset n. 자산 affluent a. 부유한 distracted a. 산만해진 insolvent a. 지불 불능인, 파산(자)의 inverted a. 역의, 반대의 rapacious a. 탐욕스러운

납세자는 총 부채가 총 자산을 초과하면 파산한 상태다.

04 2017 서울여대   ②

빈칸 앞에 '~조차도, ~이라도'라는 의미의 부사 even이 있으므로, 빈칸에는 enemies를 더 부정적으로 만드는 뜻의 형용사가 들어가야 한다. 따라서 '화해할 수 없는'이란 의미를 가진 ②가 빈칸에 적절하다. 나머지는 그 의미상 enemies와 호응하지 않는다.

transform v. (외형을) 변형시키다; (성질·기능·구조 등을) 바꾸다 docile a. 유순한, 다루기 쉬운 implacable a. 달래기 어려운, 화해할 수 없는; 앙심이 깊은 congenial a. 같은 성질의, 마음이 맞는 benevolent a. 호의적인, 친절한, 인정 많은

정치계에서는 화해할 수 없는 적조차도 친구로 바뀔 수 있다.

05 2013 성균관대   ⑤

관용 표현을 알고 있는지 묻는 문제이다. at 다음은 credit를 의미상 주어로 한 동명사구이고 where는 '~할 경우에'라는 뜻이며 뒤의 it은 credit를 지칭한다. 이것은 '마땅한 사람에게 공을 돌리다', '합당한 사람에게 영예를 주다'라는 의미의 관용적인 표현 give credit where credit is due에서 나온 것이다. 따라서 빈칸에는 '마땅한'이라는 뜻의 due가 적절하다.

frustrate v. 좌절시키다, 실망시키다 credit n. 신용, 공적 allowed a. 허가받은, 허용된 praised a. 칭찬받은 due a. 응당 치러져야 할, 마땅한

그 정치인은 마땅히 인정받아야 할 공을 인정받지 못하는 것에 좌절하고 있다.

06 2022 경기대   ④

14억 명의 사람이 살고 있다는 것은 결국 '인구가 매우 많다'는 것이다.

assiduous a. 근면한 copious a. 매우 많은, 풍부한 ubiquitous a. (동시에) 도처에 있는, 편재하는 populous a. 인구가 많은

중국은 14억 명이 살고 있어서 세계에서 가장 인구가 많은 나라다.

07 2013 동덕여대   ②

수익 둔화는 손실을 의미하고 해고는 비용절감이라는 이익을 가져다준다. 그러므로 해고를 실시한 것은 수익 둔화에서 생기는 손실을 해고를 통한 비용절감으로 상쇄(offset)시키기 위한 조치일 것이라 추론할 수 있다.

layoff n. 일시 해고; 임시휴직 revenue n. 수익, 수입 offset v. 상쇄하다; 벌충하다 inset v. 끼워 넣다; 삽입하다 onset n. 개시, 시작

최근의 일시 해고는 수익 둔화를 상쇄하기 위한 직접적인 대응책이다.

08 2022 광운대 ③

가을에 서리가 내린다는 것은 추워진다는 말이고, 추워지면 나비가 '죽게(perish)' 될 가능성이 높다. 또한 불교가 새로운 세계에 '적응해야 했다'고 했으므로, 적응하지 못했다면 '사라지게(perish)' 되었을 것이다.

frost n. 서리, 성에 fly v. 날다 adapt v. 적응하다 adopt v. 채택하다 publish v. 발행하다 survive v. 살아남다

대부분의 나비들은 가을 첫 서리에 죽는다.
불교는 새로운 세계에 적응하거나 사라져야 했다.

09 2020 한국공학대 ③

우주비행사와 인공지능(A.I.)의 일반적 관계, 그리고 '이행하다'는 표현을 고려할 때 우주비행사는 인간을 해치지 말라고 '명령했다'고 추론할 수 있다.

astronaut n. 우주비행사 disrupt v. 방해하다 impose v. 부과하다 command v. 명령하다, 지시하다 tolerate v. 참다

영화 <2001: Space Odyssey>에서 우주비행사는 인공지능에게 인간을 해치지 말라고 명령하지만, 이 지시는 이행되지 않는다.

10 2021 한국외대 ①

but 전후의 문장이 대조를 이루어야 하므로, 실제 사실로 구성되어 있다는 것과 반대의 뜻을 나타내는 ①이 빈칸에 적절하다.

obvious a. 명백한 fictitious a. 허구의, 지어낸 factional a. 파벌의, 당파의 picturesque a. 그림 같은; 생생한

소설을 허구라고 말하는 것은 명백해 보일지 모르지만 어떤 소설은 거의 전부 사실로 이루어져 있다.

11 2022 명지대 ③

황제가 태양신으로 숭배 받았다고 했다. 따라서 자신의 백성에 대해 절대적인 권력을 '휘둘렀다'고 하는 것이 자연스럽다.

revere v. 숭배하다 foment v. (변화 등을) 조장하다 denounce v. 비난하다 wield v. (권력 등을) 휘두르다 relegate v. 좌천시키다

황제는 잉카인들에 의해 태양신으로 숭배 받았으며, 백성들에게 절대적인 권력을 휘둘렀다.

12 2018 경기대 ④

the opportunity 이하는 동물들이 행복할 수 있는 조건 혹은 상황에 대한 내용이므로, 빈칸에는 빈칸 뒤의 전치사 in과 함께 '~에 있다[존재하다]', '~에 좌우되다'라는 의미를 만드는 ④가 들어가야 한다.

creaturely a. 생물의, 동물적인 compose v. 조직하다, 구성하다; 작곡하다 dwindle v. 줄어들다, 작아지다 belie v. 거짓임[그릇됨]을 나타내다 consist in ~에 있다, ~에 존재하다

어떤 동물이든, 행복은 동물로서의 타고난 성질 — 본질적인 돼지다움이나 늑대다움 — 을 표출할 기회를 가질 수 있느냐에 달려 있는 듯하다.

13 2006 한국항공대 ②

추수를 앞두고 날씨가 좋지 않은 경우에 줄어드는 것은 수확량이다. 따라서 '산출물', '수확량'을 뜻하는 ②가 빈칸에 적절하다.

harvest n. 수확, 추수 crop n. 수확; 농작물 pit n. (땅의) 구덩이, 구멍 yield n. 산출[수확]물; 산출[수확]량 collect v. 모으다, 수집하다

추수를 앞두고 매우 건조한 날씨로 인해 농작물 수확량이 대략 20퍼센트 정도 줄어들 것으로 예상된다.

14 2012 서울여대 ③

판사가 특별히 더 엄한 판결을 내린 것은 범죄자가 자신이 저지른 범죄에 대해 '뉘우침'이나 '양심의 가책'을 느끼지 않았기 때문일 것이다.

sentence v. 판결을 내리다 heinous a. 악랄한, 극악무도한 compendium n. 해설; 요약 composure n. 침착, 평정 compunction n. 양심의 가책; 뉘우침 concession n. 양보; 승인

판사는 범죄자가 그의 극악한 범죄에 대한 뉘우침을 보이지 않는다고 생각하였기 때문에 형의 선고에 있어 특별히 엄격하였다.

15 2018 국민대 ②

가려운데도 긁지 못하는 것이 큰 괴로움이라면, 가렵고, 불그스름해지고, 통증이 있는 눈이 (긁을 수 없어서) 불평거리가 되는 것은 당연하다고 볼 수 있다. 그러므로 빈칸에는 별로 놀랄만한 일이 아니라는 의미의 ②가 들어가야 한다.

itch n. 가려움, 옴 scratch v. 할퀴다, 긁다 vexation n. 괴로움, 고민; 고민거리 frequent a. 자주 일어나는, 빈번한 complaint n. 불평; 불평거리, 고충 sheer a. 순전한, 완전한 folly n. 어리석음; 어리석은 행위 cause n. 원인, 동기; 주장, 대의명분

긁기 어려운 가려움증은 곧 큰 괴로움이 될 수 있다. 그래서 눈이 가렵고, 충혈이 되고, 통증이 있는 것이 빈번한 불평거리인 것은 별로 놀랄 일이 아니다.

16 2011 상명대 ③

특별한 예외의 경우(except those)를 제시하고 있으므로, 이를 제외하고는 워크숍 참석이 모든 이에게 의무적이라고 하는 것이 문장의 흐름상 자연스럽다.

faculty n. 학부의 교수단 laudatory a. 기리는; 칭찬의 exemplary a. 본보기의, 전형적인 mandatory a. 의무적인 discourteous a. 예의 없는, 무례한

학기 중 수업을 진행하기로 예정되어 있는 교수들을 제외하고는 워크숍 참가가 모든 교수들에게 의무사항이다.

17 1999 명지대 ②

'다른 사람의 생각이나 표현을 자신의 글에 사용하는 것'은 '표절, 도작(plagiarism)'에 대한 정의에 해당한다.

acknowledge v. 인정하다, 시인하다 source n. 근원; 출처 anachronism n. 시대착오; 시대에 뒤진 사물[사람] plagiarism n. 표절 individualism n. 개인주의; 이기주의 capitalization n. 자본화; (사업에의) 투자

표절이란 출처를 밝히지 않고 자신의 글에 다른 사람의 생각이나 표현을 사용하는 것이다.

18 2018 세종대 ③

결국, 돈을 가지게 된 것은 우리가 아니라 사기꾼이다. 따라서 우리를 부자로 만들어줄 거라는 생각은 그가 우리를 '속이거나 착각하도록 만든' 것이라 할 수 있다.

con man n. 사기꾼, 협잡꾼 trick ~ into … …을 속여서 …하게 하다 persecute v. 박해하다, 학대하다 harass v. 괴롭히다, 애먹이다 delude v. 속이다, 착각하게 만들다 violate v. (법률·맹세·약속·양심 따위를) 어기다; 어지럽히다, 방해하다

그 사기꾼이 우리에게는 망상을 심어주어 그가 우리를 부자로 만들어줄 거라고 생각하게 만든 대신, 그는 우리를 속여 자신에게 수백 달러를 주게 만들었다.

19 2019 광운대 ①

알파 메일은 사회조직에서 지배적인 위치에 있는 남성으로, 다른 남성들이 알파 메일에 복종을 드러낸다고 했다. 빈칸에는 그 복종을 드러내는 '방식'에 해당하는 말이 들어가야 하므로, ①의 '그의 앞에서 고개를 숙임으로써'가 적절하다.

alpha male (침팬지 등의) 우두머리 수컷; 어떤 그룹에서 최고 권력을 가진 최고위에 있는 남성 dominant a. 우세한, 지배적인 exhibit v. (감정 등을) 보이다, 드러내다 submission n. 항복, 복종 bow v. 고개를 숙이다, 절하다 yell at ~에게 고함치다 coalesce with ~와 연합하다

'알파 메일(우두머리 수컷)'은 사회조직에서 지배적인 위치에 있는 남성이어서, 다른 남성들은 그의 앞에서 고개를 숙임으로써, 그에게 복종을 드러낸다.

20 2011 서울여대 ①

뛰어난 책의 저자라면 갈채와 인정의 대상이 될 것이므로 빈칸에는 ①이 적절하다.

acclaim v. 환호하다, 갈채하다 renounce v. 부인하다, 포기하다 prosecute v. 기소하다 instigate v. 선동하다

고대 문명에 대한 뛰어난 책들의 저자인 토마스 라이트(Thomas Wright)는 자신의 연구에 대해 학자로서 국제적인 인정을 받은 분이다.

21 2018 이화여대 ⑤

세미콜론 이하에서 '개별 주체가 스스로와 반목하고 있다'고 했는데, 이는 곧 자아가 하나의 통일된 성향을 갖고 있지 않다는 것을 의미하므로, 이를 '자아가 분열되어 있다'고 달리 표현할 수 있을 것이다. 따라서 빈칸에는 ⑤가 적절하다.

foundation n. 창설, 창립; 설립; 기초, 토대 detail v. 상술하다, 열거하다 conception n. 개념, 생각 at odds with ~와 사이가 좋지 않은, ~와 불화하여 confusing a. 혼란스러운 optional a. 임의의 unconscious a. 무의식적인 hidden a. 숨은, 숨겨진 divided a. 분할된, 나누어진

프로이트(Freud)는 자아를 분열되어 있는 것으로 이해하는 기초를 확립했다. 그는 개별적인 주체가 항상 자기 자신과 반목하고 있다는 개념을 상세하게 설명했다.

22 2011 중앙대 ④

증오의 심리가 부정적 결과를 초래한다는 내용으로서, can 이하에 이에 대한 구체적인 내용이 나와있다. 빈칸 뒤에 제시돼 있는 '생사를 건 잔인한 투쟁'은 그 자체가 부정적인 뉘앙스의 표현이라고 볼 수 있으므로, 이를 '촉진시키다, 부추기다'라는 의미의 동사가 빈칸에 들어가야만 부정적인 의미를 완성시킬 수 있다.

mentality n. 정신력; 정신구조 enmity n. 증오, 적의 poison v. 해독을 끼치다; 더럽히다 block v. 막다, 방해하다 brutal a. 잔인한, 야만적인 abhor v. 몹시 싫어하다, 혐오하다 impede v. 방해하다 stifle v. ~을 질식시키다; 방해하다 instigate v. 부추기다, 선동하다

증오의 심리는 한 국가의 정신을 더럽히고, 자유와 민주주의를 향한 진보를 방해하며, 생사를 건 잔인한 투쟁을 부추길 수 있다.

23 2013 국민대 ②

우주의 규모가 매우 크다는 사실을 이야기하고 있는 내용이다. 우주에는 엄청나게 많은 수의 은하계가 있고, 그 은하계에는 또 엄청나게 많은 수의 항성이 있다는 흐름이 되어야 할 것이므로, 빈칸에는 바로 앞에 쓰인 동사 contains와 유사한 의미를 가진 표현이 와야 한다. 따라서 '~을 포함하다', '~으로 이루어져 있다'는 의미의 ②가 정답이 된다.

astronomer n. 천문학자 banish v. 추방하다, 내쫓다 comprise v. 포함하다; ~으로 이루어져 있다 evacuate v. 피난[소개]시키다 substitute v. 대용(代用)하다, 바꾸다

어느 누구도 우주가 얼마나 큰지 알지 못하지만 천문학자들은 우주에 약 천억 개의 은하계가 있으며 각각의 은하는 평균 천억 개의 항성으로 이루어져 있다고 추정한다.

24 2005 중앙대   ②

천연자원을 낭비하거나 오염시킨다는 것은 결국 그것을 올바른 방법으로 사용하지 못하고 잘못 사용하고 있거나 남용하고 있다는 것을 의미하므로, 빈칸에 적절한 표현은 ②가 된다.

pollute v. 더럽히다, 오염시키다; 모독하다 industrialized a. 산업화된, 공업화된 accumulate v. 축적하다, 모으다 abuse v. 남용하다; 학대하다; 욕하다 purify v. 정화하다; 정제하다 implement v. 이행하다, (조건 등을) 충족하다

사람들은 낭비하거나 오염시킴으로써 지구의 천연자원들을 남용하고 있다. 산업화된 나라들이 특히 이러한 죄를 범하고 있는데, (그 나라들은) 큰 공장들로부터 폐기물들을 강과 대기 중으로 쏟아내고 있다.

25 2018 숭실대   ④

첫 번째 문장에서 문화와 언어에 관계없이 같은 얼굴 표정은 동일한 감정과 연관되어 있다고 했으므로, 인간은 어떤 감정을 표현하는 데 있어서 보편적으로 가지는 특징을 갖고 있다고 볼 수 있다. 따라서 빈칸에는 ④가 적절하다.

facial expression 얼굴 표정 regardless of ~에 상관없이 culturally ad. 교양으로서, 문화적으로 linguistically ad. 언어적으로 randomly ad. 무작위로, 임의로 universally ad. 일반적으로, 보편적으로

문화와 언어에 관계없이, 같은 얼굴 표정은 같은 감정과 관련되어 있다. 인간의 보편적인 특징인 감정적 얼굴 표정들이 있다.

TEST 05

01 ②	02 ④	03 ①	04 ②	05 ④	06 ④	07 ①	08 ②	09 ①	10 ①
11 ①	12 ④	13 ④	14 ①	15 ①	16 ①	17 ④	18 ①	19 ①	20 ④
21 ③	22 ③	23 ①	24 ①	25 ①					

01 2003 계명대 ②

celibate의 정의를 묻는 문제라고 할 수 있다. celibate은 '독신주의자'라는 의미이므로, '미혼[독신] 남자'의 의미를 가진 ②가 정답이다.

celibate n. 독신주의자 hermit n. 은둔자, 세속을 버린 사람 bachelor n. 미혼[독신] 남자; 학사(學士) scholar n. 학자

어떤 젊은 남자가 자신이 독신주의자라고 말한다면, 그것은 그가 미혼이라는 뜻이다.

02 2020 덕성여대 ④

세미콜론과 in fact에 의해 앞뒤 절이 순접 관계에 있다. 그런데 빈칸 앞에 부정의 nothing이 있으므로, 빈칸에는 shallow(얕은, 천박한)와 반대 의미를 가진 단어가 들어가야 한다.

shallow a. 얕은, 천박한 slavish a. 노예적인; 노예근성의 vociferous a. 소란한, 시끄러운 nepotistic a. 연고자 등용의, 족벌주의의 profound a. 심오한

그의 철학적 사고에는 심오한 것이 전혀 없었다. 사실, 그것은 매우 천박했다.

03 2020 서울여대 ①

강연 중에 흥미로운 사건에 대해 이야기해줬다는 것은 그 강연에서 벗어나 다른 이야기를 해 준 것이므로 빈칸에는 ①이 적절하다.

digress v. 주제에서 벗어나다, 다른 말을 하기 시작하다 incident n. 사건, 생긴 일 lull v. 달래다, 안심시키다 squeal v. 깩깩 울다; 비명을 지르다; (맹렬히) 반대하다 exaggerate v. 과장하다

강연 중 어느 한 대목에서 그 강연자는 주제에서 벗어나서 흥미로운 사건을 우리에게 말해주었다.

04 2008 경희대 ②

같은 상황에서 열 가지를 보는 능력과 한 가지밖에 보지 못하는 능력이 대비되고 있다. 빈칸에는 'genius(천재성)'와 상반되는 의미의 표현이 들어가야 하므로, 'ordinary(평범한)'가 정답으로 적절하다.

phenomenal a. 자연 현상의; 경이적인 ordinary a. 보통의; 평범한, 범상한 perverted a. 변태의 excellent a. 우수한; 훌륭한, 뛰어난

천재성이란 평범한 사람이 한 가지를 보는 경우에 열 가지를 볼 수 있는 능력이다.

05 2020 가톨릭대 ④

인터넷상에서 가짜 신분증을 이용하거나 구할 수 있다면, 미성년자의 음주를 막으려는 노력을 '저해할' 것이다.

fake ID 가짜 신분증 mount v. (서서히) 증가하다 applaud v. 박수를 치다 duplicate v. 복제하다 undermine v. 훼손하다, 저해하다, 해치다

인터넷상에서 가짜 신분증을 구할 수 있다는 것은 미성년자의 음주를 막으려는 노력을 저해할 수 있을 것이다.

06 2016 상명대 ④

더 나은 급여의 새 직장을 제안 받았을 때, 그 제안을 어떻게 받아들였겠는가를 묻는 문제라 할 수 있다. 따라서 빈칸에는 '무조건적으로', '주저하지 않고'라는 의미의 ④가 들어가는 것이 자연스럽다.

at loose ends 무엇을 할 것인지 미정인, 이렇다 할 작정도 없이 in a rut 틀에 박혀, 판에 박혀 on the tip of one's tongue 말이 입에서 맴도는, 생각 날듯 말듯 한 without reservation 주저하지 않고, 기탄없이, 무조건 tongue in cheek 농담으로, 비꼬아

더 나은 급여의 새 직장을 제안 받은 후에, 톰(Tom)은 주저하지 않고 그 제안을 받아들였다.

07 2020 덕성여대 ①

사계절이 고유한 색깔을 띤다는 말에서 '온대' 기후 지역임을 추론할 수 있다.

all the more 더욱 더 conspicuous a. 두드러진, 현저한 hue n. 색조, 유형 temperate a. 온화한, 온대성의 volatile a. 변덕스러운; 불안한; 휘발성의 versatile a. 다재다능한; 다용도의 frigid a. 몹시 추운; 냉랭한

이것은 사계절이 저마다 고유한 색깔을 띠는 온대 지역에서 더더욱 현저하다.

254 김영편입 영어 논리 기출 1단계

08 2020 한국외대   ②

스포츠를 두 시간 정도 관람하는 데 익숙한 사람들이 3일간 하는 경기를 관람한다면 그 시합은 엄청나게 길거나 끝이 없는 것처럼 보였을 것이다.

irresolute a. 결단력이 없는, 우유부단한 interminable a. 끝없는, 지루하게 긴 comprehensible a. 이해할 수 있는 fleeting a. 덧없는, 무상한

3일간의 크리켓 경기는 우리 고객들에게는 매우 지루한 것처럼 보였다. 그들은 단지 두 시간 정도만 스포츠 관람을 하는 데 익숙해있었기 때문이다.

09 2020 한국공학대   ①

농업 혹은 그 밖의 용도를 위해 '물을 끌어오는 것'을 '관개(灌漑)'라고 한다.

scarce a. 부족한 pump up 퍼 올리다 irrigation n. 물을 댐; 관개 hydration n. 수화작용 precipitation n. 강수량

일부 지역에서는 비나 강물만으로는 부족하기에, 식용작물 재배용 관개를 위해 땅에서 다량의 물을 퍼 올린다.

10 2022 숙명여대   ①

듣는 사람의 기분을 상하게 하거나 불쾌한 것을 암시할 수 있는 표현을 그렇지 않은 표현으로 대체하는 것은 '완곡어법'이다.

refer to 가리키다, 일컫다 substitution n. 대체, 교환 agreeable a. 기분 좋은, 유쾌한 inoffensive a. (말 따위가) 거슬리지 않는, 불쾌감을 주지 않는 offend v. 화나게 하다, 기분을 상하게 하다 unpleasant a. 불쾌한 euphemism n. 완곡어법 catechism n. 교리문답 expressionism n. 표현주의 symbolism n. 상징주의 objectivism n. 객관주의

완곡어법은 기분을 상하게 하거나 불쾌한 것을 암시할 수 있는 표현을 듣기 좋거나 불쾌감을 주지 않는 표현으로 대체하는 것을 일컫는다.

11 2014 경기대   ①

'행복한 나날을 보냈다'는 내용과 호응하게 만드는 표현으로는 '공식석상에 자주 모습을 드러내면서 이러한 자신의 명성을 이용해 돈을 벌었다'는 의미를 만드는 ①이 적절하다.

appearance n. 출현; 외관, 겉보기 celebrity n. 명성; 유명 인사 cash in on ~으로 (돈을) 벌다; (이익을 얻기 위해) ~을 이용하다, ~에 편승하다 catch up with ~을 따라잡다 get even with ~에게 앙갚음하다, 복수하다 make up for ~을 보상하다, 벌충하다

그는 올림픽 이후의 날들을 공식석상에 모습을 드러내고 자신의 명성을 이용해 돈을 벌면서 행복하게 보냈다.

12 2013 인천대   ④

부모님께 말할 기회를 가질 수 없었던 이유로는 결정이 '즉흥적으로' 이뤄진 것이 적절하다.

decision n. 결정, 판단 amorous a. 호색적인; 연애의 vigorous a. 원기 왕성한, 활발한 pompous a. 젠체하는, 오만한 spontaneous a. 자발적인; 즉흥적인

그것은 너무나도 즉흥적인 결정이어서 나는 그것에 대해 부모님께 말할 기회조차 얻지 못했다.

13 2006 계명대   ④

빈칸 앞에 '날씨 때문에'라는 표현이 있고 빈칸 뒤에 '회의를 다음 주 언젠가로'라는 표현이 있으므로, 당초의 계획을 '미루다'라는 내용이 되는 것이 가장 자연스럽다.

comprehend v. 이해하다, 파악하다 infer v. 추론하다 deter v. 제지[만류]하다, 단념시키다 postpone v. 연기하다, 미루다

날씨 때문에 우리는 이번 주 수요일 회의를 다음 주 중으로 미루고 싶다.

14 2021 숙명여대   ①

두 번째 문장의 these stories는 한 마디의 말도 없는 만화 이야기를 가리킨다. 이것과 비교되는 than 이하는 '말이 있는' 이야기일 것이므로, 빈칸에는 말과 관련 있는 ①이 적절하다.

animation n. 만화영화 dialogue n. (책·연극·영화에 나오는) 대화

이 만화영화에 등장하는 인물들은 단 한 마디의 말도 하지 않았다. 전체 이야기는 행동을 통해 전달되었다. 그러나 알고 보니 나는 이 이야기들이 대화가 있는 이야기보다 훨씬 더 좋은 것 같다.

15 2011 숭실대   ①

재정적자를 줄이기 위해 그리스가 해야 할 행동계획이 빈칸에 들어가야 하므로, '긴축'이란 의미의 ①이 정답으로 가장 적절하다.

implement v. 이행하다, 실시하다 fiscal a. 재정의 deficit n. 적자 austerity n. 긴축; 엄격; 간소 investment n. 투자, 출자 booster n. 후원자; 효능 촉진제 development n. 발달, 발전; 개발

유럽의 장관들은 그리스가 신속하게 재정적자를 줄이기 위해 엄격한 긴축계획을 실시해야 한다고 주장하고 있다.

16 2011 인천대   ①

putting 이하는 앞 문장의 내용을 부연 설명하는 역할을 한다. 앞에서 '몇 달 동안 연구했다'라고 하였으므로, 새로운 원형을 개발하기 위해

매우 많은 노력을 기울였음을 알 수 있다. 따라서 '상당한'이라는 의미의 ①이 적절하다.

prototype n. 원형(原型); 견본 considerable a. 상당한; 중요한 proficient a. 능숙한, 숙달한 secondary a. 제2의, 부차적인 present a. 지금의, 현재의

전국의 연구원들은 새로운 원형을 개발하기 위해 상당한 노력을 기울이면서 몇 달에 걸쳐서 연구했다.

---

17 2021 중앙대 ④

증언이 무관하고 했으므로, 항의한 내용 중의 빈칸에는 그 앞의 not 때문에 germane(관련 있는)이 적절하다.

testimony n. 증언, 증거, 증명 stricken from (법률) ~에서 말소된, 삭제된 irrelevant a. 무관한 antithetical a. 정반대의, 상반되는 accustomed a. 익숙한 incongruent a. 맞지 않는, 일치하지 않는 germane a. ~와 관련이 있는(to)

그 변호사는 제공된 증언이 사건과 무관하다고 항의했고 그 증언을 관련 없는 것으로서 법정 기록에서 삭제해달라고 요청했다.

---

18 2009 서강대 ①

감옥에서도 용기와 희망을 가졌던 것은 자신이 하는 일이 매우 가치 있고 보람된 일이라는 확신이 있었기 때문일 것이다. 빈칸 앞에 부정어 not이 있으므로 빈칸에는 '무익한', '쓸데없는'이란 의미의 ①이 들어가야 앞서 언급한 논리관계가 완성될 수 있다.

apartheid n. (남아프리카공화국의) 인종차별정책; 격리, 배타 futile a. 무익한, 쓸데없는; 하찮은, 변변찮은 worthwhile a. 가치있는; 상당한 foreseeable a. 예측 가능한, 예견할 수 있는 premeditated a. 미리 생각한, 계획적인

감옥에 갇혀 있으면서도 용기와 희망을 잃지 않았던 넬슨 만델라(Nelson Mandela)는 인종차별정책에 대항하여 싸우는 것이 무익한 일이 아니라는 것을 타인들에게 설득하면서 오랜 세월을 보냈다.

---

19 2006 중앙대 ①

작은 아이스크림 가게를 인기 있는 음식점으로 바꾼 것, 그리고 그 음식점을 큰 이익을 남기고 판 것 등은 모두 뛰어난 사업 수완을 보여주는 것들이다. 그러므로 이러한 점과 관련하여, 폴의 할머니를 설명하기에 가장 적절한 형용사는 '영리한'이란 의미의 ①이다.

sagacious a. 총명한; 기민한 repellent a. 혐오감을 주는, 불쾌한 ludicrous a. 익살맞은, 우스운 permeable a. 스며들 수 있는, 투과할 수 있는

폴(Paul)의 할머니는 현명한 사업가다. 한때 작은 아이스크림 가게를 인기 있는 음식점으로 바꾸어 큰 이익을 남기고 음식점을 팔았다.

---

20 2021 광운대 ④

A와 B는 모두 비밀이 지켜지길 원하고 있다. 두 문장 모두 부정어가 들어 있으므로, 각각의 빈칸에는 '비밀을 누설하다[말해버리다]'라는 의미를 만드는 표현이 필요하다. spill the beans와 let the cat out of the bag이 '비밀을 누설하다'라는 의미이므로, ④가 정답으로 적절하다.

A: 깜짝 놀라게 해주고 싶으니까, 비밀을 말해선 안 돼.
B: 그래, 그건 비밀이야. 그러니까 우리는 비밀을 누설하지 말아야 해.

---

21 2011 이화여대 ③

인과관계를 나타내는 'so ~ that …' 구문이므로, 유대관계가 어떤 속성을 가지고 있을 경우에 그것이 언제라도 사라져 버릴까를 생각하면 된다. 따라서 빈칸에는 '미약한', '보잘 것 없는', '빈약한'의 의미를 가진 ③이 가장 적절하다.

fraternity n. 우애, 동포애, 동료애 evaporate v. 증발하다; 사라지다 tangible a. 만져서 알 수 있는; 확실한, 명백한 tyrannical a. 전제적인, 강압적인 tenuous a. 얇은; 빈약한 tenacious a. 고집 센, 완강한

공통의 활동에서 구성원들을 단합시키는 형제애의 유대관계는 사실상 너무나도 약해서 언제라도 없어질 수 있다.

---

22 2011 중앙대 ③

야생동식물 프로그램을 운영하는 대학에게 주어질 수 있는 최고의 영예는 야생동물과 자연보존에 헌신한 단체에게 '주어져야' 할 것이므로, 빈칸에는 ③이 적절하다. bestow A upon[on] B는 'B에게 A를 주다'란 뜻으로 쓰이는데, 목적어 A가 the highest honor에 해당하므로 빈칸에는 bestow의 수동형이 와서 '~에게 주어졌다'는 의미가 되는 것이다.

conservation n. (자연·자원의) 보호, 관리; 보존 depend v. 의지하다, 의존하다 seize v. 붙잡다; 포착하다 bestow v. 주다, 수여하다, 부여하다 prevail v. 우세하다; 널리 보급되다; 유력하다

야생동물과 자연보존에 헌신한 그 단체는 야생동식물 프로그램을 운영하는 대학에게 주어질 수 있는 최고의 영예를 얻었다.

---

23 2021 홍익대 ①

'전체' 시스템의 잠재력을 극대화하기 위한 행동이므로 '결합' 혹은 '융합'의 의미를 가진 표현이 필요하며, 전치사 into와 호응해서 쓰는 것이라야 한다. 따라서 ①이 정답으로 적절하다.

advertising n. 광고, 광고업 industry n. 공업, 산업 maximize v. 극대화하다; 최대한으로 활용하다 potential n. 잠재(능)력; 가능성 integrate v. (각 부분을 전체에) 통합하다; 결합시키다 compromise v. (명예·평판·신용 따위를) 더럽히

다; 위태롭게 하다 denominate v. 명명하다 impose v. (의무·세금·벌 따위를) 부과하다; 강요[강제]하다

광고업계 종사자들은 전체 시스템의 판매 잠재력을 극대화하기 위해 새로운 미디어 채널들을 보다 광범위한 출판 및 전자 미디어 분야로 통합하고자 노력하고 있다.

---

24 2011 국민대   ①

글쓰기가 인간의 의사소통을 돕고 일상생활에 없어서는 안 될 것이라고 했으므로, 만약 이것이 없다면 인간은 다른 사람들과 교류를 하지 못한 채 고립될 것이다.

isolated a. 고립된, 격리된, 분리된 liberated a. 해방된, 자유로운 enhanced a. 높인, 강화한 manipulated a. 조종된, 조작된

글쓰기는 우리가 생각을 기록하고 의사소통하도록 도와준다. 그것은 일상의 인간 경험에서 확실하고 필수적인 부분이다. 쇼핑목록을 작성하건, 이메일을 쓰건, 우리는 만약 그것이 없다면 고립되고 말 도구를 이용한다.

---

25 2022 건국대   ①

두 번째 문장에서 캐나다의 법이 개정되어 이제 여성들은 캐나다 군대의 모든 직위에서 복무하는 것이 가능하다고 했는데, 이것은 지금까지 사람들은 여성이 군대에서 실제로 일을 하여 성공(성장, 생존)할 수 있을 것으로 생각지 않았다는 말이다. 따라서 빈칸에는 국방의 '가능성 있는' 원천이라는 말이 되게 ①이 들어가야 한다.

national defense 국방 revise v. 개정[수정, 조정]하다 viable a. 실행 가능한, 성공할 수 있는 representative a. 대표하는; 전형적인 distinctive a. 독특한, 특이한, 특색 있는 superficial a. 피상[표면]적인 presumptuous a. 주제넘은, 건방진

여성이 우리 국방의 가능성 있는 원천이라는 사실을 사람들은 언제 깨닫게 될까? 캐나다의 법이 개정되어 이제 여성이 캐나다 군대의 모든 직위에서 복무하는 것이 허용되고 있다.

ᴛᴇꜱᴛ 06

01 ②	**02** ②	**03** ④	**04** ②	**05** ④	**06** ④	**07** ①	**08** ②	**09** ②	**10** ①
11 ②	**12** ③	**13** ③	**14** ②	**15** ②	**16** ①	**17** ②	**18** ②	**19** ④	**20** ②
21 ②	**22** ②	**23** ③	**24** ①	**25** ④					

01 2022 광운대 ②

역접의 접속사 but을 전후로 상반된 내용이 온다. 날씨가 맑았다고 한 다음 거센 바람이 몰아쳤다는 것은 상황이 '갑자기' 바뀐 것이므로, '갑자기, 난데없이(out of the blue)'라는 뜻이 되도록 빈칸에는 ②가 들어가야 한다.

out of the red 적자에서 벗어나 out of the blue 갑자기

날씨가 맑은 날이었지만, 갑자기 거센 바람이 몰아쳤다.

02 2022 서울여대 ②

양보의 접속사 although가 이끄는 절에서 '공격을 방어하는 데 도움이 됐음'을 언급했으므로, 이와 대조를 이루어야 하는 주절은 '그렇다고 해서 방어가 완벽하게 된 것은 아니었다'는 내용이 되어야 한다. 그러므로 빈칸 앞의 not과 함께 '뚫고 들어가는 것이 가능했다'는 의미를 만드는 ②가 정답으로 적절하다.

irreversible a. 거꾸로 할 수 없는, 뒤집을 수 없는; 취소할 수 없는 impenetrable a. 뚫을 수 없는, 들어갈[관통할] 수 없는 inexplicable a. 불가해한, 설명할 수 없는 irrefutable a. 반박할 수 없는

중국의 만리장성이 비록 공격을 방어하는 데 도움을 주긴 했지만, 뚫고 들어갈 수 없는 것은 아니었다.

03 2021 세종대 ④

'박테리아를 죽이는 화학물질'의 의미를 가진 단어가 빈칸에 들어가야 하므로, '항생제'라는 뜻의 ④가 정답이다.

chemical n. 화학제품, 화학물질 fungus n. 버섯, 균류(菌類) antipole n. 정반대 anecdote n. 일화 antidote n. 해독제 antibiotic n. 항생물질, 항생제

항생제는 균류가 자신들의 경쟁상대인 박테리아를 죽이기 위해 자연적으로 만들어내는 화학물질이다.

04 2015 경기대 ②

빈칸 다음의 결과절에서 '움직이기 싫고 뭔가를 하고 싶지 않은 기분

이 든다'고 했으므로, 이에 대한 이유나 원인을 설명할 표현으로는 '무기력한', '늘쩍지근한'이란 의미의 ②가 가장 적절하다.

pedantic a. 현학적인, 아는 체 하는 listless a. 열의 없는, 무기력한 hoarse a. 목이 쉰, 쉰 목소리의; 귀에 거슬리는 소리를 내는 winded a. 숨을 헐떡이는, 숨이 찬; 호흡이 ~인

나는 더위를 싫어한다. 왜냐하면 더위는 내 기분을 나른하게 만들어 내 몸을 움직이거나 무언가를 하고 싶지 않게 하기 때문이다.

05 2015 경기대 ④

상대 정당 혹은 상대 후보에게 나쁜 이미지를 심어주면, 그 결과 자신 혹은 자신의 정당이 투표에서 승리할 가능성이 높아진다. 그러므로 빈칸에는 '비방하다', '헐뜯다'는 의미의 ④가 들어가는 것이 적절하다.

adjourn v. 휴회(休會)하다; 연기하다 acquit v. 석방하다, 무죄방면하다 tide v. 조류(潮流)를 타게 하다; 조류에 태워 나르다 malign v. 중상하다, 비방하다; 헐뜯다

정치인들은 표를 얻기 위해 종종 다른 정당들을 비방하려 애쓴다.

06 2018 경기대 ④

감정에 휩싸이게 되면 냉철하게 생각하기 어려울 것이므로 emotion과 thinking은 서로 대립하는 관계에 있다. 따라서 생각을 하지 않는 (without thinking) 상태가 된다는 것은 결국 emotion이 우위에 있는 상황임을 의미하게 된다. 그러므로 빈칸에는 '감정이 우리를 지배한다'는 의미를 만드는 ④가 들어가야 한다.

emotion n. 감정; 감동 put up with ~을 참다, 인내하다 come up with ~을 제안[제공]하다; (해답 등을) 찾아내다; 생각해내다 make up for 벌충하다, (부족한 것을) 메우다 get the better of ~에게 이기다

종종 우리의 감정이 우리를 압도해서 우리는 먼저 생각하지 않고서 말하거나 행동한다.

07 2018 한국외대 ①

매트리스는 침대에 쓰는 두툼한 담요인데, 새 집에는 침대와 같은 가구가 사실상 없었다고 했으므로, 실제로 매트리스가 있었던 게 아니라 '담

요를 쌓아서 매트리스처럼 만들어 사용했다'는 의미가 되어야 한다. 따라서 빈칸에는 '임시변통으로 만들다'라는 의미의 ①이 들어가는 것이 자연스럽다.

virtually ad. 사실상, 실질적으로 blanket n. 담요 improvise v. (시·음악·축사·연설 따위를) 즉석에서 하다[만들다]; 임시변통으로 만들다 pretend v. ~인 체하다, 가장하다 forge v. (거짓말 따위를) 꾸며내다; (문서 따위를) 위조하다 retire v. 퇴직시키다, 은퇴시키다

그 새 집에는 가구가 사실상 전혀 없었기 때문에, 나는 담요 더미를 갖고서 매트리스를 임시변통으로 만들었다.

08 2016 상명대 ②

사람의 용모는 부모로부터 자식에게 전해지는 것이므로, 빈칸에는 '(체격·성질 따위를) 물려받다'는 의미의 ②가 들어가야 한다.

irresistible a. 저항할 수 없는, 억누를 수 없는; 압도적인; 매우 매력적인 facial feature 얼굴 생김새 capture v. 붙잡다, 생포하다 inherit v. (재산·권리 따위를) 상속하다; (체격·성질 따위를) 물려받다 contribute v. 기부하다; 공헌하다 bequeath v. 유언으로 증여하다; (이름·작품 따위를) 남기다, (후세에) 전하다 inhabit v. ~에 살다, 거주하다

제인(Jane)은 거부할 수 없는 매력과 함께 아름다운 얼굴 생김새도 엄마로부터 물려받았다.

09 2022 홍익대 ②

놀라거나 경탄하는 상태에서는 입을 다물지 못할 것이므로 '(놀람·기대 따위로) 입을 딱 벌린'이라는 의미를 가진 ②가 정답으로 적절하다.

take on (특정한 특질·모습 등을) 띠다 jagged a. 톱니 같은, 지그재그의 ragged a. 울퉁불퉁한, 들쭉날쭉한 adept a. 숙련된; 정통한 agape a. (놀람·기대 따위로) 입을 딱 벌리고, 아연실색하여 ascetic a. 금욕주의적 accessible a. 접근하기 쉬운

안나(Anna)는 그 배가 들쭉날쭉한 각도와 울퉁불퉁한 곡선의 형태를 나타내자 놀라서 입이 딱 벌어졌다.

10 2019 경기대 ①

불길이 잡히지 않고 피해를 입히는 상황이 화재 지역에 사는 사람에게 어떤 느낌을 주었을까를 묻고 있다. 그러므로 '실망', '놀람', '당황'이란 의미의 ①이 빈칸에 들어가기에 적절하다.

blaze n. (확 타오르는) 불길; 화재 unabated a. 줄어들지 않은, 약해지지 않은 wanton a. 자유분방한; 무자비한; 음탕한 destruction n. 파괴, 파멸, 멸망 consternation n. 실망, 깜짝 놀람, 대경실색 temerity n. 무모함, 만용(蠻勇) nonchalance n. 무관심, 냉담, 태연 appeasement n. 진정, 완화

화재 지역에 사는 모든 사람들이 대경실색하게도, 큰 불길이 조금도 수그러지지 않은 채 계속 무자비한 파괴를 낳으며 지나갔다.

11 2003 숙명여대 ②

빈칸은 산문에 대해 설명하는 부분인데, 문장이 모여서 되는 것이 산문이므로, 문장에 대해 설명하고 있는 표현과 유사한 의미를 가진 표현이 들어가야 한다. 선택지 가운데 '짧고(short), 서술적인(declarative)'과 일맥상통하는 표현으로는 ②의 '간결한(terse)'이 적절하다.

declarative a. 선언하는; 서술의 prose n. 산문; 평범, 단조 terse a. 간단명료한, 간결한 complicated a. 복잡한, 까다로운 shallow a. 얕은; 피상적인

헤밍웨이(Hemingway)는 짧은 서술적 문장으로 작품을 썼으며, 강인하고 간결한 산문으로 유명했다.

12 2014 중앙대 ③

두 번째 문장은 첫 번째 문장의 내용에 대한 재진술이다. 두 번째 문장에서 '다른 언어에서 기원한 단어들로 이루어져 있다'고 했는데, 이것은 '파생적인'이라는 단어로 바꿔 표현할 수 있으므로, ③이 정답이 된다.

metrical a. 운율을 갖춘, 운문의 laconic a. 간결한, 간명한 derivative a. 파생적인, 유래하는 complacent a. 자기만족적인; 상냥한

영어는 파생 언어이다. 영어는 다른 많은 언어에서 기원한 단어들로 이루어져 있다.

13 2013 서울여대 ③

등위접속사 and는 순접의 의미를 가지고 있으므로, 전후에 유사한 의미의 단어들이 나열된다. 그런데 빈칸 앞에 '훨씬 덜 ~한'이란 의미의 much less가 있으므로, 빈칸에는 friendly나 relaxed와 반대되는 의미의 단어가 들어가야 한다. 따라서 '무서운'이란 의미의 ③이 정답이다.

compatible a. 양립할 수 있는, 조화로운 eligible a. 자격이 있는 formidable a. 무서운, 만만찮은 cordial a. 진심의, 충심의

그녀의 태도는 친절하고 편안하고, 기자회견에서 보였던 것보다 훨씬 덜 무시무시하다.

14 2010 광운대 ②

스마트폰 구입자가 스마트폰을 구입하는 데 드는 비용을 통신사가 일부 지원해 주는 경우에 스마트폰의 가격을 낮출 수 있는데, 이러한 돈을 보조금(subsidy)이라고 한다.

high-end a. 고급의 allowance n. 허가; 수당, 용돈 subsidy n. (국가·기관이 제공하는) 보조금[장려금] supplement n. 추가, 보충, 보완 substitute n. 대용물[품], 대체물 charity n. 자선; 구호금

이동통신업체들은 보조금을 제공하여 새로 나온 고급 스마트폰의 가격을 낮춰왔다.

15　2014 이화여대　②

feel 이하에 'not A but B' 구문이 주어져 있다. 이러한 구문에서 A와 B에는 서로 상반되는 의미의 표현이 오므로, 상반되는 의미의 단어로 짝지어진 ②가 빈칸에 들어가는 것이 적절하다.

take ~ hostage ~를 인질로 잡다 captor n. 잡는 사람, 체포자 bitterness n. 쓴맛; 신랄함; 괴로움 remorse n. 후회, 양심의 가책 resentment n. 분개; 원한 sympathy n. 동정, 헤아림; 호의 rapport n. (친밀한) 관계, 조화; 동의, 일치 compassion n. 동정, 동정심 fear n. 두려움, 공포 agony n. 고민, 고뇌 contempt n. 경멸, 모욕 rancor n. 깊은 원한; 심한 증오

심리학자들은 인질로 잡힌 사람들이 때때로 납치한 사람들에 대해 분노가 아니라 동정심을 느낀다고 말하고 있다.

16　2011 한국외대　①

정부에 대한 신문의 역할을 설명할 수 있는 표현이 빈칸에 필요한데, as 이하에서 '정치인을 감시하는 눈으로서의 역할'을 언급했으므로, 빈칸에도 이와 비슷하게 '감시'의 의미를 갖고 있는 표현이 필요하다. 그러므로 ①이 정답이 된다.

check n. 감독, 감시 balance n. 균형 obstacle n. 장애(물), 방해(물) advocate n. 옹호자, 지지자

신문은 언제나 정부에 대한 감시기구로서, 정치인들의 활동을 감시하는 국민의 눈으로서의 역할을 해왔다.

17　2006 중앙대　②

'사람들이 놀랐다(raised some eyebrows)'와 '물구나무를 서서 걸어 다니면서 그날 밤을 보냈다(spent the night walking on his hands)'는 내용으로 미루어, 짐의 행동을 설명하기에 가장 적절한 것은 '정도를 벗어난', '비정상적인'이란 의미를 가진 ②임을 알 수 있다.

adroit a. 교묘한, 솜씨 좋은 aberrant a. 정도를 벗어난; 탈선의 aesthetic a. 미(美)의; 심미적인 apposite a. 적당한, 적절한

무도회에서 짐(Jim)의 별난 행동으로 사람들은 놀랐다. 그는 분명 물구나무를 서서 걸어 다니면서 그날 밤을 보낸 유일한 사람이었다.

18　2011 상명대　②

빈칸에 들어갈 표현은 순접의 접속사 and를 통해 leaves me very tired와 연결돼 있으므로, 이와 비슷한 의미를 가진 표현이 빈칸에 들어가야 한다. 따라서 '기력을 떨어뜨리다'라는 뜻의 ②가 정답으로 적절하다.

boost v. 신장시키다, 북돋우다 enervate v. 기력을 떨어뜨리다 soothe v. 달래다, 진정시키다 energize v. 열기[열정]를 돋우다, 활기를 돋우다

더운 여름 날씨로 인해 기력이 떨어지고 매우 지치게 되는 것을 알기에 나는 매년 8월에는 도시를 떠나 메인(Maine)으로 가려고 노력한다.

19　2019 덕성여대　④

혼합물의 온도를 낮춤으로써 '증발하려는 성질'을 줄일 수 있다고 했으므로, 이 혼합물은 휘발성을 갖고 있음을 알 수 있다.

mixture n. 혼합; 혼합물 tendency n. 경향, 추세 vaporize v. 증발하다, 기화하다 resilient a. 되튀는; 탄력 있는 homogeneous a. 동종의, 동질의, 균질의 insipid a. 맛없는, 풍미 없는; 재미없는, 무미건조한 volatile a. 휘발성의; 폭발하기 쉬운

그 혼합물의 휘발성에도 불구하고, 우리는 연구실에서 그것의 온도를 낮춤으로써 증발하려는 성질을 급격히 줄일 수 있다는 사실을 알게 되었다.

20　2010 서강대　②

but 앞에서 '다름'에 대한 내용을 언급했으므로, but 뒤의 내용은 '같음'에 관한 내용이어야 한다. 그러므로 다른 언어와 문화를 미국에 들여왔지만, 결국에는 서서히 미국 문화에 동화되었다는 내용이 되는 것이 적절하다. 따라서 정답은 ②가 된다.

immigrant n. 이민자 dominant a. 지배적인, 주요한 accumulate v. 모으다, 축적하다 assimilate v. 동화시키다 accrue v. 증가하다; (이자 등이) 붙다 adopt v. 채택하다

새 이민자들은 다른 언어와 문화를 미국에 들여왔지만, 그들 대부분은 점차 그들이 이곳에서 발견한 미국의 지배 문화에 동화되었다.

21　2005 가톨릭대　②

문맥상 '힘의 우위에 있는 서구 열강들(Western powers)과 만나는 것을 멀리했다'는 뜻이 되어야 자연스럽다. 따라서 ②의 insulate가 적절하다. 역사적 상식으로 19세기 중엽까지 중국과 조선이 서구 열강들의 영향을 배제하려 했다는 점을 상기하면 된다.

encounter n. (우연히) 만남, 조우; 충돌; 대결 imperialistic a. 제국주의(자)의; 제정(주의)의 accommodate v. 숙박시키다; 적응시키다 insulate v. 절연[단열, 방음]하다; 분리[격리]하다 propagate v. 번식시키다; 널리 펴다, 선전[보급]하다 confront v. 직면하다; 대항하다

1800년대 중반까지 중국과 조선은 스스로 서구 제국주의 열강들과의 만남을 가능한 한 차단하기로 결심했다.

22　2015 숙명여대　②

두 번째 문장은 첫 번째 문장의 주절의 의미를 부연 설명하는 역할을 하고 있다. 그러므로 빈칸에는 penny-wise와 의미가 가장 유사한 표현이 들어가야 하며, ②가 이에 부합한다.

financial crisis 금융위기 **unscathed** a. 다치지 않은, 상처를 입지 않은 **hark back** (말·사고 따위에서) 과거지사로 되돌아가다, ~을 상기하다 **penny-wise** a. 푼돈을 아끼는 **abstruse** a. 심원한, 난해한 **frugal** a. 검약한, 소박한 **inchoate** a. 이제 막 시작한, 초기의; 미완성의 **irascible** a. 성을 잘 내는, 성미가 급한 **rapacious** a. 욕심 많은, 탐욕스러운; 강탈하는

상대적으로 타격을 적게 입은 채 금융위기를 벗어난 아시아인들은 할아버지 할머니가 살아가던 검소한 생활방식으로 되돌아가고 있다. 그러나 푼돈을 아끼는 것이 우리가 수준 높은 생활을 누리고자 하는 욕구를 상실했다는 것을 의미하지는 않는다.

23 2018 상명대

Top Assets의 직원이 되기 위한 요건으로 18단계의 평가 과정에 통과하는 것을 들고 있는데, 두 번째 문장에서 그 18단계의 평가 과정을 통과하기 위해서는 금융 분야에서 '광범위한' 지식이 필요하다고 부연 설명하고 있으므로, 빈칸에는 extensive와 유사한 의미를 갖는 표현이 들어가야 한다. 따라서 '포괄적인'의 의미를 갖는 ③이 정답이다.

personnel n. (관청·회사·군대 등의) 전 직원, 인원; 인사과 **credential** n. 자격증명서, 자격증 **extensive** a. 광범위한 **gratifying** a. 즐거운, 만족시키는, 유쾌한 **limited** a. 한정된, 유한의 **comprehensive** a. 포괄적인, 종합적인 **expensive** a. 비싼, 돈이 많이 드는 **impractical** a. 비현실적인, 비실용적인

Top Assets의 전 직원은 종합적인 18단계의 평가 과정을 통과하고 필요한 모든 자격증과 경험을 갖추고 있습니다. 그 평가 과정을 통과하기 위해서는 금융 분야의 광범위한 지식이 필요합니다.

24 2019 한양대 에리카

'배고픔을 유발하는 호르몬을 억제하는 방법을 알게 되는 것'은 결국 배가 고프지 않게 되는 방법을 알게 되는 것이다. 배가 고프지 않다면 음식을 적게 먹게 되어 살이 찌지 않게 될 것이므로, 빈칸에는 '비만'이라는 의미의 ①이 적절하다.

trigger v. (일련의 사건·반응 등을) 일으키다, 유발하다 **enormous** a. 거대한, 막대한, 매우 큰 **obesity** n. 비만 **headache** n. 두통 **diabetes** n. 당뇨병 **stomachache** n. 복통

과학자들이 배고픔을 유발하는 호르몬을 발견했으니, 그들은 다음 단계로 넘어가 이 호르몬을 어떻게 조절할 수 있는지를 알아내야 한다. 그러한 발견은 비만과의 전쟁에서 엄청난 진전을 이뤄낼 것이다.

25 2011 경기대

첫 번째 문장은 보수주의자에 대해 설명하는 내용인데, 그 다음에 '이와 대조적으로'라는 의미의 By contrast가 주어져 있으므로, 두 번째 문장은 보수주의자와 상반된 입장에 있는 진보주의자에 대한 내용이어야 한다. 따라서 빈칸에는 ④가 들어가야 한다.

conservative n. 보수적인 사람, 낡은 것을 고수하는 사람 **reverence** n. 숭상; 경의, 경외 **alter** v. 변경하다, 바꾸다; 개조하다 **infidel** n. 무신론자; 이교도 **royalist** n. 왕정주의자 **anarchist** n. 무정부주의자 **liberal** n. 자유주의자, 진보주의자

보수주의자는 이미 확립된 질서는 존경을, 심지어 경의를 받을 가치가 있다고 믿는 사람이다. 이와 대조적으로, 더 나은 세상에 대한 비전을 추구하며 확립된 질서를 바꿀 준비가 되어 있는 사람은 진보주의자이다.

TEST 07

01 ②	02 ①	03 ③	04 ④	05 ②	06 ④	07 ①	08 ③	09 ①	10 ①
11 ④	12 ①	13 ③	14 ⑤	15 ①	16 ④	17 ②	18 ④	19 ③	20 ④
21 ①	22 ①	23 ③	24 ④	25 ④					

01 2021 경기대   ②

말다툼이 격해지자 아이들을 떼어놓은 것은 아빠가 아이들의 일에 '개입한' 행동이다.

argument n. 논쟁, 언쟁, 말다툼 get out of hand 과도해지다, 감당할 수 없게 되다 separate v. 분리하다; (사람을) 떼어[갈라]놓다 hesitate v. 주저하다, 망설이다 intervene v. 조정하다, 중재하다; 개입하다, 간섭하다 terminate v. 끝나다, 그치다, 종결하다 persevere v. 참다, 견디다; 버티다

아이들의 말다툼이 걷잡을 수 없게 되기 전에 아빠가 끼어들어 아이들을 떼어놓았다.

02 2020 덕성여대   ①

인간과의 교류에 불안과 좌절감을 느끼게 되는 사람은 내성적이고 비사교적일 것이므로, 이에 해당하는 ①이 빈칸에 적절하다.

introvert n. 내성[내향]적인 사람 socialite n. 사교계 명사 zealot n. 열성분자, 광신자 hypocrite n. 위선자

세상의 내성적인 사람들에게 인간과의 교류는 종종 불안과 좌절감을 유발한다.

03 2021 서울여대   ③

'부채(debts)'는 책임과 관련된 표현과 자연스럽게 호응한다. 'be held liable for ~'는 '~에 대해서 책임을 지다'라는 의미의 표현이다.

rule v. 판결하다; 통치하다 suitable a. 적당한; 어울리는 legitimate a. 합법의, 적법의; 정당한 liable a. 책임을 져야 할, 법적 책임이 있는 indispensable a. 불가결의, 없어서는 안 될

법원은 그가 아내의 부채에 개인적으로 책임 있는 것으로 간주될 수 없다고 판결했다.

04 2001 인천대   ④

책이 출판되었다는 것은 그것을 쓴 사람이 세상에 알려진다는 것이다. until 앞은 책의 출판 이전 시점이므로, 작가가 '(아직) 세상에 알려지지

않았다'는 내용이 되어야 한다. 따라서 정답은 ④가 된다.

publication n. 발표; 출판 notorious a. 악명 높은 infamous a. 수치스러운; 악명 높은 eminent a. 저명한; 뛰어난 obscure a. (말·의미 따위가) 불명료한; 무명의

해리엇 B. 스토우(Harriet B. Stowe)는 <톰 아저씨의 오두막집>이 출판될 때까지는 무명의 작가였다.

05 2021 세종대   ②

so that 이하는 목적을 나타내는데, 전등의 역할이나 기능을 고려하면 ②가 정답으로 적절하다.

eliminate v. 제거하다, 배제하다 illuminate v. 조명하다, 비추다 pamper v. 하고 싶은 대로 하게 하다 conjure v. (영혼 등을) 불러내다; (마음에) 그려내다

그 도시에 있는 27개의 다리 가운데 7개에도 밤에 도시를 밝게 비출 수 있도록 새로운 전등이 설치될 것이다.

06 2021 광운대   ④

conceive는 자동사로 쓰일 때 전치사 of와 함께 '~을 생각하다, 상상하다'의 의미를 가지며, 타동사로 쓰일 때에는 '임신하다'의 의미로도 쓰인다.

constant a. 변치 않는, 일정한; 부단한 deserve v. ~할 만하다, 받을 가치가 있다 perceive v. 지각하다, 인식하다; 이해하다, 파악하다 observe v. 지키다, 준수하다; 관측하다 conceive v. 상상하다, 마음에 그리다; 생각하다(of); (아이를) 임신하다 recognize v. 알아보다; 인지하다; 인정하다

나는 그 가족이 끊임없이 변화하는 상태에 있다고 생각한다.
여왕이 비록 나이가 많지만 아이를 임신했다고 한다.

07 2015 명지대   ①

빈칸 앞에서 "부패가 충분히 천천히 이뤄지고 있다"고 했는데, 이는 곧 부패의 진행 속도가 '모르는 사이에 진행된다고 할 정도'로 느리다는 것을 의미한다. 그러므로 빈칸에는 이와 같은 의미를 가진 형용사 ①이 적절하다.

decomposition n. 부패; 화학적 풍화 negligible a. 무시할만한, 하찮은 insidious a. 모르는 사이에 진행하는, 잠행성의; 교활한 rapacious a. 약탈하는; 탐욕스러운, 만족할 줄 모르는 indigenous a. 고유한, 토종의 rapturous a. 기쁨에 넘친, 황홀한

그 부패는 모르는 사이에 진행된다고 할 정도로 충분히 느리지만, 확실히 무시할 만한 것은 아니다.

08 2016 경기대 ③

주어가 '투자자'이므로, 이것과 가장 관련이 깊은 표현이 정답이 된다. 그러므로 '지분(持分)', '(사업 등에서의) 이해관계'라는 의미를 가진 ③이 빈칸에 들어가기에 가장 적절하다.

stack n. 더미, 퇴적; (도서관의) 서가, 서고 flank n. 옆구리; 측면 stake n. 지분(주식 보유분); 이해관계; (내기·도박 등에) 건 것[돈] flake n. 얇은 조각, 박편(薄片); 조각

그 결과에 상당한 이해관계가 달려 있는 투자자들은 몇몇 미국에서 가장 부유한 사람들이다.

09 2017 중앙대 ①

회의장의 우울한(gloomy) 분위기를 전환시킬 만한 인물이었다면, 그녀의 성격은 '쾌활한(amiable)' 것이라고 보는 것이 타당할 것이다.

a welcome addition (추가되어도) 환영받을만한 인물, 사람을 행복하게 만들어주는 것 gloomy a. 우울한, 암울한 amiable a. 사근사근한, 쾌활한 plangent a. 구슬픈, 애조를 띤 lackadaisical a. 부주의한, 태만한 cadaverous a. 유령같은, 송장 같은

그녀의 쾌활한 성격은 연례회의장의 우울한 분위기에 더해지기에 환영할만한 것이었다.

10 2021 세종대 ①

kinetoscope는 '활동사진 영사기'인데, 이것은 영화제작에 쓰이는 (비디오) 카메라의 '전신(前身)', '원조', '효시'라 할 수 있을 것이므로 빈칸에는 ①이 가장 적절하다.

be credited for ~한 공로를 인정받다 phonograph n. 축음기 kinetoscope n. (초기의) 활동사진 영사기 motion picture 영화 precursor n. 선구자, 선도자(격인 사람·사물) offspring n. 자식, 자녀; 자손, 후예 recluse n. 은둔자, 속세를 떠나 사는 사람 ascetic n. 금욕주의자, 수도자

그는 최초의 축음기와 영화 산업에서 사용되는 카메라의 선구자 격인 활동사진 영사기를 만든 공로를 인정받고 있다.

11 2011 중앙대 ④

even은 '~조차도'의 뜻으로 even though가 이끄는 절처럼 주로 양보의 표현을 만든다. 그러므로 "그 지역을 샅샅이 조사했음에도 불구하고, 실종 아동에 대한 실마리를 찾을 수 없었다."는 내용이 되는 것이 적절하다. 따라서 '철저한', '남김 없는'이란 의미의 ④가 빈칸에 들어가야 한다.

cursory a. 대충 하는, 피상적인 ephemeral a. 덧없는; 단명한 sluggish a. 게으른, 나태한; 느린 exhaustive a. 철저한, 완전한; 소모[고갈]시키는

그 지역을 철저하게 조사했음에도, 구조대는 실종 아동에 대한 어떠한 실마리도 찾을 수가 없었다.

12 2021 한국공학대 ①

상품의 가격을 마음대로 정할 수 있는 것은 그 상품을 판매할 수 있는 권리를 단독으로 가지고 있기 때문일 것이다.

multinational company 다국적 기업 effectively ad. 사실상, 효과적으로 monopoly n. 독점, 독점권, 전매권 hierarchy n. 위계질서 propensity n. 성향 compromise n. 타협

많은 다국적 기업들은 전매권을 가지고 있기 때문에 식품에 자신들이 원하는 그 어떤 가격이든 효과적으로 정할 수 있다.

13 2021 한국외대 ③

프랑스 혁명은 '거대하고 돌이킬 수 없는' 영향을 일으킨 사건의 예에 해당하므로, '거대하고 돌이킬 수 없는'과 의미적으로 호응하는 ③이 빈칸에 들어가기에 가장 적절하다.

irreversible a. 돌이킬 수 없는 incidental a. 부수적인 circumstantial a. 정황적인; (특정 상황과) 관련된 drastic a. 과감한, 급격한 moderate a. 중도의, 온건한

급격한 사회 변화를 가져왔던 프랑스 혁명에서 알 수 있듯이 몇몇 사건들은 거대하고 돌이킬 수 없는 영향을 끼친다.

14 2021 한양대 ⑤

'현명하다'는 의미가 '훌륭한 선생님'으로 재진술되고 있으므로, 빈칸에는 '나이가 들다'의 의미를 표현하는 ⑤의 '시간'이 들어가는 것이 적절하다. 한편, ②의 '경험'도 시간이 흐를수록 더 많이 쌓이는 것은 맞지만 '자신의 모든 제자들을 죽인다'는 진술과 어울리지 않는다.

composer n. 작곡가 pupil n. 학생, 제자

나이가 들수록 인간은 더 현명해지느냐는 질문을 받고, 낭만주의 작곡가인 루이 엑토르 베를리오즈(Louis-Hector Berlioz)는 "시간은 훌륭한 선생님이지만 안타깝게도 자신의 모든 제자들을 죽인다."고 답했다.

15 2022 가톨릭대 ①

마거릿 미첼이 제목이 결국 <바람과 함께 사라지다>가 된 그 소설의 제목을 정하고 있었을 때, 그 제목 외에 달리 택할 수 있는 '다른' 제목인 <Baa! Baa! Black Sheep>를 언급하고 있으므로 빈칸에는 ①이 적절하다.

[decide on[upon] ~에 관해 결정하다 alternative a. 대안적인, 대체의 controversial a. 논쟁의, 논의의 여지가 있는 misleading a. 호도[오도]하는 unsavory a. 불쾌한, 싫은; 맛이 없는

마거릿 미첼(Margaret Mitchell)이 <바람과 함께 사라지다(Gone with the Wind)>라는 소설의 제목을 정하고 있었을 때 그녀가 고려한 다른 제목에는 <Baa! Baa! Black Sheep>도 포함되어 있었다.

16 2011 중앙대 ④

화가 난 사람을 달래기 위해 시간을 엄수할 것을 약속했다면, 그가 화가 난 이유는 '지각' 때문이라고 볼 수 있다.

extremely ad. 극도로; 매우, 몹시 prompt a. 즉각적인; 신속한; 시간을 엄수하는 assuage v. 누그러뜨리다, 완화시키다 punctuality n. 시간 엄수; 정확함 extravagance n. 낭비, 사치 garrulity n. 수다 tardiness n. 완만; 지체; 지각

다니엘(Daniel)은 내가 지각한 것에 대해 대단히 화를 냈기 때문에, 나는 그를 달래기 위해 다음번에는 시간을 지키겠노라고 약속했다.

17 2011 인천대 ②

대중교통의 이용을 장려한 것은 교통 혼잡을 줄이거나 완화시키기 위해서였을 것으로 보는 것이 타당하다.

intensify v. 세게 하다; 증대하다 alleviate v. (고통 등을) 덜다, 완화하다 assist v. 돕다, 지원하다 deteriorate v. 나쁘게 하다, 열등하게 하다

도로의 교통 혼잡을 완화하기 위해, 교통부는 사람들에게 대중교통 사용을 장려하는 캠페인을 벌여 왔다.

18 2010 경기대 ④

'좋지 않은 일을 받아들이려고 애쓰다'는 의미의 관용 표현은 come to terms with이다.

consolation n. 위로, 위안 improvement n. 개량, 개선, 향상, 진보 struggle n. 노력, 고투; 싸움 come to terms with ~과 타협이 이루어지다; (사태 등을) 감수하다

처음에 그녀는 부모가 나이가 들고 친구들이 아주 다른 사람으로 보인다는 사실을 받아들일 수 없었다.

19 2014 상명대 ③

원조 기관들이 기금을 더 잘 활용할 수 있기 위해서는 그들에게 그 기금을 마음대로 사용할 수 있는 재량권이 주어져야 할 것이므로 '처분권', '자유재량'의 뜻을 가지는 ③이 빈칸에 적절하다.

make use of ~을 이용[활용]하다 disapproval n. 불찬성; 불만 dismissal n. 퇴거, 해산, 해고 disposal n. 처리, 처분; (사물의) 처분[사용]권, 자유 재량권 have ~ at one's disposal ~을 마음대로 사용할 수 있다 dispersal n. 해산, 분산; 확산 dispel v. 쫓아버리다; (걱정·공포 등을) 떨쳐버리다

싱(Singh) 교수는 주요 원조 기관들은 그들이 자유롭게 사용할 수 있는 기금을 더 잘 활용할 수 있을 것이라고 주장한다.

20 2010 경기대 ④

Native American은 인디언으로 해석하지만, 본래는 '북미 대륙의 원주민'을 의미한다. 콤마 사이에 삽입된 부분은 Native American을 설명해주는 역할을 하고 있으므로, native와 유사한 의미를 가진 단어가 빈칸에 들어가야 할 것이다. 따라서 '원산의', '토착의'의 의미를 가진 ④가 정답으로 적절하다.

incorrigible a. 고칠 수 없는, 구제할 수 없는, 상습의 inherited a. 상속한; 계승한; 유전의 ingenious a. 재치 있는, 독창적인 indigenous a. 고유의; 토착의, 타고난

이 대륙의 토착민인 아메리카 인디언은 역사상 언젠가 베링 해협(Bering Strait)을 가로질러 여기에 왔을지도 모른다.

21 2022 덕성여대 ①

동일한 범죄에 대해서도 무거운 형량을 가할 수 있게 하는 요인으로는 범죄의 잔혹성, 고의성, 전과기록 등을 생각할 수 있다. 고의성과 관련 있는 ①이 빈칸에 들어갈 수 있다.

the prosecution 기소자측, 검찰당국 establish v. (사실·이론 등을) 확증[입증]하다 murder n. 살인 pursue v. 추적하다, 추구하다 sentence n. 판결, 선고 premeditated a. 사전에 계획된, 계획적인 predispose v. (~으로) 기울게 하다, ~에 […의] 소지(素地)를 만들다 forewarn v. 미리 주의[경고]하다 foresee v. 예견하다

검찰의 핵심 과제 중 하나는 살인이 사전에 계획된 것임을 확증하는 것이었다. 왜냐하면 그런 다음에야 그들이 가능한 최대한의 형량을 추구할 수 있기 때문이었다.

22 2016 명지대 ①

독자들이 작가에게서 끊임없이 신작을 기대했다는 점과 그 작가가 부단한 노력을 하는 인물인 동시에 창의성을 갖추고 있다는 점을 종합하면, 그는 '매우 많은 작품을 쓰는' 작가라고 할 수 있을 것이다.

diligence n. 근면, 부단한 노력 overflowing a. 넘치는 creativity n. 창조성, 독창력 look forward to ~을 기대[고대]하다 prolific a. 열매를 많이 맺는; (작가 등이) 다작의 pedestrian a. 보행용인; (소설 등이) 평범한 reprehensible a. 비난받아야 할, 괘씸한 intellectual a. 지적인

부단한 노력과 넘치는 창의성 덕분에, 그 작가는 다작으로 유명했으며, 독자들은 그 작가의 끊임없는 신작을 기대했다.

대중적인 축제에 관해서라면, 브라질의 리우데자네이로(Rio de Janeiro) 사람들은 경쟁상대가 없다. 나라가 사순절(四旬節)로 차분해지기 직전 리오(Rio)에서 펼쳐지는 카니발은 누구나 바라던 온갖 음악, 화려함, 흥분에 휩싸인다.

23 2010 서강대

노숙자와 관련이 깊은 단어로서, 보는 사람들에게 동정심과 걱정을 야기할 수 있는 것을 선택해야 한다. 따라서 '곤경, 궁지'를 의미하는 ③이 정답으로 적절하다.

beggar n. 거지 charity n. 자선, 자선 단체 benefit n. 이익; 유리 plight n. 곤경, 궁지 dearth n. 부족, 결핍

도심의 거리에 거지들이 있는 광경과 노숙자의 어려운 처지가 동정심을 유발할 수 있지만, 같은 이유로 또한 걱정을 야기하기도 한다.

24 2022 아주대

호혜(reciprocity)란 '두 사람이나 집단이 서로에게 비슷한 일을 하기로 합의한 상황 또는 그러한 관계(a situation or relationship in which two people or groups agree to do something similar for each other, to allow each other to have the same rights, etc.)'를 가리킨다. 베풀어 준 이들에게 마땅히 보답해야 한다고 느끼는 것이므로, 그것을 '호혜(성)'의 원리라고 부를 수 있다.

feel obliged to do 의무감이 들다 even up ~을 평등하게 하다 scale n. 큰 저울, 천칭 adaptability n. 적응성 compatability n. 호환성 equality n. 평등 reciprocity n. 상호성, 호혜성 sincerity n. 성실

우리는 작게라도 우리에게 준 사람들에게 되돌려주어야 한다고 느낀다. 우리는 저울을 평평하게 하기를 원한다. 어떤 사회학자가 무작위로 선정된 모르는 사람들 600명에게 크리스마스카드를 보내고, 200장의 답장을 받았다. 그것이 호혜성의 힘이다.

25 2005 중앙대 ④

두 번째 문장은 카니발의 화려함에 대한 내용인데, 이러한 카니발이 열리는 리우데자네이로의 사람들은 대중적인 축제를 매우 즐길 것이라 유추할 수 있다. 그러므로 대중적인 축제에 대해서는 이들을 따라올 자가 없다는 의미를 만드는 ④가 빈칸에 들어가야 하며, 이 때 match는 '호적수', '경쟁상대'라는 뜻이다.

Carnival n. 카니발, 사육제 explode v. 폭발하다 settle down 정주하다; 진정되다 Lent n. 사순절(四旬節) substance n. 물질; 본질 novelty n. 신기함, 새로움 reality n. 현실, 사실 match n. 경쟁상대; 경기, 시합

01 ③	02 ②	03 ④	04 ②	05 ①	06 ④	07 ①	08 ②	09 ④	10 ⑤
11 ④	12 ④	13 ③	14 ①	15 ②	16 ②	17 ①	18 ④	19 ①	20 ③
21 ②	22 ③	23 ①	24 ④	25 ①					

---

01 2005 아주대   ③

폭풍우가 옥수수 작물에 미칠 영향을 고려하면, '자연재해가 심한 손상을 주다'라는 뜻의 단어가 쓰여야 함을 알 수 있다. ①의 break는 주로 '딱딱한 물건이 깨지다'의 뜻이며, ②의 hurt는 '사람의 신체를 다치게 하거나 감정을 상하게 하다'라는 뜻이며, ④의 bruise는 '타박상 또는 멍이 들게 하다'라는 의미이므로 부적절하다. 따라서 '파괴하다', '못쓰게 하다'라는 의미의 ③이 정답으로 적절하다.

storm n. 폭풍, 폭풍우 hurt v. 다치게 하다 ruin v. 파괴하다; 황폐시키다 bruise v. 타박상을 입히다, 멍들게 하다

두 번의 심한 폭풍우가 그들의 옥수수 작물을 망쳐놓았다.

---

02 2005 계명대   ②

이유를 나타내고 있는 since절에 '이혼했다'는 내용이 있으므로, 주절에서는 결혼생활이 순탄하지 않았다고 해야 한다. 그런데 빈칸 앞에 부정어 not이 있으므로, '조용한', '평온한'이란 의미의 tranquil이 빈칸에 적절하다.

noticeable a. 눈에 띄는, 두드러진 tranquil a. 조용한, 평온한; 차분한 cogent a. 적절한; 설득력 있는 urgent a. 긴급한, 절박한

그들의 결혼 생활은 평탄하지 않았다. 왜냐하면 이혼으로 끝났기 때문이다.

---

03 2022 경기대   ④

새가 축구 골망에 걸린 것은 '곤경' 혹은 '궁지'에 처한 상황이라 할 수 있다.

get stuck (장애물 등에) 걸리다, 꼼짝 못하게 되다 annihilation n. 전멸, 절멸; 붕괴 inundation n. 범람, 침수; 홍수 impeachment n. 비난; 탄핵; 고발 predicament n. 곤경, 궁지

그 새가 축구 골망에 걸려 꼼짝 못하게 되자, 아이들이 달려가 그 새가 곤경에서 벗어나도록 도와주었다.

---

04 2022 덕성여대   ②

that절 이하가 criticism(비판)과 동격을 이루고 있음을 고려하면, that절 이하의 내용이 부정적인 것이 되어야 함을 추론할 수 있다. 그러므로 '소홀히 하다'라는 의미의 ②가 정답으로 적절하다.

dismiss v. 묵살[일축]하다 recover v. 회복되다; 만회하다 neglect v. 무시하다, 소홀히 하다 proceed v. (앞으로) 나아가다, 가다, 전진하다 advance v. 다가가다, 진격하다

총리는 자신이 경제와 사회 현안들을 소홀히 해왔다는 비판을 일축한다.

---

05 2022 덕성여대   ①

국가기밀을 승인받지 않고 무단으로 반출하는 것은 반역죄가 될 것이다. 따라서 빈칸에는 '성립시키다, 구성하다'라는 의미의 constitute가 적절하다.

state secret 국가 기밀 unauthorized a. 무단의, 승인되지 않은 treason n. 반역죄 constitute v. ~을 구성하다 abnegate v. 버리다, 포기하다 broach v. (통 따위의) 마개를 따다; (이야기를) 꺼내다 exempt v. (의무 등을) 면제하다

법원은 그 서류들을 무단 유출시 반역죄가 될 수 있는 국가 기밀로 간주하였다.

---

06 2006 동덕여대   ④

결함이 있는 부품으로 완제품을 만들 수는 없다. 따라서 결함이 있는 부품이 발견되면, 공장의 책임자는 가동 중인 조립라인을 멈추게 하고 해결책을 찾아야 할 것이다. 그러므로 빈칸에는 ④가 적절하며, bring ~ to a halt는 '~을 세우다, 정지시키다'라는 의미이다.

defective a. 결함이 있는 block n. (나무·돌·금속 따위의) 큰 덩어리; 한 구획 quit v. 그치다, 그만두다 stay n. 체제, 머무름 halt n. (멈추어) 섬, 정지

공장 지배인은 결함이 있는 자동차 부품이 발견되면 조립라인을 정지시킨다.

07 2010 이화여대 ①

콜론(:) 뒤에는 대개 앞 문장의 전체 혹은 일부에 대한 부연설명이 온다. 콜론 앞의 문장에서 '자신에 성과에 대해 말하기를 꺼렸다'고 하였으므로, 빈칸에는 '과묵한', '말을 삼가는'의 의미를 갖는 ①이 들어가야 한다.

reticent a. 과묵한, 말을 삼가는 robust a. 강건한, 튼튼한 requisite a. 필요한, 없어서는 안 될 replete a. 가득한, 충만한

루터(Luther)는 자신의 성과에 대해 말하기를 꺼렸다. 그는 자신에 관해 이야기하는 것을 좋아하지 않았다.

08 2020 세종대 ②

혼자 여행하는 동안 낯선 거리를 걷게 된다면, 그곳에는 내가 알지 못하는 위험 요소가 있을 수도 있으므로 긴장을 늦추거나 방심을 해서는 안 될 것이다.

indolent a. 나태한, 게으른, 무활동의 vigilant a. 부단히 경계하고 있는; 방심하지 않는 palatal a. <음성학> 구개음의 obsolete a. 폐물이 된; 시대에 뒤진, 진부한, 구식의

홀로 여행을 할 때, 낯선 거리를 혼자서 걷고 있으면 나는 항상 경계해야 한다고 내 자신에게 말한다.

09 2019 세종대 ④

'우유를 냉장고에 넣어야 하는 것을 일주일 동안 잊었다'는 말은 우유를 일주일 동안 냉장고 밖에 두었다는 것이다. 이럴 경우, 당연히 우유는 완전히 '상했을' 것이다.

refrigerator n. 냉장고 stupefy v. 마취시키다; 지각을 잃게 하다 specify v. 일일이 열거하다; 자세히 말하다[쓰다], 명시하다 select v. 선택하다, 고르다 spoil v. 망쳐놓다, 손상하다; (음식물을) 상하게 하다

지미(Jimmy)는 깜빡 잊고 우유를 냉장고에 일주일 동안 넣지 않았고, 그래서 지금은 우유가 완전히 상했다.

10 2000 건국대 ⑤

비교구문에는 대조의 뜻이 내포돼 있다. than 이하의 '자연이 천연자원을 대체한다'는 것은 자원의 양이 유지되는 개념이므로, 빈칸에는 이와 상반되게 '고갈시키다'는 의미의 ⑤가 들어가야만 앞서 언급한 대조를 이룰 수 있다.

replace v. ~에 대신하다, 대체하다 diffuse v. 퍼뜨리다; 보급하다 protect v. 보호하다, 지키다 create v. 창조하다, 만들다 deplete v. 고갈시키다

우리의 많은 천연자원들이 자연이 그것들을 대체할 수 있는 것보다 훨씬 더 빠르게 고갈되고 있는 중이다.

11 2021 가톨릭대 ④

영국이 유럽연합을 떠나게 되면 회원국에게 주어지는 혜택을 '포기해야' 할 것이므로 ④가 빈칸에 적절하다.

negotiator n. 협상자, 교섭자 beseech v. 간청하다, 애원하다 inherit v. 상속받다, 물려받다 procure v. 구하다, 입수하다 renounce v. 포기하다, 단념하다

유럽연합 측 수석 협상 대표에 따르면, 영국은 회원국에게 주어지는 혜택과 이익을 포기하면서 유럽연합을 탈퇴하기로 결정했다.

12 2015 숙명여대 ④

역접의 접속사 Although가 이끄는 절에서 '이점 혹은 장점'의 존재에 대해 언급했으므로, 이와 반대되는 내용을 진술해야 하는 주절에서는 '결점 혹은 약점'의 존재에 대해 언급할 것이다. 따라서 빈칸에 적절한 표현은 '불리한 점'이란 의미의 ④가 된다.

sole a. 오직 하나의, 유일한; 독점적인 proprietorship n. 소유권 sole proprietorship 개인기업 rectitude n. 정직, 청렴 merit n. 가치, 장점 symptom n. 징후, 조짐, 전조 drawback n. 결점, 약점 misunderstanding n. 오해; 의견차이

합자회사가 개인회사에 비해 분명히 여러 이점들을 누리긴 하지만, 불리한 점들도 있다.

13 2011 경기대 ③

주어가 복수명사(claims)이므로 빈칸에는 be동사의 복수형이 필요하다. 또한 내용상으로 claims와 동격을 이루는 that절의 '빈곤이 없다'는 내용과 빈칸 뒤의 '수많은 노숙자들'은 상반되는 상황이므로, 빈칸에는 '거짓임이 드러난다'라는 의미를 만드는 ③이 쓰여야 한다.

accentuate v. 강조하다, 역설하다 accredit v. (어떤 일을) ~의 공적으로 치다, ~으로 돌리다 belie v. ~이 거짓임을 나타내다; ~과 모순되다

빈곤이 존재하지 않는다는 정부의 주장은 거리의 엄청나게 많은 노숙자들에 의해 거짓임이 드러난다.

14 2011 동국대 ①

동사 develop은 뒤에 질병과 관련된 표현이 올 때 '~에 걸리다'는 뜻이다. 따라서 '당뇨병에 걸리다'는 develop diabetes로 표현할 수 있다. infect(감염시키다)의 목적어로는 주로 질병이 아니라 사람이나 동물이 온다.

secondhand a. 간접의; 중고의 diabetes n. 당뇨병 develop v. (병·문제가) 생기다 infect v. 감염시키다, 옮기다 transmit v. 보내다; 전염시키다

정부 연구에 의하면, 간접흡연에 노출된 사람들이 당뇨병에 걸릴 위험성이 더 높다.

도록 빈칸에는 ④가 들어가는 것이 적절하다.

term n. 용어, 전문어 usage n. 용법; 어법 antonym n. 반의어 metaphor n. 은유, 비유 slang n. 속어, 은어 synonym n. 동의어, 유의어

과학계 밖에서 일반적으로 사용되는 'sex'와 'gender'는 언뜻 보기에 동의어로 취급된다. 그러나 그 두 용어의 구별은 생물학자와 심리학자와 또 다른 과학자들에게 중요하다.

---

15 2016 한국공학대 ②

"피고인이 탈영병이었다는 주장이 있었다."는 내용 뒤에 역접의 접속사 but이 있으므로, but 이하는 앞의 내용을 부정하거나 문제가 되지 않는다는 흐름으로 이어져야 한다. 그러므로 '그러한 주장은 소송사건과는 무관하다'는 의미의 문장을 만드는 ②가 정답으로 가장 적절하다.

defendant n. 피고 allege v. 단언하다; 증거 없이 주장하다 deserter n. 도망자, 탈영병 meticulous a. 지나치게 세심한, 매우 신중한; 소심한 irrelevant a. 부적절한; 무관계한(to) urbane a. 예의 있는, 점잖은; 세련된 reputable a. 평판 좋은; 훌륭한, 존경할만한

피고인이 탈영병이었다는 주장이 있었으나, 판사는 그것은 소송사건과 무관하다고 말했다.

---

16 2013 단국대 ②

처음의 적대적이었던 반응이 줄어들었다면, 그와 상반되는 좋은 반응이나 칭찬이 늘어나는 것이 논리적으로 적절하다. 그러나 문두에 역접의 접속사 Despite가 주어져 있으므로, 주절은 '좋지 않은 반응이 유지됐다'는 내용이 되어야 할 것이다. 빈칸 앞에 부정어 hardly가 있음에 유의하면, '칭찬하다'라는 의미의 ②가 빈칸에 들어가야 함을 알 수 있다.

antagonistic a. 반대의, 적대적인, 상반되는 lessen v. 줄다, 작아지다, 적어지다 castigate v. 징계하다, 벌주다; 혹평하다 applaud v. 박수치다; 칭찬하다 denounce v. 비난하다; 고발하다 ignore v. 무시하다

그의 조각품에 대한 본래의 적대적인 반응이 시간이 지나면서 줄어들었다는 사실에도 불구하고, 어느 누구도 그의 작품에 대해 거의 칭찬하지 않는다.

---

17 2021 동국대 ①

극심한 분열 상태에 있는 국민이 그들의 지도자에게 바라는 것은 통합의 정치학이다. 따라서 빈칸에는 '분열된'과 반대되는 의미의 ①이 들어가야 한다.

bet ~ on 배팅하다, 걸다 common ground 공통점, 공동의 기반 common a. 공동의, 공통의 economical a. 절약하는; 실속 있는 perennial a. 연중 계속되는; 영원한 transnational a. 국경을 넘어선, 초국가적인

이것은 향후 4년의 시금석이 될 것이다. 지금처럼 분열된 적이 한 세기 이상의 기간 동안 없었던 미국인들은 공동의 기반을 찾는 데 그들의 (정치적) 성공의 승부를 걸어온 두 명의 지도자를 선출했다.

---

18 2021 숭실대 ④

역접을 의미하는 접속부사 However 뒤에서 sex와 gender의 구별이 중요하다고 했으므로, 앞 문장은 이와 반대되게 두 용어를 구별하지 않는다는 의미가 되어야 한다. 따라서 같은 뜻으로 사용된다는 의미가 되

---

19 2014 숙명여대 ①

두 번째 문장은 첫 번째 문장에 대한 부연설명의 역할을 하고 있다. 첫 번째 문장의 corrected에 해당하는 것이 다음 문장의 modification이므로, 빈칸에는 첫 번째 문장의 abandoned의 의미를 가진 표현이 들어가야 한다. 따라서 ①이 빈칸에 적절하다.

not so much A as B A라기보다는 오히려 B abandoned a. 버려진 corrected a. 수정한, 정정한 modification n. 수정, 변경 rejection n. 거절, 기각; 부결; 배제, 폐기 injection n. 주입, 주사; 투입 projection n. 예상, 추정 indication n. 표시, 암시; 징후 vindication n. 변호, 옹호

오래된 이론들은 버려지기보다는 오히려 수정된다. 아인슈타인(Einstein)은 자신의 연구가 뉴턴(Newton)의 연구를 배제한 것이 아니라 오히려 부분적으로 수정한 것이라고 항상 주장했다.

---

20 2010 이화여대 ③

오토 쇼에서 새 모델을 처음으로 대중에게 공개한다는 의미가 되어야 한다. 따라서 '(신제품 따위를) 발표하다'라는 의미의 unveil이 빈칸에 적절하다.

fastidious a. 까다로운 shroud v. 수의를 입히다; 가리다, 감추다 prevail v. 우세하다, 이기다; 보급되다 unveil v. 베일[덮개]을 벗기다; 밝히다, 공표하다 detract v. (주의를) 딴 데로 돌리다

오토 쇼에서 세계 자동차 제조업자들은 다수의 배터리를 동력원으로 하는 하이브리드 가스·전기 모델을 발표했으며, 그중 몇몇은 가장 까다로운 구매자들조차도 매료시켰다.

---

21 2012 성균관대 ②

빈칸 전후의 두 문장은 전형적인 사고 반전형 논리전개를 이루고 있다. 즉, '(~가 아니다) + (그 대신, 그렇기는커녕, 그와는 반대로) + (~이다)'라는 방식의 진술인 것이다. 그러므로 빈칸에는 ②의 Instead가 적절하다. ④의 nonetheless는 '양보'의 의미로서, 앞서 나온 진술의 의미를 일단 수용하고 난 뒤 역접의 내용을 전개하므로 적절하지 않다.

advent n. 도래, 출현 cease v. 그만두다, 멈추다 mechanistically ad. 기계론적으로 otherwise ad. 다른 방법으로, 만약 그렇지 않으면 instead ad. 그 대신에, 그보다도 thus ad. 따라서, 그런 까닭에 nonetheless ad. 그럼에도 불구하고 likewise ad. 마찬가지로

현대과학의 출현으로 자연은 하나의 의미 있는 질서로 여겨지지 않게 되었다. 그 대신, 자연은 물리학 법칙에 의해 좌우되는 것으로, 기계론적으로 이해되게 되었다.

22 2010 세종대 ③

대학교 1학년을 대상으로 한 연설이므로 '시작'의 의미를 되새겨주는 내용이어야 할 것인데, 빈칸 뒤에 전치사 on이 왔으므로, 이것과 함께 '~에 나서다, 착수하다'라는 의미를 만드는 ③이 빈칸에 들어가야 한다.

frontier n. 경계 지방; (학문·지식 따위의) 미개척 분야 relapse v. (원래의 상태로) 되돌아가다; (병이) 재발하다 deviate v. 빗나가다, 벗어나다 embark on ~에 나서다[착수하다] terminate v. 끝나다, 종결하다

의과 대학 1학년 학생에게 연설을 할 때, 학장은 "여러분, 여러분은 모두 의학 지식의 미개척 분야로의 위대한 항해를 시작하고 있습니다."라고 말했다.

23 2021 수원대 ①

문두에서 Instead of(~대신에, ~하지 않고)라고 했으므로 빈칸 이하는 '항상 같은 속도로 걷다'와 반대(또는 대조)되는 의미가 되어야 한다. 따라서 빈칸에는 ①의 '보통 속도와 빠른 속도의 걸음 사이를 번갈아 가며 걷다'가 적절하다.

pace n. (걸음·달리기·움직임의) 속도 brisk a. 빠른; 활발한, 기운찬 alternate v. (A와 B가 계속 하나씩) 번갈아 나오게 만들다 back and forth 앞뒤로, 오락가락

항상 같은 속도로 걷는 대신, 당신의 걷기를 여러 구간으로 나누어 보통 속도의 걷기와 빠른 속도의 걷기를 번갈아 가며 하라.

24 1998 한국외대 ④

콜론(:) 이하에서 '기억과 상상 속에 불러낸 모습만큼 집이 큰 경우는 없다'고 했다. 이는 기억 속의 집이 실제 집보다 크다는 것, 바꿔 말하면, 실제 집은 기억 속의 집보다 작다는 것을 의미한다. 따라서 어린 시절을 보낸 집을 어른이 되어 다시 가보면, 기억 속의 집에 비해 작다는 느낌을 받을 것이다. 그러므로 빈칸에는 ④가 적절하다.

call for ~을 불러오다, 요구하다 enlarge v. 크게 하다, 확대하다 shrink v. 줄다, 감소하다 diffuse v. 퍼뜨리다; 보급하다

어린 시절에 살던 집을 보러 다시 가보면, 집은 항상 작게 줄어 있다. 기억과 상상 속에 불러낸 모습만큼 커다란 그런 집이 있는 경우는 없다.

25 2011 동국대 ①

두 번째 문장의 the term은 빈칸에 들어갈 단어를 가리킨다. 두 번째 문장에서 이것이 귀중하다고 했으므로 ②와 ④는 정답이 될 수 없으며, 또한 오랜 세월이 흘러야 값어치가 있어진다고 했으므로 금은보석을 뜻하는 ③도 다소 부적절하다. '골동품'이란 의미의 ①이 앞서 언급한 내용을 가장 잘 만족시키므로, 이것이 정답으로 적절하다.

antique n. 골동품, 고미술품 ruin n. 파괴, 붕괴; (pl.) 유적, 폐허 treasure n. 보물, 보배; 부(富), 재산 waste n. 낭비, 허비; (pl.) 쓰레기, 폐기물

어떤 사람들은 50년이 넘는 물품은 모두 골동품이라고 불릴 수 있다고 말하는 반면, 다른 사람들은 골동품은 반드시 100년 이상이 되어야만 한다고 얘기한다. 그 용어는 주로 그것들이 희귀하거나 질이 좋기 때문에 귀중한 물건들에 적용된다.

TEST 09

01 ①	02 ④	03 ③	04 ③	05 ①	06 ③	07 ③	08 ④	09 ②	10 ④
11 ③	12 ③	13 ①	14 ①	15 ①	16 ①	17 ③	18 ①	19 ④	20 ①
21 ⑤	22 ③	23 ②	24 ③	25 ②					

01 2009 계명대 ①

considerable은 '(수량이) 꽤 많은, 상당한'을 뜻하고, considerate는 '사려 깊은, 인정이 있는, 이해심이 있는'의 뜻으로 뒤에 to나 towards를 종종 수반한다. 따라서 ①이 정답이다.

considerate a. 동정심 많은, 이해를 잘하는 considerable a. (수량·정도 등이) 상당한; 중요한, 주목할 만한

그는 나이 든 사람들에게 이해심이 많다.

02 2021 세종대 ④

회사가 파산 혹은 몰락을 하게 된 것은 충분한 수익을 올리지 못했기 때문일 것이므로, 빈칸에는 ④가 들어가는 것이 자연스럽다.

contract n. 계약, 약정 signal v. ~의 전조가[조짐이] 되다; (어떤 일이 있거나 있을 것임을) 시사[암시]하다 collapse n. 붕괴, 몰락 factitious a. 인위적인, 인공적인 inconsiderate a. 사려 깊지 못한 incompetent a. 무능한; 부적당한 lucrative a. 수익성이 좋은

그 회사가 수익성이 좋은 계약을 따내지 못한 것이 그 회사가 몰락하기 시작하는 신호가 되었다.

03 2001 대구대 ③

손가락을 환자의 이마에 꿰매 버린 의사를 어떻게 평가할 수 있겠는가를 묻는 문제라 할 수 있다. 따라서 '무능한'이란 의미의 ③이 빈칸에 적절하다.

surgeon n. 외과 의사 sew v. 꿰매다, 바느질하다 forehead n. 이마 famous a. 유명한 terse a. 간단명료한, 간결한 incompetent a. 무능한, 쓸모없는 inert a. 움직일 수 없는; 기력이 없는

그 무능한 외과 의사는 라나(Lana)의 손가락을 그녀의 이마에 꿰매어버렸다.

04 2021 숙명여대 ③

so far from doing은 '~하기 보다는', '전혀 ~않고'라는 부정하는 의미이므로, 농작물에 큰 피해를 줬다는 부정적인 의미와 반대가 되도록 긍정적인 의미의 ③이 빈칸에 적절하다.

a good deal of 다량의 harsh a. 가혹한, 냉혹한 inopportune a. 때[시기]가 안 좋은 seasonable a. 계절의, 철[때]에 맞는, 시기적절한 turbulent a. 격동의, 격변의 vernacular a. 제나라[고장]의, (그 땅에) 고유한

그 비는 시기적절한 비가 전혀 아니어서 농작물에 큰 피해를 주었다.

05 2004 경기대 ①

'한 사람보다 더 많은 인원'은 '최소 2명'이란 것을 의미한다. '혼자 타고 가는 차량을 줄이고자 여러 사람이 탑승한 차량에 혜택을 주려는 조치임'을 유추할 수 있으므로, 많은 인원이 탑승한 차량이 다니는 차선이 '따로 있다'는 의미가 되어야 한다. 따라서 ①이 정답으로 적절하다.

occupant n. 점유자; 거주자 reserve v. 떼어두다, 비축하다; 예약하다, 지정하다; 확보하다 manufacture v. 제조하다, 제작하다 resolve v. 결심하다; 풀다, 해결하다 subside v. 가라앉다; 침전하다

미국에서는 두 사람 이상 탑승한 차량을 위한 차선이 따로 있다.

06 2022 덕성여대 ③

가정과 직장에서의 성(性) 편견은 여성에게 가해지고 있는 일종의 제약이나 속박에 해당하므로, '해방시키다'라는 의미의 ③이 빈칸에 적절하다. ④는 from 다음에 '책임, 의무'에 해당하는 표현이 와야 한다.

gender bias 성(性) 편견 dismiss v. 해산시키다, 해고하다 differ v. 다르다, 틀리다 emancipate v. 해방하다 exempt v. 면제시키다

페미니스트 운동은 가정과 직장에서의 성(性) 편견으로부터 여성들을 해방시키는 역할을 했다.

07 2021 한국외대 ③

두 사람이 숙적(宿敵)이었다고 했으므로 그들이 서로 '혐오'하고 있다고 하는 것이 가장 자연스럽다.

foe n. 적(敵), 원수 old foe 숙적(宿敵) detest v. 몹시 싫어하다, 혐오하다 commend v. 칭찬하다, 추천하다

두 숙적이 서로를 혐오하고 있었기 때문에, 우리는 반드시 그들이 서로 옆에 앉지 않도록 해야 했다.

---

08 2022 경기대   ④

온라인상에 상스러운 말을 올린 카페 주인에게 화가 난 사람들은 그가 운영하는 카페를 이용하지 않으려 할 것이다.

crude a. 가공하지 않은; (사람들이나 행동이) 상스러운 obstruct v. 막다, 차단하다; 방해하다 delegate v. (권한 등을) 위임하다; (대표를) 뽑다[선정하다] intercede v. 중재하다, 조정하다 patronize v. 후원하다; ~의 단골손님이 되다, (특정 상점·식당 등을) 애용하다

한 지역 카페의 주인이 온라인에 상스러운 농담을 올린 후에 성난 시민들은 그 카페의 이용을 거부하고 있다.

---

09 2013 서울여대   ②

영국 음식을 끔찍하다고 믿게 하려는 자는 영국 음식을 비난하는 사람이므로 ②가 정답으로 적절하다.

notorious a. 유명한, 악명 높은 awful a. 끔찍한, 지독한; 대단한 commender n. 칭찬하는 사람 detractor n. 비난자, 비방자 garnisher n. 장식하는 사람 salvager n. 구원자

비록 악명 높기는 하지만, 영국 요리가 그것을 비난하는 자들이 우리가 믿도록 하려는 만큼 끔찍하지는 않다.

---

10 2014 서울여대   ④

제니퍼가 씩씩하게 암 투병을 해온 사실을 알고 난 후의 가족의 반응으로 적절한 것을 묻고 있다. '서로 위로하고 격려하는 것'이 정답이 된다.

bravely ad. 용감하게, 씩씩하게 hinder v. 방해하다, 저해하다 abhor v. 혐오하다, 싫어하다 warrant v. 정당화하다; 보증하다 solace v. 위로하다

제니퍼(Jennifer)가 씩씩하게 암 투병을 해왔다는 것을 알고서, 그 가족은 서로를 위로했다.

---

11 2022 서울여대   ③

자외선이 피부암의 원인이라고 했는데, 암은 사람의 목숨과 관련된 것이므로 '목숨을 앗아가다(claim)'라는 표현이 빈칸에 적절하다.

ultraviolet radiation 자외선 be responsible for ~의 원인이다 record v. 기록하다 suffer v. 시달리다, 고통받다 claim v. 주장하다; (목숨을) 앗아가다 estimate v. 추산[추정]하다

자외선은 피부암의 원인이며, 이 암은 미국에서만 매년 약 15,000명의 목숨을 앗아간다.

---

12 2015 가톨릭대   ③

for가 이유의 접속사로 쓰였으며, 만성적인 우울증으로 고생하는 사람들에게 추천될 책이라면 재미있는 내용이 '가득한' 책이라고 볼 수 있다.

chronic a. (병이) 만성적인, 고질의 mental depression 우울증 devious a. 빗나간, 그릇된 devoid of ~이 없는, 결여된 replete with ~로 가득한, 충분한 tantamount to ~에 버금가는

그 책은 만성적인 우울증으로 고생하는 독자들에게 적극 추천된다. 왜냐하면 그 책은 재미있고 유머가 풍부한 이야기들로 가득하기 때문이다.

---

13 2017 국민대   ①

말라리아는 전염병이 '일으키는' 피해사례이므로, damage를 수식하는 that 관계절의 동사로는 '(위해(危害) 따위를) 가하다, 가져오다'는 뜻의 ①이 적절하다.

transmissible a. 전달할 수 있는; 전염성의 wreak v. (원한을) 풀다, (위해(危害) 따위를) 가하다, 가져오다 assess v. (재산·수입 따위를) 평가하다, 사정하다 deflect v. (탄알 등이 한쪽으로) 비끼게 하다; (생각 등을) 편향(偏向)시키다 reflect v. 반사하다; 반영하다, 나타내다; 반성하다

말라리아는 전염병이 일으킬 수 있는 최악의 피해사례들 중 하나다.

---

14 2022 수원대   ①

과학자들의 작업이 시계 같은 우주를 '분석적'으로 '분해(take apart)'하는 것이었다면, 이와 대조적으로 철학자들은 그 분해된 시계의 부품들을 하나의 전체로 통합하는 것, 즉 '조립하는(put together) 것'을 시도한다고 추론할 수 있다.

put together 합치다; 조립하다 inquisitive a. 탐구심[호기심]이 많은, 캐묻기를 좋아하는 analytically ad. 분석적으로 take apart 분해하다 break down 고장 나다 experiment v. 실험하다

철학자들은 호기심 많은 과학자들이 분석적으로 분해한 그 위대한 우주 시계를 이전보다 더 잘 조립하려고 애쓴다.

---

15 2014 건국대   ①

흥행작품의 주연을 맡은 후에 후속작품까지 성공을 거뒀다면, 그 배우의 입지가 어떻게 됐을지를 묻는 문제라 할 수 있다. 따라서 '입지를 확고하게 다졌다'는 의미가 되게 하는 ①이 정답으로 적절하다. ②, ③, ④는 모두 부정적인 의미이므로 정답이 될 수 없다.

sequel n. 속편 status n. 지위, 신분; 상태 cement v. (우정·관계 등을) 굳히다, 다지다 disgrace v. 명예를 더럽히다 risk v. 위태롭게 하다; 위험을 무릅쓰다 tarnish v. 흐리게 하다; (명예 등을) 더럽히다

리브(Reeve)는 1978년에 히트한 영화 <슈퍼맨(Superman)>에서 주연을 맡게 되었다. 세 편의 성공적인 속편이 그의 입지를 굳게 다져 주었다.

---

16 2006 중앙대   ①

자신의 생각을 다른 사람들의 의견에 맞춰 바꾸는 사람은 주관이 뚜렷하지 않거나 유순한 성격의 소유자라고 할 수 있다. 따라서 빈칸에는 '유순한', '온순한'이라는 의미의 ①이 적절하다.

pliable a. 휘기 쉬운; 유순한, 온순한; 융통성 있는 orthodox a. 정통의, 옳다고 인정된; 정설의 querulous a. 불평을 하는; 화를 잘 내는 voracious a. 게걸스레 먹는; 탐욕스러운

새로운 경영자는 너무나도 유순해서 누군가가 자기와 의견이 다를 때마다 자신의 생각을 바꾸곤 했다.

---

17 2016 한국외대   ③

대단한 자극을 주지 않는 이상 자리에서 거의 일어나지 않는다고 했으므로, 이 사람은 주로 '앉아서 지내는(sedentary)' 사람이라고 할 수 있다.

par excellence 탁월한, 특히 뛰어난 provocation n. 도발, 자극 thoughtful a. 생각에 잠긴; 사려 깊은; 친절한 vigorous a. 활발한, 격렬한 sedentary a. 앉은 자세의, 늘 앉아만 있는 arduous a. 몹시 힘든, 끈기 있는; 근면한

그는 특히 앉아서 지내는 유형의 사람인데, 무슨 일로 대단히 화가 났을 때를 제외하고는 거의 일어나지 않는다.

---

18 2001 동덕여대   ①

'so ~ that …' 구문은 원인과 결과의 관계를 나타낸다. 빈칸에는 날씨가 변하는 정도를 표현하는 단어가 들어가야 하겠는데, '날씨가 어떻게 될지 말할 수 없게' 된 것은 날씨의 변화 정도가 매우 심했기 때문일 것이다. 따라서 빈칸에는 '과감하게, 심하게'의 뜻인 ①이 쓰여야 한다.

drastically ad. 철저히, 과감하게, 심하게 seasonally ad. 계절적으로, 계절에 따라; 주기적으로 ironically ad. 반어적으로; 빗대어 immediately ad. 곧, 즉시; 바로 가까이에

날씨가 너무 급격히 변해서, 다음날 날씨가 어떻게 될지를 말하는 것은 불가능하다.

---

19 2015 상명대   ④

빈칸을 포함한 부분은 순접의 등위접속사 and를 통해 stand out from everyone else와 연결돼 있으므로, 이것과 유사한 의미를 가진 표현이 빈칸에 필요하다. 따라서 '눈에 잘 띄는', '튀는'이란 의미를 가진 ④가 정답으로 적절하다.

unusually ad. 별나게, 유별나게 stand out 두드러지다, 사람 눈에 띄다 suspicious a. 의심이 많은, 수상쩍어 하는 reclusive a. 세상을 버린, 은둔한 extravagant a. 낭비벽이 있는 conspicuous a. 잘 보이는, 눈에 잘 띄는, 튀는 indulgent a. 멋대로 하게 하는; 관대한

그녀는 너무 유별나게 옷을 입어서 모든 사람들 사이에서 두드러졌으며 종종 무리들 속에서도 눈에 띄어 보였다.

---

20 2011 동국대   ①

'선진국에서 쉽게 예방되는 질병을 아프리카가 겪고 있는 것은 빈곤과 정치 때문'이라는 맥락이 되어야 하겠는데, be to blame for는 '~에 대해 책임이 있다'라는 의미이므로 ①이 빈칸에 적절하다.

preventable a. 막을 수 있는, 예방할 수 있는 blame v. 비난하다, 나무라다; ~을 탓하다 criticize v. 비판하다; 비난하다 destroy v. 파괴하다

많은 보건 전문가들은 대부분의 선진국에서는 쉽게 예방되는 질병을 아프리카는 빈곤과 정치 때문에 겪고 있다고 말한다.

---

21 2022 숙명여대   ⑤

'영속할 수 없는 것들을 영속시키려고 노력하고, 시간이 흘러감에 따라 파괴될 수밖에 없는 사물과 가치에 집착하는 것'은 과거에 머물러 있으려 하는 것으로 볼 수 있으므로, 이것을 나타내는 말로는 '정체'가 가장 적절하다.

decay n. 부패, 부식; 쇠퇴 perpetuate v. 영속시키다, 불멸하게 하다 cling to 집착하다, 고수하다 without mercy 가차 없이, 무자비하게 procrastination n. 지연, 지체; 미루는 버릇 contamination n. (특히 방사능에 의한) 오염; 더러움 abomination n. 혐오, 증오 demoralization n. 풍기문란, 타락 stagnation n. 정체, 침체

인간의 전통은 모두 정체(停滯)와 쇠퇴를 지향하는 경향이 있다. 인간의 전통은 영속할 수 없는 것들을 영속시키려고 노력하며, 시간이 가차 없이 파괴하는 사물과 가치에 집착한다.

---

22 2018 가톨릭대   ③

세미콜론 다음의 진술과 반대로 '원하는 것을 부모가 즉시 주지 않는' 경우에는 아이가 '좌절감(frustration)'을 느낄 것이지만, 아이를 망치지 않기 위해서는 참고 기다리게 해야 하므로, 결국 즉시 주지 않아 좌절감을 느끼게 하는 것이 아이의 '인내심' 계발에 필요한 것이다.

appropriate a. 적절한, 적합한 frustration n. 좌절, 실패 ruin v. 파괴하다, 망치다 unconditionally ad. 무조건적으로, 절대적으로 grant v. 주다, 수여하다 confidence n. 신용, 신뢰; 확신 indulgence n. 응석을 받음, 멋대로 하게 둠, 관대; 방종 patience n. 인내, 끈기 self-esteem n. 자부심, 자만심

인내심을 계발하기 위해서는 적절한 양의 좌절감이 반드시 필요하다. 자녀가 원하는 모든 것들을 말하는 그 즉시 무조건적으로 소원을 들어줌으로써 자녀를 망칠 수도 있다.

23 2017 건국대 ②

두 번째 문장 이하에서 면접에 늦게 도착하는 것이 치명적이라는 것과 그 이유에 대해 설명하고 있으므로, 빈칸에는 '시간을 지키는 것'과 관련된 형용사인 ②가 적절하다.

deadly a. 치명적인 honest a. 정직한, 성실한 punctual a. 시간[기한]을 엄수하는 resistant a. 저항하는, 반항하는 cheerful a. 기분 좋은 confident a. 자신감 있는

시간을 엄수하라. 면접에 늦게 도착하는 것은 치명적일 수 있다. 그 어떤 고용주도 제시간에 출근하지 않을 정도로 무책임한 사람을 고용하길 원하진 않는다. 사무실에 들어가기 전에 긴장을 덜 수 있도록 10분 내지 15분 일찍 면접 장소에 도착하도록 하라.

24 2001 고려대 ③

피터(Peter)의 행동을 요약하는 단어를 유추하면 된다. 피터의 행동이 다른 아이들과 다르며, 낮에는 먹지 않고 밤에는 바나나와 땅콩버터만 먹으려 했다면, 이는 '비정상적이고 이상한' 행동이라 할 수 있다. 따라서 빈칸에는 ③이 적절하다.

refuse v. 거절하다, 거부하다 neutral a. 중립의; 공평한 affectionate a. 애정이 넘치는 abnormal a. 비정상적인 philosophical a. 철학적인

다른 꼬마 아이들과는 달리, 피터(Peter)는 낮 동안에는 어떤 것도 먹으려 하지 않았고 밤에는 바나나와 땅콩버터만 먹으려 했다. 그의 부모는 그의 비정상적인 행동을 이해할 수 없었다.

25 2019 상명대 ②

값싼 기술이 직원 감시 기술의 성장에 어떤 영향을 미치는지를 설명하는 표현이 빈칸에 들어가야 한다. 기술의 비용이 저렴하다면 관련 기술이 더 빨리, 더 많이 발전할 수 있을 것이므로, '박차를 가하다, 자극하다'는 의미를 갖는 ②가 정답이다.

monitoring n. 감시, 관찰 shock v. 충격을 주다, 깜짝 놀라게 하다 vulnerable a. 취약한, 연약한 rise v. 오르다; 올리다 spur v. 박차를 가하다; 자극하다, 고무하다 lessen v. 작게하다, 적게 하다, 줄이다 alleviate v. 경감하다, 완화하다 exacerbate v. 악화시키다

덴버에 있는 프라이버시 재단에 따르면, 값싼 기술은 직원 감시 기술의 성장에 박차를 가하고 있다. 변호사이자 작가인 프레드릭 레인(Fredrick Lane) 같은 비평가들은 대부분의 노동자들이 그들이 얼마나 취약한지 알면 충격을 받을 거라고 말한다.

TEST 10

01 ②	02 ④	03 ③	04 ④	05 ②	06 ①	07 ①	08 ③	09 ①	10 ①
11 ①	12 ②	13 ③	14 ②	15 ②	16 ③	17 ①	18 ①	19 ①	20 ①
21 ③	22 ②	23 ①	24 ①	25 ①					

01 2020 한국외대   ②

양자론이 처음에는 어떻게 여겨졌는지에 대한 내용이 빈칸에 적절한데, 빈칸 앞에 absurd가 있고 순접의 등위접속사 and가 있으므로 빈칸에도 양자론에 대한 부정적인 의미의 형용사가 적절하다. 따라서 ②가 빈칸에 적절하다. ③은 기준 미달이나 규칙 위반 따위로 '자격을 잃었다'는 뜻이므로 빈칸에 적절하지 않다.

quantum theory 양자론 initially ad. 처음에, 시초에 absurd a. 불합리한; 부조리한, 터무니없는 common sense 상식 persistent a. 끈질긴, 집요한 incompatible a. 양립할 수 없는, 모순된 disqualified a. 자격을 잃은, 실격[결격]이 된 content a. 만족[자족]하는

양자론은 처음에는 불합리하고 상식에 부합하지 않는 것으로 여겨졌다.

02 2005 삼육대   ④

'화려한 행사(gala event)'에 초대됐다는 내용으로부터 여기에 초청된 가족들은 생활 형편이 넉넉한 편임을 짐작할 수 있다. 그러므로 '부유한'이란 의미의 ④가 빈칸에 들어가야 한다.

gala a. 축제(기분)의, 화려한 opaque a. 불투명한; 분명치 않은 abundant a. 풍부한, 많은 expensive a. 값비싼 affluent a. 풍부한; 유복한

오직 부유한 가족들만이 화려한 행사에 초청을 받았다.

03 2021 경기대   ③

'so ~ that …' 구문은 인과관계의 문장을 만든다. '난동을 막기 위해 경찰을 부른 상황'이 결과에 해당하므로, 그것의 원인으로는 시위자가 '통제 불능이 된 것'이 적절하다.

protestor n. 시위자 disruptive a. 분열시키는, 파괴적인 leery a. 의심 많은, 조심하는 shrewd a. 빈틈없는, 재빠른 unruly a. 무법의, 제멋대로 구는, 제어하기 어려운 benign a. 친절한, 자애로운

시위자들이 너무나 통제하기 어려워서, 그들의 파괴적인 행동을 막기 위해 경찰을 불렀다.

04 1997 성신여대   ④

'약간 더 구입해야 한다(have to get some more)'라는 표현으로 미루어, 커피가 '얼마 안 남았음'을 유추할 수 있다. 따라서 '다 써버리다; (물품이) 바닥나다'라는 뜻의 ④가 빈칸에 적절하다.

run away with ~을 가지고[훔쳐] 도망치다; (경기 등에서) 압도적으로 이기다 do away with ~을 버리다, 처분하다, 폐지하다; 죽이다 cut down on ~을 줄이다 run out of 다 써버리다; (물품 등이) 바닥이 나다

커피가 거의 다 떨어졌다. 우리는 내일 약간 더 구입해야 할 것이다.

05 2011 국민대   ②

한 마디 말로 방향을 잃고 이리 저리로 오가던 이야기들을 종결시켰다면, 그 말은 날카롭고 신랄한 말이었을 것이라 유추할 수 있다.

aimless a. 목적이 없는, 방향을 잃은, 정처 없는 illegible a. 읽기 어려운, 판독하기 어려운 incisive a. 날카로운; 신랄한 inedible a. 먹을 수 없는, 식용에 적합지 않은 ingrained a. 깊이 배어든, 뿌리 깊은

그 한마디 예리한 말로 그는 목적 없이 겉돌던 모든 이야기를 끝내버렸다.

06 2003 경기대   ①

세미콜론(;) 앞에서 '매우 좋은 사람(very good person)'이라 했으므로, '불친절(unkindness)'은 그의 성격상 거리가 먼 것이라 해야 한다. 따라서 '관계없는'을 의미하는 ①이 빈칸에 적절하다.

foreign a. 외국의; 관계없는 harmful a. 해로운 ambiguous a. 애매한, 모호한

그는 정말 좋은 사람이다. 불친절은 그의 천성에 맞지 않다.

07 2013 단국대   ①

주어진 문장을 바꿔 표현하면, 결국 "긴급한 문제를 먼저 다룬 후에 빈칸에 들어갈 단어의 성격을 가진 문제를 다루어야 한다."는 것이 된다. 빈칸에는 '긴급한'과 문맥상 대조를 이룰 수 있는 표현이 들어가야 하므로, '부수적인'이라는 의미의 ①이 정답으로 적절하다.

ancillary a. 부수적인, 종속적인 anemic a. 빈혈증의 augmentative a. 증가적인; 부가적인 apathetic a. 냉담한, 무신경의, 무관심한

긴급한 문제를 논의하기 전에 부수적인 사안을 다루어서는 안 된다.

---

08 2014 중앙대   ③

공증 받은 서명만으로도 충분하다는 것은 다른 것은 불필요하다는 말이므로, 세미콜론(;) 이하는 직접 올 '필요가 없다'는 의미가 되는 것이 적절하다. 그러므로 빈칸에는 '미연에 방지하다', '불필요하게 하다'는 뜻의 ③이 들어가야 한다.

notarize v. (증서·계약 등을) 공증하다 suffice v. 충분하다 inflict v. (타격·상처·고통 따위를) 주다, 가하다 connote v. 암시하다, 내포하다 obviate v. 제거하다, 미연에 방지하다, 불필요하게 하다 emphasize v. 강조하다

공증 받은 서명이면 충분하다. 그것만 있으면 당신이 직접 올 필요는 없을 것이다.

---

09 2012 서울여대   ①

접속사 until은 '~할 때까지'라는 의미이므로, 이것의 전후에는 서로 대조를 이루는 표현이 온다. 주어진 문장의 until 앞에서 '잠시 동안 조용히 모여 있었다'고 했으므로, until 뒤는 '시끄럽고 소란스러워졌다'는 내용이 되어야 한다. 따라서 빈칸에는 '떠들썩한'이란 뜻의 ①이 들어가야 한다.

boisterous a. 야단법석인, 떠들썩한 prodigal a. 낭비하는, 방탕한 guileless a. 악의가 없는; 성실한 inexorable a. 움직이지 않는; 변경할 수 없는

그 어린이들은 소란스러운 장난을 시작할 때까지 잠시 동안 조용히 모여 있는 경향이 있었다.

---

10 2021 수원대   ①

국민들이 백신의 안전성에 관해 우려할 때 지도자들이 직접 백신을 맞는 모습을 공개한다면, 이는 백신 접종에 대한 '국민들의 두려움(혹은 불신)을 극복하는 데' 도움이 되는 행동이라고 추론할 수 있다.

demonstration n. 시연, 실연 hesitant a. 주저하는, 망설이는 trust n. 신뢰, 신용

선출직 지도자들이 백신 접종을 받는 모습을 공개적으로 보여주는 것은 백신의 안전성에 관해 주저하는 미국인들이 그들의 두려움을 극복하는 데 도움이 될 수 있다.

---

11 2015 한국외대   ①

세미콜론(;) 이하에서는 첫 문장의 내용, 즉 보렐리아가 전염성이 왜 그토록 강한지를 부연 설명해야 한다. '감염은 잘 되지만, 진단할 수 있는

방법이 없는 경우'에 매우 빠른 속도로 전염이 될 것이므로, 빈칸에는 '만연하는', '횡행하는'이라는 뜻을 갖는 ①이 들어가는 것이 적절하다.

contagious a. 전염성의 strain n. 종족, 혈통; 변종(變種) infection n. 감염; 전염병 diagnostics n. 진단학, 진단법 rampant a. 걷잡을 수 없는, 만연[횡행]하는; 사나운 elusive a. 찾기[규정하기] 힘든; 파악하기 어려운 flawed a. 결함이 있는 restrained a. 억제된; 삼가는, 자제하는

보렐리아는 박테리아 중에서도 가장 전염성이 강한 변종(變種)이다. 감염은 만연해 있지만 진단법은 부족하기 때문이다.

---

12 2021 서울여대   ②

주어로는 행위가 제시돼 있고 빈칸 뒤에는 그 행위의 주체가 될 수 있는 것이 제시돼 있다. 'attribute A to B'는 'A를 B의 탓으로 하다'라는 뜻이므로, ②가 들어가면 '폭탄 테러 공격은 국제 테러 단체의 소행으로 여겨졌다'라는 자연스러운 문장이 완성된다.

impede v. 방해하다 attribute v. (~에) 돌리다, (~의) 탓으로 하다, (~의) 행위로 [소치로, 업적으로] 하다 recount v. 자세히 얘기하다; 하나하나 열거하다 refute v. 반박하다

폭탄 테러 공격은 일반적으로 국제 테러 단체의 소행으로 여겨졌지만, 현재 플린(Flynn)은 전혀 다른 이야기를 하고 있다.

---

13 2022 가톨릭대   ③

while이 양보의 부사절을 이끌며 타자기가 컴퓨터로 대체되었다고 했으므로, 주절에는 부사절의 내용과 다르게 타자기에 대한 긍정적인 반응이 적절할 것이다. 따라서 '찬사를 받고 있다'는 의미를 만드는 ③이 빈칸에 적절하다.

typewriter n. 타자기 amplify v. 확대[증대]하다 detach v. 떼다, 분리하다 laud v. 칭송하다, 찬미[찬양]하다 restrain v. 저지[제지]하다, 억누르다

타자기는 21세기 업무 현장에서 컴퓨터로 대체되었지만, 디자인 세계에서는 시대를 초월한 모습으로 여전히 찬사를 받고 있다.

---

14 2013 중앙대   ②

충분한 장학금을 조성할 수 있으려면 동문들로부터 '많은 기부[증여]'가 있어야 할 것이므로, 빈칸에는 ②가 적절하다.

alumnus n. (남자) 졸업생, 동창생 (pl. alumni) scholarship n. 학문; 학식; 장학금(제도) deserving a. (도움·보답·칭찬 등을) 받을 만한, 자격이 있는 penury n. 빈곤, 가난 largess n. (많은) 증여; 기부금, 부조금 polemic n. 격렬한 비판; 논쟁 quandary n. 난처한 처지, 곤경

동문들의 아낌없는 기부로 많은 대학들이 자격이 있는 학생들에게 장학금을 제공할 수 있게 되었다.

15 2013 가톨릭대   ②

두 문장이 역접의 접속사 but으로 연결돼 있으므로 전후 문장의 의미는 대조를 이루어야 한다. 그러므로 '컴퓨터가 비록 언어에 대해 많은 지식이 있긴 해도 그것을 제대로 활용하지는 못한다'는 맥락이 되도록, 빈칸에는 ②가 들어가야 한다.

complex a. 복잡한 salient a. 현저한, 두드러진 dismal a. 매우 서투른; 음울한; 황량한; 우울한 viable a. 실행 가능한, 실용적인 robust a. 튼튼한, 강건한

많은 컴퓨터는 수천 개의 단어와 복잡한 문법 규칙을 알고 있다. 하지만 컴퓨터는 형편없는 의사전달자이다.

16 2014 서울여대   ③

소설의 결말을 독자 스스로 판단해야 했다면, 그 소설의 저자가 결말을 확실히 보여주지 않고 '애매모호한' 상태로 두었기 때문일 것이다.

purposely ad. 의도적으로 for oneself 혼자 힘으로, 스스로 hideous a. 끔찍한, 오싹한, 가증스러운 migratory a. 이주[이동]하는 ambiguous a. 애매모호한 illuminating a. 밝게 하는; 이해를 돕는

그 저자는 그의 소설의 결말을 의도적으로 애매모호한 상태로 두었으며 따라서 어떤 일이 일어났는지 독자들이 스스로 판단해야 했다.

17 1997 안양대   ①

'책을 많이 읽었지만, 깊게 생각을 하지 않았다'고 했으므로, 그의 지식은 겉보기에 매우 '하찮게' 보인다고 해야 인과관계가 성립한다. 그러므로 '피상적인'이란 의미의 ①이 빈칸에 적절하다.

superficial a. 표면(상)의; 피상적인 superior a. 보다 상위의(to) supercilious a. 거만한, 건방진 superfluous a. 남아도는, 여분의; 불필요한

그는 폭넓게 독서를 했지만 좀처럼 깊이 있는 사고를 하지 않았기 때문에 외견상 그의 지식은 실로 상당히 피상적이다.

18 2013 한국외대   ①

제품에 대한 수요가 감소하고 수익이 악화되고 있는 상황에서 기업이 취할 수 있는 조치는 공급(production)을 줄이고 비용(workforce)을 줄이는 게 될 것이다.

workforce n. 전체 종업원; (한 나라·지역·산업 등의) 노동 인구 trim v. 다듬다, 정돈하다; (인원·예산을) 삭감하다 expand v. 확대하다, 확장하다 sustain v. 지속하다, 견디다; 상처를 입다 operate v. 작동하다, 움직이다

노동조합의 항의에도 불구하고, 그 회사는 수요 감소와 수익 저하에 대처하여 직원 수와 생산을 삭감하기로 결정했다.

19 2022 건국대   ①

'음식물을 에너지로 바꾸는 몸 세포 안에서의 화학적 반응'을 '신진대사(metabolism)'라고 일컫는다. 소화(digestion)는 '음식물을 흡수될 수 있는 작은 영양소로 분해하는 과정'이다.

chemical a. 화학의 process n. 진행, 경과; 과정 efficient a. 효율적인 metabolism n. 신진대사, 물질대사 reproduction n. 재생; 생식, 번식 physiology n. 생리학; 생리 기능 complexion n. 안색, 피부색 digestion n. 소화

당신의 신진대사는 몸에서 일어나는 화학작용을 통해 음식이 효율적으로, 예를 들면, 새로운 세포를 만들고 당신에게 에너지를 공급하는 데 사용될 수 있도록 하는 방법이다.

20 2013 한양대   ①

편협한 성격과 이상한 행동이 초래할 수 있는 결과를 추론한다. 이러한 특징들은 사람들이 멀리하게 되는 원인이 된다.

intolerant a. 너그럽지 못한, 편협한 acquaintance n. 아는 사람 composer n. 작곡가 shun v. 피하다, 꺼리다 revere v. 숭배하다; 존경하다 tolerate v. 용인하다, 참다, 견디다 condescend v. 자신을 낮추다; 생색내어 ~하다

리하르트 바그너(Richard Wagner)는 종종 편협하게 굴었다. 게다가 그의 이상한 행동은 그가 아는 사람들 대부분으로 하여금 가능하면 항상 그 작곡가를 멀리하도록 하였다.

21 2014 한국외대   ③

"찾고 있는 모든 상품을 구비하고 있고 다양한 물건을 제공한다."는 것은 취급하고 있는 물건의 종류가 매우 광범위하다는 것이다.

doormat n. (현관의) 매트, 신발 닦개 monogrammed a. 문자를 도안한 bathrobe n. 목욕가운 monotonous a. 단조로운; 변화 없는 ordinary a. 보통의, 통상의; 평범한 extensive a. 광범위한, 넓은 temporary a. 일시적인; 임시의

문틀에 까는 신발 닦개에서부터 문자 도안무늬가 있는 목욕가운과 수건에 이르는 독특한 물건을 광범위하게 제공하는 PersonalMall.com은 당신이 찾고 있는 모든 상품을 구비하고 있다.

22 2020 숙명여대   ②

'그의 명성은 거의 고양시킬 필요가 없다'는 진술에서 그가 이미 대단히 '존경(숭배, 추앙)받고' 있음을 추론할 수 있다.

reputation n. 명성, 평판 enhancement n. 향상, 고양, 증진 paper currency 지폐 protect v. 보호하다 revere v. 숭배하다, 추앙하다 drive v. ~하게 내몰다 estimate v. 어림잡다 surround v. 둘러싸다

칭기즈칸(Genghis Khan)의 명성은 그의 본국에서는 거의 고양시킬 필요가 없다. 그곳에서 그는 통일 몽골의 첫 번째 통치자로 추앙받고 있으며, 그의 얼굴은 지폐에서 찾아볼 수 있다.

---

23 2022 덕성여대   ①

두 번째 빈칸의 경우, '매우 좋지 않은 날씨에서도'라는 표현과 양보관계를 이루어야 하므로, no reservations about와 no concerns about가 들어갈 수 있다. 한편, 궂은 날씨에도 달리는 것을 주저하지 않거나 염려하지 않았다면, 폭풍우의 조짐도 달리기에 대한 흥미나 흥분을 떨어뜨리지 못했을 것이므로, 두 번째 빈칸에는 diminish와 lessen이 가능하다. 따라서 상기 두 조건을 모두 만족시키는 ①이 정답으로 적절하다.

threat n. 위협; 징조 unpleasant a. 불쾌한; 심술궂은 diminish v. (수량·크기·정도·중요성 따위를) 줄이다 reservation n. 예약; (계획·생각에 대한) 의구심, 거리낌 improve v. 개선하다, 개량하다 concern n. 관심, 염려 lessen v. 줄이다 inclination n. 경향, 성향 overstate v. 과장하다 ability n. 능력

폭풍우의 조짐은 달리기에 대한 톰(Tom)의 흥분된 마음을 가라앉히지 못했는데, 이는 그가 매우 좋지 않은 날씨에서도 달리는 것에 대해 거리낌이 없었기 때문이었다.

---

24 2011 동국대   ①

두 번째 문장의 The upper class와 세 번째 문장의 The most senior의 성격은 비슷해야 하므로, 빈칸에는 royal family나 peerage와 비슷한 의미를 갖는 ①이 와야 한다.

peerage n. 귀족; 귀족 사회 aristocracy n. 귀족; 귀족정치 bureaucracy n. 관료; 관료정치 conspiracy n. 음모, 공모 meritocracy n. 실력[능력]주의

영국사회는 여전히 출생과 사회적 지위에 바탕을 둔 강한 계급 제도를 갖고 있다. 상류 계급은 주로 귀족계급의 구성원들로 이루어져 있다. 그중 가장 상위에 있는 것이 왕실과 귀족 사회의 구성원들이다.

---

25 2022 숭실대   ①

자연자본(natural capital)은 생태계의 자산을 의미하는데, 자연자본의 사용이 사회에 좋지 않은 영향을 끼친다고 했으므로 사회를 지키기 위해서는 선한 목표를 사회 중심에 두는 것이 반드시 필요할 것이다. 따라서 빈칸에는 ①이 적절하다.

intolerable a. 견딜[참을] 수 없는 imperative a. 반드시 해야 하는, 긴요한 primitive a. 원시 사회의 optional a. 선택적인 political a. 정치적인

우리의 자연자본을 사용하는 것은 지연된 비용을 갖고 있을 뿐 아니라 기후변화와 공해로 고통을 받는 모든 사람들에 점점 더 견딜 수 없는 영향을 끼친다. 이것이 바로 사회적, 환경적, 올바른 통치적 목표를 사회 중심에 두는 것이 반드시 필요한 이유이다.

TEST 11

01 ④	02 ②	03 ①	04 ④	05 ②	06 ④	07 ②	08 ②	09 ④	10 ③
11 ②	12 ①	13 ②	14 ③	15 ②	16 ④	17 ④	18 ③	19 ④	20 ②
21 ①	22 ③	23 ④	24 ③	25 ③					

01 2021 경기대 ④

의회의 분열은 부정적인 요인이므로 그것이 초래할 결과도 부정적인 것이어야 한다. 따라서 법률 제정의 진전이 지연되거나 방해받는 결과를 만드는 ④가 정답으로 적절하다.

division n. 분할, 분열 congress n. 의회, 국회 progress n. 전진, 진행; 진척 environmental a. 환경의 legislation n. 입법, 법률제정 extract v. 추출하다, 짜내다; 뽑아내다 deduce v. 추론하다, 연역하다 hoard v. 저장하다, 축적하다 hinder v. 방해하다, 훼방하다

의회의 분열이 환경법 제정의 진전을 방해해 왔다.

02 1997 경희대 ②

though는 양보절을 이끄는 접속사로, 앞뒤 문장은 서로 상반된 진술이 되어야 한다. '혼자 있는 것이 좋지만, 혼자가 아닌 것이 좋을 때도 있다'는 의미가 되어야 하므로, solitude와 반대되는 개념인 ②가 가장 적절하다.

solitude n. 고독; 외로움; 쓸쓸한 곳 prefer v. 좋아하다, 선호하다; 차라리 ~하기를 좋아하다 solo n. 독주; 독창; 독주곡, 독창곡 company n. 친구; 일행 resolution n. 결심, 결의 nobleman n. 귀족

나는 혼자 있는 것을 좋아하지만, 사람들과 함께 있는 것이 더 좋을 때도 있다.

03 2012 명지대 ①

산불이 발생하면 인명피해를 막기 위해 사람들을 대피하게 하거나 소개(疏開)시키게 된다. 그러므로 '(사람을) 피난[소개]시키다', '(집 등에서) 물러나다'는 의미를 가진 ①이 정답이다. ②의 경우, 타동사로 쓰이면 '~의 모습을 감추다[없애다], 보이지 않게 하다'는 뜻이므로 어색한 의미의 문장을 만든다.

order v. 명령하다, 지시하다 evacuate v. (위험 지역에서 사람들을) 대피[피난, 소개]시키다, (집·건물에서) 물러나다 vanish v. 사라지다, 소멸되다 petrify v. 멍하게 하다, 깜짝 놀라게 하다 inhabit v. 살다, 거주하다, 서식하다

산불이 나자마자, 모든 사람들은 그 마을에서 대피하라는 명령을 받았다.

04 2017 서울여대 ④

and 앞에서 '파산을 신청할 것'이라 했는데, 이는 사업을 그만두겠다는 것을 뜻하므로, 빈칸에는 '청산하다'는 의미의 ④가 들어가야 한다. ①와 ②는 사업을 계속하는 경우에 할 수 있는 행위이며, '상환하다'라는 뜻의 ③은 목적어로 주어져 있는 '사업'을 그 대상으로 할 수 없다.

file v. (신청·항의 등을) 제출[제기]하다 bankruptcy n. 파산, 도산; 파탄 audit v. 회계감사하다; (설비 등을) 검사하다 streamline v. 유선형으로 하다; 능률적으로 하다; 합리화하다, 간소화하다 reimburse v. (빚 따위를) 갚다; 상환하다 liquidate v. (부채를) 갚다, 변제하다; (회사 따위를) 청산하다

그 회사는 몇 주 안에 파산신청을 하고 사업을 청산할 계획이다.

05 2017 홍익대 ②

폭력행위가 '눈덩이'처럼 커지기 시작한다고 했으므로, 마침내 '눈사태'처럼 걷잡을 수 없는 폭력사태가 된다고 해야 자연스럽다.

snowball v. 눈덩이처럼 커지다 irresistible a. 걷잡을 수 없는, 억누를 수 없는 earthquake n. 지진 avalanche n. (눈·돌·흙 등의) 사태; (사태처럼) 갑자기 쏟아져 내리는 것; (불행·일·편지 등의) 쇄도 holocaust n. (특히 전쟁·화재로 인한) 대참사 flood n. 홍수

폭력행위는 눈덩이처럼 커지기 시작해서 마침내는 걷잡을 수 없는 눈사태 같은 폭력사태가 된다.

06 2000 경기대 ④

어떤 물건의 수량이냐 분량이 부족할 때에는 short를 쓰므로 ④가 정답이며, ①의 경우에는 missing으로 쓰면 정답이 될 수 있다.

mug n. (손잡이가 달린) 원통형 찻잔 deficient a. (필수적인 것이) 부족한; 결함이 있는 short a. 짧은; 부족한, 모자라는

존(John), 어디서 머그 잔 하나 본 적 없니? 하나가 부족한 것 같구나.

07 2011 명지대 ②

위급상황이 발생했을 때 비축해 놓은 내구재는 여러 모로 많은 도움이

될 것이다. come in handy는 '쓸모가 있다, 유용하다'는 뜻이다.

storage n. 저장, 보관 durable goods 내구성 소비재 come in handy 쓸모가 있다, 유용하다 sacred a. 신성한

자연재해에 의한 위급상황이 발생했을 때 비축해 놓은 내구재는 매우 유용하다.

---

08 2009 서경대 ②

less than three percent는 비율을 나타내므로, 빈칸에는 '~의 비율을 차지하다'는 의미를 가진 ②가 적절하다.

consist of ~으로 구성되다 account for (~의 비율을) 차지하다; ~에 대해 설명하다 determine on 결정하다; 결심하다 be composed of ~으로 구성되어 있다

인간의 거주지는 지구 대지의 3퍼센트에도 미치지 못하고 있다.

---

09 2022 세종대 ④

세미콜론 이하에서 첫 문장의 내용에 대해 부연하여 설명하고 있다. '만지거나, 쓰다듬거나, 때릴 수 없는' 속성과 연관 있는 것은 '무형의'라는 의미의 ④이다.

fondle v. 애무하다; 귀여워하다, 쓰다듬다 slap v. 때리다 manipulate v. 교묘하게 다루다, 솜씨 있게 처리하다; 조종하다 eminent a. 저명한, 유명한 preconceived a. (생각 등이) 선입견의 impromptu a. 즉석의 intangible a. 무형의; 만져서 알 수 없는

지식은 무형의 것이다. 우리는 그것을 만지거나, 쓰다듬거나, 때릴 수 없고, 교묘하게 다룰 수 있다.

---

10 2021 경기대 ③

소도시에서 일자리를 찾아 대도시로 이주하는 사람이 늘어나면, 그 소도시의 인구는 당연히 '줄어들' 것이다.

migrate v. 이주하다, 이동하다 in search of ~을 찾아서 ascend v. 올라가다, 기어오르다 emerge v. 나타나다 dwindle v. 줄다, 작아지다, 축소되다 prevail v. 우세하다, 이기다; 널리 보급되다

일자리를 찾아 대도시로 이주하는 사람들이 더 많아지면서, 많은 소도시의 인구가 줄어들고 있다.

---

11 2021 덕성여대 ②

간호사가 환자를 대하는 태도가 환자들에게 위안이 되었다면 그 간호사는 '자애로운' 태도를 지녔으리라고 추론할 수 있다. benevolent는 (태도가) '친절하고, 인정 많고, 호의적인' 것을 말한다.

manner n. 방식, 태도 cynical a. 냉소적인; 부정적인 benevolent a. 자비심

많은, 호의적인 fierce a. 사나운, 험악한 impatient a. 성급한, 조급한, 참을성 없는

그 간호사는 환자들이 어려울 때 위안이 되는 자애로운 태도를 지니고 있었다.

---

12 2011 명지대 ①

보고서가 발행되기 전이라면 당연히 관련 정보를 밖으로 유출해서는 안 된다. 따라서 '비밀로', '극비로'라는 뜻의 ①이 빈칸에 들어가야 한다.

publish v. 발행하다, 출판하다 in confidence (절대) 비밀로, 극비로 at a loss 당황하여, 어찌할 바를 몰라 by accident 우연히 for good 영원히

우리는 그 보고서가 최종적으로 발표될 때까지 이 정보를 극비로 다룰 것을 요구해야 한다.

---

13 2021 한국공학대 ②

아이의 생명을 구한 것은 '이타적인' 행동이므로 ②가 정답이다.

conspicuous a. 눈에 띄는 altruistic a. 이타적인 obscure a. 분명치 않은, 불명료한 impudent a. 무례한

아이의 생명을 구한 그 남자는 그의 이타적인 행동에 대해 시로부터 명예훈장을 받았다.

---

14 2011 서울여대 ③

노숙자가 희망찬 생활로 복귀하려면 먹고 사는 문제의 해결이 선행되어야 할 것이다. 그러므로 빈칸에는 '생존', '생계'라는 의미의 ③이 적절하다.

rehabilitate v. 사회로 복귀시키다, 갱생시키다 bureaucracy n. 관료주의; 복잡한 절차 suffrage n. 선거권, 참정권 subsistence n. 생존, 생계 aphasia n. 실어증

노숙자들은 단순히 생계를 꾸려가는 것 이상의 도움이 필요하다. 그들은 희망찬 생활로 복귀해야 하기 때문이다.

---

15 2017 한국외대 ②

빈칸은 문장의 주어이며, 이것이 그들을 우울하게 할 수 있다고 했으므로 빈칸에는 부정적인 뜻의 명사가 적절한데, 희생자의 외모를 비하하는 온라인 논평은 악의적인 것이므로 ②가 정답이다.

disparage v. 비난하다; 깔보다, 얕보다 appearance n. (겉)모습, 외모 depressed a. 우울한, 암울한 insularity n. 편협; 고립 malevolence n. 악의(惡意), 적의(敵意) providence n. 신의 섭리 dearth n. 부족

온라인에서 희생자의 외모를 비방하는 논평의 악의성은 그들을 우울하게 할 수 있다.

16 2022 가톨릭대   ④

행동유전학자가 일란성 쌍둥이가 가진 기질상의 유사성을 이란성 쌍둥이가 가진 기질상의 유사성과 비교하는 것은 '유전적인' 영향을 알아보기 위함일 것이다. 따라서 ④가 빈칸에 적절하다.

geneticist n. 유전학자 temperamental a. 기질상의, 타고난 identical twin 일란성 쌍둥이 fraternal twin 이란성 쌍둥이 adverse a. 부정적인, 불리한 calming a. 침착한, 차분한 disruptive a. 지장을 주는 hereditary a. 유전적인; 세습되는

행동유전학자들은 일란성 쌍둥이의 기질상의 유사성과 이란성 쌍둥이의 기질상의 유사성을 비교함으로써 유전적인 영향을 연구해왔다.

17 2021 홍익대   ④

such as blindness는 빈칸에 들어갈 단어에 대한 예에 해당하는데, blindness(실명)는 시력을 잃어서 사물을 지각하는 능력이 박탈된 것을 말하므로 빈칸에는 ④가 들어가야 한다.

perceptual a. 지각의; 지각이 있는 cast light on 밝히다 sense n. 감각; 지각; 느낌 capacity n. 능력; 수용량 prejudice n. 편견, 선입관 deprivation n. 상실; 박탈

우리는 어느 정도로까지 경험을 통해 우리의 뇌를 형성하는가? 실명(失明)과 같은 심각한 지각(知覺) 박탈의 효과가 이러한 질문에 예상치 못한 빛(해결의 실마리)을 던져줄 수 있다.

18 2022 덕성여대   ③

질병 연구는 질병의 원인을 알아내는 것을 포함하는데, 설탕 섭취는 당뇨병의 원인에 해당하여 인과적 관련성이 있게 된다. 그러므로 빈칸에는 ③이 적절하다.

determine v. 알아내다, 밝히다; 결정하다 intake n. 흡입량, 섭취량 diabetes n. 당뇨병 prescription n. 명령, 규정; 처방, 처방약 comparison n. 비교, 대조 correlation n. 상관관계 predilection n. 애호, 편애

많은 연구들이 설탕 섭취량과 당뇨병 사이에 직접적인 상관관계가 있다는 것을 밝혀냈다.

19 2016 가톨릭대   ④

어릴 때 아이들이 경험하는 언어폭력은 일생에 걸쳐 부정적인 영향을 끼칠 것이다. '상처를 입힐 수 있다'는 의미가 되어야 하므로, ④가 빈칸에 적절하다.

verbal abuse 악담, 언어폭력 wound n. (정신적) 고통, 상처 taint v. 더럽히다, 오염시키다, 오점을 남기다 probe v. 철저히 조사하다 soothe v. 달래다, 진정시키다 inflict v. (괴로움 등을) 가하다, 입히다

어릴 때 아이들이 경험하는 몇 차례의 끔찍한 언어폭력이 아이들의 일생동안 남아있게 될 상처를 입힐 수도 있다.

20 2015 중앙대   ②

콤마 앞은 이유를 나타내는 분사구문으로 쓰였다. 주절에서 '아주 외진 곳에서만 발견할 수 있다'고 했으므로, 그에 대한 원인이나 이유로는 '많은 수의 코알라가 죽임을 당했음'이 적절하다.

sublime v. 고상하게 하다, 높이다 decimate v. (특정 지역의 동식물이나 사람들을) 대량으로 죽이다; 심하게 훼손하다 infuriate v. 격분시키다 avert v. 피하다; 막다

질병과 서식지 파괴로 매우 많은 수가 죽었기 때문에, 현재 코알라는 유칼리나무 숲 속의 아주 외진 곳에서만 찾아볼 수 있다.

21 2015 한국외대   ①

'비교급 than + any other 단수명사'는 '다른 어떤 ~보다도 더 …하다'의 뜻으로, 최상급의 의미를 가진다. 폐가 다른 어떤 장기보다 더 많은 오염물질을 정화한다고 했으므로, 정화 작용을 하는 신체 장기 중 가장 중요하다는 뜻이 되도록 ①이 빈칸에 들어가야 한다.

detoxification n. 약물 중독 치료, 해독 purify v. ~의 더러움을 제거하다, 깨끗이 하다, 정화하다 pollutant n. 오염물질 cardinal a. 가장 중요한, 기본적인 artificial a. 인공의, 인위적인 tertiary a. 제3의, 셋째의 didactic a. 교훈적인, 가르치기 위한

폐는 해독 작용을 하는 중요한 장기 가운데 하나인데, 우리 몸을 방어하기 위해 다른 그 어떤 장기보다도 더 많은 오염물질을 정화한다.

22 2014 명지대   ③

sensitivity and compassion은 aggressive tendency와 상반되는 의미이므로, 한쪽은 다른 한쪽을 누그러뜨리거나 약화시키는 역할을 할 것이다. 그러므로 빈칸에는 ③이 적절하다.

liberated a. 해방된, 자유로운 nonviolent a. 비폭력(주의)의, 평화적인 aggressive a. 호전적인, 공격적인 tendency n. 성향, 기질 concede v. 인정하다, 시인하다; 양보하다 implicate v. 관련시키다 mollify v. 완화시키다; 달래다, 진정시키다 aggravate v. 악화시키다

나는 아들들을 자유롭고 폭력적이지 않게 키울 의사가 분명히 있었으며, 아들들의 공격적 성향은 감성과 동정심으로 누그러질 것이었다.

23 2011 동국대 ④

생태계 환경에 막대한 혹은 돌이킬 수 없는 손상을 야기하지 않고 식량을 언제까지나 생산할 수 있는 농장의 능력을 의미하는 형용사가 빈칸에 들어가야 한다. 따라서. '(자원 이용이) 환경을 파괴시키지 않고 계속될 수 있는'의 뜻의 ④가 빈칸에 적절하다.

indefinitely ad. 무기한으로 irreversible a. 거꾸로 할 수 없는 detrimental a. 해로운 moneymaking a. 돈벌이가 잘 되는 productive a. 생산적인 sustainable a. (환경 파괴 없이) 지속 가능한

지속 가능한 농업이란 농지가 생태계 건강에 막대한 혹은 돌이킬 수 없는 손상을 야기하지 않고 언제까지나 식량을 생산할 수 있는 것을 가리킨다.

24 2001 한성대 ③

'조사에 응한 사람들 중 50%의 사람들이 5년 전보다 더 만족스럽다'고 했으므로, 빈칸에는 satisfying과 반대되는 뜻의 단어, 혹은 부정적인 뜻의 단어가 들어가야 '조사 결과가 뒤섞여 있었다'는 진술과 호응할 수 있다.

survey n. 개관; 조사 satisfied a. 만족한 complacent a. 자기만족의; 은근한 stressful a. 스트레스가 많은 exciting a. 흥분시키는, 자극적인; 흥미진진한

조사 결과는 뒤섞여 있었다. 예를 들어, 조사에 응한 사람들 중 50%는 자신들의 삶이 5년 전보다 더 만족스럽다고 대답했다. 그러나 다른 나머지 50%는 더 스트레스가 많아졌다고 했다.

25 2022 한국공학대 ③

커피를 마시는 것의 효과에 대한 수백 건의 연구 결과가 일부는 암의 위험을 높인다고 하고, 일부는 암의 위험을 줄여준다는 주장을 하고 있으므로, 연구 결과가 '상반됨'을 알 수 있다. 따라서 ③이 정답으로 적절하다.

consumption n. 소비 bladder n. 방광 persistent a. 고집 센, 완고한; 영속하는 measurable a. 잴[측정할] 수 있는 contradictory a. 모순되는, 상반된 interchangeable a. 교체[교환]할 수 있는

커피를 마시는 것의 효과에 대한 수백 건의 연구가 있지만, 연구 결과는 종종 상반된다. 일부 연구는 커피 섭취가 방광암과 폐암의 위험을 높일 수 있다고 주장하고, 일부 연구는 다른 암의 위험을 줄일 수 있다고 주장한다.

01 ④	02 ④	03 ③	04 ①	05 ④	06 ①	07 ④	08 ③	09 ②	10 ③
11 ④	12 ④	13 ③	14 ①	15 ③	16 ④	17 ④	18 ④	19 ①	20 ①
21 ③	22 ③	23 ①	24 ②	25 ②					

01 2011 상명대   ④

영업 사원이 명함을 나눠주는 것은 고객을 끌어들이기 위함이다.

sales associate 영업 사원 elicit v. (정보·반응을) 끌어내다 illicit a. 불법의 elliptic a. (문장에서 단어가) 생략된 solicit v. 간청하다; 얻으려고 하다

그 영업 사원은 명함을 나눠주며 고객들을 끌기 위해 노력했다.

02 2014 명지대   ④

because 이하는 주절에 대한 이유이다. 종속절에서 그녀가 놀라운 예술가라고 했으므로, 주절은 그녀에게 존경이나 경의를 표해야 한다는 내용이 되는 것이 자연스럽다.

hyperbole n. 과장(법), 과장어구 hubris n. 지나친 자신, 오만 hindrance n. 방해, 장애 homage n. 존경, 충성

그녀는 매우 놀라운 예술가이기 때문에 우리는 그녀에게 경의를 표해야 한다.

03 2021 세종대   ③

'A, B, and C' 구조에서 A, B, C에는 의미나 속성이 유사한 표현들이 온다. 따라서 빈칸에는 '내부 지향적인', '변화에 적대적인'과 동일한 맥락으로 이어질 수 있는 표현이 들어가야 하겠는데, 특히 '변화에 적대적인'에 유의하면 '보수적인'이란 의미의 ③이 가장 적절함을 알 수 있다.

inward-looking a. 내향적인, 외계에 무관심한 hostile a. 적대적인, 호의적이지 않은 temperate a. (기후·계절 등이) 온화한; 삼가는; 절제하는 deciduous a. 낙엽성의 conservative a. 보수적인, 보수주의의 extrovert a. 외향적인; 사교적인

몇몇 사회는 절망스러울 정도로 보수적이고, 내부 지향적이고, 변화에 적대적인 것 같다.

04 2017 경기대   ①

As가 이유의 접속사로 쓰였으므로 종속절과 주절은 원인과 결과의 관계에 있다. 서점에 책이 나오게 되는 이유나 원인으로는 해당 원고의

출판이 결정되거나 받아들여진 상황이 적절하므로, 빈칸에는 ①이 들어가야 한다.

manuscript n. 원고; 사본, 필사본 publication n. 발표, 출판; 출판물 accept v. 받아들이다, 수납하다; 수락하다 except v. ~을 빼다, 제외하다 exclude v. 배척하다; 제외하다, 배제하다 ineligible a. (법적으로) 선출될 자격이 없는; 비적격의

그 원고는 출판을 위해 받아들여졌기 때문에 곧 서점에 나올 것이다.

05 2014 건국대   ④

주절에 부정적인 내용이 왔으므로 이러한 부정적인 결과를 초래할 수 있는 경우를 유추해야 한다. ①, ②, ③ 모두 빈칸에 들어가면 긍정적인 의미가 되므로 적절하지 않다. 따라서 '이성보다 욕망이 앞설 경우 치명적인 강박관념이 초래될 수 있다'는 의미를 만드는 ④가 정답으로 적절하다.

desire n. 욕구; 욕망 reason n. 이성 unleash v. (강력한 반응·감정 등을) 촉발시키다, 불러일으키다 deadly a. 치명적인, 심각한 obsession n. 강박관념, 망상 assist v. 원조하다, 돕다 facilitate v. 수월하게[편하게] 하다; 촉진하다 admire v. 칭찬하다, 감탄하다 overtake v. 따라잡다, 추월하다

욕망이 이성을 앞지르게 될 때 인간의 마음은 치명적인 강박관념을 촉발시킬 수 있다.

06 2018 서울여대   ①

앞에서 '의회의 5분의 1만이 선거로 선출될 것임'을 이야기했으므로, and 뒤에는 의회의 나머지를 선출하는 방법에 대한 내용이 이어져야 한다. 그러므로 '의회의 5분의 4는 정당에서 지명하는 방법을 통해 선출된다'는 내용을 만드는 ①이 빈칸에 들어가기에 적절하다.

chamber n. 응접실; 회관; 회의소; 의원(議院), 의회 appoint v. 지명하다; 임명하다 hail v. 환호하여 맞이하다, ~에게 인사하다 admonish v. 훈계하다, 타이르다 banish v. 추방하다; 내쫓다

새 의회의 5분의 1만이 국민들이 선출하고 나머지는 정당들이 지명할 것이다.

07 **2022 중앙대** ④

위기에 빠진 국가에서 국제 원조가 심지어 최소한(even minimal)이라 했으므로, 이와 유사한 맥락이 되도록 빈칸에는 '인색하다'는 의미의 ④가 들어가는 것이 적절하다.

crisis n. 위기, 난국 expenditure n. 지출, 소비 ebullient a. 패기만만한, 사기가 충천한 efficacious a. 효과적인 prodigal a. 방탕한, 낭비가 심한 parsimonious a. (돈에) 인색한

위기에 처한 국가들에 있어서, 국제 원조는 매우 인색하거나 심지어 최소한일 뿐이며 종종 군사 지출과 민간 지출 사이의 균형도 맞지 않는다.

---

08 **2018 한국외대** ③

첫 번째 문장은 무지로부터 의심이 생겨난다는 의미이므로, 의심을 없애기 위해서는 무지하지 않아야 한다고 말할 수 있다. 그런데 빈칸 앞에 '획득하다'라는 뜻의 동사가 주어져 있으므로, 빈칸에는 '무지'와 반대되는 의미를 가진 단어가 들어가야 할 것이다. 따라서 '지식'이란 뜻의 ③이 정답으로 적절하다.

ignorance n. 무지, (어떤 일을) 모름 suspicion n. 의심, 혐의 rid v. 면하게 하다; 제거하다, 없애다 procure v. 획득하다 conception n. 개념, 생각; 이해 artistry n. 예술적 수완[기교]; 예술적 효과 knowledge n. 지식; 학식 misgiving n. 걱정, 불안, 염려

무지는 의심의 어머니이다. 우리는 더 많은 지식을 획득함으로써만 우리 자신으로부터 의심을 없앨 수 있다.

---

09 **2019 경기대** ②

물고기를 잡는 기술이 부족한 사람도 송어를 쉽게 잡을 수 있었다면, 그 호수에는 그만큼 송어가 많았다는 게 된다. 그러므로 빈칸에는 '풍부하다, 많이 있다'라는 의미의 ②가 적절하다.

trout n. 송어 limited a. 한정된, 유한의 skill n. 숙련, 솜씨; 기술, 기능 rave v. 소리치다, 고함치다 abound v. (동물·문제 등이) 많이 있다; (장소 따위가 ~로) 그득하다, 풍부하다, 충만하다 mellow v. 익다, 원숙해지다 tamper v. 참견하다, 간섭하다

그 호수에는 송어가 너무나도 많아서 나처럼 물고기를 잡는 기술이 부족한 사람조차도 송어를 쉽게 잡을 수 있었다.

---

10 **2020 상명대** ③

사건현장을 목격한 행인들은 전문 저널리스트들에 비해 아마추어들이라 할 수 있으며 이런 아마추어들의 즉각적인 제보와 자료제공으로 뉴스기사 보도가 이루어지는 것이므로 아마추어 저널리즘이라 할 수 있다.

bystander n. 행인, 구경꾼, 방관자 witness v. 목격하다 broadcast n. 방송 scoop n. 최신[극비] 정보, (신문의) 특종 amateur n. 아마추어 source n. 근원; 출처, 정보원(原) investigative a. 연구의, 조사의

소셜 미디어는 아마추어 저널리즘의 부상(浮上)을 초래했다. 뉴스기사는 이제는 그 뉴스기사거리를 목격하는 행인들에 의해 최초로 전해진다.

---

11 **2013 서울여대** ④

종속절에서 경계하고 있는 성격의 행동을 못하도록 해야 할 것이며, 서두르는(in haste) 행동은 성급한(impetuous) 행동이라 할 수 있다.

curb v. 억제하다, 구속하다 forthright a. 똑바른, 솔직한 amicable a. 우호적인, 평화적인, 친근한 gallant a. 용감한 impetuous a. 성급한, 충동적인

서두르다가 그가 어떤 사람들을 불쾌하게 할 수 있다고 생각했기 때문에, 우리는 그의 성급한 행동을 억제하려 했다.

---

12 **2001 명지대** ④

나는 그가 범인이 아니라고 생각하는데, 경찰은 그가 범인이라고 생각하고 있다는 내용이다. 따라서 '경찰의 주장'에 대해 부정적인 입장이 되어야 한다. 그런데 doubt는 '~은 아니라고 의심하다'라는 의미이며, suspect는 '~인 것 같다는 의심을 갖다'라는 의미이므로, suspect가 빈칸에 들어가야만 앞서 언급한 의미를 만들 수 있다.

innocent a. 순진한; 결백한 confess v. 고백[자백]하다 admit v. 허가하다; 인정하다 deny v. 부정[부인]하다 doubt v. 의심하다, ~이 아니라고 생각하다 suspect v. 의심하다, ~일 것 같다고 생각하다

나는 그 남자가 그 아이를 죽였다고는 생각지 않는다. 그 사람은 너무나 결백해 보인다. 나는 경찰이 그에게 자백을 강요하지 않았을까 의심한다.

---

13 **2001 영남대** ③

빈칸 뒤의 'from A to B' 구문에서 소개된 물건들은 'manufactured products'의 예에 해당하는 것들이다. 그런데 ①이 쓰이면 '~로부터 …이 되도록 변화시키다'는 뜻이 되어 의미가 어색하고, ②가 쓰이면 '~에서 …로 보내다'는 뜻이 되어 부자연스러우며, ④가 쓰이면 '다르다'는 내용이 되어 의미가 어색해진다. 따라서 빈칸에는 ③이 쓰여 '~에 이르기까지 (다양한) 범위에 걸쳐 있다'는 뜻이 되어 구체적인 예를 나타내는 문장이 된다.

manufacture v. (대규모로) 제조하다; 생산하다 complicated a. 복잡한, 까다로운; 번거로운 transmit v. 보내다; 전하다 range v. 한 줄로 늘어서다; ~의 범위에 걸치다

대량 생산된 제품은 간단한 플라스틱이나 나무로 만든 물건에서부터 아주 복잡한 전자계산기에 이르기까지 다양하다.

14 2021 동국대   ①

두 문장이 역접의 연결사 but으로 이어지고 있다. 첫 번째 문장은 원격근무의 전환을 부정적으로 진술하고 있으므로, 뒤이은 문장에는 원격근무로의 전환이 긍정적으로 다루어질 것이라는 사실을 추론할 수 있다. 따라서 빈칸에는 ①이 들어가야 한다.

mandatory a. 의무적인, 법으로 정해진 disruptive a. 파괴적인; (활동 따위를) 방해[저해]하는 embrace v. 받아들이다; 포옹하다 reduce v. 줄이다, 감소하다 prevent v. 막다; 예방하다 replicate v. 복제하다

원격근무(재택근무)로의 의무적인 전환은 (업무를) 저해하는 것이었지만, 많은 회사가 이제 원격근무라는 개념의 장기적인 가치를 받아들이기 시작하고 있다.

15 2020 세종대   ③

술과의 싸움에서 이기지 못하는 것은 술을 마시지 않으려는 노력을 '성실히' 혹은 '열심히' 하지 않기 때문일 것이다.

sober a. 술에 취하지 않은, 맑은 정신의; 술을 안 마시는 arbitrary a. 임의의, 멋대로의; 독단적인 frigid a. 추운, 혹한의 earnest a. 성실한, 진지한, 열심인 deified a. 신성시된

마이크(Mike)는 한 주 내내 술을 마시지 않으려는 성실한 노력을 하지 않고 있기 때문에 술과의 싸움에서 이길 수 없다.

16 2016 국민대   ④

빈칸 다음에 오는 They는 변호사들을 가리키며, 이 변호사들이 의뢰인들에게 타협하여 합의에 도달하라고 권한다고 했으므로, 변호사가 의뢰인을 '협상이 진행되는 동안'에 돕는다고 해야 자연스럽다. 따라서 ④가 빈칸에 들어가야 한다.

lawyer n. 변호사 client n. 의뢰인 compromise v. 타협하다 prelude n. 전조; 전주곡, 서곡 paralysis n. 마비; 정체 negligence n. 부주의, 무관심 negotiation n. 협상, 교섭, 절충

변호사들은 협상이 진행되는 동안 의뢰인들을 돕는다. 변호사들은 종종 합의에 이르도록 타협할 것을 의뢰인들에게 권한다.

17 2005 아주대   ④

'중대한 범죄자가 되기 전에'라는 표현이 단서가 된다. 따라서 '비행을 저지르는 십대'라는 의미가 되도록 ④가 빈칸에 들어가는 것이 적절하다.

effective a. 효력이 있는; 효과적인 criminal n. 범죄자 delinquent a. 태만한; 사회 규범을 어기는, 비행을 저지르는

청소년 법정을 지지하는 사람들은 비행을 저지르는 십대들이 중대한 범죄자가 되기 전에 그들을 통제하는 효과적인 한 방법이 청소년 법정이라고 말한다.

18 2013 홍익대   ④

콜론(:)은 부연설명, 예시, 열거 등의 역할을 하므로, '금박을 입힌 천장, 화려한 샹들리에, 눈부신 전망'이 어떤 환경에 대한 예시나 부연설명에 해당하는지를 생각하면 된다. 이러한 것들은 모두 고급스럽고 화려한 것을 연상시키므로, 빈칸에 들어갈 적절한 표현으로는 '호화로운'을 뜻하는 ④가 적절하다.

impeccable a. 나무랄 데 없는; 완벽한 Michelin-starred a. 미슐랭 가이드(세계적 맛집 가이드)에서 별을 받은 gilded a. 금박을 입힌; 부유한 ceiling n. 천장; 상한, 한계; 최고 한도 ornate a. 화려하게 장식한; 화려한 spectacular a. 장관의; 화려한 aberrant a. 정도를 벗어난, 상도를 벗어난 evasive a. 도피하는; 포착하기 어려운 awry a. 구부러진, 비뚤어진 opulent a. 호화로운; 부유한

고객들은 금박을 입힌 천장, 화려한 샹들리에, 눈부신 전망 등의 호화로운 환경에서 완벽한 미슐렘 스타급의 서비스를 받으실 수 있습니다.

19 2013 서울여대   ①

학생 수가 2만 명이 넘는 대학의 수를 비교하고 있는 내용이다. 빈칸 뒤의 that figure는 앞 문장의 20,000 students를 가리키므로, 빈칸에는 앞 문장에 쓰인 more than의 의미를 자체에 내포하고 있는 표현이 들어가야 한다. 따라서 '능가하다, 앞지르다'라는 뜻의 ①이 빈칸에 적절하다.

figure n. 숫자; 모양; 사람 surpass v. 능가하다, ~보다 낫다 reinforce v. 강화하다, 보강하다 comprehend v. 이해하다 forsake v. 버리다, 포기하다

2차 세계대전이 끝났을 때는 미국에서 학생 수가 2만 명이 넘는 종합대학이 2개에 불과했으나, 지금은 그 수치를 뛰어넘는 단과대학만 해도 100개 이상이다.

20 2015 국민대   ①

두 번째 문장은 첫 번째 문장의 내용에 대한 부연설명에 해당한다. 첫 번째 문장에서 핵심이 되는 표현은 Reading이므로 빈칸에는 이것과 가장 밀접한 연관이 있는 단어가 들어가야 하며, ①이 이러한 조건에 부합된다.

emphasize v. 강조하다 literacy n. 읽고 쓰는 능력; 교육, 교양 soliloquy n. 혼잣말; 독백 exhortation n. 권고, 충고, 경고, 훈계 articulation n. 발언, 의견 표명

말콤 엑스(Malcom X)는 자신의 한 수필에서 "독서가 내 인생의 행로를 영원히 바꿔 놓았습니다."라고 적고 있다. 말콤 엑스의 말은 우리의 인생에서 글을 읽고 쓸 줄 아는 능력이 가진 가치를 강조하고 있다.

21　2020 광운대　③

consensus는 '(의견의) 일치'라는 뜻과 '여론'이라는 뜻으로 모두 쓰일 수 있으므로, ③이 정답이다.

as to ~에 관해 condition n. 상태, 조건 consistency n. 일관성 consensus n. (의견·증언 따위의) 일치; 합의; 여론 comparison n. 비교 correspondence n. 일치; 서신왕래

뉴스의 중요성에 관해 의견의 일치가 있었다.
그 프로젝트를 언제 그만두어야 할지의 문제는 여론으로 결정될 것이다.

22　2019 홍익대　③

상품 공급이 부족하다는 것은 공급이 수요에 비해 부족하다는 것이며, 이 경우에 가격이 오른다고 했다. 따라서 어떤 것의 가치가 증가하는 것은 그것을 찾는 수요에 비해 그것을 제공하는 '공급이 부족'할 경우임을 알 수 있으므로, ③이 정답이다

commodity n. 상품, 물품; 원자재 in short supply 공급이 부족한 drop n. 하락, 감소 demand n. 수요 obviously ad. 분명히, 확실히 abundant a. 풍족한, 많은 common a. 흔한 scarce a. 부족한 unique a. 유일한

상품 공급이 부족할 경우, 가격은 오른다. 그리고 수요가 하락할 때, 가격은 내려간다. 확실히 무언가가 부족할 경우, 그것의 가치는 그만큼 더 증가한다.

23　2020 수원대　①

여왕이 헌법과 국가에서 하나로 단결시켜주는 역할을 하면서도 정치적 논쟁에는 빠져있다고 했으므로, 실질적 권력과 거리가 먼 개념의 ①이 빈칸에 적절하다.

carry out 수행하다 duty n. 의무 constitution n. 헌법 ceremonial a. 의례의, 의전상의 executive a. 행정의 judiciary a. 사법의 ruling a. 통치하는

영국에서, 중요한 의전상의 의무를 수행하는 여왕은 정치적 논쟁을 벗어나 헌법과 국가 모두에서 '하나로 단결시키는 통합 요소'의 역할도 행한다.

24　2004 한양대　②

프로젝트가 취소되지 않으려면, 대책을 마련하여 문제를 해결해야 할 것이다. 빈칸 뒤에 주어져 있는 '새로운 계획(a new plan)'으로 미루어, '~을 제안하다, 생각해내다'는 뜻의 어구인 ②가 쓰여야 적절하다.

go back on (약속 등을) 취소[철회]하다 come up with ~을 따라잡다; ~을 제안하다 do away with ~을 폐지하다; 없애다 make away with 훔치다, 갖고 달아나다

그 프로젝트는 곤경에 빠졌다. 계획했던 것보다 비용이 더 들고 있었고 끝마치는 데도 너무 많은 시간이 걸리고 있었다. 디자인 팀원들은 새로운 계획을 내놓기로 마음을 먹었다. 그렇지 않으면 그 프로젝트는 취소될 것이다.

25　2014 한양대 에리카　②

'같은 디자인에 약간의 부적절한 변화만 준 것들로 보인다'는 말은 '별로 큰 차이가 없어 보인다'는 의미라 할 수 있다. 이러한 진술 후에 역접의 접속사 However가 있으므로, '실제로는 서로 다른 독특한 것들이다'라는 맥락이 되어야 한다. 따라서 정답은 ②가 된다.

uneducated a. 교육받지 않은, 무지의 lighthouse n. 등대 distinct a. 별개의, 다른; 독특한 irrelevant a. 부적절한; 무관계한 variation n. 변화, 변동; 편차 homogeneous a. 동종의, 동질의, 균질의 height n. 높이; 키 landscape n. 풍경, 경치; 전망 unique a. 유일무이한, 독특한 gloomy a. 음울한; 울적한 monotonous a. 단조로운; 한결같은, 변화 없는

문외한의 눈에는 모든 등대가 위치가 다름에도 불구하고 같은 디자인에 약간의 부적절한 변화만 준 것들로 보인다. 그러나 사실은 전혀 그렇지 않다. 높이에서부터 렌즈에 이르기까지, 각각의 등대는 그것을 둘러싸고 있는 풍경만큼이나 독특하다.

TEST 13

01 ②	02 ②	03 ①	04 ①	05 ④	06 ④	07 ②	08 ④	09 ①	10 ③
11 ③	12 ⑤	13 ②	14 ②	15 ②	16 ①	17 ①	18 ④	19 ④	20 ①
21 ①	22 ①	23 ①	24 ④	25 ①					

01 2001 전남대　　②

'형들의 나이가 22, 20, 18세로 모두 다르다'는 뜻이므로 '각각'의 뜻인 ②가 빈칸에 들어가기에 적절하다.

together ad. 함께; 동시에 respectively ad. 각각, 따로따로 reliably ad. 믿음직하게; 확실히 order n. 순서; 명령

나의 형들은 각각 22살, 20살, 그리고 18살이다.

02 1999 대구가톨릭대　　②

세미콜론(;) 뒤의 '믿고 있다고 말하는 것을 행한 적이 없다'라는 말은, '말과 행동이 다르다'는 뜻으로 해석할 수 있다. 따라서 빈칸에는 '위선자'라는 의미의 ②가 쓰여야 한다.

Christian n. 기독교도 hypocrite n. 위선자 critic n. 비평가, 평론가 hysteric n. 히스테리 환자

그는 정말 위선자다. 그는 자신이 믿고 있다고 말하는 것을 결코 행한 적이 없기 때문이다.

03 2021 세종대　　①

등위접속사로 연결된 표현들은 그 구조나 의미가 병치관계를 이루어야 한다. or 앞의 discovered the secrets of가 sailed to와 호응하고 있는 것처럼 빈칸에는 or 앞의 unknown과 호응할 수 있는 표현이 들어가야 하므로, unknown과 유사한 뜻을 가진 ①이 정답이 된다.

pessimist n. 비관론자, 염세주의자 uncharted a. 해도[지도]에 실려 있지 않은; 미지의 incorporated a. 법인조직의; 합병한; 주식회사의 subsequent a. 차후의; 다음의, 계속해서 일어나는 proprietary a. 소유자의; 재산이 있는; 독점의

현실을 비관하는 그 어떤 염세주의자도 미지의 별의 비밀을 발견하거나 지도에도 없는 땅으로 항해한 적은 없었다.

04 2011 서울여대　　①

꽃을 보낸 것은 어떤 감정에 의한 것이었을까를 생각하면 된다. '잘못을 깊이 뉘우치는'이란 의미의 ①이 가장 자연스럽다.

overcome v. 정복하다, 극복하다 contrite a. 죄를 깊이 뉘우치는 obdurate a. 완고한, 고집이 센 vulnerable a. 상처 입기 쉬운, (유혹·설득 따위에) 약한

잘못을 뉘우치는 감정에 못 이겨, 로저(Roger)는 그의 비서에게 장미 12송이를 보냈다.

05 2014 중앙대　　④

평생 동안 응원했다고 했으므로, 그가 '열혈' 팬임을 알 수 있다. 특정 팀에 대한 응원만을 고집한다는 의미에서, 빈칸에는 '완고한'이라는 의미의 ④가 적절하다.

root for 응원하다, 성원하다, 지지하다 diurnal a. 주간의, 낮의; 주행성의; 하루 동안의, 매일의 apathetic a. 무관심한, 냉담한 soporific a. 최면성의; 졸리는 hidebound a. 편협한, 완고한

브라이언(Brian)은 보스턴 레드삭스의 골수팬이다. 그는 평생 동안 그 팀을 응원해왔다.

06 2021 한국외대　　④

평상시와 달리 바닷물이 빠르게 빠지는 현상은 쓰나미가 '임박했음' 혹은 '곧 밀어닥칠 것임'을 알려주었을 것이다.

recede v. 물러가다, 약해지다 contingent a. ~의 여부에 따라; 우발적인 immanent a. 내재하는, 편재하는 imminent a. 목전의, 임박한

그 노인은 바닷물이 유난히 빠르게 물러가는 것을 보고난 후에 쓰나미가 임박했음을 깨달았다.

07 2021 국민대　　②

가난하면 아이들이 영양실조에 걸려 죽게 될 것이므로 빈칸에는 전치사 to와 함께 '~에 굴복하다; 죽다'라는 의미의 ②가 들어가야 한다.

malnutrition n. 영양실조 deprivation n. 박탈; 상실; 궁핍, 빈곤 aspire v. 열망하다, 갈망하다 succumb v. 굴복하다, 굽히다; (병·부상·노령 등으로) 쓰러지다, 죽다 compromise v. 타협하다, 절충하다 overwhelm v. 압도[제압]하다

여성들은 자녀들이 가난과 경제적 궁핍으로 영양실조에 걸려 죽는 모습을 지켜보고 있다.

08 **2021 덕성여대** ④

호킨스처럼 존경을 받는 현대 과학자는 없다고 했으므로 호킨스가 그의 분야에서 가장 뛰어나다고 할 수 있다. 따라서 빈칸에는 '뛰어난, 탁월한'의 뜻의 ④가 적절하다.

contemporary a. 동시대의; 현대의, 당대의 command v. (동정·존경 등을) 얻다, 모으다 respect n. 존경 disparage v. 깔보다, 얕보다 ignominious a. 수치스러운, 불명예스러운 anachronistic a. 시대착오의 preeminent a. 뛰어난, 탁월한, 출중한

호킨스(Hawkins)는 그의 분야에서 탁월하다. 다른 어떤 현대 과학자도 그와 같은 존경을 받지 못한다.

09 **2011 경기대** ①

단어의 정의에 관한 문제로, 한 지역이나 국가에서 가장 널리 사용되는 언어는 '자국어(vernacular)'이다.

vernacular n. 자국어; 지방어, 사투리 gibberish n. 영문 모를 말, 횡설수설 oracle n. 신탁(神託); 계시 jargon n. 은어; 전문어; 종잡을 수 없는 말

한 지역 또는 국가에서 일반적인 사람들에 의해서 가장 널리 사용하는 언어는 자국어이다.

10 **2021 덕성여대** ③

'애초에 한 적도 없는 일에 대해 부당한 의심을 받다'는 말을 통해 그런 '혐의에 대한 주장(allegation)'이 '잘못된' 것임을 추론할 수 있다.

allegation n. (증거 없이 누가 부정한 일을 했다는) 혐의, 주장 unfairly ad. 부당하게 suspect v. 의심하다 in the first place 우선, 먼저 factual a. 사실에 기반을 둔 fiscal a. 국가 재정의 fallacious a. 잘못된, 틀린 focus v. 집중하다

샘(Sam)의 잘못된 주장의 결과로, 리사(Lisa)는 실제로 애초에 한 적도 없는 일에 대해 부당하게 의심을 받았다.

11 **2022 덕성여대** ③

다른 사람의 견해를 공격하는 성향과 가장 관련 깊은 표현은 '대립을 일삼는'이라는 의미의 ③이다.

notoriously ad. 악명 높게, 주지의 사실로서 presenter n. (라디오·텔레비전 프로 각 부분의) 진행자[사회자] understanding a. 사려 분별이 있는 restrained a. 삼가는; 자제하는 confrontational a. 대립을 일삼는 tender a. 부드러운; 미숙한, 유약한

시청자들은 대립을 일삼기로 악명 높은 그 진행자가 초대 손님의 정치적 견해를 공격하기 시작했을 때 놀라지 않았다.

12 **2006 숙명여대** ⑤

문두의 Bought and sold라는 표현으로 미루어, 빈칸에는 '사고 팔 수 있는 물건'을 의미하는 표현이 들어가야 한다. '상품(commodities)'이라는 의미의 ⑤가 가장 적절하다.

prostitute n. 매춘부, 창녀 sweatshop n. (저임금으로 노동자를 혹사시키는) 착취 공장 servant n. 고용인, 하인; 부하 jewel n. 보석 invaluable a. 값을 헤아릴 수 없는, 매우 귀중한 commodity n. 상품

마치 상품처럼 사고 팔리는 아이들은 군인, 매춘부, 공장 인부, 하인이 될 수밖에 없다.

13 **2015 가톨릭대** ②

운명을 변화시키려는 시도를 거부한 것은 자신의 운명이 '피할 수 없는' 것이라고 느꼈기 때문일 것이다. 따라서 빈칸에는 ②가 적절하다.

lot n. 운, 운명(= fate) tangible a. 만져서 알 수 있는, 확실한 ineluctable a. 피할 수 없는, 불가피한 meandering a. 종잡을 수 없는; 두서없이 이야기하는 equivocal a. 확실치 않은; 어정쩡한

긴 여행을 통해 그 영웅은 자신의 운명이 피할 수 없는 것이라고 느꼈고 자신의 운명을 변화시키려는 그 어떤 시도도 거부했다.

14 **2010 이화여대** ②

not A but B 구문이 쓰였다. 독창적인 생각을 내보이지 못했다면, 다른 사람들의 생각을 재탕 삼탕하여 자신의 것인 양 했을 것이다.

propound v. 제출하다, 제의하다 invention n. 발명, 창출; 발명품 reiteration n. 반복 rejection n. 거절, 거부 enlightenment n. 계발, 계몽, 교화

그 작가는 자신의 독창적인 생각이 아니라 그의 독자들에 의해 제기되어 왔던 생각을 반복하는 것으로 유명했다.

15 **2022 수원대** ②

핵가족이라는 새로운 가족 형태를 '태어나게, 생겨나게(come into being)' 한 원인이 산업화에 따른 사회적 압력이었다면, 핵가족은 사회적 압력의 '결과로서(as the result of)' 생겨난 것이라고 말할 수 있을 것이다.

nuclear family 핵가족 come into being 태어나다, 생성[설립]되다 a couple of 둘의, 두 사람의; 두서너 개의 societal a. 사회의 pressure n. 압력, 압박 shift n. 변화, 이동 feudalism n. 봉건 제도 industrialism n. 산업주의 despite prep. ~에도 불구하고 regardless of ~에 상관없이 in comparison with ~에 비해서

전통적인 핵가족은 200여 년 전에 봉건주의에서 산업주의로 이행하는 동안 사회적 압박의 결과로 생겨났다.

16 2013 가톨릭대 ①

to produce 이하가 교사의 역할이라 할 수 있는데, 똑똑하고 훌륭한 인재를 길러내는 것은 매우 의미 있는 일이라 할 수 있으므로, 빈칸에 적절한 형용사는 ①이 된다.

inherent a. 본래의, 타고난 invaluable a. 값을 헤아릴 수 없는; 매우 귀중한 spiteful a. 원한을 품은 dubious a. 의심스러운 disparate a. (본질적으로) 다른, 공통점이 없는

선생님들은 아이들의 삶에서 매우 귀중한 역할을 하며 총명하고, 훌륭한 인재를 배출해 내는 데 있어 본질적인 신뢰를 받는다.

17 2014 서울여대 ①

중국과 인도라는 두 거대 시장으로의 접근성을 확보해주는 지리상의 이점이 있다고 했는데, 이것은 긍정적인 평가이므로, 버마가 세계에서 마지막으로 남은 미개척 시장으로 '선전되고' 있다고 해야 자연스러운 흐름의 문장이 된다.

virgin a. 자연 그대로의, 쓰인 적이 없는 ensure v. 보장하다 access n. 접근 tout v. (사람·물건을) 과대 선전[추천]하다 rebuke v. 몹시 비난하다, 질책하다 spurn v. 퇴짜 놓다, 일축하다 alienate v. ~와 소원하게 하다

버마는 인도와 중국 사이에 위치하여 그 위치가 두 거대한 시장으로의 접근성을 확보해주는 세계에서 마지막으로 남은 미개척 시장이라고 요란하게 선전되고 있다.

18 2013 가톨릭대 ④

두 번째 문장의 '만일 그렇다면'은 '만약 정직이 풍요로운 재산이라면'이라는 의미이다. 따라서 일련의 사람들이 재산을 낭비했다는 것은 결국 정직하지 못한 행동을 했다는 것이 된다. 선택지 가운데 '정직하지 않은 것'과 관련된 표현은 ④이다.

legacy n. 유산 cleric n. 성직자, 목사 squander v. (시간·돈 따위를) 낭비하다, 헛되이 쓰다 high-profile a. 세간의 이목을 끄는 retraction n. 취소, 절회(성명) confession n. 고백, 실토 allegation n. 주장, 진술 deception n. 사기, 속임

"정직만큼 풍요로운 유산은 없다."라고 셰익스피어(Shakespeare)는 우리에게 말한다. 만약 그렇다면, 정치인, 기자, 성직자, 그리고 회사의 경영자들은 최근 세간의 이목을 끄는 많은 사기 사건에서 재산을 낭비한 셈이다.

19 2015 국민대 ④

중국 소비자와 서양 소비자를 비교해야 하므로, 빈칸에는 '서양에서 중국 소비자와 동일한 지위나 역할을 갖고 있는 사람들'의 의미를 나타낼 수 있는 표현이 들어가야 한다. 그러므로 '다른 장소나 상황에서 어떤 사람 혹은 사물과 동일한 지위나 기능을 갖는 상대', '대응 관계에 있는 사람이나 대상'이란 의미를 갖고 있는 ④가 빈칸에 적절하다.

appetite n. 식욕; 욕구 cooperator n. 협력자, 협동조합원 conspirator n. 공모자 co-worker n. 동료, 함께 일하는 사람 counterpart n. 상대, 대응 관계에 있는 사람[것]

사치품 제조업체들은 오랫동안 중국 소비자들을 가치 있게 여겨왔는데, 이는 중국 소비자들의 사치품에 대한 욕구가 대단히 클 뿐만 아니라 그들이 서양 소비자들 이상으로 기꺼이 많은 돈을 지불하려 하기 때문이다.

20 2017 숭실대 ①

'모범생의 선한 영향 vs. 문제아의 나쁜 영향'의 구도로 볼 때 빈칸에는 '문제아가 모범생에게 미치는 나쁜 영향'과 관련된 표현이 들어가는 것이 적절하다. lead a person astray는 '~를 타락시키다'는 뜻이므로 ①이 정답이 된다.

decent a. 품위 있는, 예의 바른, 단정한 befriend v. 친구가 되어주다 troubled kid 어려움에 처한 아이; 문제아 astray a. 길을 잃고[잃은]; 정도(正道)를 벗어난; 못된 길에 빠진

방과 후 특별활동의 교훈이 내 마음속에 재연된다. 모범생(DK)이 문제아(TK)의 친구가 되었을 때, 어떻게 되었는가? 모범생이 문제아에게 좋은 영향을 미쳤는가, 아니면 문제아가 모범생을 타락시켰는가?

21 2011 동국대 ①

빈칸 다음 문장에서 '점점 많은 외국 기업들이 세계의 작업장인 중국에서 (기업을) 운영하고 있다'고 했으므로, 중국의 견실한 경제는 외국인 투자에 의해 '힘입었다'고 볼 수 있다.

robust a. 강건한; 확고한 fuel v. ~에 활기를 불어넣다; 지지하다 foil v. 실패[좌절]시키다 accumulate v. 축적하다, 모으다 aggravate v. 악화시키다; 격분하게 하다

중국은 미국에 뒤이어 세계에서 두 번째로 큰 경제 대국이다. 중국의 견실한 경제 성장은 주로 외국인들의 투자에 의해 힘입었다. 점점 많은 외국 기업들이 세계의 작업장인 중국에서 (공장을) 가동하고 있다.

22 2022 숭실대 ①

그것은 재난을 겪은 후의 정비 작업을 위해 마을을 확장하고 형태를 갖추게 하는 것을 의미할지도 모른다고 했으므로, 이는 집, 교통 및 기반시설이 더위, 비, 가뭄과 같은 재해를 당한 후에 원래의 상태를 되찾을 수 있도록 회복시키는 것이라고 볼 수 있다. 따라서 재난에 대해 회복력 있게 만든다는 뜻이 되도록 ①이 빈칸에 들어가는 것이 적절하다.

resilient a. (충격·부상 등에 대해) 회복력 있는 hazardous a. 위험한, 모험적인 vulnerable a. 약점이 있는; 공격받기 쉬운 acerbic a. 거친, 신랄한

주택과 교통과 기반시설을 더위와 비와 가뭄에 훨씬 더 회복력이 있도록 만드는 것은 많은 비용이 드는 노력을 의미할 것이다. 그것은 또한 재난을 겪은 후의 정비 작업을 위해 우리 마을을 확장하고 형태를 갖추게 하는 것을 의미할지도 모른다.

23 2022 한국공학대 ①

주어인 the simple, ideal diet가 "농부의 식단"이라고 불린다고 했으므로, countries를 수식하는 형용사는 peasant와 자연스럽게 어울려야 한다. 따라서 '농업의'라는 의미의 ①이 빈칸에 적절하다. 마지막 문장에서 식이요법에 포함되는 음식들도 대부분 농사를 통해 얻을 수 있는 것들이다.

peasant n. 소작농, 농부 cuisine n. 요리법, 요리 grain n. 곡물 legume n. 콩과 식물 agrarian a. 농민의; 농업의 populous a. 인구가 많은 commercial a. 상업의 industrialized a. 산업화된

종종 "농부의 식단"이라고도 불리는 소박하고 이상적인 식단은 상대적으로 가난한 농업 국가의 전통적인 요리이다. 그 식단은 일반적으로 곡물(쌀, 밀, 옥수수), 과일과 채소, 소량의 고기, 계란 또는 유제품 그리고 콩과 식물 등을 기본으로 한다.

24 2014 한국항공대 ④

'보이지 않는 손(invisible hand)'은 아담 스미스가 주장한 것으로, 정부의 개입보다는 정부의 불개입[방임]을 선호하는 주장에서 쓰인다. 이 보이지 않는 손이 '강력하다'라는 말 다음에 but이 나왔으므로, but 이하는 강력하긴 해도 이 능력에 한계가 존재한다는 흐름이 되어야 적절하다. 빈칸 앞에 부정어 not이 있으므로, '전능한'이란 의미의 ④가 들어가야만 앞서 언급한 의미를 만들 수 있다.

invisible hand 보이지 않는 손(자기 이익 추구가 보이지 않는 손에 의해서 사회 전체의 이익과 연결됨) broad a. 폭이 넓은; 광범위한, 넓은; 명백한 intervene in ~에 개입하다, 끼어들다 ominous a. 불길한, 험악한 omnivorous a. 무엇이나 먹는, 잡식성인; 모든 것에 흥미를 보이는 omni-layered a. 모든 층의 omnipotent a. 전능한, 만능의

우리에게 정부가 필요한 또 다른 이유가 있다. 보이지 않는 손은 강력하지만, 만능은 아니라는 것이다. 정부가 경제에 개입해야 하는 두 가지 명백한 이유가 있다. 능률을 향상시키고 평등을 증진하는 것이다.

25 2020 홍익대 ①

의미가 본질적으로 언어적이지 않다는 것은 의미 형성이 언어에 전적으로 종속돼 있지는 않다는 것을 의미한다. 따라서 빈칸에는 ①이 적절하다.

image schema 이미지 스키마(인지 언어학의 기본 개념으로, 개념 체계의 근본이 신체 활동과 사회적 경험에서 비롯된다는 경험주의적 입장을 보임) spatial relation 공간 관계 conceptual a. 개념상의 metaphor n. 은유 linguistic a. 언어의, 언어학의 per se 그 자체로서, 본질적으로

이미지 스키마, 공간 관계, 개념적 은유, 그리고 신체를 기반으로 하는 또 다른 종류의 의미는 그 자체로 언어적이지는 않다. 따라서 의미는 본질적으로 언어적이기만 한 것은 아닌데, 왜냐하면 언어에 의존하지 않는 형태의 의미 형성도 많이 있기 때문이다.

TEST 14

01 ①	**02** ②	**03** ③	**04** ④	**05** ④	**06** ④	**07** ③	**08** ③	**09** ③	**10** ③
11 ④	**12** ④	**13** ②	**14** ③	**15** ③	**16** ④	**17** ①	**18** ①	**19** ②	**20** ①
21 ②	**22** ①	**23** ④	**24** ②	**25** ③					

01 2010 국민대   ①

시간이 흐름에 따라 기억이 흐릿해져 가면, 결국에는 기억이 사라지는 상태인 '망각'에 도달할 것이다.

fade v. 서서히 사라지다, 점점 희미해지다 oblivion n. 잊혀짐, 망각 ambiguity n. 애매모호함 improvement n. 개량, 향상 realization n. 깨달음; 실현

시간이 흐름에 따라 기억은 망각 속으로 희미해져 갔다.

02 2021 세종대   ②

석조건물은 철근이나 철골처럼 건물을 강하게 지지해주는 구조물이 없으므로 지진이 발생할 시에 피해가 더 클 것이다. 그러므로 빈칸에는 '취약한'이란 뜻의 ②가 적절하다.

unreinforced a. (보강재·버팀목 따위로) 보강되지 않은 masonry n. 석공기술, 석조건축, 벽돌공사 oblique a. 비스듬한, 기울어진; 완곡한 vulnerable a. 취약한, 연약한 suspensible a. 매달 수 있는: 부동성(浮動性)의; 일시중지할 수 있는 deprived a. 혜택 받지 못한, 가난한, 불우한

보강되지 않은 석조건물은 지진에 취약하다.

03 2011 성균관대   ③

앞에 '직장과 집을 잃었다'는 내용이 있고, 빈칸 앞에 '마침내'라는 표현이 있으므로, 빈칸 이하는 '결국에는 길거리에서 살게 됐다'는 의미가 되는 것이 적절하다. 'wind[end] up ~ing'는 '~하는 것으로 끝나다'의 의미를 갖고 있으므로, 빈칸에는 ③이 와야 한다.

eventually ad. 마침내, 드디어 wind[end] up ~ing ~하는 것으로 끝나다

리처드(Richard)는 직장과 집을 잃었고 결국에는 길거리에 나앉는 신세가 되었다.

04 2009 강남대   ④

물건을 사면 돈을 지불하는 것이 상식적인 일이므로, 돈을 지불하지 않고 그냥 나온 것은 '무심코 저지른' 행동이라고 생각할 수 있다.

legitimately ad. 합법적으로 proudly ad. 거만하게, 자랑스럽게 imperatively ad. 명령적으로; 단호하게 inadvertently ad. 우연히; 부주의하게

나는 휴대용 컴퓨터를 사고는 무심코 돈을 지불하지 않은 채 가게를 나왔다.

05 2000 건국대   ④

even though는 양보절을 유도하므로, 종속절과 주절의 내용은 상반되어야 한다. '비록 어떤 점이 잘못되었는지 증명하기는 어렵지만, 그 과학자의 주장들 가운데 분명히 잘못된 것이 있다'는 뜻이 되어야 할 것이므로 ④가 정답이 된다.

false a. 그릇된, 틀린 support v. 지탱하다; 지지하다 disclose v. 드러내다; 폭로하다 disprove v. ~의 반증을 들다, 논박하다, ~의 그릇됨을 증명하다

논박하기가 매우 어렵긴 하지만, 그 과학자의 주장들 중 어떤 것들은 분명히 잘못됐다.

06 2016 중앙대   ④

종속절과 주절이 인과관계를 이루고 있으므로, 빈칸에는 고용주들이 그의 업무에 불만을 제기할 수 없는 이유가 되기에 적절한 단어가 들어가야 하며, 따라서 '근면 성실한'이란 뜻의 ④가 가장 적절하다.

derelict a. 버려진, 유기된; 태만한 dilatory a. 느린, 더딘, 꾸물거리는 asinine a. 나귀 같은; 터무니없는; 어리석은 assiduous a. 근면 성실한, 열심인

그는 자신의 직무를 수행하는 데 성실하였으므로, 그의 고용주들은 그의 업무에 불만을 제기할 수 없었다.

07 2017 서강대   ③

'신앙의 문제들을 숙고하는 것(pondering questions of faith)'은 말 그대로 진지하고 엄숙한 분위기로 기울어지기 쉬운데, 이럴 때 함께 노래하면 좀 더 '즐겁고 재미있게(entertaining)' 신앙에 대해 생각할 수 있을 것이므로 ③이 적절하다.

ponder v. 숙고하다 standardized a. 표준화된, 획일적인 abstemious a. 자제하는, 금욕적인 entertaining a. 재미있는, 즐거움을 주는 conscientious a. 양심적인, 성실한

함께 노래하는 것은 사람들에게 신앙의 문제들을 좀 더 즐거운 방식으로 숙고할 수 있는 수단을 제공한다.

08 2022 경기대 ③

'대금 지불과 재산 몰수, 둘 중 하나를 선택하라는 것'은 '최종적인 요구를 제시하여 그것이 수락되지 않으면 실력행사를 하겠다는 뜻을 밝히는 일'이므로, '최후통첩'의 의미를 가진 ③이 빈칸에 적절하다.

forfeit v. 몰수[박탈]당하다 property n. 재산, 자산 alteration n. 변경 impetus n. 힘, 추진력 ultimatum n. 최후통첩 expedient n. 수단, 방편; 편법

수금 대행업체는 대금 지불과 재산 몰수 중에 선택하라는 최후통첩을 그 남자에게 보냈다.

09 2022 서울여대 ③

법의 개정은 법의 제정 '이후에' 이뤄지는 것이므로 빈칸에는 ③이 적절하다.

bilingual a. 두 나라 말을 하는 amend v. (의안 등을) 수정하다, 개정하다; 고치다 simultaneously ad. 동시에 spontaneously ad. 자발적으로 subsequently ad. 그 후에, 이어서 redundantly ad. 장황하게

의회는 1968년에 이중 언어 교육법을 통과시켰고 그 후에 여러 차례에 걸쳐서 그 법을 개정했다.

10 2022 한국공학대 ③

주절에서 그의 이상한 행동을 이해하려 노력해야 한다고 했으므로, 그가 이상한 행동을 하는 이유가 이해하기 어려운 것이라고 볼 수 있다. 빈칸 앞에 '모호한'이란 의미의 vague가 있으므로 문맥상 이와 연결될 수 있는 비슷한 의미의 형용사인 ③이 빈칸에 적절하다.

intimate a. 친밀한; 사적인 imminent a. 금방이라도 닥칠 듯한, 목전의, 임박한 intangible a. 무형의; 파악할 수 없는, 막연한, 불가해한 intensive a. 집중적인, 철두철미한

그가 이상한 행동을 하는 이유가 아무리 모호하고 불가해할지라도, 우리는 그것을 이해하려고 노력해야 한다.

11 2015 경기대 ④

매우 가난한 이들을 도와주었다면, 그 사람의 마음은 타인을 배려하고 아끼는 마음으로 가득 차 있었을 것이다. 그러므로 빈칸에는 '테레사 수녀의 마음속이 사랑으로 가득 차 있었다'는 의미가 되도록 '축적', '저장', '저장 장소' 등의 뜻을 가진 ④가 들어가야 한다.

disposal n. 처분, 처리; 양도, 매각 emulation n. 경쟁, 경쟁심; 대등하게 되려고 본뜸 petition n. 청원, 탄원, 진정 reservoir n. 저수지, 저장소; 저장, 축적

가장 가난한 사람들을 도와주었던 테레사 수녀(Mother Teresa)는 마음속이 사랑으로 가득 차 있던 분이셨다.

12 2006 광운대 ④

by 이하는 '손을 사용하는 재래식 직조기술의 근간을 무너뜨릴 만한 원인'이 되어야 한다. 따라서 기계화된 공장 직조기의 '출현(advent)'이 이에 해당될 것이다.

loom n. 베틀, 직기 weaving n. (옷감 따위를) 짜기, 뜨기 eradicate v. 근절하다, 박멸하다 departure n. 출발; 이탈 annihilation n. 전멸 termination n. 종료, 결말 advent n. 도래(到來), 출현

손을 사용하는 전통적인 직조기술은 기계화된 공장 직조기의 출현으로 인해 완전히 사라졌다.

13 2016 한국외대 ②

보편교육이 모든 인위적인 불평등을 '제거한다'고 했으므로, 빈칸에도 같은 맥락으로 모든 형태의 계급제도를 '타파한다(overthrow)'고 해야 적절하다.

destine v. 예정하다 hierarchy n. (사회나 조직 내의) 계급제도 uphold v. 옹호하다 overthrow v. 타도하다 preserve v. 보존하다 disguise v. 변장하다

보편교육은 모든 형태의 계급제도를 타파하고 모든 인위적인 불평등을 제거하게 될 힘이다.

14 2014 동덕여대 ③

'in his own + 빈칸' 부분과 'from posterity'가 대조를 이루고 있다. 따라서 빈칸에는 미래의 의미가 내포돼 있는 posterity와 대비되는 과거 혹은 현재와 관련된 시간적 의미를 가진 단어가 와야 한다. age에는 '나이, 연령'이라는 뜻 외에 '시대, 시기'라는 의미도 있으므로 정답으로 가장 적절하다.

win honor 명예[명성]를 얻다 have a chance of ~의 가능성이 있다 posterity n. 후세, 후대; 자손 in one's own right 자신의 권리로, 부모에게서 물려받아

자기 시대에 명성을 얻지 못하는 사람은 후대로부터도 명성을 얻을 가능성이 매우 적을 것이다.

15 2014 건국대 ③

두 사람 사이에 강한 유대감이 형성되기 위해서는 서로의 차이를 '인정하거나 받아들이는' 일이 선행되어야 할 것이다. 따라서 ③이 적절하다.

discover v. 발견하다; 알다, 깨닫다 bond n. 유대, 인연; 속박 condemn v. 비난하다; 유죄 판결을 내리다 deride v. 조소[조롱]하다 embrace v. 포옹하다; (생각·제의 등을) 기꺼이 받아들이다, 수용하다 aggravate v. 악화시키다

낸시(Nancy)와 헤더(Heather)는 서로의 차이를 포용하는 방법을 깨달았고 그 두 여성 사이에는 강한 유대감이 생겨났다.

16 2022 홍익대   ④

누가 승리하든 상관하지 않는 것 같다는 것은 결국 선거결과에 대해 '무관심하다'는 것이다.

poll n. 투표; 여론조사 indicate v. 가리키다, 지적하다, 보이다 prospective a. 예기되는; 장래의 voter n. 투표자; 유권자 special election 보궐선거 senator n. 상원 의원 enthusiastic a. 열광적인 pristine a. 옛날의, 원시시대의 acclaimed a. 칭찬[갈채, 환호, 호평]을 받고 있는 apathetic a. 냉담한; 무관심한

여론 조사에 따르면, 조지아(Georgia)주의 상원의원을 선출하기 위한 보궐선거에 참여하게 될 많은 예비 유권자들은 선거결과에 대해 무관심하다. 그들은 누가 승리하든 상관하지 않는 것 같다.

17 2015 고려대   ①

아동의 구매력이 커지고 그들의 소비 영향력이 커졌다면, 아동을 대상으로 하는 광고도 당연히 그 수가 늘어날 것이다.

reflect v. 반영하다, 나타내다 buying power 구매력 surge n. 급증, 급등 declivity n. 내리받이, 내리막길 setback n. 차질, 좌절, 방해 lull n. (활동 사이의) 잠잠한 시기, 소강상태

학교에서 광고가 급증하고 있음은 아동의 구매력이 증가하고 그들이 가족 소비에 미치는 영향력이 점점 커지고 있음을 반영한다.

18 2014 중앙대   ①

점심치고는 상당히 많은 양의 식사를 한 것으로 보아, 그녀는 이탈리아 음식에 대해 '식탐이 많은' 혹은 '게걸스러운' 면이 있다고 볼 수 있다.

rigatoni n. 리가토니(바깥쪽에 줄무늬가 있는 튜브 모양의 파스타) meatball n. 고기 완자, 미트볼 serving n. (음식의) 1인분 gluttonous a. 게걸들린; 탐욕스러운, 욕심 많은 crestfallen a. 풀이 죽은, 의기소침한 abstemious a. (음식·술·오락을) 자제하는 nefarious a. 범죄의; 비도덕적인; 사악한, 흉악한

특히 이탈리아 음식에 관해서라면 게걸스러워서, 그레이스(Grace)는 1파운드의 리가토니, 7개의 고기 완자, 3색 샐러드 2인분을 점심으로 먹었다.

19 2014 한국외대   ②

경제 성장에 대한 전망을 연초에는 밝게 내다 봤으나, 실제 결과는 그에 크게 못 미치는 상황이다. 이것은 '기분을 좋지 않게 만드는' 결과이므로 빈칸에는 ②가 들어가는 것이 적절하다.

forecast n. 예상, 예측 robust a. 튼튼한, 강건한; 확고한 plausible a. (이유·구실 따위가) 그럴듯한, 정말 같은 dismal a. 음울한; 황량한, 쓸쓸한 emphatic a. 어조가 강한; 명확한 inevitable a. 피할 수 없는, 필연적인

2013년에 경제는 불과 0.7%의 성장률을 보였는데, 이는 연초부터 경제 성장이 힘차게 이뤄질 것이라는 여러 전망 이후에 나온 암울한 결과이다.

20 2018 경기대   ①

until 이하에서 and 앞의 절은 and 뒤의 절과 인과관계에 있다. 지팡이와 같은 것들을 버팀목으로 사용해야 하는 결과를 초래할 수 있는 것은 우리 몸의 뼈대가 나빠질 경우라 할 수 있을 것이므로, 빈칸에는 '(질·가치가) 떨어지다, 악화되다'라는 의미의 ①이 들어가야 한다.

barring prep. ~이 없다면, ~을 제외하고는 structure n. 구조, 구성, 뼈대, 체계 prop up 버티다, 버팀목을 대다 cane n. 지팡이 deteriorate v. (질·가치가) 떨어지다, 악화되다, 저하하다 fortify v. 강하게 하다, 튼튼히 하다 rehabilitate v. 원상태로 되돌리다, 복원하다 ripen v. 익다, 원숙하다

질병에 걸리지 않는다면, 노화로 뼈대가 나빠져서 지팡이 같은 것들로 몸을 받쳐 주어야 할 때까지 우리는 평생 똑바로 선 채로 걷는다.

21 2018 국민대   ②

첩보소설에 묘사될 만한 내용은 '간첩(스파이) 행위'일 것이다.

a.k.a. ~라고도 알려진(= also known as) footage n. 장면 espionage n. 간첩(스파이) 행위 leverage n. 지렛대 사용, 영향력 pilgrimage n. 순례, 성지 참배

1964년, 존 르 카레(John le Carré)라고도 알려져 있는 데이비드 콘웰(David Cornwell)은 <혹한에서 온 스파이(The Spy Who Came In From the Cold)>라는 제목의 첩보소설을 썼으며, 그것이 그 후에 나온 모든 스파이 행위의 묘사를 결정지었다.

22 2011 경희대   ①

Hunter를 수식하는 carefree나 fashion-loving은 Elizabeth를 수식하는 starchy와 대조를 이루므로, Hunter는 Elizabeth를 대체할 수 있는 전혀 새로운 성격의 인물이라 할 수 있다. 그러므로 빈칸에는 '상대되는 것, 정반대의 것'이라는 의미를 가진 ①이 들어가야 한다.

extramarital a. 혼외(婚外)의; 간통의 carefree a. 낙천적인, 걱정이 없는 clutch n. (꽉) 붙잡음 starchy a. 풀을 먹인; 뻣뻣한; 격식을 차리는, 고지식한 obverse n. 동전의 앞면; 대응, 반대 derivative n. 파생물; 파생어 dupe n. 봉, 허수아비 stereotype n. 고정 관념, 상투 문구

에드워즈(Edwards)가 2006년에 낙천적이고 패션을 좋아하는 헌터(Hunter)와 혼외정사를 시작하고 나서, 그의 정신적 통제력은 완전히 무너졌다. 헌터는 그의 고지식한 아내 엘리자베스(Elizabeth)와 정반대의 인물이었다.

23 2018 한국공학대 ④

어떤 행위의 적절성을 판단하여 지시하는 사람에 해당하는 표현이 빈칸에 들어가야 하므로, '(어떤 분야의) 권위자, 전문가'를 의미하는 ④가 정답이다.

dictate v. 구술하다; 명령하다, 지시하다 guise n. 외관; 옷차림, 모습; 변장, 가장 guard n. 경호원; 경계, 감시 guru n. (어떤 분야의) 권위자, 전문가, 지도자

특정한 스타일을, 패션 전문가들이 적절하다고 말할 때만이 아니라, 항상 고집하는 사람들이 있다. 특정 음악의 팬들은 항상 그 음악에 어울리는 옷을 입는다.

24 2014 건국대 ②

'남자는 종마, 수사슴, 늑대로 부르는 반면 여자는 새끼고양이, 토끼, 비버 등으로 부른다'고 했는데, 이는 표현하고자 하는 대상을 다른 대상에 빗대어 표현하는 '은유법(metaphor)'이므로 빈칸에는 ②가 적절하다.

illustrate v. 설명하다, 예증하다 expectation n. 기대, 예상 fable n. 우화(偶話), 교훈적 이야기 metaphor n. 은유 designation n. 지명, 지정; 명칭 superiority n. 우월, 우위

동물 은유표현은 남자와 여자에 대한 서로 다른 기대를 보여준다. 남자는 종마, 수사슴, 늑대로 불리는 반면 여자는 새끼고양이, 토끼, 비버, 새, 병아리, 양 등으로 불린다.

25 2020 아주대 ③

which의 선행사는 process information more abstractly이다. 정보를 처리한다는 것은 우리의 사고 작용을 말하며 정보 처리를 보다 추상적으로 한다는 것은 고도의 관념적 사고 작용을 말하는데, 이는 새로운 사고나 개념을 찾는 정신 과정인 창의성을 높여줄 것이다. 따라서 ③이 정답으로 적절하다.

distracted a. 마음이 산란한 abstractly ad. 추상적으로 diminish v. 줄이다, 약화시키다 dismiss v. 묵살[일축]하다; 해고하다 enhance v. 향상하다 entertain v. 접대하다; 즐겁게 해주다 enchant v. 매혹하다; 호리다

예를 들면, 카페에서처럼 주변의 소음으로 약간 주의가 산만할 때, 실제로 특정 활동의 성과는 개선된다. 그것은 우리의 추상적 정보 처리를 도우며, 이것이 우리의 창의성을 향상시킨다.

TEST 15

01 ②	02 ④	03 ③	04 ②	05 ③	06 ①	07 ④	08 ④	09 ①	10 ②
11 ①	12 ③	13 ③	14 ③	15 ③	16 ②	17 ②	18 ①	19 ④	20 ②
21 ③	22 ②	23 ④	24 ④	25 ③					

01 2005 명지대   ②

이웃 아이들이 서로 싸우는 상황은 '불화'라고 할 수 있는데, 빈칸 앞에 부정어(cannot)가 있으므로, '불화'와 반대되는 개념의 표현이 빈칸에 들어가야 한다. 따라서 '일치', '조화'라는 뜻의 ②가 빈칸에 적절하다.

contention n. 싸움, 투쟁; 논쟁 concord n. 일치; 조화 dissension n. 의견 차이; 불화 equity n. 공평, 공정

이웃 아이들 서로 간에 싸움이 계속된다면 이웃끼리 화목하게 살 수 없다.

02 2003 경기대   ④

데이트를 거절당한다면, 그러한 제의를 했던 사람은 실망을 할 것이다.

refuse v. 거절하다, 거부하다 sober a. 술 취하지 않은; 착실한, 침착한 preoccupied a. 몰두한, 열중한; 먼저 차지한 hoarse a. 목이 쉰; 귀에 거슬리는 dejected a. 기운 없는, 낙담한

메리(Mary)가 그와의 데이트를 거절했을 때 존(John)은 매우 낙담했다.

03 2019 덕성여대   ③

패널의 선택을 받기 위해서는 자신의 제안이 타당한 것임을 보여 주어야 할 것이다. 따라서 '정당화하다'는 의미를 갖는 ③이 정답이다.

deprive v. 빼앗다, 허용치 않다, 주지 않다 expect v. 예상하다, 기대하다 justify v. 옳다고 하다, 정당화하다 convey v. 나르다; (생각·감정 등을) 전하다

캐설리(Casserly) 씨는 오늘 오후 회의에서 패널이 여러 제안 중 하나를 선택하기 전에 자신의 제안이 타당한 것임을 보여주어야 한다.

04 2018 세종대   ②

언제든 사고가 발생할 수 있는 시설이라면, 안전 관리를 엄격하고 철저하게 해야 할 것이다.

nuclear power plant 원자력 발전소 lenient a. 관대한; 인정 많은; (법률 따위가) 무른 rigorous a. 가혹한; 엄격한 elastic a. 탄력 있는; 유연한, 융통성 있는 convenient a. 편리한, 사용하기 좋은

원전 사고는 (언제든) 발생할 수 있다. 따라서 원자력 발전소는 엄격한 안전 관리를 수행해야 한다.

05 2020 한국외대   ③

저널의 범위가 제한되어 있다고 했으므로, 빈칸 뒤에 나와 있는 교육정책에 해당하는 기사만을 게재한다고 볼 수 있다. 따라서 전치사 to와 함께 쓰여 범위를 한정하는 의미를 갖는 형용사 ③이 빈칸에 적절하다.

scope n. 범위, 영역 restrict v. 제한하다, 한정하다 dominant a. 지배적인; 유력한 compared a. 비교되는 pertinent a. ~에 해당하는; ~와 관계있는 permitted a. 허용된

그 저널의 범위는 꽤 제한적인데, 그들은 교육정책과 관계있는 기사만 게재한다.

06 2021 경기대   ①

갈등은 당사자들의 의견이 합치되지 않을 때 발생한다. 그러므로 빈칸에는 '(견해 등이) 서로 다르다, 갈라지다'는 의미의 ①이 적절하다.

finance minister 재무부 장관 prime minister 총리 conflict n. 충돌, 대립, 마찰, 갈등 diverge v. (의견 등이) 갈라지다, 다르다 refrain v. 그만두다, 삼가다 vanish v. 사라지다, 자취를 감추다 scramble v. 기어오르다

재무부 장관의 의견이 총리의 의견과 달라서 당내 갈등이 빚어졌다.

07 2018 홍익대   ④

두 번째 문장의 a pound of flesh는 문맥상 '체중 조절' 혹은 '감량'의 의미로 쓰인 것이며, 이것은 첫 번째 문장의 keeping healthy를 가리킨다. 빈칸에는 첫 번째 문장의 insurance dollars를 지칭할 수 있는 표현이 들어가야 할 것이므로, ④가 정답으로 적절하다.

insurance n. 보험 as well 또한, 역시 ounce n. 소량 policy n. 정책 blood n. 혈액 rate n. 비율 cash n. 현금

건강을 유지하면 보험료도 아낄 수 있다. 어떻게 하면 1파운드의 살을 소액의 현금과 바꿀 수 있을까?

08 2022 중앙대 ④

법안 통과를 중단시켰다는 because절의 내용으로 보아 선거법이 '정지된' 상태에 있었을 것이므로, 빈칸에는 ④가 적절하다.

electoral law 선거법 halt v. 중단하다 passage n. 통과 bill n. 법안 celerity n. 기민함, 민첩함 rapprochement n. (두 국가·단체 사이의) 화해, 관계 회복 reactivation n. 재활성화, 부활 abeyance n. (일시적) 중지, 중단

많은 정당들이 법안 통과를 중단시켰기 때문에 선거법은 지금까지 지속적으로 중단 상태에 빠져 있다.

09 2019 가톨릭대 ①

서로가 가진 물건을 맞바꾸기로 한 상황이므로, 빈칸에는 앞 문장에 쓰인 exchange의 의미를 내포하고 있는 표현이 들어가야 한다. 그러므로 '교환하다'라는 의미의 ①이 빈칸에 적절하다.

exchange v. 교환하다, 바꾸다 stuff n. 재료, 물자; 물건 barter v. 물물 교환하다, 교역하다 diversify v. 다양화하다, 다채롭게 하다 liquidate v. (빚을) 청산하다, 변제하다; (회사 따위를) 정리하다, 일소하다 redeem v. 되사다, 되찾다; 상환하다

A: 네 자전거를 제니(Jenny)의 TV와 바꾸기로 했다고 들었어.
B: 그래, 돈을 낭비하는 대신, 우리는 우리가 가진 물건들을 서로 교환하기로 결정했어.

10 2014 건국대 ②

and 뒤에서 '나에 대해 내린 가정이 틀렸음을 입증하는 것을 즐긴다'고 하였으므로 이와 유사한 성질을 나타내는 말이 빈칸에 들어가야 한다. 자신에 대한 일반적인 통념대로 하지 않는 태도를 보인다는 의미가 되어야 하므로, ②가 정답으로 적절하다.

fortunately ad. 다행히, 운 좋게도 disprove v. 오류를 입증하다, 반증하다 assumption n. 가정, 가설 timorous a. 겁 많은, 소심한 rebellious a. 반항적인 meek a. 온순한, 온화한 generous a. 후한, 너그러운; 관대한

다행히 나는 천성이 반항적이어서, 나에 대해 내린 가정이 틀렸음을 입증하는 도전을 즐긴다.

11 2019 덕성여대 ①

품질 보증 관리자가 기업 기준이 충족되었음을 확실히 하기 위해서는 '조직적이고 체계적으로' 살펴볼 필요가 있을 것이다.

quality assurance 품질 보증 supervisor n. 관리자, 감독자 checklist n. 대조표, 점검표 systematically ad. 조직적으로, 체계적으로, 질서 있게 plentifully ad. 많이, 풍부하게 exceedingly ad. 대단히, 매우, 몹시 respectively ad. 각자, 각각

품질 보증 관리자는 기업 기준이 충족되었음을 확실히 하기 위해 점검표를 따라 내려가며 체계적으로 확인했다.

12 2019 명지대 ③

그의 바지가 흘러내렸다고 했으므로 당황하거나 부끄러워할 상황이지만, 뒤에 but이 나왔으므로 '당황하거나 부끄러워하지 않았다'는 내용이 빈칸에 적절하다. 따라서 ③이 정답이다.

trouser n. (한 벌의) 바지 upcoming a. 다가오는, 곧 있을 petrified a. 아연실색한, 겁먹은 agitated a. 흥분한; 동요한 unabashed a. 뻔뻔스러운, 부끄러워하지 않는 consoled a. 위안이 되는

그의 바지가 흘러내렸지만, 그는 부끄러워하지 않는 것 같았고 곧 있을 여행에 관해 계속해서 이야기했다.

13 2001 동덕여대 ③

은행에 가서 '돈을 예치하기 원치 않는다'고 하는 경우에 은행원은 좋지 않은 반응을 보일 것이므로, 빈칸에는 동사 look과 함께 '흘겨본다'라는 의미를 만드는 ③이 들어가는 것이 적절하다.

respectfully ad. 공손하게, 삼가면서 askance ad. 비스듬히; 곁눈질로; 의심하여 directly ad. 직접; 곧, 즉시

만약 당신이 돈을 저축하고 싶지 않다고 하면 은행원은 십중팔구 당신을 흘겨볼 것이다.

14 2011 단국대 ③

빈칸 이하에서 '절개할 때 겁내지도 않고 울먹이지도 않았다'고 하였으므로, 그 환자는 '태연하게' 고통을 잘 참았다고 할 수 있다.

bear the pain 고통을 참다 wince v. 얼굴을 찡그리다; 주춤하다, 움츠리다 whimper v. 훌쩍이다; 훌쩍이며 말하다 incision n. 벤 자국; 절개 blatantly ad. 주제넘게, 뻔뻔스럽게 corpulently ad. 뚱뚱하게, 비대하게 stoically ad. 금욕적으로; 태연하게, 냉정하게 mendaciously ad. 거짓스럽게

그 환자는 절개를 할 때 겁내지도 않고 울먹이지도 않으면서 태연하게 고통을 참았다.

15 2011 중앙대 ③

냉소적인 태도를 지닌 사람은 기존의 이론이나 현상에 대해 부정적일 것이고, 그것들의 오류를 드러내 보이려 할 것이다.

cynical a. 냉소적인 the status quo 현재 그대로의 상황, 현상 exude v. 스며나오게 하다; 발산시키다 excerpt v. 발췌하다, 인용하다 debunk v. 정체를 폭로하다, 가면을 벗기다 aggregate v. 모으다, 집합하다

모든 기존의 이론에 대해 냉소적인 마리엘라(Mariella)는 기회가 있을 때마다 현상의 잘못을 드러내려 한다.

16 2019 세종대   ②

배우지 않은 것을 알고 있다는 것은 태어나면서부터 그것에 대해 알고 있다는 것이므로, '선천적인'이란 의미의 ②가 빈칸에 들어가야 한다.

linguist n. 언어학자 claim v. 요구하다, 청구하다; 주장하다 intrusive a. 강제하는; 침입하는; 주제넘게 나서는 innate a. (성질 따위가) 타고난, 선천적인 infantile a. 아이다운, 천진스러운; 초기[미발달]의 instructed a. 교육을 받은

일부 언어학자들은 언어가 선천적이라고 주장하는데, 아이들이 아마도 배울 수 없었을 언어에 관한 것들을 알고 있기 때문이다.

17 2019 한국공학대   ②

두 번째 문장에서 '비상 신호가 비슷하면 더 잘 생존한다.'고 했다. 따라서 한 종의 동물들의 비상 신호는 서로 다르지 않아야 할 것인데, 빈칸 앞에 not이 왔으므로 '상이함', '차이'라는 의미의 ②가 빈칸에 적절하다.

alarm call (새·동물의 경고성) 울부짖음, 비상[경계] 신호 substance n. 물질; 실체 divergence n. 분기(分岐); 일탈; 불일치, 차이 vocalization n. 목소리 내기, 발성 evolution n. 전개, 발전, 진화

한 종(種)의 동물들은 비상 신호에 차이가 없는 것이 더 좋다. 그들의 비상 신호가 똑같이 들리면, 생존 가능성이 더 높다.

18 2013 단국대   ①

조국을 떠나 다른 나라로 옮겨가서 살고 있는 이민자들이 지켜내고자 하는 것이 어떤 것일지 생각해보면 된다. 다른 나라로 이주했지만 그들이 가진 민족 특유의 문화와 전통을 지키려고 노력한다는 것이 문맥상 가장 적절하다. 따라서 ①이 정답으로 적절하다.

ethnic a. 인종의, 민족의 pastoral a. 전원생활의, 시골의 civilizational a. 문명인의; 세련된 demographic a. 인구통계학의, 인구학의

캐나다로 온 새로운 이민자들은 그들의 고유한 민족적 배경의 문화와 전통을 어느 정도 지켜가고 있다.

19 2006 영남대   ④

빈칸에는 경의를 표하는 행위의 대상이 될 수 있는 한편 빈칸 뒤에 주어져 있는 '조직에 대한(to the organization)'이란 표현과도 자연스럽게 호응할 수 있는 명사가 들어가야 한다. 따라서 '헌신'이라는 의미의 ④가 정답으로 적절하다.

annual a. 1년의, 1년마다의 foundation n. 재단; 기반; 토대 occupation n. 직업; 점유 motivation n. 자극, 동기 부여 dedication n. 헌신, 전념

그의 뛰어난 공적과 조직에 바친 헌신에 대해 사람들은 연례 시상식에서 김(Kim) 씨에게 경의를 표했다.

20 2014 서울여대   ②

예산은 돈을 의미하는데, 돈을 걱정할 필요가 없다는 말은 돈이 풍족하다는 말로 해석될 수 있다. 따라서 빈칸에는 돈의 의미가 포함돼 있는 표현이 들어가야 할 것이므로, '기부금'이란 뜻의 ②가 들어가는 것이 적절하다.

private a. 사립의, 민간의 institution n. 기관, 시설 budget n. 예산 qualm n. 양심의 가책 endowment n. 기부금 ailment n. 병, 질환 impediment n. 방해, 장애

사립 고등교육기관의 직원들은 예산문제에 관해 걱정할 필요가 없는데, 왜냐하면 이들은 막대한 기부금을 받고 있기 때문이다.

21 2015 숙명여대   ③

사람들이 빽빽하게 몰려 있는 상황은 서로 간에 질병을 옮길 가능성을 높일 것이므로, 첫 번째 빈칸에 적절한 표현은 '널리 퍼져 있는'이란 의미의 prevalent이다. 한편, 질병의 창궐은 비위생적이거나 건강에 좋지 않은 환경과 결부시킬 수 있으므로, 두 번째 빈칸에는 unsanitary와 unhealthy가 들어갈 수 있다. 그러므로 앞서 언급한 사항을 모두 만족시키는 ③이 정답이 된다.

outbreak n. (전쟁·유행병 따위의) 발발, 창궐 crowded a. 붐비는, 혼잡한 peculiar a. 독특한, 고유의; 기묘한 barbarous a. 야만스러운, 미개한; 잔인한 sporadic a. 산발적인, 때때로 일어나는 disorderly a. 무질서한; 난잡한 prevalent a. 만연한; 유행하고 있는; 유력한 unsanitary a. 비위생적인, 건강에 좋지 않은 irremediable a. (병이) 불치의; 고칠 수 없는 sterile a. 메마른, 불모의; 불임의; 살균한 unforeseeable a. 예견할 수 없는 unhealthy a. 건강하지 못한, 건강에 좋지 않은

많은 사람들이 붐비는 비위생적인 환경 때문에 캘리포니아의 골드러시 시대의 광산촌에는 콜레라와 다른 질병들의 발병이 만연했다.

22 2017 상명대   ②

'호텔 예약을 확인하다'는 뜻으로 쓸 때, 명사 reservation과 함께 관용적으로 쓰는 동사는 confirm이다.

in reference to ~와 관련하여 inform v. ~에게 알리다, 통지하다 confirm v. 확증하다; 확인하다 notify v. ~에게 통지하다 communicate v. 전달하다, 통보하다 conform v. (규칙·관습 등을) 따르다, 순응하다

오늘 아침 우리의 전화 통화와 관련하여, 나는 당신의 호텔에 4일간 숙박할 2개의 방에 대한 예약을 서면으로 확인하기를 원합니다.

23 2021 가천대   ④

but 앞에는 대중이 매스컴의 영향을 받기 쉽다고 한 반면, but 다음에는 매스컴의 영향을 거의 받지 않는다는 내용이 왔으므로, 빈칸에는 역접의 의미를 가진 부사 ④가 적절하다.

be susceptible to ~에 영향을 받기 쉽다 propagandistic a. 선전의 marked a. 뚜렷한, 두드러진 likewise ad. 똑같이, 마찬가지로 contrarily ad. 반대로

초기 연구들은 종종 대중이 매스컴의 선전에 영향을 받기 쉽다고 결론을 내렸지만, 최근의 한 연구에서는 이와 반대로, 매스컴이 사회적 태도나 사회적 행위에 뚜렷한 변화를 거의 만들어내지 못한다는 것을 시사하고 있다.

24 2011 고려대 ④

빈칸 뒤의 골절(fracture)은 뼈의 건강과 상반되는 개념이므로, 전자를 유지하기 위한 전략은 결국 후자의 위험을 방지하거나 없애기 위한 것이라 할 수 있다. 그러므로 '끝내다'의 의미를 갖는 ④가 빈칸에 가장 적절하다.

fracture n. 골절; 갈라진 틈 expedite v. 촉진시키다 amplify v. 확대하다, 증대하다 foreground v. 최전면에 내세우다 abrogate v. (법률·습관 따위를) 폐지하다; 그만두다

뼈의 건강유지를 위한 지침이 최근에 개발되었다. 뼈의 건강을 살펴보기 위해 고안된 실용적인 전략들은 골절의 위험이 증가되지 않도록 할 가능성을 제시한다.

25 2011 경희대 ③

빈칸의 앞 문장의 '원하지 않는 선물을 버린다(dispose of unwanted presents)'라는 말로 미루어, 빈칸에는 '여분의'라는 의미의 ③이 적절하다.

embark on 착수하다, 시작하다 clearout n. (불필요한 물품의) 일소, 처분; 청소, 정리; 정리 해고 substitute n. 대리자; 대체물 surplus a. 나머지의, 여분의 supplement n. 추가, 보충

1월에 영국인들이 신년맞이 청소를 시작하거나 원하지 않는 선물을 버릴 때, 그 자선단체에 속한 21,000명의 자원 봉사자들은 종종 천 톤 이상의 물건을 처리한다. 대부분의 사람들은 여분의 물건이 든 가방을 버리고 그것에 대해 더는 생각하지 않을 것이다.

TEST 16

01 ④	02 ②	03 ①	04 ①	05 ①	06 ③	07 ④	08 ③	09 ④	10 ④
11 ④	12 ①	13 ③	14 ④	15 ①	16 ②	17 ③	18 ②	19 ①	20 ③
21 ④	22 ②	23 ①	24 ②	25 ④					

01 2008 국민대 ④

쉽게 병이 드는 사람이라면 감기에도 잘 걸릴 것이다. 그러므로 '~에 걸리기 쉬운', '영향 받기 쉬운'이란 의미의 ④가 빈칸에 적절하다.

get sick 병에 걸리다, 병들다 partial a. 부분적인, 일부분의; 불공평한 resistant a. 저항하는, 반항하는 perceptive a. 지각[감지]하는 susceptible a. 영향 받기 쉬운; 감염되기 쉬운

감기에 잘 걸리는 사람들은 쉽게 병이 난다.

02 2005 삼육대 ②

'잘 속는 사람들(the gullible)을 현혹시킬 수 있었다'로 미루어, 그런 사람들은 감언이설에 쉽게 속아 넘어갈 수 있다고 추론할 수 있다. 따라서 '허울만 좋은', '그럴듯한'이란 의미의 ②가 정답이다. 한편, 현혹시킨다(mislead)는 것은 부정적인 뉘앙스의 단어이므로 '설득력 있는'이란 의미의 cogent와는 자연스럽게 호응하지 않는다.

mislead v. ~을 잘못 인도하다; 현혹시키다 gullible a. 속기 쉬운 cogent a. 설득력 있는 specious a. 허울만 좋은, 진실 같은; 그럴 듯한 incontrovertible a. 논쟁의 여지가 없는, 부정할 수 없는 conceptual a. 개념상의

그는 자신의 그럴듯한 주장으로 잘 속아 넘어가는 사람들을 현혹시킬 수 있었다.

03 2011 서울여대 ①

중요한 문제에 대해 우리가 어떤 태도를 취해야 하는가를 묻는 문제라 할 수 있다. 따라서 '신중한'이라는 의미의 ①이 빈칸에 적절하다.

circumspect a. 신중한 apocalyptic a. 계시의, 예언적인 ephemeral a. 순식간의, 덧없는 vulpine a. 여우같은; 간사한

그렇게 중요한 문제에서 우리는 상당히 신중할 필요가 있었다.

04 2011 한양대 ①

누군가가 항상 어떤 일을 미룬다면, 그 일은 어떤 성격의 일인가를 객관적으로 판단하면 된다. '역겨운', '불쾌한'이란 뜻을 가진 ①이 가장 부

합한다.

put off 연기하다, 미루다 mow v. (풀·보리 따위를) 베다, 베어들이다 odious a. 역겨운, 불쾌한 exhaustive a. 철저한; 소모[고갈]시키는 exhilarating a. 신나는, 상쾌한

그렉(Greg)은 항상 잔디를 깎는 일을 미루는데, 왜냐하면 그 일은 그에게는 아주 불쾌한 일이기 때문이다.

05 2020 덕성여대 ①

'심지어 하이에나까지 포함한 다양한 동물들'이라는 표현을 통해 동물의 본성과 상관없이 그들을 '가축화'하려고 시도했음을 알 수 있다. 한편, subjugation은 '힘으로 정복, 진압하는 것'이라는 의미이므로 동물들을 대상으로 하는 표현으로는 부적절하다.

domestication n. 가축화, 길들이기 subjugation n. 정복, 진압, 예속 amplification n. 확대, 확장 improvisation n. 즉석에서 하기

고대 이집트인들은 심지어 하이에나까지 포함한 광범위한 동물들의 가축화를 시도했다.

06 2021 덕성여대 ③

감독은 선수들이 높은 수준의 경기력을 경기 내내 '유지하길 바랄 것이다. 그러므로 '(활동·흥미·노력 등을) 유지하다, 지속하다'는 의미를 가진 ③이 빈칸에 적절하다.

manager n. (스포츠 팀의) 감독 performance n. 실행, 수행; 실적, 성과 ascertain v. (옳은 정보를) 알아내다[확인하다] refrain v. (특히 하고 싶은 것을) 삼가다

그 감독은 자신의 선수들이 경기 내내 높은 수준의 경기력을 유지해주기를 원했다.

07 2021 경기대 ④

'so ~ that …' 구문은 인과관계의 문장을 만든다. 설명을 이해하기 어렵게 만드는 원인으로는 그 지시의 '난해함, 복잡함(convoluted)'이 적절하다.

instruction n. 지시; 훈련; 설명 embroil v. (문제·사태 따위를) 혼란케 하다; (사건 따위에) 휩쓸어 넣다 superlative a. 최상의 preemptive a. 선수를 치는, 예방의 convoluted a. 뒤얽힌, 매우 복잡한[난해한]

그 선생님의 설명은 너무 난해해서 많은 학생들이 그 설명을 이해하는 것을 매우 어렵게 여겼다.

08 2021 광운대 ③

이윤을 개선하기 위해서는 '수익'을 창출할 수 있는 새로운 경로를 찾아야 할 것이다.

organization n. 조직, 단체 digitize v. (데이터를) 디지털화하다 meet v. (주문·요구·필요 따위에) 응하다, 충족시키다 expenditure n. 지출 price n. 가격, 시세 revenue n. 수익 cost n. 비용 saving n. 절약

조직들은 증가하는 고객 요구를 충족시키기 위해 서비스를 디지털화하고 이윤을 개선하기 위해 새로운 수익 경로를 만들어낼 것이다.

09 2020 명지대 ④

실업률이 하락한다는 것은 취업률이 증가한다는 것이고, 이것은 경제에 '긍정적인' 신호가 될 수 있다. 따라서 빈칸에는 ④가 적절하다.

unemployment rate 실업률 pathetic a. 애처로운 vociferous a. 큰소리로 외치는, 소란한 apprehensive a. 염려하는, 걱정하는 auspicious a. 길조의, 경사스런

실업률의 하락을 모두가 환영했는데, 왜냐하면 실업률의 하락은 우리 경제에 좋은 징조였기 때문이다.

10 2021 세종대 ④

과학적 발전이 크게 이뤄지고 있는 시대에 살고 있다면, 그 발전이 미래를 어떤 모습으로 바꿔놓을지를 현재 시점에서 예단하는 것은 '쉽지 않은' 일일 것이다.

predict v. 예언하다, 예측하다 era n. (역사상의 중요한) 시대, 시기 profound a. (영향·느낌·경험 등이) 엄청난; (지식·이해 등이) 깊은[심오한] upheaval n. (사회 등의) 대변동, 동란, 격변 retrogressive a. 퇴보하는, 역행하는 perverse a. 외고집의, 심술궂은 effluent a. 유출[방출]하는 daunting a. (일 따위가) 벅찬, 힘겨운

우리는 엄청난 과학적 격변의 시대에 있기 때문에 2100년의 세계를 예측하는 것은 벅찬 일이다.

11 2002 상명대 ④

산성비가 만연하게 된 것은 바람이 오염된 비구름을 퍼뜨리기 때문일 것이다. 따라서 빈칸에는 ④가 들어가야 적절하다. A uniquely modern,

post-industrial blight는 '산성비(acid rain)'와 동격을 이룬다.

post-industrial a. 탈공업화의 blight n. (식물의) 마름병; (앞길의) 어두운 그림자; (도시의) 황폐 acid rain 산성비 widespread a. 펼친; 광범하게 퍼진 accumulate v. 축적하다, 모으다 disperse v. 흩어지게 하다; 퍼뜨리다

오로지 현대에만 있는, 탈공업화의 어두운 그림자인 산성비는 그것을 퍼뜨리는 바람만큼이나 널리 만연해 있다.

12 2012 한국외대 ①

i.e.는 'that is(다시 말해서, 즉)'의 의미로, 이 표현 뒤의 문장은 대개 앞 문장을 다시 설명해주는 역할을 한다. 주어진 문장의 i.e. 뒤에서 '역사적 사건이 되돌아볼 때만 중요한 의미를 갖게 된다'고 하였으므로, 빈칸에는 when looked back on에 상당하는 의미를 만드는 ①이 들어가야 한다.

look back on (과거를) 되돌아보다 retrospect n. 회상, 회고 despair n. 절망, 실망 confusion n. 혼란, 혼동; 당황 excitement n. 흥분, 격앙

역사는 종종 회고할 때에만 나타난다. 즉 역사적 사건은 되돌아볼 때 중요한 의미를 갖게 된다.

13 2011 중앙대 ③

'살인 혐의를 피하기 위해서'라고 했으므로, 그 용의자가 알리바이를 '꾸며냈다'고 해야 자연스러운 흐름의 문장이 된다.

suspect n. 용의자 preposterous a. 앞뒤가 뒤바뀐; 터무니없는 alibi n. 알리바이, 현장 부재 증명 charge n. 비난; 고소; 혐의 ferment v. 발효시키다; (감정 등을) 들끓게 하다 arraign v. (피고를 법정에 소환하여) 심문하다 concoct v. 혼합하여 만들다; (구실·이야기를) 꾸며내다 decipher v. 판독하다; 해독하다

변호사는 그 용의자가 살인 혐의를 받지 않으려고 터무니없는 알리바이를 지어낸 것이라고 생각했다.

14 2005 영남대 ④

소리치고 노래하여 식구들의 잠을 깨워 놓을 정도라면, 그는 '시끄러운(boisterous)' 성격의 소유자라 할 수 있다.

brutal a. 잔인한, 야만적인 mental a. 마음의, 정신의 outstanding a. 눈에 띄는, 현저한 boisterous a. 떠들썩한, 활기찬

그는 시끄러운 성격이어서, 항상 소리를 지르고, 노래를 하고, 보통 식구들의 잠을 깨워 놓았다.

15 2022 건국대 ①

쉽게 겁을 먹는 사람이 아니었다고 했으므로, 적군이 몰려오는 상황에서도 흔들리지 않은 채 맞섰을 것이다.

intimidate v. (시키는 대로 하도록) 겁을 주다[위협하다] corporal n. 병장 troop n. 군대, 병력 steadfast a. 확고부동한; 불변의, 부동의 furious a. 성난, 격노한 deferential a. 공경하는 assertive a. 단정적인, 독단적인 ambivalent a. 양면 가치의; 상반되는 감정[태도]를 가진

쉽게 겁을 먹을 사람이 아니었기 때문에, 그 병장이 적군이 자신의 군대가 있는 곳을 향해 몰려드는 동안에도 굳건히 자리를 지켰다.

---

16 2014 중앙대 ②

promising의 의미는 '지금은 아직 미숙하지만 발전 가능성이 많은'이라고 볼 수 있다. 그러므로 '배우기 시작한 지 얼마 되지 않아 경험이 많지 않은 사람', 즉 '초보자(tyro)'라는 표현이 promising과 잘 어울린다.

promising a. 유망한, 촉망되는; 조짐이 좋은 gourmet n. 미식가, 식도락가 tyro n. 초보자 crook n. 사기꾼 envoy n. 사절, 특사

그 올림픽 메달리스트와 같은 반 친구였던 이는 그녀가 시립 아이스링크에서 훈련하던 촉망받는 초보자였다고 기억한다.

---

17 2000 건국대 ③

'그들의 주장이 자기에게 아주 모순되게 보였다'로 미루어, '반박하다'라는 의미의 ③이 쓰여야 문장의 의미가 가장 자연스러워진다. 만일 ①이 쓰이면 '모순되게 생각되었던 그들의 주장을 입증할 증거를 찾는' 결과가 되어 '모순된 주장을 인정하는' 의미가 되어 어색해진다.

reference library 참고 도서관(도서 대출이 허용되지 않음) absurd a. 불합리한; 터무니없는 verify v. 증명하다; 확인하다 exaggerate v. 과장하다; 지나치게 강조하다 refute v. 논박하다 compile v. 편집하다, 편찬하다

조지(George)는 자신에게는 너무나도 모순되게 여겨졌던 그들의 주장을 논박할 사실을 찾으면서 참고 도서관에서 여러 시간을 보냈다.

---

18 2012 국민대 ②

바로 뒤에 제시돼 있는 in water라는 표현을 고려할 때, 빈칸에 들어가기에 적절한 것은 '물속에 가라앉히다', '물에 담그다'는 의미를 가진 ② 밖에 없다.

butt n. 피다 남은 담배, 담배꽁초 corrode v. 부식하다, 침식하다 subject v. 복종시키다; 넘겨주다 submerge v. 물속에 가라앉히다; 물에 담그다 submit v. 제출하다; 복종하다 subordinate v. 종속시키다; 경시하다

중국 연구원들은 물에 담겨진 담배꽁초에서 얻어낸 추출물이 철이 녹스는 것을 방지할 수 있다는 사실을 발견했다.

---

19 2002 경기대 ①

'싸움에 말려들어 가는 것을 피하려고 최선을 다했다'는 것은 결국 '그

어느 쪽도 편들지 않으려는 입장'을 취했다는 게 된다. 이를 설명하는 표현으로는 ①이 가장 적절하다.

embroil v. 혼란시키다; ~을 끌어들이다 quarrel n. 싸움; 불화 maintain v. 지속하다; 주장하다 neutrality n. 중립 consciousness n. 자각, 의식 interest n. 관심, 흥미; (pl.) 이익; 이해관계 decisiveness n. 결정; 단호함

그들은 차라리 가능한 한 오랫동안 중립을 유지하면서 싸움에 말려들어 가는 것을 피하려고 최선을 다했다.

---

20 2016 상명대 ③

냉동식품, 유제품, 과일, 채소가 가진 공통적인 특성에 해당하는 표현이 빈칸에 들어가야 한다. 그런데, 냉장 컨테이너를 이용해서 수송하는 것은 이 제품들의 부패를 막기 위한 조치일 것이므로, 결국 이 제품들은 '썩기 쉽다'는 공통점을 갖고 있다고 할 수 있다. 따라서 빈칸에 적절한 표현은 ③이 된다.

frozen food 냉동식품 dairy product 유제품 transport v. 수송하다, 운반하다 via prep. ~을 경유하여; ~에 의하여 refrigerate v. 냉장하다, 냉동하다 obsolete a. 쓸모없게 된; 시대에 뒤진, 구식의 persistent a. 고집하는, 버티는; 완고한 perishable a. 썩기 쉬운 provisional a. 일시적[잠정적]인, 임시의 ferment n. 효소; 발효; 정치적 동요

냉동식품, 유제품, 신선한 과일과 채소 등과 같이 썩기 쉬운 물품들은 냉장 컨테이너를 통해 운반된다.

---

21 2020 홍익대 ④

빈칸 뒤의 a practical or worldly kind of wisdom은 이솝우화를 읽음으로써 독자가 가질 수 있게 되는 것이다. 이를 바꿔 말하면, 이솝우화는 이러한 것들을 독자에게 '주려는(impart)' 목적을 갖고 있다고 할 수 있다.

fable n. 우화 aim v. ~할 작정이다, ~하려고 노력하다 worldly a. 세속적인, 속세의 preoccupied a. 몰두한, 열중한 existential a. 존재에 관한, 실존의, 실존주의의 theological a. 신학의 solitude n. 외로움, 고독 differentiate v. 구별 짓다, 구별[차별]하다 reduce v. 줄이다, 축소하다 procrastinate v. 지연하다[시키다], 꾸물거리다, 지체하다 impart v. 나누어 주다, 주다; (지식·비밀 따위를) 전하다, 알리다

이솝(Aesop)우화는 독자들에게 실용적이거나 세속적인 종류의 지혜를 부여하려는 것인 반면에, 포이스(Powys)우화는 신(神), 죽음, 고독 등의 실존주의적, 신학적 문제에 몰두해 있다.

---

22 2012 경기대 ②

통계를 언급하고 있는 내용이므로, 수치나 비중의 의미를 갖고 있는 표현이 빈칸에 들어가는 것이 자연스럽다. 선택지 가운데 ②만이 그런 의미를 갖고 있으며, '가장 큰 몫'이라는 의미의 관용표현이다.

statistics n. 통계; 통계학 national n. 국민 dragon's tail (달·행성의) 강교점 (별 등이 북쪽에서 남쪽으로 내려갈 때 공전 궤도의 면을 통과하는 점) lion's share 가장 큰 몫, 제일 좋은 몫; 알짜

통계에 따르면 2011년 9월 현재, 141만 명의 외국인이 국내에 있었는데, 중국인이 가장 많은 수를 차지했다.

adjacent a. 인접한; 이웃의 arduous a. 힘든; 끈기 있는 auspicious a. 길조의, 상서로운 adept a. 숙련된; 정통한

신경과학자들은 인간 뇌의 각각의 반구(半球)는 특정한 활동에 전문화되어 있다는 사실을 오랫동안 알고 있었다. 왼쪽 뇌는 언어와 분석하는 기능에 더 뛰어나고, 오른쪽 뇌는 공간적 관계와 형식 인지에 더 능숙하다.

23 2022 경희대   ①

제한속도를 초과해서 달리는 것이 관행이고 시민들의 정서에도 맞는 것이라면, 의원들은 속도위반에 대한 처벌 강화를 당연히 거부했을 것이다.

exceed v. (수량·정도·한도·범위를) 넘다, 초과하다 cherish v. 소중히 하다 legislator n. 법률제정자, 국회의원 accede to (요구 등에) 동의하다, 응하다 reject v. 거절하다 encounter v. 우연히 만나다 exploit v. 개발[개척]하다; 착취하다 isolate v. 고립시키다, 격리시키다 commemorate v. 기념하다, 축하하다

인간의 본성 및 먼 거리로 인해 제한속도를 초과하는 것이 그 주(州)의 소중한 전통이 되었기 때문에, 의원들이 대중들의 요구에 응하여 속도위반에 대한 처벌 강화를 거부했을 때 아무도 놀라지 않았다.

24 2016 광운대   ②

빈칸이 포함된 마지막 문장이 must not believe로 된 부정문이므로 that절의 abandoned theories는 앞 문장 but 앞의 old houses에 해당한다. 옛 집을 부수고 새 집을 지을 때는 옛 집의 모든 것은 쓸모없는 것으로 버려지게 되므로 빈칸에는 '무익하거나 헛되다'는 의미의 ②가 들어가는 것이 자연스럽다.

demolition n. 해체, 파괴; 폭파; 분쇄; (특권 등의) 타파 make way for ~에 길을 열어주다, 양보하다 gradual a. 단계적인, 점진적인 evolution n. 발전, 진전; 진화 biological a. 생물학적인 abandon v. (사람·장소·지위 등을) 버리다; (계획·습관 등을) 단념하다, 그만두다 fruitless a. 효과 없는, 무익한 in vain 헛되이, 효과 없이

발전하고 있는 문명 안에서의 변화를 새 집을 지을 자리를 만들기 위해 옛 집을 허무는 것에 비유해서는 안 되며, 그보다는 생물학적인 종류의 점진적인 진화에 비유해야 한다. 우리는 버려진 이론들이 무익하거나 헛된 것들이었다고 생각해서는 안 된다.

25 2005 중앙대   ④

'인간 뇌(腦)의 각각의 반구는 특정 활동을 전문적으로 담당한다'고 했다. 왼쪽 뇌가 '언어와 사물을 분석하는 기능에서 (오른쪽 뇌보다) 더 낫다'라는 말은 '그런 일을 전문으로 한다'는 뜻이다. 오른쪽 뇌의 역할을 설명하는 말이 필요하며, be good at에 해당하는 표현을 고르면 되므로 ④가 정답으로 적절하다.

neuroscientist n. 신경과학자 hemisphere n. (지구·천체의) 반구; 뇌(腦) 반구 specialize v. 전문으로 다루다[하다], 전공하다(in) analytical a. 분석적인

01 ③	02 ③	03 ④	04 ②	05 ③	06 ③	07 ①	08 ①	09 ①	10 ④
11 ①	12 ④	13 ①	14 ①	15 ①	16 ②	17 ①	18 ③	19 ①	20 ④
21 ③	22 ④	23 ②	24 ①	25 ④					

01 1999 대구가톨릭대 ③

instead of는 '~대신에, ~하지 않고, ~하기는커녕'의 뜻으로 전후에는 서로 상반되는 내용이 온다. 따라서 빈칸에는 앞의 '진지하게 임하는 (serious)'과 반대되는 의미를 가진 표현인 ③이 적절하다.

leverage n. 효력; 수단, 권력, 세력; 지레의 작용 concentration n. 집중 levity n. 경솔, 경박, 촐싹거림; 변덕 carefreeness n. 근심 없음, 태평스러움

그는 자신의 일에 진지하지 않고 일을 경솔하게 처리한다.

02 2005 서강대 ③

빈칸 앞에 부정적인 의미의 단어 '위협(threat)'이 있으므로 빈칸에 들어갈 표현도 부정적인 의미를 가진 것이어야 하겠는데, 메뚜기가 수확과 농작물에 미치는 영향과 결과를 감안하면, '황폐화'라는 의미의 ③이 적절하다.

decade n. 10년간 threat n. 위협, 협박 crop n. 수확; 농작물 locust n. 메뚜기 denunciation n. 탄핵; 고발 detonation n. 폭발 devastation n. 유린; 황폐 delusion n. 기만; 망상

서아프리카는 수십 년 동안 메뚜기에 의한 작물 파괴의 위협과 더불어 살아왔다.

03 2011 성균관대 ④

toll이 '손실, 피해'의 의미가 있으므로 빈칸에는 '피해를 입히다'라는 뜻을 완성하는 동사가 필요한데, toll과 함께 쓰여서 앞서 언급한 의미를 만드는 동사는 take이므로 ④가 정답이 된다.

declare v. 선언하다; 나타내다 damage v. 손상하다, 해치다 judge v. 재판하다; 판단하다 take one's[a] toll on ~에 손상[피해]을 입히다 alarm v. 놀라게 하다

극단적인 기상 상황이 주민들에게 피해를 주었다.

04 2006 경희대 ②

'범선이 돌풍에 거의 부서질 뻔했다'로 미루어 날씨가 좋지 않음을 알 수 있다. 범선보다 대체로 작은 배인 노를 젓는 배(rowboat)는 거친 파도에 '전복됐다'고 해야 앞 문장과 자연스럽게 연결된다.

squall n. 질풍, 돌풍 capitalize v. 대문자로 쓰다; 출자하다, 투자하다 capsize v. (배가) 뒤집다[뒤집히다] condescend v. 손손하게 굴다; 자기를 낮추다 cultivate v. 경작하다; 재배하다

그 범선은 돌풍에 거의 부서질 뻔했고, 거친 파도는 작은 보트를 전복시켰다.

05 2002 고려대 ③

despite는 '~에도 불구하고'의 뜻인 '양보'의 전치사이므로, 전치사구의 내용과 주절의 내용은 서로 대조를 이루어야 한다. 주절의 내용이 '도둑들이 쉽게 물건을 훔칠 수 있었다'는 것이므로, 빈칸에는 '경찰의 본연의 임무'와 관련된 내용이 들어가야 한다. 따라서 '경계'라는 의미의 ③이 정답으로 적절하다.

pull off ~을 (곤란을 무릅쓰고) 잘 해내다 esteem n. 존중, 존경 solace n. 위안, 위로 vigilance n. 조심, 경계 negligence n. 태만, 부주의

경찰의 경계에도 불구하고, 그 도둑들은 매우 쉽게 도둑질을 할 수 있었다.

06 2019 덕성여대 ③

게임의 중독성이 매우 강하다는 것은 그 게임이 가진 해악 혹은 위해성에 해당한다. 앞에 역접의 접속사 but이 있으므로, 앞 문장의 내용이 뒷문장의 내용과 대조를 이루도록 빈칸에는 '무해한'이라는 의미의 ③이 들어가야 한다.

addictive a. (약물 등이) 중독성의 gratuitous a. 무료의; 까닭 없는; 불필요한 inoperative a. 작동하지 않는; 무효인 innocuous a. 무해한; 악의 없는 restorative a. 복구의; (건강·원기를) 회복시키는

그 새로 나온 비디오 게임은 무해하게 보일 수 있지만, 오늘날 아마도 인터넷에서 가장 중독성이 있는 게임 중 하나일 것이다.

07 2019 한국공학대 ①

'만일 그렇다면, 수백만 달러에 팔릴 것'이라고 했으므로, 작품의 '진품 여부'가 관심사라고 볼 수 있다. 따라서 ①이 빈칸에 적절하다.

genuine a. 진짜의, 진품의 obsolete a. 더 이상 쓸모가 없는, 구식의 conclusive a. 결정적인, 확실한 indigenous a. 원산의, 토착의

많은 감정가들은 그것이 레오나르도 다 빈치(Leonardo da Vinci)의 진짜 그림인지를 궁금하게 여기고 있는데, 만일 그렇다면, 그것은 수백만 달러에 팔릴 것이다.

08 2020 서울여대 ①

헌신과 협동이 증진되기 위해서는 다른 사람의 감정, 의견, 주장을 이해 해야 하며, 이는 '공감'에 해당하므로 ①이 정답이다.

universal a. 보편적인, 일반적인 commitment n. 의무, 책무, 책임; 헌신 empathy n. <심리> 감정이입; 공감 aversion n. 혐오, 반감 detachment n. 분리, 이탈 meritocracy n. 실력[능력]주의

공감은 직장에서 높은 헌신과 협동을 증진하는 보편적인 팀 가치(어느 팀 이나 지향하는 가치)이다.

09 2002 단국대 ①

복잡한 생각이나 감정은 언어로 그 의미를 전달하기가 더 어려울 것이 라 추론할 수 있는데, 이는 곧 이런 경우에 있어 표현의 수단으로서의 언어가 제 역할을 하지 못한다는 것이 된다. 따라서 언어의 '효율이 떨 어진다'는 의미가 되도록 빈칸에는 effective가 들어가야 한다.

complicated a. 복잡한, 까다로운 thought n. 생각, 사고 emotion n. 감동; 감정 effective a. 효력이 있는; 효과적인 needy a. 가난한, 생활이 딱한

우리의 생각과 감정들이 복잡하면 할수록 표현의 수단인 언어는 덜 효율적 이다.

10 2022 덕성여대 ④

마감기한은 의무사항 혹은 요구사항에 해당하므로 '충족시키다', '응하 다'라는 의미를 가진 ④가 가장 자연스럽게 호응한다.

enrolment n. 등록 defer v. 늦추다, 연기하다 tuition n. 수업료, 등록금 presume v. 추정하다, 상상하다 bring v. 가져오다 resume v. 되찾다; 회복하 다; 다시 시작하다 meet v. (의무·조건 따위를) 충족시키다

그 대학은 학생들에게 수업료 납부 기한을 지키지 못할 경우 등록이 연기될 수 있다는 점을 상기시켰다.

11 2005 서울여대 ①

'물 위에 떠 있는 것이라면 무엇이든지'로 미루어 '구명보트 같은 생명 을 의지할 수 있는 것이 없음'을 알 수 있다. 그런 상황에서 생존자들은 '아무 것이나 잡고 임시로 생명을 이어가야 했을 것'이다.

survivor n. 생존자 shipwreck n. 난파; 난파선 afloat a. 떠 있는 make do with ~으로 임시변통하다, 때우다 make a point of ~을 주장[강조, 중시]하다 make way for ~에게 길을 비키다, 양보하다 make sense of ~의 뜻을 알다, ~을 이해하다

그 난파선의 생존자들은 물 위에 떠 있는 것이라면 무엇이든지 붙잡고 버텨 야만 했다.

12 2005 상명대 ④

'스페인어를 4년간 공부했다'는 것과 스페인을 여행할 때 '그곳 사람들 과 대화하는 데 어려움을 겪었다'는 사실은 서로 대조를 이룬다. 따라서 빈칸에는 '양보' 관계를 나타내는 ④가 적절하다.

have trouble ~ing ~하는 데 곤란을 겪다 therefore ad. 그런 까닭에, 따라서 on the other hand 또 다른 한편으로는, 이와 반대로 otherwise ad. 다른 방법 으로; 만약 그렇지 않으면 nonetheless ad. 그럼에도 불구하고

나는 고등학교에서 4년 동안 스페인어를 공부했다. 그럼에도 불구하고, 나 는 스페인을 여행할 때 사람들과 대화하는 데 곤란을 겪었다.

13 2005 경기대 ①

제시간에 끝내야 하는 일에 대해 어떻게 했기에 '계약을 취소할 수도 있 다'고 했을까를 생각하면 된다. '시간 내에(on time)' 하는 것과 반대되 는 행동을 했기 때문이라 유추할 수 있다. 따라서 '더딘', '지연하는'이란 의미의 ①이 정답이 된다.

tactics n. 전술; 용병학 compel v. 강제하다, 억지로 ~시키다 contract n. 계약 (서) dilatory a. 더딘; 지연하는 offensive a. 불쾌한; 무례한; 공격적인 infamous a. 수치스러운; 악명 높은 confiscatory a. 몰수하는, 압류의

당신의 지연작전은 나로 하여금 계약을 취소하게 만들 수 있다. 왜냐하면 그 일은 반드시 제시간에 끝나야 하기 때문이다.

14 2022 덕성여대 ①

콜론 이하는 '여러 다양한 투자처에 분산시켜 공격적으로 자산을 불릴 것이냐 아니면 은행에 돈을 넣고 소극적으로 자산을 불릴 것이냐'하는 문제인데, 이처럼 대비되는 두 전략 중 하나를 선택해야 하는 어려운 상황을 가장 잘 설명할 수 있는 표현은 ①이다.

be faced with ~에 직면하다 diversify v. 다양화하다, 다각화하다 asset n. 자산, 재산 quandary n. 진퇴양난, 궁지, 곤경 sustenance n. 생계; 음식; 지속 augmentation n. 증가, 증대 nullification n. 무효화

경영진은 그 자산의 기반을 다각화하느냐 아니면 단순히 그 모든 돈을 은행에 붙박아두고 돈이 늘어나는 것을 지켜보느냐 하는 진퇴양난에 직면해있다.

15 2014 한국외대 ①

석탄을 중심으로 하는 어떤 나라의 경제가 지속적인 호황을 누리고 있다면, 그것은 석탄을 다른 곳으로 계속해서 수출할 수 있기 때문일 것이다. 이는 중국, 인도와 같은 수입국 입장에서는 석탄에 대한 수요가 '왕성하다'는 것이 되므로, 빈칸에는 ①이 들어가는 것이 적절하다.

boom v. 갑자기 경기가 좋아지다; 폭등하다 voracious a. 게걸스레 먹는; 탐욕스러운 dwindling a. 작아지고 있는, 약해지고 있는 inconspicuous a. 두드러지지 않는, 눈을 끌지 않는 fluctuating a. 변동하는, 오르내리는

그 나라의 석탄 중심 경제는 중국, 인도, 그리고 그 외 다른 곳으로부터의 왕성한 수요 덕분에 계속해서 호황을 이어가고 있다.

16 2003 세종대 ②

'어머니와 할아버지가 유명한 피아니스트였다'라는 내용으로부터 그녀의 재능은 '선대로부터 물려받은 것임'을 추론할 수 있다. '타고난', '선천적인'이라는 의미의 ②가 정답으로 적절하다.

gift n. 선물; (타고난) 재능, 적성 inexplicable a. 설명할 수 없는 innate a. 타고난, 선천적인 simulated a. 흉내 낸; 거짓의 accidental a. 우연한, 우발적인

낸시(Nancy)의 음악적 재능은 타고난 것 같았다. 그녀 이전에 그녀의 어머니와 할아버지 모두 유명한 피아니스트였다.

17 2005 명지대 ③

'공명정대(impartiality)가 그 특별 위원회의 성공의 열쇠가 된다'고 했다. 따라서 위원회에는 '공명정대하게 일을 처리할 사람'을 임명해야 할 것이다. ③의 '청렴한(disinterested)'이 이와 가장 관련 있는 표현이다.

appoint v. 지명하다, 임명하다 special committee 특별위원회 impartiality n. 공평, 공명정대 uninterested a. 흥미를 느끼지 않는 disinterested a. 공평무사한, 사욕[사심] 없는, 청렴한

공명정대가 성공의 관건인 한, 대통령은 청렴한 사람들을 특별 위원회에 임명해야 한다.

18 2006 서울여대 ③

관심을 공유하고 있다고 했으므로, 두 사람이 친밀감을 느꼈을 것으로 볼 수 있다. 그러므로 '서로에게 마음이 끌렸다'는 내용을 만드는 ③이 빈칸에 적절하다.

interest n. 관심, 흥미; (pl.) 이익 grimace v. 얼굴을 찡그리다 muddle v. 혼합하다, 뒤섞어 놓다 gravitate v. 중력에 끌리다; (사람·사물에) 자연히 끌리다 nestle v. 편히 몸을 가누다, 기분 좋게 눕다

그들의 관심사가 같아서 두 사촌은 가족 모임이 있을 때마다 서로에게 끌리곤 했다.

19 2013 경희대 ①

and 앞의 plain, 그리고 completed 다음의 simple, banal 등과 유사한 의미를 가진 단어가 빈칸에 적절하다.

plain a. 검소한, 수수한 slacks n. 바지 banal a. 진부한, 평범한 nondescript a. 별 특징 없는 chic a. 멋진, 세련된 ostentatious a. 과시하는, 화려한 illusory a. 환영의, 착각의

그 유명한 예술가를 처음으로 만났을 때 나는 굉장히 놀랐다. 그의 수수한 바지와 와이셔츠 그리고 별 특징 없는 안경이 한데 어우러져 그의 소박하고 심지어 진부하기까지 한 외모를 완성시키고 있었다.

20 2016 상명대 ④

as 이하에서는 건물이 다른 모습으로 보이는 이유를 설명해야 한다. 따라서 빈칸에는 '변화', '탈바꿈'이란 의미의 ④가 들어가는 것이 적절하다.

undergo v. (영향·변화 따위를) 받다; (시련 등을) 경험하다, 당하다 complete a. 완전한; 전면적인, 철저한 architectural a. 건축학의, 건축상의 firm n. 회사 manifestation n. 표현, 표시, 표명, 명시 transferral n. 이동, 이전, 양도 opportunity n. 기회, 호기 transformation n. (완전한) 변화, 변신 transition n. 변이; 과도기

그 아파트 건물은 지역 건축회사에 의해 전면적인 변화를 막 겪었기 때문에 (이전과) 똑같아 보이지 않는다.

21 2004 서울여대 ③

'여섯 명의 여성, 네 명의 흑인, 그리고 두 명의 라틴 아메리카계인을 자신의 내각에 임명했다'고 했다. 이것은 미국의 주류인 백인 남성(white men) 이외의 사람을 각료로 발탁했다는 것이므로, '다양성'을 반영하기 위한 결정으로 볼 수 있다.

Cabinet n. 내각; (대통령의) 고문단 reflect v. 반사하다, 반향하다; 반영하다, 나타내다 appoint v. 임명하다; 지정하다 segregation n. 분리, 격리; 인종차별 expansion n. 팽창, 확장 diversity n. 차이; 변화, 다양성 eligibility n. 적임, 적격성

클린턴(Clinton) 대통령은 자신의 내각이 미국의 다양성을 반영하길 원한다고 밝혔다. 그래서 그는 여섯 명의 여성, 네 명의 흑인, 그리고 두 명의 라틴 아메리카계인을 자신의 내각에 임명했다.

예를 들어, 만일 오늘날 갓 부화한 바다거북들이 알의 단계에서 살아남는다면, 거북이들은 부화하자마자 틀림없이 미친 듯이 바다로 돌진할 것이다. 왜냐하면 바다거북을 기다리는 냉혹한 공격이 배고픈 포유동물과 새라는 형태로 기다리고 있기 때문이다.

22 2000 동덕여대   ④

'어느 누구도 공장 소유주들에게 그들이 고용한 노동자들을 공평히 대우하라고 강요하지 않았다'로 미루어, 어떤 정부도 기업에 '간섭할' 권리가 없었음을 유추할 수 있다.

system n. 체계, 계통; 제도 cooperate v. 협력하다, 협동하다 interfere v. 간섭하다; 중재하다

초기의 공장제도에서 사람들은 국가는 기업에 간섭할 권리가 없다고 생각했다. 그래서 어느 누구도 공장 소유주들에게 그들의 노동자들을 공평히 대우하도록 강요하지 않았다.

23 2019 숭실대   ②

새로운 언어를 배우는 데 있어서 아이들이 어른들보다 더 능숙한 이유가 빈칸에 들어가야 하므로, '더 잘 적응하고 대응할 수 있다'는 의미를 가진 ②가 정답으로 적절하다.

adapt v. 적응하다, 순응하다 idealistic a. 이상주의적인 plastic a. 유연한; 가르치기 쉬운 rigid a. 엄격한, 융통성 없는 visionary a. 예지력[선견지명]이 있는

아이들은 여러 가지 이유로 새로운 언어를 배우는 데 어른들보다 더 능숙할지도 모른다. 아이들의 뇌는 어른들의 뇌보다 더 유연한데, 이는 아이들이 새로운 정보에 더 잘 적응하고 대응할 수 있다는 것을 의미한다.

24 2016 광운대   ①

빈칸을 포함하고 있는 문장은 'so ~ that …' 구문에 속해 있으므로, that 이하는 주절과 원인과 결과의 관계를 이룬다. '오래전에 만들어진 건물에 변경이나 확장과 같은 변화가 많이 가해졌다'라는 사실에 대한 결과로서 가장 적절한 것은 '처음 만들어졌을 때의 모습을 분간하기 어렵게 되는 것'이므로, 적절한 짝으로 이뤄진 것은 ①이 된다.

relics n. 유적, 유물 antiquity n. 오래됨, 낡음; 고대; 고대인 colonial a. 식민지의, 식민지풍의 modified a. 완화된, 한정된, 수정된 enlarged a. 커진, 확대된 initial a. 처음의, 최초의, 시작의 discernible a. 식별[판별, 분간]할 수 있는 original a. 최초의, 본래의; 독창적인 applicable a. 적용할 수 있는, 적절한 embellish v. 아름답게 하다, 꾸미다, 윤색하다 intended a. 기도된, 의도된, 고의의 unnecessary a. 불필요한 pertinent a. 타당한, 적절한 relevant a. 관련 있는, 적절한

오늘날 북아메리카에는 고대 유적이 거의 남아 있지 않다. 뿐만 아니라, 지금까지 남아 있는 식민지 초기의 건물들 대부분은 변경과 확장이 크게 이루어져서 처음의 디자인을 더 이상 알아볼 수 없다.

25 2021 가천대   ④

부화하자마자 바다거북이 미친 듯이 바다로 돌진하는 이유가 공격 때문이라면, 이는 포식자의 공격이 무자비하거나 가차 없기 때문일 것이다.

01 ②	02 ①	03 ②	04 ②	05 ④	06 ①	07 ①	08 ③	09 ①	10 ④
11 ①	12 ④	13 ②	14 ③	15 ③	16 ④	17 ②	18 ②	19 ①	20 ②
21 ①	22 ②	23 ①	24 ⑤	25 ④					

01 2011 홍익대 ②

빈칸에는 or 앞의 square circle처럼 a nonsensical notion에 해당하는 또 다른 구체적인 예가 들어가야 한다. falling dominoes, a land breeze, strong blizzard는 그 자체에 모순이 없는 표현인 반면, water running uphill은 아래로 흐르는 물의 속성에 위배되는 모순된 개념이므로, 이것이 빈칸에 들어가기에 적절하다.

nonsensical a. 무의미한, 부조리한; 엉터리없는 notion n. 관념, 생각 breeze n. 산들바람, 미풍 blizzard n. 심한 눈보라; (편지 등의) 쇄도

지나치게 많은 영토라는 말은 (아무리 많아도 지나치지 않은 것이 영토의 속성이므로) 네모난 동그라미 또는 언덕 위로 흐르는 물처럼 모순된 개념이었다.

02 2006 단국대 ①

'전자제품의 오랜 수명이 보장되는 것'은 '그것에 대한 주기적인 정비와 청소'가 가져다주는 결과에 해당한다. 그러므로 빈칸에는 '~을 (필연적 결과로서) 일으키다', '~을 수반하다'라는 의미의 ①이 들어가야 한다.

maintenance n. 지속; 보수, 정비 appliance n. (특히 가정용) 기구, 기계 entail v. (필연적 결과로서) 일으키다, 남기다, 수반하다 erode v. 좀먹다, 부식하다 overlay v. 뒤덮다, 둘러싸다 mitigate v. 완화시키다, 누그러뜨리다

주기적인 정비와 청소는 가정용 전자제품의 오랜 수명을 보장할 것이다.

03 2021 서울여대 ②

콤마 이하는 앞 문장의 내용을 부연해서 설명하는 역할을 하고 있는데, 해양 건설 기술의 어려움을 이해시키기 위해서는 이와 관련이 깊거나 닮은 것을 예로 들어 설명할 것이므로, 빈칸에는 '비슷한', '유사한'이라는 의미의 ②가 적절하다.

marine a. 바다의, 해양의 construction n. 건설, 건조, 건축 complex a. 복잡한; 어려운 appropriate a. 적합한, 적절한, 타당한 analogous a. 유사한, 비슷한 conducive a. 도움이 되는, 이바지하는 dissimilar a. 닮지 않은, 다른

이와 같은 해양 건설 기술은 매우 복잡하며, 물속에 다리를 건설하려고 하는 것과 다소 유사하다.

04 2021 경기대 ②

가정법은 사실의 반대를 가정하고 있음에 착안한다. 실제로는 사람들이 현재 '주지사의 무능함을 깨닫지 못하고 있다'는 것이므로, 빈칸에는 '사실을 깨닫지 못하게 방해하다'라는 의미의 표현이 필요하다. 따라서 '현혹되다'라는 의미를 만드는 ②가 빈칸에 적절하다.

realize v. 실현하다; 실감하다, (생생하게) 깨닫다 ineffective a. 효과 없는; 무능한 discard v. (불필요한 것을) 버리다, 처분[폐기]하다 beguile v. 현혹시키다, 미혹시키다 annul v. (의결·계약 등을) 무효로 하다, 취소하다; (법령 등을) 폐지하다 repulse v. 논박하다; 거절하다

만약 사람들이 주지사의 카리스마에 크게 현혹되지 않는다면, 그들은 그녀가 무능한 지도자라는 것을 깨닫게 될 것이다.

05 2021 세종대 ④

that is 이하에는 앞에서 언급한 것을 부연설명 하는 내용이 와야 한다. '종이가 사라진 사무실'은 '컴퓨터를 사용함으로써 미래에는 사무실에서 굳이 종이를 쓸 필요가 없게 된다는 것'을 의미할 것이므로, 빈칸에는 ④가 적절하다.

futurist n. 미래학자 predict v. 예언하다; 예보하다 versatile a. 다재다능한; 다용도의, 다목적의 tentative a. 임시의, 일시적인, 시험적인 preliminary a. 예비의, 준비의; 임시의 obsolete a. 쓸모없이 된, 폐물이 된; 진부한, 구식의

많은 미래학자들은 "종이가 사라진 사무실"을 예측했는데, 다시 말해, 컴퓨터로 인해 종이가 쓸모없게 될 거라는 것이었다.

06 2021 한국외대 ①

골문 안에 손으로 공을 넣은 것과 규칙위반을 관련시킨 것을 통해 이 선수를 '축구' 선수로 보는 것이 적절하며, 발을 사용해야 하는 축구선수가 손으로 공을 넣었다면, '노골적인' 규칙위반이 되므로 ①이 빈칸에 적절하다.

punch v. 주먹으로 치다 violation n. 위반 referee n. (스포츠 경기의) 심판 blatant a. 노골적인 unintentional a. 고의가 아닌 ambiguous a. 애매모호한 hidden a. 숨겨진

그 선수는 공을 주먹으로 쳐서 골문 안으로 넣었는데, 이것은 심판을 제외한

거의 모든 사람들이 목격한 노골적인 규칙위반이었다.

07 2022 서강대 ①

'연구 결과'는 명사절의 내용을 '보여주거나', '의미하거나', '암시해야' 한다. 따라서 ①이 정답이다. ②는 that절을 목적어로 취할 수 없다. ③은 가설을 세우고 난 후 연구를 시작하므로 '연구 결과'라는 말과 어울리지 않는다. ④는 주어가 사람이어야 한다.

imply v. 암시하다 stimulate v. 자극하다 hypothesize v. 가설을 세우다 apprehend v. 염려하다; 체포하다; 이해하다

연구 결과는 성인 학습자가 어린 학습자보다 명시적인 문법 교육에서 더 잘 배우는 경향이 있음을 암시한다.

08 2021 덕성여대 ③

그 지역에서의 영업을 중단하게 되면 근로자들을 해고할 수밖에 없게 될 것이므로 ③이 정답으로 적절하다.

shut down (공장·가게의) 문을 닫다 operation n. 사업, 영업 keep out 못 들어오게 하다, 배척하다 go off 자리를 뜨다; 발사되다; (경보기 등이) 울리다; (불·전기 등이) 나가다 lay off ~를 해고하다 leave out 빼다, 생략하다; 무시하다

그 회사는 8월에 그 지역에서의 영업을 중단하고 200명 이상의 근로자를 해고할 계획을 발표했다.

09 2003 경기대 ①

and는 '대등'의 등위접속사이다. '매우 중요한 요소(a vital factor)'를 어떻게 해야 '잘못된 결론을 내리기 쉬운지'를 유추한다. 그런 요소를 '못 보고 지나치면' 그와 같은 일이 일어날 것이므로 ①이 정답이다.

vital a. 생명의; 지극히 중요한 experiment n. 실험; 시험, 시도 overlook v. 내려다보다; 간과하다 perceive v. 지각하다, 인식하다 underscore v. 강조하다 undertake v. 떠맡다; 착수하다

화학에서는 매우 중요한 요소를 간과하여 실험으로부터 잘못된 결론을 도출하기 쉽다.

10 2022 서울여대 ④

세 살 때 첫 번째 실험을 했다는 것은 어린 나이임에도 '호기심이 많은' 성향을 지니고 있었다는 것이므로 ④가 정답이다.

experiment n. 실험 coarse a. 조잡한, 조악(粗惡)한 haughty a. 거만한, 오만한 defective a. 결함이 있는 inquisitive a. 탐구심[호기심]이 많은

토머스 에디슨(Thomas Edison)은 어렸을 때도 매우 호기심이 많았다. 세 살 때 그는 첫 번째 실험을 했다.

11 2013 단국대 ①

no matter how가 이끄는 절은 양보의 의미를 나타낸다. '좋은 의도를 가지고 한 것'이란 말은 상대방이 잘 되길 원하는 마음에서 한 것이라는 뜻인데, 주절은 이와 반대되는 의미를 가져야 하므로, '의도와 다르게 상대방은 좋지 않은 기분을 느낀다'는 내용이 되어야 한다. 그러므로 부정적인 의미의 ①이 빈칸에 가장 적절하다.

well-intentioned a. 선의의, 선의로 한 persecute v. 박해하다, 학대하다; 괴롭히다 encourage v. 격려하다; 장려하다 buoy v. ~을 띄워놓다(up); 기분을 좋게[들뜨게] 하다 elate v. ~을 의기양양하게 만들다, 기운을 북돋우다

상사가 아무리 선의로 한 것이라 하더라도, 많은 흡연자들은 회사의 금연 방침에 대해 핍박을 받고 있다는 느낌을 받는다.

12 2011 중앙대 ④

제과점에서 관련 기술과 일을 배우고 있다면, '견습생(apprentice)'으로 일하고 있다고 볼 수 있다.

self-sufficient a. 자급자족할 수 있는 guru n. (힌두교 등의) 스승, 지도자; 권위자, 전문가 virtuoso n. 예술의 거장, 음악의 대가 marquess n. (영국에서) 후작 apprentice n. 견습생, 도제; 초심자

제과점 견습생으로 일하면서, 주디(Judy)는 그녀 스스로 자급자족할 수 있도록 일과 기술을 배우고 있는 중이다.

13 2008 국민대 ②

그 후보자에게 자신의 입장을 분명하게 밝히라고 했다는 말에는 그가 '분명하지 않은' 입장을 취했다는 뜻이 내포돼 있다. 그러므로 빈칸에는 '애매모호한', '어정쩡한'이란 뜻의 ②가 들어가야 한다.

reject v. 거절하다, 각하하다, 물리치다 tax reform 세금 개혁 stand on the issue(s) 문제에 대한 단호한 입장을 취하다 dialogic a. 대화체의 equivocal a. 모호한; 어정쩡한 authentic a. 진정한, 진짜의 momentary a. 순간적인

세금 개혁에 대한 그 후보자의 애매모호한 논평을 거부하면서, 기자들은 그 문제에 대한 자신의 입장을 분명하게 밝히라고 그에게 압박을 가했다.

14 2015 한국외대 ③

주어인 He의 성격을 나타낼 수 있는 형용사가 빈칸에 적절하다. 그가 '아니다(no)'라는 답변을 인정하지 않는다는 것은 '그렇다(yes)'라는 답변을 들을 때까지 노력한다는 의미이므로, '집요한'이란 의미의 ③이 빈칸에 적절하다.

indifferent a. 무관심한, 마음에 두지 않는, 냉담한 sarcastic a. 빈정대는, 비꼬는, 풍자의 tenacious a. 집요한; 참을성이 강한 tenuous a. 미약한, 보잘것없는

그는 내가 만난 사람들 가운데 가장 집요한 사람 중의 하나여서, 아니(no)라

고 하는 대답을 결코 인정하지 않으며, 또한 고객과의 관계 구축에 있어서 매우 능하다.

15 2015 가톨릭대 ③

preserve from은 '~로부터 지키다, 보존하다'라는 의미로, 그 뒤에는 '보존'하는 행위와 반대되는 속성 혹은 의미의 표현이 와야 한다. 그러므로 '파괴', '황폐'라는 의미의 ③이 정답으로 적절하다.

remain n. (pl.) 유물, 유적 secrecy n. 비밀; 은둔 oblivion n. 망각 ravage n. 파괴, 황폐 configuration n. 배치, 지형

고대 그리스 문명은 역사적으로 우연히 오랜 세월에도 파괴되지 않고 보존되어온 몇몇 역사적 유적을 통해서만 알 수 있다.

16 2013 한양대 ④

'사람들로부터 박수갈채를 받기 위해 자선행사에서 그가 어떤 태도나 행동을 보여주었을까'를 묻는 문제라 할 수 있다. 박수갈채는 존경이나 격려를 표시하는 것이므로, 선택지 가운데 '너그러움(generosity)'이 박수갈채를 받을 수 있는 것에 해당된다.

desire n. 욕구, 갈망, 바람 applaud v. 박수를 치다, 갈채를 보내다 in attendance 참석중인 sensitivity n. 세심함, 감성 plight n. 역경, 곤경 the underprivileged 혜택을 못 받는 사람들 charity n. 자선 (행위); 자애, 자비 shyness n. 수줍음, 겁많음 discomfort n. 불쾌; 불편 arrogance n. 오만, 거만 generosity n. 관대함, 너그러움

저소득층의 사람들이 처한 곤궁에 대한 헤아림이 아니라 참석한 사람들에게 박수갈채를 받으려는 바람이 그가 자선행사에서 너그러움을 보인 이유였다.

17 2021 숙명여대 ②

빈칸에는 UN 특사가 긴장 지역에 파견되는 목적이 와야 하는데, and 뒤에서 분쟁 해결을 중재하는 것을 돕는다고 했으므로 위기를 관리하는 목적이 있다고 볼 수 있다. 따라서 위기를 해소하거나 완화한다는 의미의 ②가 빈칸에 적절하다.

envoy n. 사절, 특사 dispatch v. 보내다, 파견하다 tension n. 긴장, 갈등 broker v. (특히 국가 간의 협상을) 중개하다 aggravate v. 악화시키다 defuse v. (폭탄이나 지뢰의) 신관을 제거하다, (긴장·위험 등을) 진정[완화]시키다 employ v. 고용하다 inspire v. 고무하다, 영감을 주다 mislead v. 호도하다, 오도하다

UN 특사는 위기를 완화하고 분쟁에 대한 협상 타결을 중재하는 것을 돕도록 전 세계의 긴장 지역에 파견된다.

18 2015 서울여대 ②

대학학위가 없는 젊은이들을 위한 취업기회가 메말라버렸다고 했으므로, 고용시장의 상황은 암담하고 암울하다고 할 수 있다. 따라서 빈칸에

는 ②가 적절하다.

degree n. 학위 dry up 바싹 마르다 fertile a. 비옥한 desolate a. 황량한, 암담한 prolific a. 다산의, 다작의 versatile a. 다재다능한

대학학위가 없는 젊은이들을 위한 전통적인 기회가 메말라버린 암담한 고용시장 상황에서 리드(Reed) 씨는 고등학교를 졸업했다.

19 2014 경희대 ①

콜론(:)은 앞 문장에서 말한 내용을 부연해서 설명하는 문장을 덧붙일 때 쓴다. 주어진 문장의 인용문은 앞 문장을 부연 설명해야 하겠는데, 이 문장에서 핵심이 되는 표현은 accidental이므로, 빈칸에도 이것의 동의어에 해당하는 표현이 들어가야 한다. 따라서 ①이 정답이 된다.

enterprise n. 기획, 계획; 기업, 사업; 진취적인 정신 accidental a. 우연한, 우발적인; 고의가 아닌 fortuitous a. 우연의, 예기치 않은, 뜻밖의 predictable a. 예언[예상]할 수 있는 concomitant a. 동반[부수]하는; 양립하는 inevitable a. 불가피한, 부득이한

스미스(Smith)는 녹음음반을 성공할 가능성이 적은 사업 계획이 거둔 우연한 성과로 여기고 있다. "그들이 이 아름다운 순간을 문화로 포착해낸 것은 완전한 우연이었습니다."

20 2016 가천대 ②

개발도상국의 도시 지역들이 종래의 도시 경계선을 넘어 마구 뻗어나가고 있다고 했는데, 이는 (기존의 도시 면적으로는 감당할 수 없어서) 도시의 인구 증가 및 농촌에서 도시로의 이주를 수용하기 위함이므로 빈칸에는 ②가 적절하다.

haphazardly ad. 우연히, 무턱대고, 되는 대로 boundary n. 경계(선) rural a. 시골의, 지방의 afflict v. 괴롭히다 accommodate v. 수용하다 exonerate v. 결백을[무죄를] 증명하다 discourage v. 실망[낙담]시키다

자연적인 인구 증가와 농촌으로부터의 이주를 수용하기 위해, 개발도상국의 도시 지역들이 종래의 (도시) 경계선들을 훨씬 넘어 마구 뻗어나가고 있다.

21 2022 숭실대 ①

직원 4명 중 1명만이 자신의 조직에서 공감이 충분하다고 생각했다는 것은 3/4에 해당하는 대부분의 직원들이 회사에서 공감이 '부족'하다고 생각한다는 것을 의미하므로 빈칸에는 ①이 적절하다.

empathy n. 감정이입, 공감 address v. 대처하다 deficit n. 부족, 결함 aliment n. 양식; 필수품 competition n. 경쟁 precocity n. 조숙, 조생

한 연구에 따르면, 직원 4명 중 1명만이 자신의 조직에서 공감이 "충분하다"고 생각했다고 한다. 기업은 자신들이 공감 부족 문제에 대처하는 것에 대해 진지하게 생각해야 하며 그렇지 않으면 직원을 잃을 위험에 처할 수밖에 없다는 것을 알고 있다.

22 2019 숭실대   ②

TV 디너는 '데우기만 하면 한 끼 식사로 편하게 먹을 수 있는 간편 식품'이며, 빈칸에는 이런 TV 디너를 찾게 될 사람들을 가리키는 표현이 적절하다. 이들은 즐겨 보는 TV 프로그램을 놓치는 것을 견딜 수 없어하는 사람이라고 했으므로, TV 앞을 떠나지 못하고 소파에 앉아 시간을 보낼 것이다. 이런 사람을 지칭하는 관용표현은 couch potatoes이다.

accommodate v. 수용하다, ~에게 편의를 제공하다 boy scout 보이 스카우트 단원, 소년단원 couch potato (텔레비전을 보면서) 소파에 앉아 여가를 보내는 사람; 게으르고 비활동적인 사람

대중 매체의 사회적인 영향은 분명하다. 몇 가지 예를 고려하여 보자. TV 디너는 자신들이 즐겨 보는 TV 프로그램을 놓치는 것을 견딜 수 없어하는 수백만 명의 (텔레비전을 보면서) 소파에 앉아 여가를 보내는 사람들에게 편의를 제공하기 위해 개발되었다.

23 2015 중앙대   ①

세미콜론(;) 이하의 문장에서 빈칸에 들어갈 단어의 이유를 설명하고 있다. 뇌물을 받지도 않고 민원인들의 편의를 세심하게 배려했다는 점에서, '성실하다'는 의미의 표현이 빈칸에 적절하다.

scrutinizingly ad. 꼼꼼히, 유심히 predicament n. 곤경, 궁지 conscientious a. 양심적인, 성실한 complementary a. 상호보완적인, 보충하는 puerile a. 유치한, 바보 같은 ignominious a. 수치스러운, 창피한

내가 말한 그 공무원이 가장 성실했다. 그는 뇌물을 받길 거부했고 민원인들이 어려운 일에 처하지 않도록 모든 서류를 꼼꼼하게 검토했기 때문이다.

24 2016 광운대   ⑤

여성들도 충분히 잘 해낼 수 있는데도 불구하고 남성들만이 할 수 있다고 생각하는 것은 전체를 보지 못하고 눈앞의 부분적인 현상에만 사로잡혀 있는 것이므로, '근시안적 사고방식[태도]'이라는 의미의 ⑤가 빈칸에 들어가기에 적절하다.

gainful a. 이익이 있는, 돈벌이가 되는 adequate a. (어떤 목적에) 어울리는, 적당한, 충분한; (직무를 다할) 능력이 있는, 적임의 disinterest n. 이해관계가 없음; 공평무사, 무욕; 무관심 conviction n. 신념, 확신; 유죄판결 tradition n. 전통, 관습 prescription n. 명령, 규정; 처방 short-sightedness n. 근시안적인 사고

많은 여성들이 맡은 일을 할 수 있음에도 불구하고, 고용주들이 가진 근시안적인 사고방식으로 인해 그들은 돈을 많이 벌 수 있는 일자리를 갖지 못하며, 그러한 사고방식 때문에 고용주들은 오로지 남성들만이 충분히 일을 잘 해낼 수 있다고 생각한다.

25 2012 숙명여대   ④

첫 번째 문장의 내용을 뒤의 두 문장이 부연설명하고 있는 구조이므로, 뒤의 두 문장의 내용을 통해 빈칸에 들어갈 단어를 선택해야 한다. 뒤의 두 문장에서는 시기에 따라 암수의 비율을 달리하여 새끼를 낳는다는 내용을 이야기하고 있다. 따라서 정답은 ④가 된다.

rat n. 쥐, 시궁쥐 fare v. 지내다, 살아가다; 먹다 give birth to ~을 낳다; ~을 생겨나게 하다 excess n. 과다, 잉여; 초과 degree n. 정도, 단계, 범위; 학위 ratio n. 비율

어미 쥐들은 암수 새끼들을 매우 다른 비율로 낳는데, 이것은 그들이 얼마나 잘 살아가고 있느냐에 좌우된다. 쥐들은 살기 좋을 때에는 수컷을 더 많이 낳고, 먹고살기가 힘든 시기에는 암컷을 더 많이 낳는다.

01 ③	**02** ②	**03** ②	**04** ①	**05** ④	**06** ③	**07** ②	**08** ④	**09** ①	**10** ③
11 ④	**12** ②	**13** ②	**14** ②	**15** ③	**16** ①	**17** ④	**18** ②	**19** ⑤	**20** ②
21 ①	**22** ④	**23** ②	**24** ③	**25** ③					

01 2011 한국외대 ③

주절에서 그가 기분이 상했다고 했으므로 because 이하의 절에서는 그가 기분이 상한 이유가 언급되어야 한다. 부정적인 의미의 형용사가 빈칸에 들어가야 하며, 따라서 '비판적인', '경멸적인'이란 뜻의 ③이 정답으로 적절하다.

constructive a. 건설적인; 구조의 savvy a. 소식에 밝은, (사정에) 정통해 있는, 경험 있고 박식한 derogatory a. 비판적인; 경멸적인 succinct a. 간결한, 간명한

그는 그의 연간 평가 보고서가 혹평의 말로 가득했기 때문에 기분이 상했다.

02 2005 서강대 ②

TV 프로그램에 성인물이 포함돼 있다고 했으므로, 시청자로서는 '신중함' 혹은 '분별력'이 필요할 것이다.

contain v. 포함하다; 억제하다 deception n. 사기, 속임 discretion n. 신중, 분별 detention n. 붙듦; 저지 discrimination n. 구별; 차별, 차별 대우

이 TV 프로그램은 성인물을 포함하고 있으므로 시청자들의 분별력이 요구되고 있다.

03 2001 고려대 ②

'그의 정당을 아주 난처하게 했다'로 미루어 빈칸에는 '부정적인' 단어가 쓰여야 한다. 수식하는 단어가 연설 혹은 소견이므로, ②의 '준비 없이 한, 즉흥적인(impromptu)'이 쓰여야 가장 적절한 원인이 된다.

remark n. 주의; 소견, 비평 embarrass v. 당혹[당황]하게 하다 polite a. 공손한, 예의바른 impromptu a. 즉석의, 즉흥적인 prudent a. 신중한; 분별 있는 inimitable a. 흉내를 낼 수 없는, 독특한

그 주지사의 즉흥적인 연설은 그의 정당을 매우 난처하게 했다.

04 2020 세종대 ①

빈칸은 a cruel and oppressive dictator와 동격 관계에 있으므로, 이것과 가장 유사한 의미를 가진 표현이 빈칸에 적절하다.

physically ad. 육체적으로; 물질적으로 mentally ad. 정신적으로; 마음속으로 strenuous a. 정력적인, 열심인; 몹시 힘든 oppressive a. 압제적인, 압박하는 dictator n. 독재자, 절대권력자 despot n. 독재자, 전제군주, 폭군 gourmand n. 대식가; 미식가 interlocutor n. 대화자, 회담자 pariah n. 천민; 부랑인

잔인하고 억압적인 독재자인 폭군의 통치하에서 살아가는 것은 육체적으로나 정신적으로 매우 힘든 일이다.

05 2019 한국외대 ④

비평가는 작품을 분석하고 가치를 논하는 사람인데, 소설가가 어느 비평가의 칭찬을 받고 기뻤다면, 이는 그 비평가가 비평가로서의 훌륭한 덕목을 갖추고 있는 사람이었기 때문일 것이다. 따라서 빈칸에는 비평가가 갖추고 있어야 할 덕목에 해당하는 ④가 적절하다.

please v. (남을) 기쁘게 하다 praise v. 칭찬하다 exaggerated a. 과장된, 부풀린, 지나친 outdated a. 구식인 misguided a. 잘못 이해한 fair a. 타당한, 온당한, 공정한

그 소설가는 자신의 책이 일반적으로 판단이 공정하다고 여겨지는 한 비평가의 칭찬을 받는 것을 보고 기뻐했다.

06 2020 홍익대 ③

'심지어', '더 나아가서'의 의미를 가진 even이 단서가 된다. 빈칸 뒤에서 일부 지역에서는 '그 흐름이 거꾸로 가고 있기까지 하다'고 했으므로, 그 앞의 흐름이 거꾸로 가는 정도까지는 가지 않은 상태를 이야기해야 한다. 따라서 '멈춰 있다', '교착상태에 빠져 있다'는 의미를 나타내도록 빈칸에는 ③이 들어가야 한다.

seemingly ad. 보기에는, 겉으로는 inexorable a. 멈출[변경할] 수 없는, 거침없는; 냉혹한 reverse v. 거꾸로 하다, 반대로 하다; 뒤집다, 뒤엎다 expedite v. (계획 따위를) 진척시키다, 촉진하다 diffuse v. 흩뜨리다, (빛·열 따위를) 발산하다; (지식·소문 따위를) 퍼뜨리다, 유포하다 stall v. 교착상태에 빠지다, 지연되다 subjugate v. 정복하다, 복종시키다

겉보기에 거침없어 보이는 민주주의의 진전이 이미 교착상태에 빠져 있는 것으로 보이며, 일부 지역에서는 그 흐름이 거꾸로 가고 있기까지 하다.

07 2003 세종대 ②

for는 '이유'를 나타낸다. '두더지도 아니고 쥐도 아니다(are neither moles nor rats)'라고 한 점으로 미루어, '틀린 이름', 잘못 부름이라는 의미를 가진 ②가 빈칸에 적절하다.

mole n. 두더지 rat n. 쥐 furless a. (동물이) 털이 없는 rodent n. (쥐·토끼 등의) 설치류 pseudonym n. 익명; 필명 misnomer n. 틀린 이름; 잘못 부름 digression n. 여담; 탈선 preference n. 더 좋아함, 편애

'mole rat'라는 용어는 잘못된 이름이다. 왜냐하면 이 작고 털이 없는 설치류는 두더지도 아니고 쥐도 아니기 때문이다.

08 2011 가톨릭대 ④

빈칸 앞의 point fingers는 '비난하다', '남의 탓을 하다'라는 의미인데, 다른 사람의 탓을 한다는 것은 자신이 책임을 지지 않는다는 것이므로, 빈칸에는 '버리다', '포기하다'는 의미의 ④가 들어가야 한다.

facilitate v. 가능하게 하다, 용이하게 하다 cherish v. 소중히 여기다, 아끼다 endorse v. 지지하다; (어음·서류 등에) 배서하다 abdicate v. (왕위·권리를) 버리다, 포기하다; 퇴위하다

견디기 힘든 패배를 겪은 후에도 우리는 한 팀으로 단결하였으며 아무도 다른 사람을 비난하거나 책임을 거부하지 않았다.

09 2013 단국대 ①

돈에만 관심이 있고 문화와 예술에는 관심이 없는 사람들을 지칭하는 단어는 '교양 없는 사람', '속물'을 뜻하는 philistines이다.

philistine n. (미술·문학·음악 등을 모르는) 교양 없는 사람, 속물 progenitor n. 조상, 선조; 창시자, 선구자, 선배 philanthropist n. 자선가; 박애주의자 supplicant n. 탄원하는 사람

그 회의에는 돈에만 관심이 있고 문화와 예술에는 관심이 없는 교양 없는 사람들로 가득 차 있다.

10 2021 덕성여대 ③

1800년 이전에는 인구 조사가 널리 보급되지 않았다고 했으므로 19세기까지 세계 도시화의 역사는 정확하게 알 수 없을 것이다.

census n. 인구 조사, 국세(國勢) 조사 widespread a. 널리 보급된, 광범위한 observance n. (법률·규칙·관습 따위의) 준수 rejection n. 거절 precision n. 정확, 정밀 capacity n. 수용력; 용적; 능력, 재능

인구 조사는 1800년 이전에는 널리 보급된 관행이 아니었기 때문에, 19세기까지의 세계 도시화의 역사를 정확하게 추적하는 것은 불가능하다.

11 2017 한국외대 ④

위조범들은 어떤 물건을 꾸며 진짜처럼 만드는 사람들이므로, 인위적으로 그림에 수정을 가해 그림의 시기를 조작할 수 있다고 볼 수 있다. 따라서 빈칸에는 ④가 적절하다.

counterfeiter n. (돈이나 상품의) 위조자[범] go to great lengths ~하려고 무엇이든 하다 bake v. (열로) 굽다[굳히다] verify v. 입증하다 preserve v. 보전하다, 유지하다 invalidate v. 틀렸음을 입증하다; 무효화하다 fabricate v. 꾸며내다, 조작하다; 위조하다

위조범들은 그림에 금이 가도록 열을 가하는 것을 포함해서 그림이 그려진 시기를 조작하기 위해 무엇이든 할 수 있다.

12 2013 가톨릭대 ②

세 번째 문장은 두 번째 문장의 내용을 재진술하는 역할을 하고 있다. 시간이 지나면서 악화된다는 것은 이 질병이 '진행성 질환(progressive disorder)'이란 것을 의미하므로 ②가 정답이 된다.

entral nervous system 중추 신경계 protensive a. 치수가 늘어난; 시간이 연기된 progressive a. 진행성의 regressive a. 역행하는; 퇴화[퇴보]하는 retroactive a. 반동하는; 효력이 소급하는

파킨슨병은 중추신경계의 병이다. 이 병은 진행성 질환이다. 시간이 지나면서 더욱 악화된다.

13 2013 서울여대 ②

'so ~ as to V'의 구문은 '너무나 ~해서 그 결과 V하다'라는 뜻의 원인과 결과를 나타내므로, '분명한 허튼소리를 믿었다'의 원인으로는 '잘 속음'이 적절하다.

cheering a. 기운을 돋우는, 환호하는 obvious a. 분명한, 명백한 nonsense n. 허튼소리, 터무니없는 것; 무의미 discreet a. 지각 있는, 신중한 credulous a. 잘 속는, 쉽사리 믿는 acute a. 심각한; (병이) 급성의 grudging a. 마음 내키지 않는; 인색한

그는 어떻게 그 환호하는 군중들이 그렇게 쉽게 속아 넘어가서 그렇게도 분명한 허튼소리를 믿을 수 있었는지를 의아하게 생각했다.

14 2021 한국외대 ②

갈릴레오의 우주관이 과거에 어떻게 여겨졌는지가 빈칸에 들어가야 하는데, 그가 거의 유죄를 선고받을 뻔했다는 내용을 통해 당시 사람들은 갈릴레오의 우주관을 '이단적인' 것으로 여겼음을 짐작할 수 있다.

convict v. (범죄에 대해) 유죄를 선고하다 canonical a. 규범[표준]적인 superficial a. 피상적인 heretical a. 이단의; 이교도의 cursory a. 피상적인, 겉핥기식의 orthodox a. 정통의, 옳다고 인정된

갈릴레오(Galileo)의 우주관은 이단적인 것이어서, 거의 유죄를 선고받을 뻔했다. 하지만 그의 우주관이 지금은 표준적인 것으로 여겨진다.

---

15 2006 서강대 ③

바싹 마른 잎사귀는 매우 빨리 부스러진다. 그러므로 만약 부스러지기 전에 그 잎사귀가 떨렸다고 한다면, 그 시간은 매우 짧았을 것이다. 따라서 '잠깐', '순간적으로'를 의미하는 ③이 빈칸에 가장 적절하다.

skeleton n. 해골; 뼈대 tremble v. 떨다, 전율하다; 흔들리다 grind v. 빻다, 으깨다 monumentally ad. 기념으로; 기념비로서; 엄청나게 temperately ad. 알맞게, 적당하게; (기후가) 온화하게 momentarily ad. 순간적으로; 덧없이 momentously ad. 중대하게, 중요하게

앙상하게 바싹 말라 죽은 잎사귀가 그녀의 발밑에서 바스러져 가루가 되기 전에 길 위에서 잠깐 흔들렸다.

---

16 2012 홍익대 ①

코페르니쿠스는 기존의 생각을 뒤집고 지동설, 즉 '인류가 살고 있는 지구가 우주의 중심이 아니라는 주장'을 했던 인물이다. 따라서 그는 관념적으로 인류를 우주의 중심에서 변방으로 쫓아냈다고 볼 수 있다.

pay a price 대가를 치르다 philosophical a. 철학의; 이성적인 counterpart n. 짝의 한 쪽; 상대물, 대응물 dislodge v. (어떤 장소에서) 이동시키다; 제거하다 allow v. 허락하다; 인정하다, 승인하다 dissuade v. 단념시키다

코페르니쿠스(Copernicus)는 인간을 우주의 중심으로부터 쫓아낸 것에 대해 대가를 치렀는데, 철학 분야에서 그와 같은 인물인 스피노자(Benedictus de Spinoza)도 마찬가지였다.

---

17 2017 경기대 ④

빈칸 앞에 쓰인 지시형용사 that을 통해 앞 문장에서 언급한 내용 혹은 그 내용과 같은 의미를 갖는 표현이 빈칸에 들어가야 함을 알 수 있다. and 앞에서 '우리는 지도자는 어떤 모습이어야 하는가에 대한 관념을 가지고 있다'라고 했으므로, 빈칸에는 '어떤 대상에 대해 우리가 가지고 있는 관념'을 의미하는 표현이 들어가야 한다. 따라서 '고정관념'이란 의미의 ④이 정답이다.

fit v. ~에 맞다, ~에 적합하다, ~에 어울리다, 꼭 맞다 consideration n. 고려, 참작, 헤아림; 고려사항; 보답 leadership n. 지휘, 지도력, 통솔력, 리더십 pride n. 자존심, 긍지, 자만심, 오만 rational a. 이성적인, 합리적인 stereotype n. 고정관념, 판에 박힌 문구; 상투적인 수단

우리는 지도자는 어떤 모습이어야 하는가에 대한 관념을 가지고 있는데, 그 고정관념은 너무나도 강해서 누군가가 거기에 맞는 경우에 우리는 다른 고려사항들에 대해서는 완전히 눈이 멀고 만다.

---

18 2017 서강대 ②

어떤 가수가 콘서트를 슬프게 시작했다가 중간에 화를 내며 나가버리고 끝날 무렵에는 언제 그랬냐는 듯 행복한 표정으로 다시 등장한다면, 그 가수는 '변덕스러운(mercurial)' 사람이라고 할 수 있을 것이다.

halfway through 중간에(= when half finished, at the middle point) rage n. 격노; 격렬; 열의, 열정; 감동 judicious a. 현명한; 신중한, 판단력 있는 mercurial a. 변덕스러운; 쾌활한, 명랑한; 수은의 shrewd a. 상황 판단이 빠른; 기민한 sturdy a. (물건이) 튼튼한; (사람이) 다부진

그 변덕스러운 가수는 종종 슬픈 기분으로 콘서트를 시작하고, 중간쯤에서 화를 내며 떠났다가는, 끝에 가서 더할 나위 없이 행복해하며 돌아오곤 했다.

---

19 2022 건국대 ⑤

자신에게 피해를 입은 사람들에게 배상하고자 하는 것은 '죄를 뉘우치는(penitent)' 행동과 관련이 있다.

prisoner n. 죄수 amends n. 배상 victim n. 희생자, 피해자 wrong v. 학대하다, ~에게 부당한 취급을 하다 indicate v. 나타내다, 보여주다 predictable a. 예측할 수 있는 defenceless a. 무방비의 overwhelming a. 압도적인, 저항할 수 없는 apathetic a. 냉담한; 무관심한 penitent a. 죄를 뉘우치는, 참회하는

그 죄수가 자신에게 학대당한 피해자들에게 배상하고자 했던 것은 그가 진정으로 참회하고 있음을 보여주었고, 그래서 판사들은 그를 감옥에서 풀어주었다.

---

20 2022 덕성여대 ②

어떤 예술작품의 진위 여부를 쉽게 알아차릴 수 있는 사람은 그 작품에 대해 못보고 지나치기 쉬운 세부적인 면을 알아볼 수 있는 안목이 있는 사람일 것이다.

appraiser n. 평가인, 감정인 spot v. 발견하다, 알아채다 fraud n. 사기, 협잡; 가짜 inattentive a. 부주의한, 태만한 discerning a. 안목이 있는, 통찰력이 있는 superficial a. 피상적인 neglectful a. 태만한; 부주의한

세부적인 면을 꿰뚫어보는 안목이 있어서, 그 감정인은 그 작품이 진짜 피카소의 작품이 아니라 가짜라는 것을 쉽게 알아차릴 수 있었다.

---

21 2011 단국대 ①

자신의 고양이를 쏘려고 하다가 창문을 부순 아이에게 과자를 준 것은 매우 관대한 처사라고 할 수 있다.

pellet gun 공기총 magnanimously ad. 관대하게 lucidly ad. 빛나게; 깨끗하게 horrendously ad. 몹시 무섭게; 몹시 불쾌하게 relentlessly ad. 가차 없이

어린아이가 공기총으로 그녀의 고양이를 쏘려고 하다가 창문을 부쉈다고 고백하기 위해서 그녀를 찾았을 때 파커(Parker) 부인은 관대하게도 그 어린아이에게 과자를 주었다.

22 2003 가톨릭대　　　　　　　　　　④

'미국인들은 높은 수준의 물질적인 생활을 향유하게 되는 것을 성공의 기준으로 여긴다'고 했으므로, 교육에 대해서도 돈을 많이 벌 수 있는가의 여부로 그 가치를 매길 것이다. 그러므로 '금전적인'이란 의미의 ④가 정답으로 적절하다.

acquire v. 획득하다; 습득하다 material a. 물질적인; 세속적인 reformative a. 개선하는, 개혁하는, 쇄신하는 ethical a. 도덕상의, 윤리적인 vocational a. 직업(상)의; 직무상의 monetary a. 화폐의; 금전(상)의; 금융의

성공에 대해 미국인들이 내리는 정의 가운데 하나는 높은 물질적 생활수준을 달성하는 것이다. 따라서 미국인들이 교육을 금전상의 가치로 평가해온 것은 놀랄 만한 게 아니다.

23 2012 경희대　　　　　　　　　　②

정책 입안자들이 결정해야 할 정책 사안을 놓고 처할 수 있는 상황은 의견이 일치되거나 혹은 불일치되는 상황일 것인데, 의견의 불일치가 '경제 위기 내내'라는 말과 보다 더 잘 어울린다.

Fed n. 연방정부, 연방 준비제도 (이사회) plank n. 주된 항목, 강령 mandate n. 임무, 권한 be at odds 뜻이 맞지 않다, 불화하다

경제위기 내내 연방 준비제도 이사회의 정책 입안자들은 고용 촉진과 가격 안정 창출이라는 이사회의 두 가지 임무 각각에 얼마만큼 중점을 두어야 하느냐를 놓고 불화를 빚어왔다.

24 2012 국민대　　　　　　　　　　③

with similar legislation이 결정적인 단서가 된다. 이것은 백상어들을 보호하기 위한 법적조치와 유사한 조치를 다른 나라들도 취했다는 것을 뜻하므로, 결국 남아프리카공화국의 선례를 따른 것이 된다. 빈칸 뒤에 주어진 suit와 함께 이러한 의미를 만드는 표현은 followed이다.

legally ad. 법률적으로, 합법적으로 legislation n. 입법, 법률제정; 법률 file v. 보관하다; 기록에 남겨두다; (항의 등을) 제출하다 follow suit 선례를 따르다, 남이 하는 대로 하다 enforce v. (법률 등을) 시행하다, 집행하다; 강요하다

1991년에 남아프리카공화국은 자국의 200마일 배타적 경제수역 내의 백상어들을 법적으로 보호한 최초의 국가가 되었다. 그 결과 나미비아, 오스트레일리아, 미국, 몰타가 유사한 입법을 통해 선례를 따랐다.

25 2022 수원대　　　　　　　　　　③

르네상스는 종교의 지배에서 이성의 지배로, 종교적 권력에서 정치적 권력으로 이행하는 시기였다. 제국주의적 야망은 정치적 권력의 국외로의 확장이므로 교황과 가톨릭 열강의 기존 종교적 권력에는 저항할 것이다. 따라서 빈칸에는 ③이 적절하다.

prince n. 왕자; 군주 learned a. 학식 있는 ambitious a. 야심 있는 unscrupulous a. 부도덕한, 비양심적인 Royal Navy 영국 해군 Pope n. 교황 power n. 강대국 defy v. ~에게 공공연히 반항[저항, 거역]하다, 감히 도전하다

헨리 8세(1509-1547)는 전형적인 르네상스 시기의 군주였다. 잘생기고, 학식 있고, 야심만만했으며, 파렴치했다. 엘리자베스 치하의 영국이 제국주의적 야망을 실현하고 교황과 유럽의 가톨릭 열강들에 저항할 수 있었던 것은 그가 영국 해군을 창설했기 때문이었다.

T E S T 20

01 ④	02 ④	03 ⑤	04 ①	05 ①	06 ④	07 ③	08 ②	09 ②	10 ②
11 ①	12 ③	13 ①	14 ②	15 ⑤	16 ③	17 ①	18 ①	19 ①	20 ④
21 ②	22 ③	23 ①	24 ②	25 ③					

01 2005 명지대   ④

빈칸 뒤에 '천둥소리'라는 표현이 주어져 있고, 금속판을 흔드는 경우에 소리가 발생하므로, 결국 금속판을 흔든 것은 천둥소리와 유사한 소리를 만들어내기 위함으로 봐야 한다. 따라서 빈칸에는 ④가 들어가야 한다.

subjugate v. 정복하다; 복종시키다 scrutinize v. 자세히 조사하다, 음미하다 sophisticate v. 세련되게 하다 simulate v. 가장하다; 흉내 내다

금속판 한 장을 흔들어서 천둥소리를 흉내 냈다.

02 2019 한국외대   ④

모든 사람들이 저마다 크게 소리 내어 말하는 시끄러운 식당에서는 각 사람의 말소리가 제각각이어서 불협화음을 낳을 것이므로 빈칸에는 ④가 적절하다.

out loud (다른 사람들이 들을 수 있게) 소리 내어 melodious a. 가락이 아름다운, 음악적인 placid a. 평온한, 조용한 prosaic a. 산문적인, 무미건조한, 재미없는 cacophonous a. 불협화음의, 귀에 거슬리는

그것은 모든 사람들이 저마다 크게 소리 내어 대화하는 시끄러운 식당에 있는 것처럼 귀에 거슬렸다.

03 2020 건국대   ⑤

두 번째 문장에서 "그는 세상과 사람들을 자신과 관련지어서만 보았다"고 했는데 이는 자신을 지나치게 중시하는 자만(自慢)을 뜻하므로 ⑤가 빈칸에 들어가기에 적절하다.

affability n. 상냥함 conspiracy n. 음모, 모의 dedication n. 전념, 헌신 equanimity n. 침착, 평정 conceit n. 자만, 자기 과대평가

그는 자만(自慢)의 괴물이었다. 그는 단 1분도 세상이나 사람들을 자신과 관련짓지 않고 보는 법이 없었다.

04 2020 광운대   ①

두 빈칸에 공통으로 들어갈 말을 찾아야 한다. extinct는 '(동식물 등의 종류가) 멸종된'과 '(사람·직종·생활 방식의 유형이) 더 이상 존재하지 않는, 사라진'이라는 뜻으로 모두 쓰일 수 있으므로, ①이 정답이다.

herbalism n. 약초학 all but 거의 extinct a. (인종·동식물 따위가) 절멸(絕滅)한, 멸종한; (언어풍습·법률 따위가) 스러진; (제도·관직 따위가) 폐지된 voguish a. 유행하는, 스마트한 obscure a. 불명료한 prosperous a. 번영하는, 번창하고 있는 distinctive a. 독특한, 특이한

늑대가 영국에서 멸종된 지 250년이다.
약초학은 서양에서 거의 사라진 기술이 되었다.

05 2021 가톨릭대   ①

세금의 징수는 법에 근거해야 하는 것이므로, 이와 관련된 법이 '비준' 혹은 '승인'되어야만 징수가 가능해질 것이다.

personal income tax 개인소득세 Amendment n. 미국 헌법 수정 조항 ratification n. (조약 따위의) 비준, 승인 embodiment n. 전형, 화신; 구체화 procrastination n. 지연, 연기 ornamentation n. 장식, 장식물

루스벨트 대통령이 퇴임하고 한참 지난 후인 1913년에 수정헌법 16조가 비준될 때까지 미국에는 개인 소득세가 없었다.

06 2000 대구가톨릭대   ④

자신의 능력을 '충분히' 잘 계발한 사람은 빈칸 이하에 제시된 것들이 모두 잘 녹아들어 있는 사람일 것이다. 앞서 언급한 의미를 가장 잘 나타낼 수 있는 표현으로는 '혼합물'이란 의미의 ④가 적절하다.

motivation n. 자극, 동기 부여 structure n. 구조; 조직 intersection n. (주요 도로와의) 교차점 mixture n. 혼합(물)

충분히 자신의 능력을 계발한 사람은 추진력, 동기 부여, 여러 가지 기술과 정서 등이 복잡하게 혼합된 존재이다.

07 2002 상명대   ③

비교구문 'rather A than B'는 'B라기보다 오히려 A'의 뜻이다. 깃털로 덮여 있는 투구를 '왕실의 기장으로서 썼다'고 했으므로, 빈칸에는 '이와 다른 용도'가 제시되어야 한다. 본래의 용도가 들어가는 것이 적절하다. 투구의 실질적인 기능은 '머리를 보호하는' 데 있으므로 ③이 정답

이 된다.

royal a. 왕[여왕]의; 왕족의 insignia n. 기장(記章), 표지; 휘장 magnificent a. 장엄한; 훌륭한; 굉장한, 멋진 illegal a. 불법의, 위법의 protective a. 보호하는; 보호 무역(정책)의 exclusive a. 배타적인; 양립할 수 없는

왕과 족장들은 보호용 차폐물로서보다는 오히려 왕실의 기장으로서 깃털로 덮여 있는 투구들을 썼다.

08 2021 덕성여대

시간 제약이 있다고 했으므로 관리자는 프로젝트를 끝낼 수 있는 쉽고 빠른 방법을 찾을 것이다. 따라서 빈칸에는 '편리한'이라는 뜻의 ②가 적절하다.

constraint n. 강제, 압박; 제약 supervisor n. 감독관, 관리자 solicit v. 간청하다, 얻으려고 하다 sacrifice v. 희생하다 expensive a. 비싼, 돈이 많이 드는 expedient a. 편리한, 편의주의적인 extended a. 한껏 뻗친[펼친]; 연장한, 장기간에 걸친 except prep. ~을 제외하고

시간 제약으로 인해 관리자는 품질을 희생하지 않고 프로젝트를 끝낼 수 있는 편리한 방법에 대한 아이디어를 요청했다.

09 2022 홍익대

'절박한 환자들의 기대에도 불구하고'라고 했으므로, 빈칸에는 기대와는 상반되는 부정적인 내용이 와야 한다. 따라서 치료제가 '효과가 없는 (inefficacious)' 것으로 판명되었다고 해야 적절하다.

trial n. 실험, 시험 allege v. (증거 없이) 주장하다 remedy n. 치료; 치료제 desperate a. 필사적인, 절박한 delicate a. (사람이) 허약한; 섬세한 recurrent a. 되풀이되는 permissive a. 자유방임의, 관대한

그 실험은 작은 동물들에 대해서만 행해졌지만, 각각의 사례에서, 치료제로 주장되는 것은 많은 절박한 환자들의 기대에도 불구하고, 효과가 없는 것으로 판명되었다.

10 2012 단국대

since가 원인이나 이유를 나타내는 접속사로 쓰였다. since절의 they는 his demands이며, 그의 요구를 이미 알고 있었다고 했으므로, 그 요구들을 되풀이하는 것은 불필요하다고 볼 수 있다.

dearth n. 부족, 결핍 reiteration n. 반복; 되풀이 하는 말 provocation n. 성나게 함; 성남; 도발 oblivion n. 망각; 잊혀짐

샘(Sam)이 자신의 요구를 되풀이하는 것은 완전히 불필요한 일이었는데, 그가 하는 요구들이 무엇인지 우리는 이미 알고 있었기 때문이다.

11 2004 경기대

'so ~ that …' 구문은 원인과 결과를 나타낸다. '저자가 전하고 싶은 말을 파악하기 어려웠다'로 미루어, 그 평론 속에 '그것과 상관없는 여러 가지 것들이 뒤섞여 있었기 때문'이라 보는 것이 가장 타당하다.

extraneous a. 외부로부터의; 관련이 없는 exemplary a. 모범적인; 전형적인 banal a. 평범한, 진부한 superficial a. 외관상의; 피상적인

그 평론에는 관련이 없는 자료가 너무 많이 실려 있어서, 저자가 하고자 하는 말을 파악하기가 어려웠다.

12 2019 세종대

주절의 내용을 분사구문에서 부연설명하고 있다. 주절 역시 '선거에서 패배했음을 인정했다'는 의미가 돼야 하므로, '선거에서 공식 발표가 있기 전에 자신의 패배[상대방의 승리]를 인정하다'라는 의미인 ③이 정답이 된다.

president-elect 대통령 당선자 expire v. (기간 따위가) 끝나다, 만기가 되다, 종료[만료]되다 taunt v. 비웃다 concede v. 인정하다; 양보하다; (경기·토론 등에서 상대방의) 승리를 허용하다, (공식 발표 전에) ~을 자신의 패배[상대방의 승리]로 인정하다 joust v. (말을 타고) 마상 창시합을 하다

힐러리 클린턴(Hillary Clinton)은 자신이 선거에서 이기지 못했음을 인정하면서, 대통령 선거에서 패배했음을 도널드 트럼프(Donald Trump) 당선인에게 인정했다.

13 2021 경기대

모든 사람에게 자신이 성공한 변호사라고 말하는 것은 '허세'나 '자랑'과 관련이 있다.

boast v. 자랑하다, 떠벌리다 seethe v. 끓어오르다, 펄펄 끓다 waver v. 망설이다, 주저하다 exhale v. (숨을) 내쉬다, (말을) 내뱉다, (공기·가스 등을) 내뿜다

팀(Tim)은 종종 자신의 경력에 대해 자랑했는데, 이야기를 들으려 하는 모든 사람들에게 자신이 매우 성공한 변호사라고 말했다.

14 2013 서울여대

자연의 명령은 모든 물체가 아래로 떨어진다는 것이지만, 풍선은 하늘로 올라가므로 자연의 명령을 거역하고 있는 것이 된다. 따라서 빈칸에는 '명령에 도전한다'는 개념의 동사인 disobey가 적절하다.

balloon n. 풍선, 기구 fascinate v. 황홀케 하다, 매료시키다, 사로잡다 dispose v. 배치하다, 배열하다 disobey v. 복종하지 않다; 위반하다, 어기다; 반항하다 disguise v. 변장시키다, 감추다 disclose v. 드러내다, 공개하다

풍선은 아이들을 제일 먼저 매료시키는 것들 중 하나인데, 그것은 아마도 풍선이 모든 물체는 아래로 떨어진다는 자연의 큰 명령을 위반하는 것처럼 보이기 때문일 것이다.

15 2013 숙명여대   ⑤

and 이하에서 '사람들과 도시, 국가 그리고 주변 세계와의 관계를 약화시키고 있다'고 했으므로, 부정적인 의미의 동사가 필요한데, 목적어가 '토론'이므로 '저하시키다'는 뜻의 ⑤가 정답으로 적절하다.

demise n. 서거, 사망, 종말 discourse n. 담화, 토론, 논의; 강연; 설교 accelerate v. 가속화하다, 속도를 높이다 mesmerize v. 최면을 걸 듯 마음을 사로잡다, 완전 넋을 빼놓다 intersperse v. 배치하다, 흩뜨리다 nurture v. 양육하다, 보살피다 impoverish v. 가난하게 하다, (질을) 떨어뜨리다, 저하시키다

신문의 종말은 우리 시민의 토론의 질을 저하시키고 있으며, 사람들과 도시, 국가 그리고 주변 세계와의 관계를 약화시키고 있다.

16 2016 서울여대   ③

빈칸 이하는 baby boom과 동격의 관계이므로, 빈칸 이하는 baby boom의 의미를 설명하는 내용이 되어야 한다. 많은 아기들이 태어난 것은 결국 인구가 늘어났다는 것을 의미하므로, 빈칸에는 '급증'이란 의미의 bulge가 들어가야 한다.

baby boom 베이비 붐(출생률의 급상승) plight n. 곤경, 역경 thrust n. 밀어붙이기, 쿡 찌르기 bulge n. 급증, 급등 stopgap n. 임시변통, 미봉책

1940년대 중반에서 1960년대 중반까지 매우 많은 아기들이 태어나서 인구가 급격히 증가하는 것을 의미하는 '베이비 붐'이 초래됐다.

17 2013 성균관대   ①

만장일치로 고문을 반대하는 유럽의 경우와 대조된다면, 미국의 경우는 고문에 대해 만장일치가 아니라 의견이 나뉘고 있다는 게 된다.

in contrast with ~와 대조를 이루어; 현저히 다르게 torture n. 고문 evenly ad. 균등하게, 고르게; 대등하게 divide v. 나누다, 분리하다 accept v. 받아들이다, 수락하다; 용인[인정]하다 claim v. 요구하다; 주장하다 dispute v. 논쟁하다 oppose v. 반대하다

고문의 사용에 대해 만장일치로 반대하는 유럽인들과는 대조적으로, 미국 국민들은 테러범들로부터 정보를 추출하기 위한 고문의 사용에 대해 상당히 균등하게 의견이 나뉜다.

18 2014 건국대   ①

leave nothing out과 covered all levels of human experience에서 빈칸을 유추할 수 있다. 푸에블로족은 아무것도 빠뜨리지 않으려는 욕구가 있었고, 구전 전통으로 인해 모든 수준의 인간 경험을 다뤘다고 하였으므로 '포괄적인'이란 의미를 가지는 ①이 정답으로 적절하다.

impulse n. 충동, 충격, 자극 leave out ~을 빼다, 생략하다; 무시하다 oral tradition 구전 necessarily ad. 필연적으로, 반드시 cover v. 포함하다, 다루다 inclusive a. 일체를 포함한, 포괄적인 imitative a. 모방적인; 모조의 incisive

a. 날카로운, 예리한, 신랄한 inflexible a. 구부러지지 않는; 강직한

고대 푸에블로족(族)의 세상에 대한 시각은 포괄적인 것이었다. 아무것도 빠뜨리지 않으려는 욕구가 있었다. 푸에블로족의 구전 전통은 필연적으로 모든 수준에서의 인간의 경험을 다루었다.

19 2022 덕성여대   ①

첫 번째 빈칸의 경우, 빈칸 뒤에 '이유'에 해당하는 표현이 있으므로 빈칸에는 '헤아리다', '이해하다'라는 의미의 fathom, comprehend, understand가 가능하다. 한편, 특정 과목을 공부하는 것을 이해할 수 없었던 것은 그 과목이 일반적이거나 보편적이지 않은 성격의 과목이기 때문일 것이므로, 두 번째 빈칸에는 esoteric과 bizarre가 들어갈 수 있다. 따라서 상기 두 조건을 모두 만족시키는 ①이 정답으로 적절하다.

fathom v. 헤아리다, 통찰하다 esoteric a. (선택된 소수에게만 전해지는) 비전(祕傳)의; 비법을 이어받은; 비밀의; 난해한 intend v. ~할 작정이다; 의도하다 bizarre a. 기괴한, 별스러운 comprehend v. 이해하다, 파악하다, 깨닫다 gruesome a. 무시무시한, 소름끼치는 understand v. 이해하다 familiar a. 친밀한; 익숙한, 정통한

에리카(Erica)의 어머니는 왜 그녀가 13세기 프랑스 와인 제조업자들의 문화처럼 난해한 주제를 공부하려 하는지를 이해할 수 없었다.

20 2021 아주대   ④

바이러스가 옮겨지는 것이므로 '전파, 전염'을 뜻하는 표현인 ④가 들어가는 것이 적절하다. ⑤는 '상품 또는 사람을 교통수단으로 옮기는 것' 즉 '운송'을 의미하므로 적절하지 않다.

border n. 국경 pandemic n. 전국적인[전세계적인] 유행병 transaction n. 거래; 처리, 취급 transformation n. 변화 translation n. 번역, 통역

코로나 19 변이 바이러스의 전파를 막기 위해 유럽 각국이 서둘러 영국에 대해 국경 봉쇄 조치를 단행함에 따라, 학계에서는 국제적 이동 제한이 대유행 초기의 코로나 확산에 미치는 영향을 추정했다.

21 2021 아주대   ②

두 대시(—) 사이는 위에서부터 아래까지 낭비하는 문제를 다루고 있는데, 빈칸 앞뒤의 lazy(게으른)와 self-indulgent(방종한)가 부정적인 의미이므로 빈칸에도 부정적인 의미의 형용사가 들어가야 한다. 따라서 ②가 정답으로 적절하다.

by-product n. 부산물, 부작용 from top to bottom 머리끝에서 발끝까지, 샅샅이 limitless a. 한이 없는, 방대한 destructive a. 파괴적인, 해를 끼치는 greed n. 탐욕, 욕심 self-indulgent a. 방종한, 제멋대로 하는 consumptiveness n. 소모적[파괴적]임

우리의 쓰레기 문제는 위에서부터 아래까지 그 자체로 낭비가 많은 경제 — 상류층의 무한하고 파괴적인 탐욕과 하류층의 게으르고, 수동적이며, 방종한 소비성의 결합 — 의 부산물이며, 우리 모두가 그것에 관련되어 있다.

22 2012 가천대 ③

오직 한 가지 종류의 즐거움을 위해 책을 읽는 것이 아니라는 언급과, 탐정소설을 읽는 것과 조셉 콘라드의 책을 읽는 이유가 다르다는 언급으로 볼 때, 여러 종류의 책에서 다양한 즐거움을 얻는다는 내용이 와야 자연스럽다.

pleasure n. 기쁨, 즐거움 detective novel 탐정소설 literary a. 문학의, 문예의; 문학적인 masterpiece n. 걸작, 명작 pursue v. 뒤쫓다, 추적하다; 추구하다; (일·연구 등을) 수행하다, 종사하다

우리는 즐거움을 위해 독서를 하지만, 오직 한 가지 종류의 즐거움만을 위해 책을 읽지는 않는다. 우리는 서로 다른 종류의 글에서 서로 다른 즐거움을 얻는다. 예를 들면, 우리는 탐정소설을 읽는 것과 같은 이유로 조셉 콘라드 (Joseph Conrad)의 소설을 읽지는 않는다.

23 2021 홍익대 ①

of course 이하에서는 the new one(text)을 의미상 주어로 하는 emerging 분사구문이 주절에 이어져 있다. 주절에서 '그 관계가 글 (text)을 통해 일어난다'고 했으므로, 빈칸에는 앞선 선배의 글이 새로운 글을 쓰는 후배 작가에게 영향을 미친다고 해야 한다.

engage v. 참여하다 play itself out 일어나다, 전개되다 text n. 작품 exert v. 발휘하다, 행사하다 fall under ~의 영향을 받다 construct v. 구성하다; 건축하다 provide v. 제공하다

작가들은 선배 작가들과 관계를 맺고 있는 그들 자신을 발견한다. 물론, 그 관계는 글을 통해 일어나며, 그 글은 일정 부분 작가에게 어떤 식으로든 영향을 미치는 선배 작가의 앞선 글을 통해 탄생한 새로운 글이다.

24 2012 경기대 ②

자전속도는 하루의 길이와 관련이 있다. 지구의 자전속도가 느려져서 하루의 길이가 지금보다 훨씬 길어지려면 자전속도가 느려지는 현상이 계속되어야 할 것이다. 따라서 빈칸에는 '속도가 느려지는 것'과 관련 있는 단어가 들어가야 한다. '속력을 늦추다, 더디게 하다'라는 의미인 ②가 정답으로 적절하다. 한편, 빈칸 앞의 This에 주목하여, 앞 문장에서 진술한 바를 다시 언급하게 된다는 점에 착안하여 첫 문장의 내용을 요약해서 나타낼 수 있는 표현을 찾는 식으로 접근해도 무방하다.

spinning n. 방적, 방적업; 회전 rotation n. 회전; (지구의) 자전 prompt v. 자극하다; (행동을) 촉구하다 retard v. (성장·진보 등을) 더디게 하다; 저지[방해] 하다 dwindle v. 작게 하다, 적게 하다 amplify v. 확대하다, 확장하다

그 이후로, 지구의 회전이 매우 느려져 왔으며, 그 결과 현재는 자전하는 데 약 24시간이 걸린다. 수학자들에 따르면, 이처럼 느려지는 현상은 하루의 길이가 지금의 약 50배가 될 때까지 계속될 것이다.

25 2013 경희대 ③

주절 앞의 that절에서 언급한 인터넷의 'negative effects(부정적인 영향)'를 달리 표현하면 인터넷의 '단점'이라 할 수 있다.

as for ~로 말한다면, ~에 관해서는 concede v. 인정하다, 시인하다; 양보하다 advantage n. 장점 backlash n. 반발, 반격 shortcoming n. 결점, 단점 expectation n. 예상, 기대

인터넷이 아이들의 학습능력에서부터 인격발달에 이르기까지 모든 것에 부정적인 영향을 끼친다는 증거가 늘어가고 있는 점에 대해 말하자면, 나는 인터넷의 단점은 인정을 하지만 모든 책임을 인터넷으로 돌려서는 안 된다고 생각한다.

01 ③	**02** ③	**03** ④	**04** ①	**05** ①	**06** ①	**07** ②	**08** ③	**09** ①	**10** ①
11 ②	**12** ①	**13** ④	**14** ④	**15** ③	**16** ②	**17** ②	**18** ②	**19** ②	**20** ④
21 ②	**22** ③	**23** ①	**24** ④	**25** ③					

01 2012 명지대   ③

since가 이유의 부사절을 이끄는 접속사로 쓰였다. 빈칸 이하에서 사고가 너무 많다고 하였으므로, 그 결과에 해당되는 주절에서는 '운전면허증이 취소되었다'고 해야 자연스러운 흐름의 문장이 된다.

revolt v. 반란을 일으키다 resolve v. 결심하다; 해결하다 revoke v. 폐지[철회, 취소]하다 retain v. 유지하다, 보유하다

그는 사고를 너무 많이 내서 운전면허증이 취소되었다.

02 2001 고려대   ③

but은 '역접'의 등위접속사이므로, 이것을 전후한 문장의 내용은 서로 상반되어야 한다. 그러므로 '어려움에 처한 사람을 도와주되 선량한 마음을 나쁜 쪽으로 이용하지 못하게 하라'는 내용이 되는 것이 적절하다. 따라서 '이기적인 목적으로 이용하다'라는 의미의 ③이 정답이다.

in need (경제적으로) 어려운, 곤궁에 처한 debit v. (금액을) 차변에 기입하다, (계좌에서 돈을) 인출하다 guarantee v. 보증하다; ~을 확실히 하다 exploit v. (이기적인 목적으로) 이용하다; 개발하다 embarrass v. 당혹[당황]하게 하다

곤궁에 처한 사람들을 돕도록 애쓰십시오. 그러나 누구도 당신의 선량한 마음씨를 이용하지 못하게 하십시오.

03 2003 경기대   ④

오렌지 주스에 비타민 C가 많이 들어 있다는 것은 상식에 속하는 것이다. 그러므로 빈칸에 들어갈 표현은 빈칸 앞의 표현과 함께 '하루에 권장되는 량'이라는 의미를 만드는 것이 가장 자연스럽다.

accumulation n. 축적, 누적 addition n. 부가, 추가 admission n. 허가[승인]; 입장, 입학 allowance n. 허락, 허가; (일정한) 할당량; 용돈

오렌지 주스 한 잔은 1일 권장량의 비타민 C를 제공한다.

04 2022 세종대   ①

앞 문장의 '술을 덜 마시는 것'을 재진술하는 표현이 필요하므로, '절제'라는 뜻의 ①이 정답으로 적절하다.

moderation n. 절제; 중용 exaggeration n. 과장 anguish n. 고민, 번뇌 distress n. 비탄, 고민, 걱정

이제 20대가 된 밀레니엄 세대는 술을 덜 마신다. 그들에게는, 절제가 더 건강한 생활 방식의 일부다.

05 2022 한국외대   ①

밤의 특성상 이따금씩 들리는 발언에 의해 침묵이 깨졌을 것이므로 remarks를 수식하는 형용사로 어울리는 것은 ①이다.

ensue v. 계속되다, 이어지다 remark n. 발언, 언급 dense a. 자욱한, 짙은 sporadic a. 산발적인, 이따금 발생하는 inaudible a. 들리지 않는 nocturnal a. 야행성의, 밤에 일어나는 incessant a. 끊임없는, 그칠 새 없는

그러고 나서 침묵이 이어졌고, 처음에는 산발적인 발언으로 침묵이 깨졌다가 다시 밤의 침묵만큼 짙어졌다.

06 2018 세종대   ①

and는 순접의 접속사이므로 빈칸에는 and 뒤의 'will never alter'와 유사한 의미를 가진 표현이 들어가야 한다.

assumption n. 가정, 가설 alter v. 변하다, 바뀌다 immutable a. 변치 않는, 불변의 incomparable a. 견줄[비길] 데 없는 improbable a. 있을 법하지 않은

두 사람이 결혼할 때, 그것은 서로에 대한 그들의 감정이 불변이며 앞으로도 결코 변하지 않을 것이라는 가정 하에 이루어지는 것이다.

07 2019 한국외대   ②

어떤 문구에서 단어들의 첫 글자를 취하여 이를 조합하여 만든 단어를 '두문자어(頭文字語, acronym)'라고 한다. 가령, Acquired Immune Deficiency Syndrome(후천성 면역 결핍증)이라는 문구의 각 단어들의 첫 글자 A, I, D, S를 조합한 AIDS가 두문자어에 해당한다.

blending n. 혼성어 acronym n. 두문자어 borrowing n. 차용어 antonym n. 반의어

두문자어(頭文字語)는 어떤 문구에서 단어들의 첫 글자를 취하여 그 글자들로 한 단어를 만듦으로써 형성된 단어다.

08 1998 광운대   ③

for는 '이유'를 나타낸다. '운전자에게 벌금이 부과되었다'로 미루어 법규를 위반했음을 알 수 있다. 그러므로 '제한 속도를 초과했다'는 내용이 되도록 하는 ③이 정답으로 적절하다.

fine v. ~에게 벌금을 과하다 speed limit 제한 속도 observe v. 지키다, 준수하다; 관찰하다 proceed v. 나아가다, 앞으로 나아가다; 계속하여 행하다; 착수하다 exceed v. 초과하다; 능가하다

그 운전자는 시속 20km나 제한 속도를 초과해서 4만원의 벌금을 내게 되었다.

09 2017 상명대   ①

그가 회계 담당자로 뽑힌 이유에 대한 말이 빈칸에 적절한데, 금전관계를 철저하고 꼼꼼하게 처리해 온 사람이 적임자가 될 것이므로 ①이 빈칸에 적절하다.

treasurer n. (클럽·조직의) 회계 담당자 repay v. 갚다, 상환하다 scrupulous a. 빈틈없는, 꼼꼼한; 양심적인 munificent a. 인색하지 않은, 아낌없이 주는 prodigious a. 거대한, 막대한; 비범한, 이상한 impervious a. 통하지 않는, 스며들게 하지 않는; 손상되지 않는 incorrigible a. 고질적인

그는 한 클럽의 회계 담당자로 뽑혔는데, 그가 항상 자신의 채무를 변제하는데 빈틈이 없었기 때문이었다.

10 2001 고려대   ①

약국에서 약을 받기 위해서는 무엇이 반드시 필요한가를 묻는 문제로 귀결된다. 따라서 '처방전'이란 의미의 ①이 빈칸에 적절하다.

chemist's n. 약국(= chemist's shop, drugstore) prescription n. 처방, 처방전; 규정 receipt n. 영수증; 수령, 인수 remedy n. 치료; 교정수단 recipe n. 조리법, 요리법

그는 약국에 도착하기 전에 약의 처방전을 잃어버려서 다시 처방전을 받으러 의사에게 가야만 했다.

11 2011 상명대   ②

플라스틱의 소비량을 줄이기 위해서는 한 번 쓰고 버리는 일회용품의 구매를 자제해야 할 것이다.

unusable a. 쓸 수 없는, 쓸모없는 disposable a. 처치[처분]할 수 있는; 마음대로 되는; 사용 후 버릴 수 있는, 일회용의 temporary a. 일시적인, 덧없는; 임시의 permanent a. 영속하는, 불변의

버리는 플라스틱의 양을 줄이기 위한 노력으로, 많은 사람들이 일회용 면도기의 구매를 중단했다.

12 2020 가천대   ①

'so ~ that …' 구문은 인과관계를 나타낸다. 매우 오랫동안 별개로 있었다는 것은 서로에게 영향을 끼칠 수 있는 교류가 전혀 없었다는 것이므로, 이런 상황이 가져오는 결과로는 '차이' 혹은 '간극'이 적절하다.

liberal arts 교양과목, 인문학 separate v. 분리하다, 떼어놓다, 구별하다 chasm n. 틈; 간격, 차이 concord n. 일치; 화합, 조화 contradiction n. 부인, 부정; 모순 confusion n. 혼동; 혼란

과학과 인문학은 역사적으로 너무나도 오랫동안 서로 떨어져 있었기 때문에, 지금은 그 둘 사이에 큰 간극이 존재한다.

13 2006 동덕여대   ④

'저소득층과 중산층이 구입할 수 있는 가구와 테이블 액세서리'가 되어야 한다. 따라서 '(값이) 알맞은, 감당할 수 있는'이라는 의미의 ④가 빈칸에 들어가기에 가장 적절하다.

specialize v. 전문으로 다루다, 전공하다 considerable a. (수량·정도 등이) 상당한; 중요한 adequate a. 적당한, 어울리는 excessive a. 과도한; 지나친 affordable a. 입수 가능한, (값이) 알맞은

그 가게는 저소득층과 중산층 가족들에게 가격이 알맞은 가구와 테이블 액세서리를 전문적으로 취급한다.

14 2006 영남대   ④

'새로운 계약을 시작하다'는 '기존의 계약이 만료되었을 때 이를 갱신하다'와 같은 뜻으로 볼 수 있다. 그래서 이를 승낙하면 기존의 직장에 계속 있게 되고 이를 거절하면 다른 직장으로 옮기든가 하는 것이다. 맨 뒤에 '그를 잃을까봐 걱정이 된다'는 말이 있는 것으로 보아 그는 거절하고 다른 직장으로 옮기기를 바라고 있다고 보아야 한다. 따라서 빈칸에는 거절의 뜻에 맞게 ④가 들어가야 한다.

contract n. 계약, 약정 eager a. 갈망하는; 간절히 ~하고 싶어 하는; 열심인 induce v. 권유하다; 야기하다, 유발하다 unwilling a. 내키지 않는, 마지못해 하는

그는 새로운 계약을 시작하기를 꺼렸고, 나는 달리 그를 설득할 수도 없었다. 그를 잃을까봐 걱정이 된다.

15 2017 중앙대   ③

잔혹한 범죄에 대해 법을 그대로 적용한다면 엄한 벌을 내려야 할 것이지만, 문두에 양보의 접속사 Although가 쓰였으므로 주절의 내용은 "판사가 자신의 재량으로 잔혹한 형벌을 '완화시키고, 경감시킬(mitigate)' 수 있다."가 되어야 한다.

be bound to do ~할 의무가 있다 uphold v. 옹호하다, 지키다 discretion n. 재량(권), 신중함 severity n. 혹독함, 엄혹함 penalty n. 처벌, 형벌 enforce

v. 집행하다, 실시하다, 시행하다 reinstate v. 복귀시키다, 회복시키다 mitigate v. 완화시키다, 경감하다 provoke v. 유발하다, 도발하다

법을 옹호해야 할 의무가 있지만, 판사는 자신의 재량권을 활용하여 일부 형벌의 잔혹함을 경감시켜 줄 수 있다.

16 2020 건국대 ②

인간이 "자기중심적인 경향"이 있다고 했는데, 이는 인간이 자신의 상황을 기준으로 해석하는 성향이 있다는 것이다. although가 이끄는 양보절에서 지구가 자전을 하고 있다, 즉 움직이고 있다고 했는데, 인간은 자신의 입장에서 해석해서 그렇지 않다고 여길 것이므로, 빈칸에는 '움직임'과 반대되는 의미의 ②가 적절하다.

egocentric a. 자기중심의, 이기적인 superior a. (보다) 위의; 우수한 motionless a. 움직이지 않는, 정지한 selfish a. 이기적인 untouchable a. 건드릴 수 없는 independent a. 독립한, 자주의

인간은 자기중심적인 경향이 있다. 우리는 적도 근처에서 시간당 약 1,600 킬로미터의 지면 속도로 자전하고 있는 지구에 있음에도 불구하고, 일반적으로 우리가 움직이지 않는다고 생각한다.

17 2017 경기대 ②

be based upon은 '~에 기초하다, 근거하다, 바탕을 두다'라는 의미이므로, 주어진 문장의 upon의 목적어로는 '기초', '토대'라는 뜻을 가진 ②가 가장 자연스럽다.

acceptance n. 받아들임; 수락, 승인 individuality n. 개성, 개인적 성격; 개인성; 개체, 특성, 특질 mature a. 성숙한, 원숙한; (치즈·포도주 등이) 잘 익은 base v. ~의 기초[근거]를 형성하다, ~에 근거하다 commemoration n. 기념, 축하; 기념식 foundation n. 창설, 창립; 기초, 토대; 재단 retaliation n. 보복, 앙갚음 transliteration n. 바꿔 씀, 음역(音譯)

모든 부부는 자신들과 서로의 개성을 진정으로 받아들이는 것이 성숙한 결혼이 기반으로 할 수 있는 유일한 토대라는 사실을 배운다.

18 2017 가톨릭대 ②

타인의 고통을 보고서 자신도 고통을 느낄 수 있다는 것은 '다른 사람의 고통이 자신에게로 마치 전염병처럼 옮겨온 것'과 같으므로, 빈칸에는 ②가 적절하다.

witness v. 목격하다, 눈앞에 보다; 증명[증언]하다 agony n. 고민, 고통 chronic a. 만성의, 고질의; 상습적인 contagious a. 전염되는, 전염성의 empowering a. 동기를 부여하는 manipulated a. 조작된

몇몇 연구원들은 고통이 전염될 수 있다고 주장한다. 그래서 일부 사람들은 타인들의 고통을 보는 것만으로도 그들의 고통을 느낄 수 있다.

19 2008 고려대 ②

'직접적인 관련이 없어 어떤 세부 사항을 삭제했다(crossed out)'면 그 내용은 '불필요한' 것이라 유추할 수 있다.

cross out (선을 그어) 지우다 requisite a. 필요한, 없어서는 안 되는 superfluous a. 여분의; 불필요한 quintessential a. 본질적인; 전형적인 paramount a. 최고의; 중요한

자신의 연설을 보다 효과적이 되도록 하려는 노력의 일환으로, 그 노동조합의 조직책은 자신이 전달하고 싶은 메시지와 직접적으로 관련이 없는 불필요한 세부사항들을 조심스럽게 지웠다.

20 2020 숙명여대 ④

어린이가 성인 수준의 기량을 보여준다면 비범한 어린이, 즉 '신동'이라 할 수 있다.

demonstrable a. 입증할 수 있는 humanities n. 인문학 disruptor n. 혼란[분열]시키는 사람[것] precursor n. 선도자 innovator n. 혁신자, 도입자 prodigy n. 영재, 신동 prophet n. 선지자, 예언자

13세 미만의 어린이가 음악, 수학, 체스, 예술 그리고 심지어 인문학을 포함한 다양한 분야들 가운데 적어도 한 분야에서 입증 가능한 성인 수준의 기량을 보여주는 한, 그는 신동으로 간주된다.

21 2014 경희대 ②

'not only A but also B' 구문의 의미상, A와 B의 표현은 동일한 흐름으로 이어져야 한다. 주어진 문장에서 A에 해당하는 표현은 '현재의 위험 감수 흐름을 조장하는 것'이므로, B도 같은 흐름으로 '위험한 행동을 하게 만든다'는 의미가 되어야 한다. 따라서 문맥상 encourage와 동일한 의미를 가진 표현이 필요하며, '낳다, 야기시키다'라는 의미의 ②가 이런 조건에 가장 부합한다.

unsettling a. 동요시키는, 불안하게 하는 paradox n. 역설, 패러독스 emphasis n. 강조; 역설 security n. 안전; 보안, 방위 certainty n. 확실성; 확신 encourage v. 용기를 돋우다, 격려하다 current a. 통용하고 있는, 현행의 risk-taking n. 위험 부담, 위험 감수 prevent v. 막다, 방해하다; 예방하다 spawn v. 산란하다; 대량생산하다; 야기하다 offset v. 상쇄하다, 차감계산하다 retard v. 속력을 늦추다, 지체시키다

불안할 정도로 역설적이게도, 우리 문화가 안전과 확실성을 강조하는 것은 현재의 위험 감수 흐름을 조장할 뿐만 아니라 미래에 보다 위험한 행동을 야기하게 될 수도 있다.

22 2021 가천대 ③

불편과 고통이라는 끔찍한 결과가 일어나는 것은 육체를 심각하게 방치하는 경우에 초래된다.

feed v. (사람·동물에게) 음식을[먹이를] 주다, (음식을) 먹이다 provide v. 규정하다 neglect n. 태만, 부주의; 방치 terrible a. 무서운, 굉장한; 혹독한 consequence n. 결과, 중요성 discomfort n. 불쾌; 불안; 불편, 곤란 ensue v. 계속해서[잇따라] 일어나다; 결과로서 일어나다 regardless of ~을 개의[개념]치 않고; ~에 관계없이 in case of ~의 경우에; ~에 대비하여 for the sake of ~을 위하여

생명은 육체가 음식을 공급받는 것에 의존한다. 그래서 자연은 육체를 심각하게 방치할 경우 곧 우리에게 (음식을 먹어야 하는) 의무감을 다시 갖게 할 그런 불편과 고통이라는 끔찍한 결과가 일어나도록 정해두고 있다.

---

23 2020 국민대 ①

dummy, deception, lie 등과 같은 의미를 지니는 개념적 동의어를 유추한다.

dummy n. 모조품, 가짜 pass off as ~의 행세를 하다 pharmaceutical n. 조제약, 약 sham a. 가짜의; 위조의 shameful a. 부끄러운 shallow a. 얕은, 천박한 shadowy a. 그림자가 있는

'위약(僞藥)'이라는 용어는 진짜 약으로 통하는 가짜 약이지만, 더 폭넓게 말하자면, 진짜 치료제로 제시되는 가짜 치료제를 의미한다. 위약은 정의하자면 속임수, 거짓말이다.

---

24 2011 숭실대 ④

but 앞에서 '변덕스럽고 맹렬한 날씨를 우리는 당연하게 여긴다'는 내용이 있는데, but은 역접의 접속사이므로, but 이하는 '우리가 지구에 대해서는 변덕스럽거나 맹렬하게 될 것으로 생각하지 않는다'는 내용이 되어야 한다. 따라서 빈칸에는 but 앞에 쓰인 capricious나 violent와 문맥상 대조를 이루는 형용사가 들어가야 하며, '변화가 없는', '견고한', '확실한' 등의 의미를 가진 solid가 가장 적절하다.

capricious a. 변덕스러운 violent a. 맹렬한, 난폭한 count on ~에게 의지하다, ~을 믿다 tremble v. 흔들리다, 진동하다; 떨리다 roll v. (파도 등이) 굽이치다, 넘실거리다 betray v. 배반하다 mute a. 무언의, 침묵한 solid a. 변화가 없는

우리가 날씨는 변덕스럽고 심지어 때때로 혹독할 것으로 예상하지만, 지구의 땅덩어리는 견고할 것이라고 믿는다. 그래서 지구가 갑자기 진동하고 흔들리고 기복하기 시작한 경우는 지구가 우리를 배신한 것이 된다.

---

25 2021 동국대 ③

첫 문장에서 뱀이 전 세계의 다양한 지역에서 서식하고 있음을 언급했고, 마지막 문장의 예에서 버마 비단뱀의 경우 동남아시아에서 플로리다까지 서식지역이 다양함을 보여주고 있다. 서식지역이 다양하다는 것은 다양한 환경에서 잘 살아가고 있다는 것을 말하므로 빈칸에는 ③ '새로운 환경에 잘 적응하는'이 들어가야 한다.

anaconda n. 아나콘다(남미산 거대 보아 뱀) slither v. 미끄러져가다 python n. 비단뱀 reptile n. 파충류 arctic a. 북극의, 북극지방의

20 피트 길이의 아나콘다에서 1/4 피트 길이로도 편안하게 잘 살아갈 수 있는 종(種)에 이르기까지, 뱀은 오늘날 전 세계의 수많은 지역을 미끄러지듯 다닌다. 그 이유의 일부는 뱀이 새로운 환경에 놀라울 정도로 잘 적응하기 때문이다. 예를 들어, 동남아시아 지역이 원산(原産)인 버마 비단뱀은 플로리다의 에버글레이즈 국립공원에서도 번성하고 있다.

TEST 22

01 ③	02 ④	03 ④	04 ④	05 ②	06 ④	07 ①	08 ④	09 ③	10 ①
11 ④	12 ④	13 ②	14 ④	15 ③	16 ③	17 ①	18 ③	19 ②	20 ②
21 ③	22 ⑤	23 ①	24 ②	25 ③					

01 2004 경기대 ③

'쾌락주의자(epicurean)'의 정의를 묻고 있다. 이들은 '육체적·감각적 만족을 추구하는 사람들'이라 할 수 있으므로, ③이 정답으로 적절하다.

epicurean n. 쾌락주의자; 미식가; (E-) 에피쿠로스학파의 사람 mortification n. 굴욕, 수치; 금욕 removal n. 이동; 제거 gratification n. 만족, 희열 lassitude n. 나른함; 권태, 피로

쾌락주의자들은 자신의 감각적 만족을 위해 산다.

02 2012 명지대 ④

분필 자국을 볼 수 없었다고 했고 그 이유로 비가 제시됐으므로, 빗물에 씻겨 분필 자국이 '지워졌음'을 알 수 있다.

sidewalk n. 보도, 인도 sterilize v. 살균하다, 소독하다 preserve v. 보존하다; 보호하다 annihilate v. 전멸시키다, 소멸시키다 obliterate v. 흔적을 없애다, 지우다

나는 인도에서 분필 자국을 볼 수 없었는데, 비에 의해 분필 자국이 지워졌기 때문이었다.

03 2012 중앙대 ④

skyscraper는 '마천루, 초고층 빌딩'을 뜻하는 단어이므로 이 단어가 고층 건물을 지칭하는 단어의 측면에서 어떠한지를 고려하면, '적절하다'는 의미를 가진 ④가 들어가야 함을 알 수 있다.

pusillanimous a. 무기력한, 겁 많은, 소심한 hieroglyphic a. 상형문자의, 그림문자의 heterogeneous a. 이종(異種)의, 이질적인 apposite a. 적당한, 알맞은

'Skyscraper'라는 단어는 맨해튼의 많은 고층 건물들을 지칭하는 데 있어 알맞은 이름이다.

04 2011 서울여대 ④

innocent remark가 angry remark로 번졌다는 맥락인데, 선택지 가운데 angry remark의 의미를 가진 것은 ④뿐이다.

nihilism n. 허무주의; 무정부주의 blasphemy n. 신성모독 benediction n. 축복; 감사기도 altercation n. 언쟁, 격론

그 격론은 택시 운전사의 별 악의 없는 말에 의해 시작되었다.

05 2022 덕성여대 ②

더 자주 더 주의를 기울여 공부하는 것은 '성실한' 학생이 되는 길이다.

pledge v. 서약하다, 약속하다, 맹세하다 unscrupulous a. 부도덕한, 파렴치한, 악랄한 conscientious a. 양심적인, 성실한 gracious a. 호의적인, 친절한; 자비로운 ferocious a. 사나운, 잔인한

중요한 생물학 시험에서 낙제한 후, 존(John)은 더 자주 그리고 더 주의를 기울여 공부함으로써 보다 성실한 학생이 되겠다고 다짐했다.

06 2021 경기대 ④

여행을 갈 수 없는 상황에서 여행 관련 TV 프로그램을 시청하는 것은 여행을 간접적으로 경험함으로써 대리 만족을 얻기 위함이다.

stuck a. (~에 빠져) 움직일 수 없는[꼼짝 못하는]; (불쾌한 상황·장소에) 갇힌[빠져나갈 수가 없는] faraway a. 멀리 떨어진, 먼 contingently ad. 우연히; 경우에 따라서 incidentally ad. 우연히, 부수적으로; 그런데, 그건 그렇고 intrinsically ad. 본질적으로 vicariously ad. 대리로, 대리로서

집 안에서 틀어박혀 지내게 된 많은 사람들이 먼 나라에 대한 여행 프로그램을 시청하면서 대리 여행을 한다.

07 2022 덕성여대 ①

빈칸 앞에 '최근의 경제성장에도 불구하고'라는 말이 왔으므로 빈칸 뒤에는 부정적인 내용이 와야 하겠는데, 빈칸 다음의 that절에서 인도의 국민들이 두 개의 나라에 사는 것이 더 나을지도 모른다고 했으므로 가진 자와 가지지 못한 자의 '간극(chasm)'이 크게 벌어졌다고 해야 적절하다.

the haves and have-nots 가진 자와 가지지 못한 자(유산자와 무산자) epoch n. (중요한 변화가 일어나는) 시대 vacuity n. 공허; 결핍 dissection n. 해체, 해부

최근의 경제 발전에도 불구하고, 인도에서 유산자들과 무산자들 간의 간극이 너무 크게 벌어져서 그들은 두 개의 다른 나라에 사는 것이 더 나을지도 모른다.

count v. (물건의 수를) 세다, 계산하다 potential a. 잠재적인, 가능한

15분 만에 읽은 페이지 수를 세고 나서 그 값을 4로 곱하면, 당신이 그 책을 읽을 수 있는 잠재적 속도가 시간당 페이지 수의 형태로 나오게 된다.

08 2022 세종대 ④

오랫동안 비가 쏟아졌다가 가뭄이 이어진 날씨는 '변덕스럽다'고 할 수 있다.

downpour n. 호우, 폭우 drought n. 가뭄 succinct a. 간결한, 간단명료한 ephemeral a. 하루밖에 못가는, 단명하는 mundane a. 현세의, 세속적인 erratic a. 일정하지 않은; 변덕스러운

날씨가 변덕스러워졌다. 식물의 생장기는 일주일간의 폭우에 뒤이은 가뭄과 함께 시작되었다.

09 2011 서울여대 ③

and 앞에서 죽음을 두려워하지 않는다고 했으므로, 늙는 것도 개의치 않을 것임을 미루어 짐작할 수 있다. 그들에게는 늙지 않으려 애쓰는 것이 '가소로운' 행동일 것이므로 ③이 정답으로 적절하다.

imperative a. 긴급한, 필수의; 명령의 marginal a. 주변부의, 주변적인 ludicrous a. 웃기는, 가소로운 paranormal a. 과학적 설명을 할 수 없는

힌두교를 믿는 인도 사람들은 죽음을 두려워하지 않는다. 그러므로 늙어가는 것과 싸운다는 생각은 그들에게 가소로운 일인 것이다.

10 2000 명지대 ①

'사회적 격변(social upheaval)'과 '보수주의(conservatism)'는 그 의미상 서로 대조를 이루는 말이며, 각각을 수식하는 연대도 서로 다르므로, 결국 전자와 후자는 공존할 수 없는 속성을 갖고 있다고 볼 수 있다. 그러므로 '전자에 이어 후자가 생겨났다' 혹은 '전자가 후자에 자리를 내주었다'는 의미의 문장이 되는 것이 가장 자연스럽다. 따라서 빈칸에는 way가 쓰여 '양보하다, 지다(give way to)'는 표현을 완성시켜야 한다.

upheaval n. 격변; 융기 conservatism n. 보수주의; 보수적 성향 give way to (특히 감정에) 못 이기다[무너지다]; ~로 바뀌다[대체되다] mean n. (양단의) 중앙, 중간 lame a. 절름발이의, 불구의

60년대의 사회적 격변은 80년대에 정치적 보수주의에 자리를 양보했다.

11 2020 수원대 ④

빈칸 앞에는 15분 만에 읽은 페이지 수가 언급되었고, 빈칸 다음에는 한 시간(60분) 동안 읽은 페이지 수가 언급되었다. 60분을 만들려면 15분에 '4를 곱해야' 하므로, ④의 multiply by four(4를 곱하다)가 빈칸에 적절하다.

12 2017 한국외대 ④

주절에서 조만간 돈이 다 떨어질 것이라고 했는데, 이는 지출을 막는 조치가 취해지지 않는 경우에 해당된다.

run out of ~을 다 써버리다, ~이 없어지다 dispossess v. 몰수하다 redirect v. 전용(轉用)하다[돌려쓰다] boost v. 밀어주다, 후원하다 curb v. 제한하다

지출을 제한하는 조치를 취하지 않으면, 조만간 우리는 돈이 다 떨어지고 말 것이다.

13 2012 성균관대 ②

but 이하에서 여동생의 예절에 대해 심각하게(serious) 이야기한 것이라고 했으므로, 역접의 접속사 but 앞은 '심각하게 받아들이지 않았다'는 내용이 되어야 한다. '~을 가볍게 여기다'라는 의미는 make light of로 표현하므로, 정답은 ②가 된다.

disapproval n. 불찬성; 불만; 비난의 기분 make light of ~을 경시하다, 가볍게 여기다

여동생은 자신의 예절에 대한 나의 비판을 대수롭지 않게 여기려 했지만, 나는 대단히 진지하게 말한 것이라고 말했다.

14 2021 홍익대 ④

institution 다음의 one은 institution을 대신한 대명사로, 앞의 institution과 동격관계이다. 따라서 관계절의 내용이 빈칸에 들어갈 단어를 결정짓는데, '사람들이 모든 종류의 믿음을 이 제도에 고정시켜 왔다(두어 왔다)'고 했으므로 빈칸에는 '중심적인', '중추적인'이라는 의미의 ④가 들어가야 한다.

institution n. 제도; 단체; 설립 pin v. 속박하다; 명확히 정의하다 peripheral a. 주변의; 중요치 않은 undetermined a. 미정의; 불확실한 sporadic a. 산발적인 central a. 중심적인; 중요한

가족이 중요한 이유는 역사적으로 변해왔지만, 그것이 사람들이 모든 종류의 믿음을 두어 왔던 중심적인 제도였다는 것은 의심의 여지가 없다.

15 2021 덕성여대 ③

경찰이 사건을 수사한다고 했으므로 빈칸에는 이런 사건을 저지른 사람을 뜻하는 표현이 들어가야 한다. 따라서 빈칸에는 '범인'이라는 뜻의 ③이 적절하다.

identity n. 신원, 정체 demagogue n. 선동 정치가 dilettante n. (문학·예술의) 아마추어 애호가; 어설픈 지식을 가진 사람 malefactor n. 악인; 범인 patriarch n. 가장, 족장

경찰은 그 사건을 수사하는 데 7개월을 보냈지만 범인의 신원을 밝혀낼 수 없었다.

16 2004 세종대 ③

행동하는 것을 즐기는 사람은 움직임이 적은 생활 방식을 견디기 힘들어 할 것이다. 그러므로 '수동적인', '활동적이지 않은'이란 의미를 가진 ③이 빈칸에 적절하다.

thrive v. 번창하다; 성공하다 tolerate v. 참다, 견디다 chaotic a. 혼돈된; 무질서한 vibrant a. 떠는, 진동하는 passive a. 수동적인; 활동적이지 않은 grandiose a. 웅장한, 숭고한

행동하는 것을 즐겨서 하는 사람들도 있다. 그래서 그들은 활동적이지 않은 생활 방식을 견뎌내지 못한다.

17 2022 한양대 ①

While이 이끄는 양보 부사절에서 설명된 반응과 주절에서 설명된 반응이 반대가 되어야 한다. 주절에서 '매우 긍정적인 반응(a highly positive reaction)', '수사학적인 대성공(a rhetorical triumph)'이라고 했으므로, 빈칸에는 이와 반대되는 ①의 '미온적인'이 적절하다.

rhetorical a. 수사학적인 triumph n. 승리, 대성공 tepid a. 미온적인 immediate a. 즉각적인; 당면한 laudatory a. 칭송하는 enthusiastic a. 열렬한 spontaneous a. 자발적인

그 책에 대한 대부분의 비평가들의 반응은 미온적이었지만, 칼럼니스트 토니 태너는 매우 긍정적인 반응을 보였는데, 그는 그 책을 수사학적인 대성공이라 칭했다.

18 2006 강남대 ③

많은 고학력자들이 그 회사를 지원한 것은 그 회사의 급여가 다른 회사에 비해 좋았기 때문이라 볼 수 있는데, 이것은 곧 그 회사의 급여가 다른 회사에 비해 경쟁력이 있었다는 것을 의미한다. 따라서 '경쟁력을 지닌'이라는 뜻을 가진 ③이 정답으로 적절하다.

recruit v. 모집하다; 고용하다 comparative a. 비교의, 비교상의 comparable a. 비교되는; 필적하는 competitive a. 경쟁의; 경쟁력을 지닌 compromising a. 명예를 손상시키는, 의심을 초래하는

수천 명의 대학 졸업자들이 그 회사를 지원했다. 그들이 채용된다면 매우 높은 급여를 받을 수 있기 때문이다.

19 2001 고려대 ②

비극적인 소식으로 인해 기존의 어떤 견해를 바꿔야 한다면, 그 견해는 '긍정적이고 낙관적인' 성격의 견해일 것이다. 그러므로 '장밋빛의', '낙관적인'이란 뜻의 ②가 빈칸에 가장 적절하다.

alter v. 바꾸다, 고치다 dour a. 뚱한, 시무룩한; 음침한 roseate a. 장밋빛의; 낙관적인 pessimistic a. 비관적인, 염세적인

유감스럽지만, 방금 도착한 비극적인 소식에 비추어보면 당신의 낙관적인 견해를 바꾸어야만 할 것 같습니다.

20 2016 서울여대 ②

2차 세계대전에서 3,800만 명 이상이 목숨을 잃었다고 했으므로, 사상자의 수치와 관련된 표현인 ②가 정답이다.

count n. 총계, 합계 deadly a. 치명적인, 생명에 관계되는 cost v. (목숨 등을) 희생시키다, 잃게 하다 endorsement n. 승인, 보증, 지지 casualty n. (사고의) 사상자, 희생자, 부상자 eyesore n. 눈에 거슬리는 것 setback n. 방해, 후퇴

'공식적인' 사상자 집계는 존재하지 않지만, 2차 세계대전은 3,800만 명 이상의 목숨을 앗아간 역사상 가장 치명적인 전쟁이었음이 분명하다.

21 2016 중앙대 ③

'독사인 것으로 오인된다(be mistaken)'라는 말에는 실제로는 '독이 없고 무해하다'라는 의미가 내포돼 있다.

garter snake 가터 뱀(독이 없는 줄무늬 뱀) spot v. 발견하다 venomous a. 독이 있는 inveterate a. 상습적인, 뿌리 깊은, 고질적인 ingenuous a. 솔직 담백한, 꾸밈없는; 순진한 innocuous a. (뱀·약 따위가) 무해한 inane a. 어리석은, 우둔한; 무의미한

마당, 공원, 정원 등에서 종종 발견되는 독이 없는 가터 뱀은 가끔 독사로 오인된다.

22 2014 광운대 ⑤

빈칸 뒤에 목적어로 the disease가 주어져 있다. 문맥상 '병에 걸리다'라는 의미가 되어야 하므로 comes down with가 정답이다.

mount v. 시작[개시]하다 sit down with ~을 참다, ~에 만족하다 put down 착륙하다, 내려놓다 go down with ~에 납득되다, 받아들여지다 bear down 노력하다; 패배시키다, 압도하다 come down with (병에) 걸리다

구호단체들은 또한 어떻게 콜레라를 예방하고 누군가 그 병에 걸리면 무엇을 해야 하는지에 관해 사람들에게 알리기 위한 안내 캠페인을 벌이고 있다.

23   2011 서울여대

'과학의 기원이 과학과는 무관하다'는 말을 과학과 관련된 일을 하는 사람들이 듣는 경우, 그들의 감정은 당연히 '괴롭거나 슬플' 것이다.

contemporary a. 동시대의; 현대의 distress v. 괴롭히다, 슬프게 하다 placate v. 달래다 ravage v. 파괴하다; 약탈하다 elate v. 기운을 북돋아 주다

과학자들은 과학의 주된 결론들이 과학적 자료에서 기원하기 보다는 현대 정치와 문화에서 기원한다는 사실을 듣게 된다면 비통해 할 것이다.

24   2012 숭실대

seem의 주어인 who는 Republicans를 가리키는데, 이들은 Democrats와 정치적으로 대립하는 사람들이므로, just because 앞이 반대의 전치사 against인 것과 대비되도록 빈칸에는 찬성의 전치사 for가 들어가야 한다.

Republican a. 공화국의; 공화당의 n. 공화주의자 all of a sudden 불의에, 갑자기 be against 반대하다, 대비하다 Democrat n. 민주주의자; 민주당원 be for 지지하다, 찬성하다

그가 한 이러한 제안들 중 많은 것들은 처음에 공화당원들이 내놓았던 의견들이다. 그러나 그들은 지금 갑자기 그 제안들에 반대하고 있는데, 그저 민주당원들이 찬성하기 때문에 반대하는 것으로 보인다.

25   2012 경희대   ③

빈칸에 들어갈 표현을 빈칸 뒤에서 부연하여 설명하고 있다. 체격이 작고, 과소평가되고, 항상 남에게 뒤진다고 했으므로, '패배자'로 요약하여 표현할 수 있을 것이다.

dogged a. 완고한, 고집 센 outgun v. 능가하다, ~보다 뛰어나다 undaunted a. 대담한, 용감한 underling n. 아랫사람, 부하 underprivileged a. 특권이 적은, 혜택을 받지 못하는 underdog n. 패배자, 낙오자; (게임·시합 등에서) 승산이 적은 사람 understudy n. 대역(배우)

만화 <틴틴(Tintin)>이 지금까지 만들어진 것 가운데 가장 믿을 수 있게 만족스러운 인기 오락물인 이유를 아는 것은 어렵지 않다. 틴틴은 체격이 작고, 과소평가되고, 항상 남에게 뒤지지만 용감한, 영원히 고집 센 패배자이다.

01 ④	**02** ①	**03** ②	**04** ②	**05** ②	**06** ②	**07** ①	**08** ④	**09** ②	**10** ①
11 ③	**12** ③	**13** ③	**14** ①	**15** ①	**16** ①	**17** ①	**18** ④	**19** ③	**20** ②
21 ②	**22** ①	**23** ⑤	**24** ③	**25** ①					

01 2005 경기대   ④

resurrect는 '죽은 사람을 부활시키다'는 뜻이고, resuscitate는 '죽어 가는 사람을 소생시켜 의식을 회복하다'는 뜻이다. 심장발작을 일으킨 사람을 '소생시키려는' 시도이므로 ④가 정답으로 적절하다.

resurrect v. (죽은 사람을) 소생시키다, 부활시키다 relinquish v. 포기하다; 양도하다 rehabilitate v. 원상태로 복원하다; 회복시키다 resuscitate v. (인공호흡 따위로) 소생시키다; 의식을 회복시키다

그가 심장발작을 일으켰는데, 그를 회생시키기 위한 모든 시도들은 실패하고 말았다.

02 2008 가톨릭대   ①

'so ~ as to …' 구문은 인과관계를 나타낸다. '상상할 만한 것이 없을' 정도였던 상황의 이유나 원인으로는 '있는 그대로를 매우 사실적으로 보여주었다'는 게 적절하다.

leave nothing to the imagination 상상의 여지를 남기지 않다 graphic a. 사실적인, 생동감이 있는 abstract a. 추상적인; 이론적인 hideous a. 무시무시한, 섬뜩한; 불쾌한 confusing a. 혼란시키는

그 전자 우편들은 상상할 게 없을 정도로 매우 사실적이었다.

03 2004 동덕여대   ②

but은 '역접'의 등위접속사이므로 but 전후의 문장은 그 의미가 대조를 이루어야 한다. 따라서 주어진 문장은 '의견을 같이 해야 하지만, 의견일치를 보지 못했다'는 내용이 되어야 할 것인데, 빈칸 앞에 부정어가 있으므로 '의견일치'의 의미를 가진 ②가 빈칸에 들어가야 한다.

animosity n. 악의, 원한 unanimity n. 전원 이의 없음, 만장일치 serenity n. 고요함; 평온 equanimity n. 침착, 평정

우리 모두가 그 계획에 의견을 같이 해야 했지만, 지금까지 우리는 만장일치에 이르지 못했다.

04 2019 덕성여대   ②

선거 토론에서 후보들은 상대방의 의견에 반대하여 말함으로써 자신의 주장을 정당화하려 할 것이므로, 빈칸에는 '반박', '응수'의 의미를 갖는 표현이 적절하다.

presidential a. 대통령의 candidate n. 후보자, 지원자 opponent n. (경기·논쟁 등의) 적, 상대, 반대자 oath n. 맹세, 서약 retort n. 반박, 응수, 말대꾸 defense n. 방어; 변명; 변호, 답변 doctrine n. 교리, 교의; 신조, 학설

선거 운동 기간 중의 토론에서 대통령 후보들은 때때로 상대방의 의견에 기억에 남을 만한 반박을 한다.

05 2019 서울여대   ②

becomes 이하는 빈칸 다음에 that이 생략된 so ~ that 구문(인과관계)인데, '중독성 물질이나 행동이 우리가 그것을 먹지 않거나 하지 않고서는 못 배길 정도가 되어서, 즉 강박적이게 되어서 결국은 일상생활에 지장을 초래하게 되는 것'이므로 빈칸에는 ②가 적절하다.

addiction n. 중독 relentless a. 수그러들 줄 모르는 pull n. 매력; 마음을 끄는 것 substance n. 물질 ultimately ad. 궁극적으로, 결국 interfere with ~에 지장을 주다 imposing a. 위압하는, 당당한, 인상적인 compulsive a. 강제적인; 강박적인 incompatible a. 양립하지 않는 mandatory a. 의무적인, 강제적인

중독은 너무나 강박적이게(안 하고는 못 배기게) 되어서 결국 일상생활에 지장을 주는 어떤 물질이나 어떤 행동에 대해 계속적으로 마음이 끌리는 것이다.

06 2019 홍익대   ②

빈칸 다음에 온 as the snake his slough에는 동사 casts off가 생략돼 있다. 뱀이 허물을 벗어버리듯, 인간이 벗어버릴 수 있는 대상이 빈칸에 들어가야 하겠는데, 빈칸 다음에서 인간은 인생의 어느 시기에 있던 언제나 어린아이라고 했으므로, 인간이 '나이'를 벗어버린다고 해야 적절할 것이다. 따라서 ②가 정답이다.

cast off ~을 던져[벗어] 버리다 slough n. (뱀 등의) 허물 soever ad. 아무리 ~이라도, 어떠한 ~라도

숲에서도 또한, 인간은 뱀이 허물을 벗어버리듯 자신의 나이를 벗어버리고

(잊어버리고), 인생의 어느 시기에 있든 언제나 어린아이이다.

07 2011 광운대   ①

요지에서 벗어나지 말라고 충고하는 까닭은 그의 연설에 요지에서 벗어나는, 즉 '지엽적인(digressive)' 내용이 많기 때문일 것이다.

stray v. 길을 잃다; (생각·논의 등이) 벗어나다, 탈선하다 digressive a. 본론을 떠난, 지엽적인 discerning a. 통찰[식별]력이 있는, 명민한 disputatious a. 논쟁적인; 논쟁의 대상이 되는 dishonest a. 부정직한, 불성실한 digestive a. 소화를 돕는, 소화력이 있는

당신의 지엽적인 발언이 당신이 하는 연설의 효과를 망치고 있습니다. 요지에서 벗어나지 않도록 노력하십시오.

08 2020 건국대   ④

인생은 일방통행로와 같다고 했으므로, 이는 한 반향으로만 갈 수 있다는 것을 의미한다. 다른 어떤 길을 택하더라도 제자리로 돌아가는 것이 불가능할 것이므로, 빈칸에는 이러한 '다른 길'에 해당하는 표현이 들어가야 한다. 그러므로 ④가 빈칸에 적절하다.

lead back (길 따위가) 제자리로 돌아오다 hedge n. 산울타리; 대비책 throne n. 왕좌 detour n. 우회로 poll n. 투표; 득표집계

인생은 일방통행로와 같다. 당신이 아무리 많은 우회로를 택한다고 하더라도, 어느 길로도 제자리에 돌아올 수 없다. 당신이 그 사실을 인식하고 받아들인다면, 인생은 훨씬 더 단순해지게 된다.

09 2001 고려대   ②

'기자(journalists)'와 '왕족의 사적인 대화(the private conversations of the royal family)'가 쓰인 점으로 미루어, 기자가 세인의 주목을 받는 고귀한 신분인 왕족의 대화를 기삿거리로 만들기 위해 '몰래 엿듣는다'는 내용이 되는 것이 자연스럽다.

the royal family 왕실, 왕가 fall on 습격하다; (생각 등이) 문득 떠오르다 eavesdrop v. 엿듣다, 도청하다(on) discuss v. 논의하다, 토론하다 dovetail v. 꼭 들어맞다; 서로 연계하다

일부 기자들은 항상 왕족의 사적인 대화를 엿들으려고 애쓴다.

10 2020 명지대   ①

살인이라는 극악무도한 범죄에 대해 사형을 지지하는 글의 저자가 유권자들의 공격대상이 되고 있다고 했는데, 저자가 공격대상이 되기 위해서는 저자의 입장을 유권자들이 '옳지 않다'고 생각해야 할 것이다. 따라서 빈칸에는 '비난받을 만한'이라는 의미의 ①이 적절하다.

capital punishment 사형 heinous a. 극악무도한 subject n. (행위의) 대상

outraged a. 격분한 reprehensible a. 비난할 만한 suave a. 기분 좋은, 유쾌한 veracious a. 성실한, 정직한 prudent a. 신중한, 조심성 있는

살인이라는 극악무도한 범죄에 대한 사형을 내가 지지하기 때문에, 나는 나의 입장이 비난받을 만하다고 여기는 격분한 유권자들의 공격대상이 되어왔다.

11 2012 단국대   ③

어떤 사람의 말을 외면하게 된 원인 혹은 이유로 적절한 것은 '말이 많은', '수다스러운'이란 의미의 ③이다.

unbearably ad. 참을 수 없을 정도로 turn away 외면하다; 거부[거절]하다 amiable a. 호감을 주는; 붙임성 있는 magnanimous a. 도량이 넓은, 관대한 verbose a. 말이 많은, 다변의 chivalrous a. 기사의, 기사적인

그녀는 그가 참을 수 없을 정도로 수다스러운 것을 알고 그가 말을 시작하면 종종 그저 외면했다.

12 2001 고려대   ③

빈칸 뒤의 '유난히 성가시게 하는(exceptionally annoying)'으로 미루어 매우 부정적인 뜻의 단어가 쓰여야 한다. 그러므로 '(소리가) 귀에 거슬리는'이라는 뜻의 ③이 정답으로 적절하다.

exceptionally ad. 특별히; 예외적으로 annoying a. 성가신, 귀찮은 potential a. 잠재적인, 가능성 있는 jovial a. 쾌활한, 명랑한 pleasant a. 유쾌한, 즐거운, 기분 좋은; 상냥한, 호감이 가는 strident a. (소리·목소리가) 불쾌한, 귀에 거슬리는 affectionate a. 애정 어린

그 판매원의 귀에 거슬리는 목소리는 매우 성가셨다. 물건을 사려고 했던 손님들도 그녀가 파는 물건 가까운 곳은 어디든지 피했다.

13 2012 홍익대   ③

콤마 이하는 특정 지역 가구의 인적 구성 혹은 재산에 관한 내용이므로, '인구 조사 혹은 통계적 조사'에 대한 결과임을 알 수 있다.

population n. 인구, 주민 수 agenda n. 예정표, 안건, 의사일정 census n. 통계조사; 인구 조사

1860년 미국 인구 조사에 의하면, 버지니아 주의 맨체스터 카운티에서 노예를 소유하고 있는 흑인의 숫자는 5명이었다.

14 2012 중앙대   ①

대도시의 혼잡한 분위기를 벗어나기를 원하는 사람이 가고 싶어 하는 곳으로는 '한적한, 외딴(sequestered)' 장소가 적절하다.

jostle through a crowd 군중 속을 헤치고 가다 treadmill n. 다람쥐 쳇바퀴 같은 일[생활] austerely ad. 엄격하게; 검소하게 sequestered a. 외딴, 한적한,

후미진 aclutter a. 어지러이 흩어진, 혼잡한 swamped a. 눈코 뜰 새 없이 바쁜; 술 취한 palatial a. 대궐 같은, 으리으리한

매일 아침 러시아워에 혼잡한 군중 속을 밀치고 나아간 후, 그녀는 대도시 사무실의 다람쥐 쳇바퀴 같은 일에서 벗어나 한적한 곳에서 소박하게 살기를 원해본다.

---

15 2014 가톨릭대 ①

결승진출을 놓고 더욱 집중해서 맞붙어야 하는 선수라면, 그 선수는 '매우 강한 상대'라고 할 수 있다. 그러므로 '강적'이란 의미의 ①이 빈칸에 적절하다.

intensity n. 강렬, 집중, 세기 face v. 직면하다 showpiece n. 대표작 nemesis n. 벌, 천벌; 강한 상대 caliber n. (총의) 구경; 도량; 우수성, 품질 rancor n. 악의, 증오, 원한 patron n. 후원자, 단골손님

오늘 프랑스 오픈(French Open)의 대표 경기에서 마리아 샤라포바(Maria Sharapova)는 세레나 윌리엄스(Serena Williams)와 같은 강한 상대와 마주할 때 더욱 집중을 해야 결승전에 오를 수 있다.

---

16 2022 명지대 ①

교양어의 변화 속도와 비속어의 변화 속도를 비교하고 있다. 교양어는 변화가 분명해지기까지 몇 년이 걸린다고 한 다음, 비속어는 이와 상반되게 변화 속도가 빠르다고 했으므로, 비속어의 사용 기간은 짧을 것이다. 따라서 빈칸에는 ①이 적절하다.

pronounced a. 분명한 ephemeral a. 수명이 짧은, 단명한 facetious a. 경박한 vulgar a. 천박한 sedentary a. 주로 앉아서 하는

한 언어의 교양어의 변화는 분명해지기까지 몇 년이 걸리는 반면, 비속어는 변화가 빨라서 그 사용 기간이 짧다.

---

17 2012 서울여대 ①

긍정적인 앞 절의 내용과 반대로 yet 다음은 부정적인 내용이어야 하겠는데, 목적어 tenet은 '원칙이나 지켜야 할 믿음'을 의미하므로 동사로는 '그것을 지키지 않았다'는 의미를 만드는 ①이 적절하다.

celebrated a. 유명한 executive n. 경영간부, 경영진 tenet n. 주의, 교리 flout v. (법 등을 공공연히) 어기다, 조롱하다 conceive v. 상상하다; 임신하다 squander v. 낭비하다 refurbish v. 새로 꾸미다, 단장하다

스티브 잡스(Steve Jobs)는 자기 세대에서 가장 유명하고 성공한 경영자였지만, 그는 사업적인 지식의 많은 기본 사항을 무시했다.

---

18 2006 동덕여대 ④

기술자들과 함께 검토해야 할 사항은 '새 프로그램이 기존의 시스템에

문제를 일으키지 않는지'의 여부일 것이다. 그러므로 '양립하는', '조화되는'이란 의미의 ④가 빈칸에 적절하다.

undeniable a. 부인할 수 없는, 명백한 amenable a. (충고·지시 등에) 순종하는, 기꺼이 따르는 complementary a. 보충하는; 상호 보완적인 compatible a. 양립하는

어떤 프로그램이건 내려 받아 컴퓨터에 설치하기 전에 직원들은 그 프로그램이 기존의 시스템과 호환성이 있는지의 여부를 회사의 기술자들과 함께 검토해야 한다.

---

19 2022 건국대 ③

어떤 문제와 관련한 사실을 대중들에게 납득시키려면 과학적인 확실한 근거에 기초해야 하므로, 납득시키기 어려웠다는 것은 과학적 근거가 확실하지 않았다는 말이다. 따라서 빈칸에는 과학적 평가가 확실한 결론에 이르지 못했다는 말이 되도록 하는 ③이 들어가는 것이 적절하다.

assessment n. 평가 convince v. 납득시키다, 확신시키다 address v. 역점을 두어 다루다, 처리하다 substantial a. 상당한; 실제적인 indisputable a. 반론의 여지가 없는, 부인할 수 없는 inconclusive a. 결정적이 아닌, 결론에 이르지 못하는 plausible a. 타당한 것 같은, 이치에 맞는 tranquil a. 고요한, 평온한

지구 온난화가 일어나고 있는지에 대한 과학적인 평가가 결론에 이르지 못했기 때문에, 이 현상이 역점을 둬서 다루어져야 할 필요가 있는 중대한 문제라는 것을 대중들에게 납득시키기 어려웠다.

---

20 2012 한국외대 ②

A를 하기 위해 B에서 벗어나야 한다면, A와 B는 서로 상반되거나 대조적인 속성을 갖고 있을 것이다. 그러므로 빈칸에는 spiritual과 반대되는 의미의 표현이 들어가야 하며, 따라서 '세속적인', '현실적인'의 의미를 가지는 ②가 빈칸에 들어가기에 가장 적절하다.

inevitably ad. 불가피하게, 필연적으로; 부득이, 반드시 immerse v. (액체에) 담그다, 빠져들게 하다, 몰두시키다 materialistic a. 물질적인 rustic a. 시골의; 시골풍의, 전원생활의 worldly a. 현세의, 세속적인

일상생활 때문에 우리는 불가피하게도 물질적인 관심사에만 몰입하고 있다. 바로 이것이 우리가 그동안 소홀히 했던 영적인 삶에 관심을 두기 위해 가끔씩은 현실적인 일에서 벗어나야 하는 이유다.

---

21 2003 국민대 ②

시에서 주최한 농구대회에서 우승했다는 것과 우연히 마주치는 아무 사람과도 하이파이브를 했다는 내용을 통해, 즐거운 기분을 표현하는 단어가 쓰여야 함을 알 수 있다. 그러므로 ②가 정답으로 적절하다.

encounter v. 우연히 만나다 misfortune n. 불행; 재난 elation n. 의기양양함, 우쭐댐 adversity n. 역경; 불행 complaint n. 불평

우리 학교 팀이 시에서 주최한 농구대회에서 우승했을 때, 학생과 교수들 모두 똑같이 의기양양한 모습을 보이며 우연히 마주치는 아무 사람과도 하이파이브를 했다.

22 2017 홍익대

왕의 마부가 고인이 된 왕과 동행한다는 것은 함께 매장되어 죽는다는 것을 의미하므로, 빈칸에는 '죽음'과 관련된 표현이 와야 한다. 그러므로 '저승', '내세'라는 의미의 ①이 정답으로 적절하다.

ancient a. 고대의, 옛날의 horseman n. 마부 be required to do ~해야 한다 accompany v. 동행하다 deceased a. 죽은, 고인이 된 custom n. 관습 captain n. 선장 otherworld n. 저승, 내세 palace n. 궁전 hunting ground 사냥터 port n. 항구; 항구 도시

일부 고대사회에서는 왕의 마부가 고인이 된 왕과 저승까지 동행해야 했던 반면, 또 다른 사회에서는 선장이 배와 함께 침몰하는 것이 관행이다.

23 2022 이화여대

그다음 문장에서 The same ears, the same funny nose.라고 했으므로 첫 번째 빈칸에는 similarity나 likeness가 적절하고, 첫 두 문장이 쉽게 발견할 수 있는 겉모습의 유사성을 말했으므로 두 번째 빈칸에는 겉모습 이상의 유사성이 있는지를 알기는 어렵다는 뜻으로 skin deep의 skin이 적절하다. 따라서 정답은 ⑤가 된다.

similarity n. 유사성, 닮음 generation n. 세대 tell v. 알아보다 resemblance n. 닮음, 유사성 skin deep a. 피상적인, 얄팍한 composition n. 구도, 구성 appearance n. 외관, 외모 likeness n. 유사성, 닮음

가족사진에서는 일종의 유사성을 보게 되는데, 세대에서 세대로 이어지는 유사성이다. 귀가 같고, 우스꽝스러운 코가 같다. 때로는 지금도 그때와 매우 같아 보인다. 그래도 그 유사성이 피상적인 것 이상인지를 알기는 어려울 수 있다.

24 2013 국민대 ③

'29세 이하의 유권자들 중 절반이 전화번호부에 등록된 전화번호가 없으며, 휴대전화도 없이 살고 있다'고 했으므로, 이들은 사실상 전화로 투표를 권장하는 것과 같은 전통적인 투표독려 노력에 '영향을 받지 않을' 것이다. 따라서 ③이 정답이다.

statistic n. 통계, 통계자료 voter n. 유권자 listed a. 전화번호부에 실려 있는 cellular a. 무선[휴대]전화의 effectively ad. 사실상, 실질적으로 get out the vote 투표독려(투표하러 나가라) prolonged a. 연장하는, 늘리는; 장기적인 dedicated a. 전념하는, 헌신적인 immune a. 면역성의; 면제된; ~에 영향을 받지 않는 comparable a. 비슷한, 비교할 만한

최근의 한 통계는 29세 이하의 유권자들 중 절반이 전화번호부에 등록된 전화번호가 없으며, 휴대전화도 없이 살고 있어서, 투표를 독려하려는 전통적인 노력에 사실상 영향을 받지 않는다는 것을 보여준다.

25 2013 서강대

빈칸 이하의 내용에서 인간이 숲을 파괴하고 먹이를 빼앗아갔다고 했으므로 '서식지'가 줄어들었다고 하는 것이 적절하다.

suffer v. 겪다 shrink v. 줄어들다, 움츠리다 population n. 인구, 주민 chop v. 자르다, 썰다 firewood n. 장작 boar n. 야생돼지 feed v. 먹이다 habitat n. 서식지, 거주지 longevity n. 수명 foss n. 도랑, 운하, 해자 instantiation n. 예시, 추론과정

서유럽에서 사냥당해 죽는다는 것은 늑대들이 갖고 있던 유일한 문제가 아니었다. 그들은 또한 서식지가 줄어드는 고통도 겪었던 것이다. 인간의 수가 늘어남에 따라 사람들은 땔감을 얻기 위해 숲을 베어 냈고 늑대들이 먹이로 삼는 사슴과 야생돼지를 잡아먹었다.

01 ③	02 ③	03 ③	04 ④	05 ④	06 ⑤	07 ③	08 ③	09 ④	10 ②
11 ④	12 ②	13 ③	14 ①	15 ③	16 ①	17 ③	18 ④	19 ④	20 ①
21 ①	22 ③	23 ③	24 ④	25 ③					

01 2004 건국대   ③

'벽장에 갇혀 있다가 나온 뒤에' 가질 수 있는 느낌으로는 '밀실 공포증' 또는 '폐소(閉所) 공포증'이 적절하다.

wrecked a. 몹시 취한; 녹초가 된; 난파된 enlightened a. 계발[계몽]된; 잘 알고 있는 claustrophobic a. 밀실공포(증)의, 폐소공포(증)의 invisible a. 눈에 보이지 않는 insipid a. 재미없는; 맛없는

벽장 속에 갇혀 있은 후, 내 남동생은 밀실 공포증이 생길지도 모른다고 생각했다.

02 2013 인천대   ③

so를 전후하여 인과관계에 있는 두 문장이 와야 한다. 그를 믿게 된 이유로는 그가 that 이하의 내용에 대해 단호하고 확실한 입장을 보였다는 것이 적절하므로 ③이 정답이 된다.

allegation n. (증거 없는) 주장, 단언 content a. (서술적) ~에 만족하는 nonchalant a. 무관심한, 냉담한 adamant a. 요지부동의, 단호한 turbulent a. 사나운, 험한; 소란한

그가 그 주장이 사실이 아니라고 단호하게 주장했기 때문에, 나는 그를 믿었다.

03 2020 경기대   ③

언론사가 정치적인 중립을 지키지 않고 대통령을 노골적으로 지지한다면, 정부에 굴종하거나 아부한다는 비난을 받을 것이다.

outspoken a. 거리낌 없는, (말 등이) 솔직한, 노골적인 support n. 지지; 후원 accuse v. 고발하다, 고소하다; 비난하다 magnanimous a. 관대한, 아량 있는 ephemeral a. 단명한, 덧없는 subservient a. 도움이 되는; 복종하는, 아첨하는 conspicuous a. 눈에 잘 띄는; 뚜렷한

대통령을 노골적으로 지지했기 때문에 그 뉴스 방송사는 정부에 굴종한다는 비난을 받았다.

04 2022 한국외대   ④

매우 뛰어난 성적을 받는 것은 일종의 '업적'이라 할 수 있다.

reside v. 살다 attribute n. 속성, 특성 training n. 훈련, 단련 example n. 예, 실례 feat n. 위업, 공적

영어권 국가에 거주해 본 적이 없는 학생에게는 영어에서 A+를 받는 것이 쉽게 해낼 수 있는 성과가 아니다.

05 2018 광운대   ④

빈칸 이하의 내용이 빈칸에 들어갈 형용사의 의미를 나타내고 있다. '세상이나 특정 주제에 대해 여러 가지 서로 다른 사실들을 분명하게 이해하고 있다'는 것은 '식견을 갖추고 있다'는 것이므로, 빈칸에는 ④가 들어가야 한다.

palpable a. 손으로 만질 수 있는; 매우 뚜렷한, 명백한 meticulous a. 지나치게 세심한, 매우 신중한; 소심한 manageable a. 다루기 쉬운, 유순한 knowledgeable a. 지식이 있는, 식견이 있는, 총명한 categorical a. 절대적인, 무조건의; 명백한

식견이 있는 사람은 세상에 관해 혹은 특정 주제에 관해 여러 가지 서로 다른 사실들을 분명하게 이해하고 있다.

06 2019 건국대   ⑤

황열병이 남아메리카와 아프리카에서 유행하고 있다고 했으므로, 이들 나라는 방문객들이 황열병에 걸리는 것을 막기 위해 입국하기 전에 '예방접종'을 요구할 것이다.

yellow fever 황열병 identify v. 확인하다, 밝히다 estrange v. 이간시키다, 소원하게 하다 expel v. 내쫓다, 쫓아버리다 suspect v. 의심하다 vaccinate v. ~에게 백신[예방] 접종을 하다

황열병은 남아메리카와 아프리카에서 여전히 유행하고 있다. 그리고 많은 나라들은 방문객들이 입국하기 전에 그들에게 예방접종을 요구한다.

07 2012 단국대   ③

다가올 겨울이 길고 춥다는 것을 알았다고 하였으므로, '앞날에 대비한

다'는 의미의 ③이 빈칸에 가장 적절하다.

diagnose v. 진단하다, 원인을 규명하다 abundant a. 풍부한, 많은 provident a. 장래를 준비하는, 앞날에 대비하는; 검소한 contented a. 만족하고 있는(with), 느긋해 하는

다가올 겨울이 길고 춥다는 것을 알고 있어서, 우리는 많지 않은 식량으로 앞날(다가올 겨울)에 대비하고 있었다.

08 2017 서울여대 ③

빈칸은 'of having 20 five-year-olds in the house for a birthday party'와 동격을 이루고 있는데, 뒤에서 이것을 '줄리의 엄마가 감당하기 어렵다'고 했으므로, 빈칸에는 '생일파티를 위해 스무 명의 아이들이 모인 것이 초래한 어려운 상황'을 잘 나타내고 있는 표현이 들어가야 한다. 그러므로 '소동', '난리법석'이란 의미의 ③이 정답으로 적절하다.

handle v. 다루다; 취급하다, 처리하다 tranquility n. 고요, 평온, 평화로움 exemption n. (의무 등의) 면제 tumult n. 소동, 법석 condensation n. 압축, 응축

생일파티를 위해 5살짜리 아이 스무 명이 집에 모여 일어난 난리법석은 줄리(Julie)의 엄마가 감당하기에는 너무 벅찬 일이었다.

09 2020 광운대 ④

society의 경우 '사회'와 '단체'라는 뜻으로 모두 쓰일 수 있으므로, 빈칸에는 ④가 적절하다.

adapt to ~에 적응하다 admit v. 들어가게 하다, 입장을 허락하다 society n. 사회; 교제; 단체 association n. 연합; 교제; 협회

잭(Jack)은 이슬람교가 현대 사회에 적응해야 한다고 주장한다.
제인(Jane)은 정치인들과 변호사들의 단체에 가입하도록 허락되었다.

10 2012 명지대 ②

미국 역사상 최초의 여성 하원의장이 된 것은 이제껏 걸어본 적이 없는 새로운 길을 연 것으로 볼 수 있다. '새로운 길을 열다, 개척하다, 창시하다'는 뜻의 관용 표현은 blaze a trail이므로 ②가 정답이 된다.

sizzle v. 지글지글 소리 나다; 찌는 듯이 덥다 blaze v. 불태우다, 빛내다 blaze a trail 새로운 길을 열다 carve v. 조각하다, 새기다 rave v. 격찬하다, 극찬하다

캘리포니아 주 민주당 소속의 낸시 펠로시(Nancy Pelosi)는 미국 역사상 최초의 여성 하원의장으로서 새로운 길을 열었다.

11 2020 상명대 ④

전기 자동차와 하이브리드 자동차의 기술이 발전하면 할수록, 전통적인 가솔린 연료 차량은 '시대에 뒤처진' 것이 될 것이다.

vehicle n. 차량, 탈것, 운송수단 operational a. 가동[운영]상의; 사용[가동]할 준비가 갖춰진 incapable a. 무능한, 쓸모없는 conceivable a. 생각[상상]할 수 있는 outmoded a. 유행에 뒤진, 구식의 mainstream n. (활동·사상의) 주류; (사회의) 대세

최근에 전기 자동차와 하이브리드 자동차 기술이 발전함으로 인해, 전통적인 가솔린 연료 차량이 완전히 구식이 되기까지 얼마나 오래 걸릴까?

12 2011 숭실대 ②

토네이도와 허리케인은 둘 다 자연재해에 속하는 것이다.

unsettle v. 어지럽히다; 불안하게 하다 prospect n. 전망, 예상 catastrophe n. 큰 재해, 대이변 cycle n. 순환, 주기 resource n. 자원, 물자, 재원

웬일인지 지진이라는 개념은 토네이도와 허리케인과 같은 다른 큰 자연재해에 대한 예상보다 우리를 훨씬 더 불안하게 만든다.

13 2020 홍익대 ③

'자신의 감정을 드러내고, 예민하고, 남에게 도움을 주려 하는 것'은 여성이 가진 고유의 특성, 즉 '속성(attribute)'으로 볼 수 있다.

gender n. 성(性), 성별 prevalent a. (특정 시기·장소에) 일반적인[널리 퍼져 있는] display v. 보이다, 나타내다 sensitive a. 민감한, 예민한 associate v. 연합시키다; 연상하다, 관련시키다 femininity n. 여자임, 여자다움 provision n. 예비, 준비; 공급; 규정, 조항 nature n. 천성, 본성 attribute n. 속성, 특성 supplement n. 보충, 추가

<알라딘>에는 뒤섞인(엇갈린) 성별 메시지가 있는 것이 두루 발견된다. 왕자는 자주 감정을 드러냈고, 예민하고, 도움을 주려 했는데, 이것은 전통적으로 여성성과 관련지어진 속성이었다.

14 2012 명지대 ①

일련의 폭탄 공격을 자행하는 사람들을 나타내는 말이 빈칸에 들어가야 하므로, '범인, 죄인'을 뜻하는 ①이 빈칸에 적절하다.

military a. 군(대)의; 육군의 oust v. 내쫓다, 축출[배척]하다 bombing n. 폭격, 폭탄 투하 culprit n. 범인, 죄인 molester n. 괴롭히는 사람, 치한 fledgling n. 풋내기, 신출내기 portrayer n. 초상화가, 묘사하는 사람

태국의 군사정부는 추방된 총리의 지지자들을 일련의 폭탄 공격의 유력한 범인들로 지목했다.

15 2006 아주대 ③

'어린 아이들이 사물을 글을 통해서 보다는 직접 눈으로 보고서 파악해야 한다'라는 첫 번째 문장의 내용을, 빈칸 이하에서 '직접적인 경험과 발견이 가장 중요한 교육이다'라는 말로 요약정리하고 있다. 그러므로 빈칸에는 앞 문장을 정리하고 추가적인 내용을 덧붙이는 역할을 하는

표현인 that is (to say)가 적절하다.

direct a. 똑바른; 직접의; 솔직한 discovery n. 발견 consequently ad. 따라서, 그 결과로서 that is (to say) 즉, 좀 더 정확히 말하면

어린 아이들이 단지 사물을 글을 통해 아는 것이 아니라 그것들을 눈으로 보고서 파악해야 한다는 것이 중요한 사실이다. 즉, 최상의 교육은 직접적인 경험과 발견을 통한 것이다.

---

16 2014 이화여대   ①

make a living은 '생계를 유지하다'는 의미이므로 '돈을 번다'라는 의미로 볼 수 있고, 보험은 미래에 있을지 모를 좋지 않은 일에 대처하기 위한 것이므로 insurance는 '대비'라는 의미로 볼 수 있다. 한편, 주절에서 and 전후의 문장들은 인과관계에 있으므로 결국 돈을 벌 수 있게 된다면 무엇에 대비할 필요가 없어지겠는가를 묻는 문제가 된다. 따라서 '빈곤', '궁핍함'이란 의미의 ①이 빈칸에 들어가야 한다.

access n. 접근, 출입; 접근[이용]하는 방법 insurance n. 보험; 보증; 대비 destitution n. 빈곤, 궁핍 detention n. 구류, 구금; 지체 detestation n. 증오, 혐오 solidarity n. 결속, 단결 solvency n. 지급 능력; 융해력

교육과 건강 서비스를 보다 쉽게 이용할 수 있게 됨에 따라, 사람들은 생계 유지를 위한 새로운 기회를 맞이하고 있으며, 더 이상 아이들을 노년의 궁핍함에 대비하기 위해 필요한 보험으로 간주하지 않는다.

---

17 2021 동국대   ③

코로나가 다시 극성을 부리고 있는 상황에서 가장 필요한 것은 코로나를 치료하는 전문병원이다. 그러므로 그녀가 일하고 있는 지역 시설이 코로나 전문병원으로 바뀌었다는 것을 추론할 수 있다. 따라서 빈칸에는 '전환되다'라는 의미를 만드는 ③이 적절하다.

local facility 지역 (공공)시설 nursing home 양로원 crest v. 최고점에 이르다 traverse v. 가로지르다, 횡단하다 contingent a. 우발적인, 우연의, 뜻밖의 convert v. 전환하다 sufficient a. 충분한

그녀는 1차 코로나 대유행이 끝나자 6월에 Turin(이탈리아의 상업도시)으로 돌아갔다. 요즘 그녀는 지역 공공시설에서 일하고 있는데, 한때 양로원이었던 그 시설은 올가을 코로나가 다시 창궐함에 따라 코로나 전문병원으로 전환되었다.

---

18 2021 홍익대   ④

물리학자들을 언급한 것은 첫 번째 문장의 내용을 부연설명하기 위함이다. 물리학자들이 적은 수의 법칙으로 물질계에서 일어나는 모든 일을 설명할 수 있기를 기대한다는 것은 과학자들이 자신들의 이론이 가능한 한 광범위한 현상에 적용될 수 있도록 하기 위해 노력한다는 것을 뒷받침한다. 그러므로 빈칸에는 '포함하다', '아우르다'라는 뜻의 ④가 적절하다.

---

strive v. 노력하다; 얻으려고 애쓰다 phenomenon n. 현상 physicist n. 물리학자 prospect n. 예상, 기대; 전망 describe v. 묘사하다, 기술하다; 설명하다 in terms of ~에 의하여; ~에 관하여, ~의 관점에서 disambiguate v. (문장·서술 따위의) 애매한 점을 없애다, 명확하게 하다 discern v. 분별하다, 식별하다 advance v. 전진시키다, 진척시키다, 촉진시키다 encompass v. 둘러싸다, 포위하다; 포함하다

과학자들은 가능한 한 광범위한 현상을 포괄하는 이론을 개발하기 위해 노력하며, 특히 물리학자들은 물질계에서 일어날 수 있는 모든 일을 소수의 법칙으로 설명할 수 있게 되리라는 전망에 대해 흥분하는 경향이 있다.

---

19 2012 한국외대   ④

'상부 암석층은 지층이 가로 방향이고, 하부 암석층은 수직 방향이라는 점'은 두 암석층에서 '뚜렷하게 구분되는' 측면이다. 그러므로 빈칸에는 ④가 들어가야 한다.

sequence n. 순서[차례], 배열, 연속 layered a. 층이 있는 stratum n. 지질의 층(pl. strata) horizontal a. 수평의, 평평한, 가로의 vertical a. 수직의, 세로의 parallel a. 평행의, 나란한 distinct a. 전혀 다른; 명료한

허턴(Hutton)은 서로 다른 두 개의 암석층이 연속되고 있는 것을 주목했다. 상부 암석층은 지층이 거의 가로 방향이었고, 하부 암석층은 지층이 거의 수직 방향이었다.

---

20 2002 숭실대   ①

세상에 대한 인식을 구체화하는 것, 수익을 발생하는 것 등은 모두 광고의 '긍정적인' 측면과 관련된 내용들이다.

shape v. 모양 짓다; 구체화하다 perception n. 지각; 인식 impression n. 인상, 감명 generate v. 일으키다, 초래하다 positive a. 긍정적인 negative a. 부정의; 소극적인 insignificant a. 무의미한 confusing a. 혼란시키는

건축이 도시의 인상을 형성하는 것만큼이나 확실히 광고는 세상에 대한 우리의 인식을 구체화한다. 건전하고 책임 있는 광고는 변화를 위한 긍정적인 영향력으로서의 역할을 하며, 동시에 수익을 발생시킬 수 있다.

---

21 2012 중앙대   ①

'사회적 관습과 풍속(mores and folkways)'이란 개인에게 '순응할 것을 요구하는 사회적 압박(pressure to conform)'이라고 볼 수 있다.

mores n. 사회적 관행, 풍습, 관습 folkways n. 습관, 풍속 orderly a. 정돈된; 질서를 지키는 conform v. 따르다, 순응하다 deviate v. 벗어나다, 빗나가다 abscond v. 도망치다, 달아나다 evince v. (감정 등을) 분명히 나타내다, 명시하다; 증명하다

사회적 관습과 풍속은 일상생활의 기본 규칙들이다. 때때로 순응해야 한다는 압박에 저항하기도 하지만, 우리는 규범 덕분에 타인과의 거래관계가 좀 더 질서정연하고 예측 가능해진다는 것을 알 수 있다.

어린 자녀가 딸린 가족들이 불법으로 국경을 넘는 경우에는 다소 관대한 대우를 받는다. 그들이 불법으로 국경을 넘는 것보다 더 심각한 범죄로 의심을 받고 있는 경우가 아니라면, 그들은 석방되어 미국 측 지역사회서비스의 돌봄을 받고 재판일도 통보 받는다.

22 2022 덕성여대　　　　　　　　　　③

빈칸 앞에서 소년은 규칙을 어기는 것이 남자답다고 여긴다고 한 반면, 빈칸 다음에서는 규칙을 지키는 것이 남자다운 것이라고 했다. 빈칸 전후로 '상반된' 내용이 왔으므로, '이와 반대로'라는 의미의 ③이 빈칸에 적절하다.

obedience n. (법률의) 준수 as a rule 일반적으로 as a result 결과적으로 for instance 예를 들어

소년은 대개 가정이나 학교에서 규칙을 지키는 것이 유치하다고 생각한다. 그는 규칙을 어기는 것이 그를 남자답게 만든다고 생각한다. 이와 반대로, 남자다운 것이 규칙을 지키는 것이며, 유치한 것이 규칙 위반이다.

23 2014 숙명여대　　　　　　　　　　③

원시 사회에서 구기경기가 무엇과 관련되어 있었는지를 두 번째 문장에서 설명하고 있다. 구기경기에서의 승리가 곡식이 잘 자라도록 도와주고 선수들의 자녀 출산을 도와주는 것으로 사람들이 믿었다고 했으므로, 구기경기는 '다산(多産)'과 관련되어 있었음을 알 수 있다.

be connected to ~와 연결[연관]되다 primitive society 원시 사회 ritual n. 의식, 제식 fertility n. 다산(多産); 풍부 intimacy n. 친밀함, 친교

원시 사회에서 구기경기는 다산(多産)과 관련되어 있었다. 사람들은 구기경기에서의 승리가 곡식이 잘 자라도록 도와주고 또한 선수들이 자녀를 얻도록 도와준다고 믿었다.

24 2012 한양대　　　　　　　　　　④

본인의 의지를 거스르면서 운전 중에 전화기와 컴퓨터를 계속 사용하는 것은 '강박적인' 행동을 나타낸다.

consensus n. 의견 일치, 합의 turn off 끄다 device n. 장치; 폭탄; 방책 competent a. 능숙한; 만족할 만한 compulsive a. 강박적인, 통제하지 못하는

전화기와 컴퓨터 사용이 정서적으로나 신체적으로 모두 강박적으로 될 수 있다고 과학자들 사이에 의견이 점점 일치되고 있는데, 이는 운전자들이 전자기기들을 끄고 싶어도 끄기 어려운 이유를 설명하는 데 도움이 된다.

25 2021 숙명여대　　　　　　　　　　③

어린 아이들과 함께 불법으로 국경을 넘은 가족들이 받는 대우를 나타내는 표현이 빈칸에 들어가야 하겠는데, 다른 심각한 범죄로 의심받는 경우가 아니라면 미국 측으로 풀려나 지역사회서비스의 돌봄을 받고 재판일도 통보 받는다고 했으므로, 이들에 대한 조치는 '관대하다'고 볼 수 있다.

deliberately ad. 고의로, 의도[계획]적으로 punctually ad. 시간[기일]대로, 정각에 leniently ad. 인자하게, 관대하게 shrewdly ad. 빈틈없이, 약삭빠르게 harshly ad. 엄격히, 엄하게

01 2005 삼육대   ④

집세를 내지 못하면 살고 있던 곳에서 '쫓겨나게' 된다.

rent n. 집세; 임대[임차]료 disallow v. 허가하지 않다, 금하다 prohibit v. 금지하다; 방해하다 prevent v. 막다, 방해하다; 예방하다 evict v. 쫓아내다, 퇴거시키다

샐리(Sally)는 집세를 내지 못해서 자신의 아파트에서 쫓겨났다.

02 2012 중앙대   ③

지진으로 인해 살던 집이 부서진 사람들은 '쓸쓸하고 절망적인' 상태에 있었을 것이다.

euphoric a. (병적으로) 큰 기쁨을 주는 redolent a. 향기로운; 암시하는 forlorn a. 비참한, 쓸쓸한; 절망의 beguile v. 속이다; 즐겁게 하다

지진으로 인한 많은 피해자들이 황폐화된 그들의 집 밖에서 절망한 채로 앉아 있었다.

03 2003 경기대   ②

'so ~ that …' 구문은 원인과 결과의 관계를 나타낸다. 매우 거만하다면, 다른 사람의 말에 귀를 기울이지 않을 것이다. 따라서 '무감각한', '둔감한'이란 의미의 ②가 정답으로 적절하다.

arrogant a. 거만한, 오만한 criticism n. 비평, 비판; 비난 impermeable a. 스며들지 않는 impervious a. (액체·가스 등을) 통과시키지 않는; 무감각한, 둔감한 void a. 빈, 공허한; ~이 결핍된 lenient a. 관대한; 자비로운

새로 온 사장은 너무 거만해서 모든 비판에 매우 무감각하다.

04 2014 동덕여대   ①

get on with가 '~을 해나가다'는 뜻이므로, 빈칸에는 '다 마치다, 끝내다'는 뜻의 ①이 들어가야 적절하다. 알파벳 순서로 get through와 관련된 표제어를 먼저 하고 나서 get to와 관련된 표제어에 대한 일을 한다는 의미이다.

get through 다 마치다, 끝내다 entry n. (사전의) 표제어; (정보의) 입력 get on with ~을 해나가다; ~와 사이좋게 지내다 get to ~에 도착하다, 닿다; (어떤 결과에) 이르다 get along with 해 나가다, 진행시키다; 사이좋게 지내다 get in (안으로) 들어가다; (차 따위를) 타다; ~에 도착하다 get across ~을 건너다; 횡단하다

나는 'get through' 표제어들을 다 마치고 나서 'get to' 표제어들을 해나갈 것이다.

05 2022 서강대   ②

so 이하가 결과를 나타내는데, 방문하는 동안 전시회에서 하루를 보낼 수 있다고 했으므로 전시회가 여행과 시간적으로 '동시에 일어난다'고 할 수 있다.

exhibition n. 전시회 register v. 등록하다 coincide with ~와 우연히 겹치다 incur v. 초래하다

파리 전시회는 내가 파리를 여행하는 동안에 동시에 열린다. 그래서 나는 그 도시를 방문하는 동안 전시회에서 하루를 보낼 수 있다.

06 2018 경기대   ②

자유가 압제받는 사람들이 요구해야 얻을 수 있는 것이란 말은 결국 압제자가 자유를 '선뜻 먼저 나서서' 주는 것은 아니라는 말이다. 그러므로 빈칸에는 '자발적으로'라는 의미의 ②가 들어가야 한다.

oppressor n. 압제자, 박해자 the oppressed 압제받는 사람들, 탄압받는 사람들 reluctantly ad. 마지못해, 싫어하면서 voluntarily ad. 자발적으로 indignantly ad. 분연히, 분개하여 belatedly ad. 뒤늦게

우리는 자유는 결코 압제자가 자발적으로 주지 않는다는 것을 고통스러운 경험을 통해 알고 있다. 자유는 압제받는 사람들이 요구해야만 얻을 수 있는 것이다.

07 2000 동국대   ③

앞부분의 '고발되었다(was accused of)'는 내용으로 미루어 그 회사가 부정한 일을 저질렀다고 추론할 수 있다. 선택지 가운데 '우유에 물을 타서(by the addition of water)'라는 표현과 가장 자연스럽게 호응하

는 것은 '(식품·약 따위에) 섞음질하다'는 의미의 동사 ③이다.

accuse v. 고발하다, 고소하다; 비난하다 addition n. 부가, 추가 condense v. 응축하다; 요약하다 improve v. 개량하다, 개선하다; 향상시키다 adulterate v. (음식이나 음료에) 불순물을 섞다, 섞음질하다, (섞음질해서) ~의 품질을 떨어뜨리다 endanger v. 위태롭게 하다, 위험에 빠뜨리다

그 회사는 물을 타서 품질이 저하된 우유를 판매하여 고발당했다.

08 2012 국민대 ④

whereas는 '~임에 반하여'라는 의미이므로, 주절과 종속절은 서로 '대조'를 이루어야 한다. 제임스 본드의 초기 영화가 fantastic한 면이 강했다고 했으므로, 빈칸에는 fantastic과 상반되는 의미를 갖는 단어가 들어가야 한다. 따라서 ④가 정답으로 적절하다.

showy a. 화려한, 현란한 fictitious a. 허위의, 허구의, 가짜의 antiquated a. 구식인, 노후한 realistic a. 현실주의의, 사실주의의

초기의 제임스 본드(James Bond) 영화들은 기상천외한 허구들로 가득 차 있는 반면, 최근의 영화들은 보다 현실적이다.

09 2015 한국외대 ④

세미콜론(;) 이하에서 이야기하고 있는 내용은 '상당한 재산을 가진 정치인이 많다'는 것이다. 이는 곧 '경제력이 있는 소수의 부유한 계층이 사회 혹은 국민을 지배하고 있는 상황'으로 해석될 수 있으므로, 빈칸에 적절한 것은 '금권주의 국가'라는 의미의 ④가 된다.

Congress n. 의회, 국회 millionaire n. 백만장자, 대부호 average a. 평균의; 보통의 net worth 순자산 bureaucracy n. 관료정치, 관료제도, 관료주의 democracy n. 민주주의, 민주정치 aristocracy n. 귀족정치; 귀족 (계급) plutocracy n. 금권정치, 금권주의

미국은 금권주의 국가가 되어가고 있다. 전체 의원 가운데 절반이 백만장자이고 268명은 평균 백만 달러가 넘는 순자산을 보유하고 있었다.

10 2014 상명대 ②

명사 news와 함께 문맥상 가장 어울리는 의미를 만들어낼 수 있는 단어가 와야 한다. '뉴스 속보'라는 의미를 가진 bulletin이 가장 적절하며, news bulletin은 '(정규 방송을 중단하고 방송되는) 임시 속보[특보]'를 뜻한다.

suspend v. 잠시 보류하다, (일시) 중지하다, 연기하다 gale-force a. (바람이) 강풍급의 discharge n. 배출, 유출; 해방, 면제 publication n. 발표, 공표; 출판 production n. 생산, 제조; 제품

KBCD 라디오의 최근 뉴스 속보에 따르면, 강풍 때문에 파코마 해협 대교(Pacoma Straits Bridge)의 모든 차량의 통행이 중단됐다.

11 2012 중앙대 ③

휴대전화, 팩시밀리, 이메일 등을 사용할 수 있는 때에 깃털 달린 펜으로 편지를 쓰는 것은 매우 시대에 뒤떨어진 행동이라 할 수 있다. 그러므로 빈칸에는 '구식의'라는 의미의 ③이 들어가야 한다.

congenital a. (병·결함 등이) 타고난, 선천적인 caustic a. 부식성의; 신랄한, 통렬한, 비꼬는 antediluvian a. 아주 구식인 ineluctable a. 피할 수 없는, 불가피한, 불가항력의

휴대전화, 팩시밀리, 그리고 이메일의 시대에 편지를 쓰기 위해 깃털이 달린 펜을 집어 드는 것은 거의 매우 구식으로 여겨진다.

12 2001 가톨릭대 ④

so 전후의 두 문장은 원인과 결과의 관계에 있다. 공부할 수 있는 날이 하루 더 생기게 된 이유나 원인으로 적절한 것은 시험이 '연기된 것'이다.

cancel v. 취소하다 turn down 거절하다; 약하게 하다 prepare for 준비하다 put off 연기하다, 미루다; (옷을) 벗다

쉘럿(Schallert) 선생님이 내일로 중간고사를 연기해서 나는 하루 더 공부할 여유가 있다.

13 1998 계명대 ③

전시에 일상적인 제품들이 생산되지 못하는 것은 제품의 원자재를 쉽게 '구할 수 없기' 때문일 것이다. 그런데 빈칸 앞에 부정어가 있으므로 빈칸에는 available이 적절하다.

precious a. 비싼, 귀중한 scarce a. 부족한; 드문, 희귀한 available a. 이용할 수 있는, 입수할 수 있는 useful a. 쓸모 있는, 유용한

전시(戰時) 동안에는 많은 일상적인 제품들이 생산되지 않는데, 그런 제품들은 원료를 더 이상 구할 수 없는 문제와 관련이 있기 때문이다.

14 2013 경기대 ①

and는 순접의 접속사이므로 accept 이하는 and 앞의 내용 즉, '영어를 숙달하는 것'과 같은 흐름으로 이어져야 한다. 다른 나라의 언어를 학습하고 숙달하는 것은 그 언어를 쓰는 지역 혹은 문화에 적응해 가는 과정의 일부라 할 수 있다. 따라서 '동화', '흡수'라는 의미의 ①이 빈칸에 가장 적절하다.

incentive n. 격려, 자극, 동기, 장려금 master v. 숙달하다, 터득하다 accept v. 받아들이다, 수락하다; 용인[인정]하다 degree n. 정도, 등급; 단계 assimilation n. 흡수; 동화 dissimulation n. 시치미 뗌; 위장, 위선 aspiration n. 열망; 포부 dissociation n. 분해, 분리; 분열

매스컴과 시장의 영향력은 영어를 숙달하고 어느 정도의 동화를 받아들이도록 만드는 상당한 동기가 되고 있다.

---

15   2012 경기대   ③

동해와 일본해의 표기 문제에 있어 중추적인 역할을 해야 할 외교부가 '일본해'라는 표기를 동해로 바꾸지 못한 것은 그 역할을 제대로 하지 못한 것이라 할 수 있다. 따라서 빈칸에 들어갈 표현으로는 앞에 주어진 전치사 under와 함께 '비난을 받고 있는, 빈축을 사고 있는'의 의미를 만드는 ③이 적절하다.

term n. 기간; 임기; 용어; 조건 diplomatic a. 외교의; 외교관계의 cable n. 전선; 전보 archive n. (pl.) 문서 보관소; 기록, 문서 under fire 비난을 받고 있는, 빈축을 사고 있는

일부 외교 전문(電文)과 온라인 문서에서 '일본해'라는 용어를 바꾸지 못한 것에 대해 외교부가 심한 비난을 받았다.

---

16   2000 한성대   ①

'미워하다, 싫어하다'의 대상이 '부정적인 것'이 되어야 한다. 한편, 두 번째 문장을 뒤집어 해석하면, '현재 군대에 복무하는 여성은 남자 군인과 똑같은 권리와 의무를 가지고 있지 않다'는 뜻이다. 이런 상태를 나타내는 말이 빈칸에 쓰여야 '미워하다, 싫어하다(hate)'의 대상이 된다. 따라서 '차별', '차별 대우'의 뜻인 ①이 정답이 된다.

discrimination n. 구별; 차별, 차별 대우 harmony n. 조화 impartiality n. 공평, 공명정대 philanthropy n. 박애; 자선

여군들 가운데 일부는 법적으로 차별 대우하는 것을 매우 싫어한다. 그들은 군대에 있는 여성도 남성과 똑같은 권리와 의무를 갖길 원한다.

---

17   2014 한국외대   ②

다문화적 융통성이 교실에서 제한되었다는 것은 그 교실이 획일적임을 말하는 것이며, 이는 곧 '다양성(diversity)'이 반영되어 있지 않았다는 것이 된다.

flexibility n. 융통성, 구부리기 쉬움, 신축성 distinctive a. 특유[독특]한, 구별이 되는 multicultural a. 여러 문화가 공존하는, 다문화의 uniformity n. 획일성, 일관성 diversity n. 차이; 변화; 다양성 invariability n. 불변성 literacy n. 읽고 쓰는 능력

다문화 국가의 특징인 지적 융통성은 우리나라의 문화적 다양성이 반영되지 않은 교실에서는 제한돼 왔다.

---

18   2010 세종대   ②

faith, kindness와 skepticism, hostility는 서로 반대되는 의미를 지닌 단어이므로, 두 소송인이 현격한 차이를 보였음을 알 수 있다. '(차이가)

극명한'이라는 뜻의 형용사로, contrast의 의미를 강조할 수 있는 stark가 빈칸에 적절하다.

suitor n. 소송인, 원고 slight a. 근소한, 약간의 stark a. 완전[순전]한; (차이가) 극명한 sterile a. 불모의, 메마른 specious a. 외양만 좋은, 그럴듯한

제인(Jane)은 두 소송인 사이의 논쟁을 들으면서 그들 사이에 현격한 차이가 있음을 알아챘는데, 한쪽은 신뢰적이고 호의적인 반면 다른 한쪽은 회의적이고 적대적이었다.

---

19   2014 국민대   ③

oil embargo와 an era of energy scarcity의 관계를 생각하면, 석유의 수출을 금지하는 조치는 에너지 부족 시대가 '시작되게' 했을 것임을 알 수 있다.

embargo n. 출항금지, 금수조치 scarcity n. 부족, 결핍 revolution n. 혁명, 변혁; 회전 transact v. 집행하다, 처리하다 shut down 제지하다, 금지하다, 방해하다 usher in (손님을) 안내해 들이다; 예고하다; ~ 이 시작[도입]되게 하다 accumulate v. 모으다, 축적하다

1973년 중동 석유 수출금지 조치로 에너지 부족 시대가 시작되고 40년이 지난 지금, 미국은 대체로 신기술에 의한 에너지 혁명의 한가운데에 있다.

---

20   2020 국민대   ③

두 번째 문장의 주어인 They는 values를 가리키는데, 가치관은 구성원들이 공통적으로 가지고 있는 믿음이라고 했으므로, 구성원들이 공유하는 경험에서 나온다고 볼 수 있다.

hold a belief 신념을 갖다 in common 공동으로 settlement n. 정착, 정주(定住) isolated a. 고립된, 격리된 contrived a. 인위적인, 꾸며낸

가치관은 한 집단의 구성원들이 공통적으로 가지고 있는 믿음이다. 가치관은 종종 공유된 경험에서 나온다. 예를 들면, 몇몇 역사학자들은 19세기 미국 서부의 정착 과정이 많은 미국의 가치관을 형성했다고 주장한다.

---

21   2021 동국대   ④

영화의 줄거리를 사전에 말해버리거나 책의 결말을 누군가가 말해버리면 응당 화가 날 텐데도 화를 내지 말라고 했으므로, 이 스포일러가 '긍정적으로' 작용한다고 해야 자연스러운 흐름이 될 것이다. 따라서 빈칸에는 ④가 적절하다.

spoil v. (영화 등의) 내용을 사전에 유출시키다 plot n. 줄거리 reveal v. 밝히다 story line (소설 등의) 줄거리 abate v. 약화시키다 baffle v. 당황하게 만들다 degrade v. (질적으로) 저하시키다 enhance v. (가치 등을) 향상시키다

만일 누군가가 영화의 줄거리를 사전에 말해 버리거나 책의 결말을 말해버려 화가 난다면, 화내지 마라. 캘리포니아 주립대학교 샌디에고 캠퍼스(UC San Diego)의 연구원들이 실시한 새로운 연구에 따르면, 심지어 서스펜스가 가득한 소설의 줄거리와 영화의 줄거리에 대해서도 스포일러가 즐거움을 향상시켜줄 수 있다고 한다.

22 2013 경희대   ④

마지막 문장에서 '분명 생존이 가능하다'라고 하였으므로, 죽음은 불가피한 게 아니라고 할 수 있다. 빈칸 앞에 부정어 not이 있으므로 '필연적인', '불가피한'이란 의미의 ④가 정답이 된다.

cardiac arrest 심장마비 survivable a. 살아남을 수 있는, 생존 가능한, 존속할 수 있는 invincible a. 무적의, 정복할 수 없는 identifiable a. 인식 가능한 inevitable a. 불가피한, 필연적인

대다수의 심장마비 환자들은 도움을 받기 전에 죽는다. 하지만 이들의 죽음이 불가피한 것은 아니다. 매일 발생하는 1천 건의 심장마비 사고 중 많은 경우는 분명 생존이 가능하다.

23 2012 가천대   ③

동사 reflected 뒤로 세 개의 that절이 병치되어 있는 구조의 문장이다. 마지막 that절 안에서 콤마 사이에 and와 빈칸이 삽입된 것이므로 it always had been이 빈칸 다음의 the same satisfying music으로 연결되는 것과 마찬가지로, 빈칸도 the same satisfying music으로 연결될 수 있어야 한다. would be가 그 다음의 부사구 in the future를 건너뛰어 the same satisfying music으로 연결될 수 있으므로 빈칸에 적절하다. 의미상으로도 마지막 that절의 it always had been은 첫 that절처럼 그때까지 만족스런 음악이었다는 말이고 빈칸은 둘째 that절처럼 그때 이후 앞으로도 만족스런 음악일 것이라는 의미여서 적절해진다.

reach v. 도착하다, 닿다; 보여[들려]지다 reflect v. 반사하다; 반영하다; 곰곰이 생각하다 replace v. 대신하다, 대체하다 irritate v. 초조하게 하다, 노하게 하다 eliminate v. 제거하다, 배제하다

그 음악이 들려왔을 때, 나는 내가 이전에 종종 그 교향곡을 들어본 적이 있었으며, 아마 앞으로도 각기 다른 상황에서 그 음악을 다시 들을 것이고, 그것은 항상 동일한 만족감을 주는 음악이었으며, 앞으로도 그럴 것이라고 생각했다.

24 2012 국민대   ②

빈칸이 있는 문장의 다음의 내용이 '공간과 위치의 개념이 동등한 의미로 혼용되고, 정의를 위해 서로가 필요하다'는 내용이므로 빈칸에는 '공간'의 의미와 '위치'의 의미가 서로 구분이 되지 않게 '혼합된다'는 의미를 완성시키는 ②가 들어가는 것이 적절하다.

spatial a. 공간의, 공간적인 locational a. 위치 선정의; 소재지의 definition n. 정의; 의미; 선명도 collide v. 충돌하다; (의견·이해 등이) 일치하지 않다 merge v. 융합되다; 합병[합동]하다 contest v. 다투다; 논쟁하다 dispense v. 분배하다; 조제하다

경험적으로, 공간의 의미는 종종 위치의 의미와 혼합된다. 건축가들은 위치의 공간적 특성에 대해 이야기한다. 그리고 그들은 공간의 위치적 특성에 대해 똑같이 잘 이야기할 수 있다. '공간'과 '위치'라는 개념은 정의를 위해 서로를 필요로 한다.

25 2014 중앙대   ①

남자가 비소 중독으로 죽었고 비소가 들어 있는 병을 비서가 소지하고 있었던 상황이라면, 이 병을 용의자에 대한 결정적 '유죄'의 증거로 활용할 수 있을 것이다.

arsenic n. 비소 district attorney 지방검사 prosecute v. 기소하다, 소추(訴追)하다; 해내다, 수행하다 inculpatory a. 죄를 씌우는, 비난하는; 연좌시키는 venal a. 매수할 수 있는, 타락한 disfigured a. 손상된 fabricated a. 허구의, 날조된

신문 기사에 의하면, 그 남자는 다량의 비소를 먹고 중독되어 사망한 것이며, 비서의 핸드백에서 비소가 들어 있는 병이 발견됐다. 지방검사는 비서를 기소할 수 있는 유죄의 증거로 그 병을 제출했다.

01 ②	**02** ②	**03** ②	**04** ④	**05** ②	**06** ④	**07** ①	**08** ①	**09** ④	**10** ③
11 ④	**12** ③	**13** ③	**14** ④	**15** ①	**16** ③	**17** ④	**18** ③	**19** ③	**20** ③
21 ①	**22** ①	**23** ③	**24** ①	**25** ①					

01 2004 서강대   ②

because는 '이유'를 나타내며, and는 '대등'을 의미하는 접속사이다. '울기 시작할지도 모른다'로 미루어, '성격이 매우 여린 사람'임을 짐작할 수 있다. ②가 앞서 언급한 성격에 해당한다.

tell off ~에게 호통[야단]치다 sensible a. 분별 있는; 현명한 sensitive a. 민감한; 감수성이 강한 sympathetic a. 동정적인; 공감을 나타내는

그녀를 야단치지 않는 게 상책이다. 왜냐하면 그녀는 매우 예민해서 울기 시작할지도 모르기 때문이다.

02 2004 명지대   ②

'명령에 따르고 다른 사람들의 요구에 순종한다'라는 내용으로 미루어, 성격이 '유순한' 사람들임을 알 수 있다.

obey v. 복종하다; 따르다 impertinent a. 건방진; 관계가 없는 docile a. 가르치기 쉬운; 유순한, 다루기 쉬운 concupiscent a. 호색의; 탐욕스런 perverse a. 심술궂은; 사악한

이 사람들은 유순하다. 그들은 지시에 따르고 다른 사람들의 요구에 순종한다.

03 2003 세종대   ②

'불면증에 널리 쓰이는 치료제(a standard cure for insomnia)'로 미루어, 마시면 '잠이 오는' 성분이 들어 있을 것이라 유추할 수 있다.

standard a. 표준의; 일반적인, 보통의 cure n. 치료; 치료제[법] insomnia n. 불면증 amorphous a. 무정형의; 특성이 없는 soporific a. 최면(성)의, 졸린 plaintive a. 애처로운, 슬픈 듯한 malevolent a. 악의 있는

따뜻한 우유는 졸리게 하는 성질이 있어서 오랫동안 불면증에 널리 쓰이는 치료제였다.

04 2022 수원대   ④

인간 사회 어느 곳에서나 널리 퍼져 있고, 또 아주 오래된 것이라면 그러한 미신은 '인종이나 신념과 관계없이 거의 모든 인간들에게 보편적

으로 퍼져 있는' 것이라고 추론할 수 있을 것이다. 정답은 ④가 되며, indifferent to는 '~에게 무관심한'이라는 의미로 흔히 쓰이지만 '~와 관계없는'이라는 의미도 있다.

superstition n. 미신 widespread a. 광범위한, 널리 퍼진 race n. 인종 creed n. 신조, 신념 related a. 관련된 mediocre a. 보통 밖에 안 되는, 썩 좋지는 않은 pathetic a. 불쌍한, 애처로운

많은 미신들은 너무 널리 퍼져 있고 또 너무 오래되어서 그것들은 인종이나 신념과 무관한 인간 정신의 깊은 곳에서 생겨났음에 틀림없다.

05 2018 상명대   ②

amenities는 호텔 등에서 고객에게 제공하는 편의시설이나 서비스를 의미하므로, 빈칸에는 투숙객들에게 식사를 무료로 제공한다는 의미를 만드는 ②가 들어가는 것이 적절하다.

amenities n. 생활을 즐겁게 해주는 것; 편의시설, 서비스 이용 availability n. 이용도, 이용할 수 있음 gym n. 체육관, 헬스클럽 acclaimed a. 호평[격찬]을 받은 complimentary a. 칭찬의, 찬사의; 무료의 affordable a. 입수 가능한; (가격이) 알맞은 complementary a. 보충하는 charged a. (분위기 따위가) 긴장된, 일촉즉발의

투숙객에게 제공되는 편의 서비스에는 헬스클럽이나 수영장의 이용과 무료 식사와 같은 것들이 포함될 수 있습니다.

06 2016 서강대   ④

실제로 실천하겠다는 의지는 없이 야심 찬 계획들만 세우면, 그런 계획은 실현될 가망성이 없는 '허망한' 계획일 것이다.

implement v. 시행하다, 이행하다 ambitious a. 야심 있는 auspicious a. 상서로운, 길조의 expeditious a. 급속한, 신속한 propitious a. 순조로운; 상서로운 forlorn a. 쓸쓸한; 버림받은; 절망적인; 허망한

이행하려는 정치적 의지가 없으면, 그런 야심 찬 계획들은 종종 허망하다.

07 2000 고신대   ①

한 국가의 경제력이 크면 클수록 그 나라 화폐의 가치는 더 큰 법이다. 따라서 한 국가의 경제력에 따라 그 나라 화폐의 가치는 변한다고 할

수 있다.

fluctuate v. 변동하다; 동요하다 flutter v. 펄럭이다, 퍼덕거리다 flicker v. (등불·희망이) 깜박이다, 명멸하다 flap v. 퍼덕이다, 펄럭이다

외환 가치는 어떤 정해진 시점의 그 나라의 경제력에 따라 변동한다.

08 2019 덕성여대 ①

'화학 또는 생물학 석사 학위를 반드시 가지고 있어야 하는 것'은 지원자들이 트렌턴 연구소에 들어가기 위해 갖추고 있어야 할 자격 요건으로 볼 수 있다. 그러므로 빈칸에는 '자격이 있다'는 의미의 표현이 들어가야 하며, 따라서 ①이 정답이다.

employment n. 고용; 일자리, 직업 applicant n. 지원자 graduate degree 석사 학위, 대학원 학위 eligible a. 자격이 있는, 적격의, 적임의 considerable a. 상당한 official a. 공무상의, 공식적인 partial a. 부분적인

트렌턴 연구소에 고용될 자격을 갖기 위해서는 지원자들이 화학 또는 생물학 석사 학위를 반드시 가지고 있어야 한다.

09 2020 덕성여대 ④

but 이하에서 고혈압의 위험성을 '강조'하고 있으므로, 역접 관계에 있는 앞 절에서는 그와 반대되는 태도로 '과소평가하다'는 뜻의 ④가 적절하다.

physician n. 내과 의사 stress v. 강조하다; 역설하다 hypertension n. 고혈압 apprehend v. 체포하다; (의미를) 파악하다; 염려[우려]하다 measure v. 재다, 측정하다 underestimate v. 과소평가하다

많은 사람들이 고혈압의 결과를 과소평가하지만, 가정의들은 고혈압은 치료하지 않고 방치하면 위험한 질환이라는 점을 강조한다.

10 2000 세종대 ③

'사람이 그런 더러운 곳에서 살 수 있다고 생각하기 어려웠다'는 설명으로 미루어 '아파트의 열악한 위생 상태'를 뜻하는 단어가 쓰여야 한다. ③의 '불결함(squalor)'이 빈칸에 적절하다.

filth n. 오물, 쓰레기 immaculateness n. 티 하나 없이 깔끔함[깨끗함]; 오류가 전혀 없음 squalor n. 불결함; 야비함

그 아파트의 불결함은 믿을 수 없을 정도였다. 왜냐하면 사람이 그런 더러움 속에서 살 수 있다는 생각을 하기 어려웠기 때문이다.

11 2012 인천대 ④

입사 지원서에 허위 정보나 오해의 소지가 있는 정보를 기재하는 경우에 초래될 결과로서 가장 합리적인 것은 '해고되는 것'이다.

in the event of 만약 ~하면, ~할 경우에는 misleading a. 호도하는, 오해의 소지가 있는 job application 입사 지원서 coordination n. 합동; 조화 resistance n. 저항, 반항 frustration n. 좌절, 실패 dismissal n. 면직, 해고

채용되는 경우, 입사 지원서에 기재된 잘못된 혹은 오해의 소지가 있는 정보는 해고의 결과를 초래할지도 모른다.

12 2020 상명대 ③

선택을 나타내는 'whether A or B' 구문에서 A와 B 자리에는 서로 대조를 이루는 표현이 온다. 따라서 빈칸에는 기존 건물의 '보존(keep)'과 반대되는 의미의 표현이 들어가야 할 것이므로, 건물의 '철거'라는 의미가 되도록 ③이 들어가는 것이 적절하다.

architect n. 건축가 structure n. 구조, 구성 utilize v. 활용하다 modernize v. 현대화하다 renovate v. 새롭게 하다, 혁신하다 demolish v. 파괴하다 alter v. (모양·성질 등을) 바꾸다; (집을) 개조하다 erect v. (몸·기둥 따위를) 똑바로 세우다, 직립시키다; (건조물을) 건설하다

새 집을 설계할 때, 그 건축가는 기존 건물을 철거해야 할지, 아니면 자신의 설계 내에서 활용할 수 있도록 보존해야 할지를 고민해야 했다.

13 2015 고려대 ③

'끝없이 매혹적인(endlessly captivating)'의 의미와 어울리는 표현을 고르는 재진술 유형의 문제이다. enthralling은 '마음을 완전히 사로잡는'의 의미로서 앞서 언급한 내용과 잘 어울린다. 반면, beguiling은 '시간 보내기 좋은, 지루함을 잊게 만드는, 기만적으로 위로하는' 정도의 의미이다.

recognition n. 알아봄, 인식; 인정, 승인 routine n. 판에 박힌 일 a. 일상의; 판에 박힌 captivating a. 매혹적인, 마음을 사로잡는 representation n. 표현, 묘사 in itself 그것 자체가, 본질적으로 piddling a. 하찮은, 사소한 beguiling a. 속이는; 기분을 전환시키는, 재미있는 enthralling a. 마음을 사로잡는, 아주 재미있는 stultifying a. (사람을) 멍청하게 만드는

소설은 일상적인 현실이 끝없이 매혹적일 수 있고, 단순히 그것을 묘사하는 것 자체만으로도 마음을 사로잡을 만한 목적일 수 있다는 인식에서 탄생한다.

14 2006 중앙대 ④

'거칠고 위험했던 강이 태풍이 지나간 후'의 상황을 유추한다. 다시 '잔잔해졌다(tranquil)'라고 하는 것이 적절하다. 그래야만 두 번째 문장의 내용과도 자연스럽게 호응한다.

buoyant a. (물체가) 부력 있는; 쾌활한 turbulent a. 몹시 거친; 떠들썩한 ebullient a. (액체가) 끓어 넘치는; 열광적인 tranquil a. 조용한, 평온한

허리케인이 지나간 후에 강은 다시 잔잔해졌다. 불과 몇 시간 전만 해도 강이 거칠고 위험했었다는 것을 믿기 어려울 정도였다.

15 　2015 서울여대　　　　　　　　①

'황금이 발견된 것을 모른 채 캘리포니아를 미국에 넘겨주었다'는 흐름이 되도록 빈칸에는 '양도했다'는 뜻의 ①이 들어가는 것이 적절하다. allocate는 '할당', bequeath는 '유산'의 개념이므로 문맥상 부적절하며, bestow는 넘겨받는 대상 앞에 전치사 on을 쓴다.

signer n. 서명자 treaty n. 조약[협정] 문서 cede v. 양도하다, 할양하다 allocate v. 할당하다, 책정하다 bestow v. 수여하다, 주다, 증여하다 bequeath v. 유언으로 증여하다

1848년에 멕시코가 캘리포니아를 미국에 양도했을 때, 협정 문서에 서명한 사람들은 캘리포니아에서 황금이 발견되었다는 것을 알지 못했다.

16 　2015 경기대　　　　　　　　③

'큰 변화를 가져오겠다고 약속했다'라는 문장 뒤에 but이 왔으므로 but 이하는 '실제로는 변화가 거의 없었다'는 의미가 되어야 한다. 따라서 빈칸에는 '극미한', '극소의'라는 의미의 ③이 들어가야 한다.

erudite a. 박식한, 학식이 있는 exponential a. (증가율 등이) 기하급수적인, 급격하게 증가하는 infinitesimal a. 극소의, 극미한; 무한소의, 미분의 integral a. 완전한, 완전체의; 필수의, 불가결한

정부는 다음 해에는 큰 변화를 가져오겠다고 약속했지만, 국민들의 생활에서 나아진 것은 극히 적었다.

17 　2012 국민대　　　　　　　　④

'부모가 공개적인 장소에서 아이들을 꾸짖는다'고 한 뒤에 역접의 접속사 but이 왔고 또 마지막 문장에서 아이들에게 악영향을 끼칠 수 있다고 했으므로, but 뒤의 문장은 첫 문장에서 언급한 행동을 하지 말아야 한다는 내용이 되어야 한다. 그러므로 빈칸에는 scold의 의미를 가진 표현이 들어가야 하며, ④가 여기에 부합한다.

scold v. 꾸짖다, 야단치다 reprieve v. 형의 집행을 유예[취소]하다 rebel v. 반역하다; 반항하다 reckon v. 생각하다; 계산하다; 세다 reprimand v. 질책하다, 비난하다

부모는 다른 사람들 앞에서 자신의 아이들을 꾸짖는다. 하지만 다른 사람들 앞에서 아이들을 심하게 질책해서는 안 된다. 왜냐하면 아이들에게 좋지 않은 영향을 미칠 수 있기 때문이다.

18 　2004 한양대　　　　　　　　③

'휴대폰이 비행기 운항을 방해한다는 증거가 발견되지 않았다'와 '항공사들이 휴대폰의 기내 반입을 금지하는 것'과는 문맥상 모순된 행동이다. 이런 상반된 진술을 하기 위해서는 양보적 의미의 어구가 필요하며, 따라서 '~에도 불구하고'라는 의미의 전치사인 ③이 빈칸에 들어가야 한다.

ban n. 금지(령); 추방 evidence n. 증거; 흔적 interference n. 방해, 간섭, 개입 navigation n. 운항, 항해

항공 운항 시스템에 방해가 된다는 어떤 증거도 발견하지 못했다는 1996년의 한 연구에 관한 최근 보도에도 불구하고, 항공사들은 휴대폰의 기내 반입 금지를 보다 강화하고 있다.

19 　1999 한국외대　　　　　　　　③

'깊이 생각해 보지 않고 어떤 것을 사실이라 믿고 또 정상적인 것으로 인정한다'는 것은 '어떤 것을 의심하지 않고 당연한 것으로 생각한다'는 말이다. 따라서 for granted가 정답으로 적절하다.

accept v. 받아들이다; 인정하다 normal a. 정상의, 보통의 randomly ad. 닥치는 대로; 순서 없이 take ~ for granted ~을 당연하다고 생각하다 to the limit 극단적으로

당신이 어떤 것을 당연하다고 생각한다면, 당신은 그것을 사실이라 믿거나 혹은 깊이 생각하지 않고 그것을 정상적인 것으로 받아들인다.

20 　2013 국민대　　　　　　　　③

'별들이 지구를 둘러싸고 있으며, 어떤 구(球)에 고정되어 있다'고 했으므로, 그 구는 '하늘에 있는' 구임을 알 수 있다. 그러므로 celestial이 정답이 된다.

ancient a. 고대의 civilization n. 문명 sphere n. 구(球) map of the sky 천체지도 mundane a. 재미없는, 일상적인; 현세의 vertical a. 수직의, 세로의; 정점의 celestial a. 하늘의, 천체의; 천상의 ephemeral a. 수명이 짧은, 단명한

일부 고대문명들은 별들이 지구를 둘러싼 하늘의 구(球)에 고정되어 있다고 믿었으며, 현대 천체지도들은 (이와) 비슷한 생각에 바탕을 두고 있다.

21 　2022 중앙대　　　　　　　　①

빈칸에 들어갈 동사의 주어가 UN 회원국이므로 세계인권선언을 검토하기 위해 모였다는 흐름이 되는 것이 자연스럽다.

overwhelmingly ad. 압도적으로 adopt v. 채택하다 convoke v. 소집하다 conjecture v. 추측하다, 억측하다 concoct v. 만들어내다 condone v. 용서하다, 묵과하다

1948년 12월 10일, 세계인권선언을 검토하기 위해 소집된 UN 회원국은 압도적인 투표로 이 문서를 채택했다.

22 　2022 가천대　　　　　　　　①

역접의 전치사 despite가 쓰였으므로 빈칸에는 주절에 쓰인 share 혹은 common과 반대되는 의미를 가진 표현이 필요하다. 따라서 '큰 간격'이라는 뜻의 ①이 정답으로 적절하다.

make out 이해하다 vast a. 거대한, 방대한 evolutionary a. 진화의 mammal n. 포유류 동물 auditory a. 청각의 perceptual a. 지각의, 지각 있는 gulf n. 만(灣); (넘을 수 없는) 큰 간격 proximity n. 근접, 가까움 semblance n. 외관, 외형; 유사, 닮음 bridge n. 다리, 교량; 연결

사람들이 새가 지저귀는 소리의 음악적 특징을 이해할 수 있다는 것은 조류와 포유류 사이의 엄청난 진화적 간격에도 불구하고 지저귀는 새와 인간은 청각적 지각 능력을 일부 공유한다는 것을 시사한다.

---

23 2016 한국공학대 ③

공개적으로 말할 권한을 갖고 있지 않은 사람이 어떤 정보에 대해 말했다면, 그는 해서는 안 될 행동을 한 것이 되며, 따라서 그는 자신의 신원이 드러나는 것을 원하지 않을 것이다. 그러므로 빈칸에는 '익명을 요구했다'는 의미가 되도록 ③이 들어가는 것이 가장 자연스럽다.

authorize v. ~에게 권한을 주다, 위임하다; 인가[허가]하다 publicly ad. 공공연히, 공적으로 investigation n. 조사, 연구 material n. 재료, 요소; 자료 obtain v. 얻다, 획득하다 supply n. 공급, 지급; 보급품 implication n. (뜻의) 함축, 암시 nomination n. 지명, 임명 anonymity n. 익명, 익명의 사용 appointment n. 임명, 지명

수사에 관해 공개적으로 말할 권한을 갖고 있지 않다는 이유로 익명을 요구한 한 경찰관은 머리(Murray) 박사가 잭슨(Jackson) 씨에게 사용할 약품들을 어플라이드 파머시(Applied Pharmacy)에서 구했다는 사실이 여러 자료들로부터 드러났다고 말했다.

---

24 2015 숙명여대 ①

양보의 접속사 While이 이끄는 절에서 '정크푸드가 종종 당뇨병을 증가시킨 원인으로 비난받고 있다'고 했으므로, 주절은 이와 의미상 대조를 이루어야 한다. 빈칸 앞에 another가 있는 것을 감안하면, 주절의 내용은 '정크푸드 뿐만 아니라, 고급 음식 또한 당뇨병을 증가시키는 원인일 수 있다'가 되어야 한다. 따라서 빈칸에는 '범인', '(문제를 일으킨) 장본인'이란 의미의 ①이 들어가야 한다.

junk food 정크푸드(높은 칼로리에도 불구하고 낮은 영양가를 가진 패스트푸드나 인스턴트식품) diabetes n. 당뇨병 gourmet n. 미식가 gourmet food 고급 요리 culprit n. 범인, (문제를 일으킨) 장본인 dynamo n. 발전기; 정력가 misogynist n. 여성차별주의자 pundit n. 전문가, 권위자 decoy n. 유인하는 장치, 미끼

정크푸드는 당뇨병을 증가시키는 원인으로 종종 비난받지만, 과학자들은 고급 요리가 또 다른 범인이라고 말한다. 당뇨병 전문가인 코헨(Cohen) 박사에 따르면, 많은 사람들이 레스토랑에서 내놓는 식사에 종종 패스트푸드만큼 지방, 소금, 설탕이 많이 들어 있다는 것을 알지 못하고 있다.

---

25 2021 건국대 ①

'배심원이 피고의 유죄 여부에 대해 판단하고 결정하는 행동'에 해당하는 표현이 두 빈칸에 들어가야 하므로, '평결'이라는 의미의 ①이 정답

으로 적절하다.

evidence n. 증거 verbatim a. 축어적인, 말 그대로의 confession n. 고백, 실토, 자백 jury n. 배심원 the accused 피고 conviction n. 신념, 확신; 유죄 판결[선고] claim n. 요구, 청구; 주장 justification n. 타당한[정당한] 이유, 정당화 overturn v. 뒤집어엎다; (법안 등을) 부결시키다 verdict n. (배심원의) 평결 itinerary n. 여행일정계획서, 여행안내서 covenant n. 계약, 맹약 declaration n. 선언; 공표 propaganda n. 선전, 선전활동

법원에서, 자백에 대한 구두 기록과 같은 증거들을 고려한 후에 배심원들은 평결에 도달한다. 그러나 만약 피고가 유죄 판결에 동의하지 않는다면 재심이 진행될 수 있다. 만약 피고의 주장이 정당한 것으로 인정되면 새로운 평결이 이뤄지고, 유죄 판결은 뒤집히게 된다.

01 ⑤	02 ①	03 ③	04 ④	05 ④	06 ③	07 ①	08 ③	09 ④	10 ①
11 ③	12 ①	13 ①	14 ①	15 ④	16 ③	17 ②	18 ④	19 ①	20 ④
21 ③	22 ②	23 ②	24 ①	25 ③					

01 1998 건국대 ⑤

agree는 '서로 다른 의견을 조정하여 동의하다'는 뜻이다. '합의에 도달했다(agreed on)'로 미루어 긍정적인 뜻의 단어가 쓰여야 한다. '타협(compromise)'이 가장 적절하다.

dispute n. 논쟁, 논의, 말다툼 stalemate n. 곤경, 교착상태 plight n. 곤경, 궁지 criterion n. 표준, 기준 standpoint n. 입장, 관점 compromise n. 타협, 화해

그 논쟁에서 두 정당은 마침내 타협에 도달했다.

02 2005 경희대 ①

because는 '이유'를 나타낸다. '전통을 아주 거스르는 것'이라면, '과격하고 급진적'이라고 할 수 있다.

approach n. 접근; (문제 등의) 접근법, 연구법 radical a. 근본적인, 기본적인; 급진적인, 과격한 monotonous a. 단조로운; 지루한 complacent a. (자기) 만족의; 마음속으로 즐거워하는 unspoiled a. 손상되지 않은

그녀의 교육에 대한 접근 방법은 매우 비전통적이었기에 급진적이라 여겨졌다.

03 2005 경기대 ③

'색깔이 있는 옷과 세탁하면 파랗게 변할 것이다'라는 말에는 '흰색은 다른 색이 쉽게 물들 수 있다'라는 뜻이 내포돼 있다. 그러므로 '(어떤 것이) 스며들 수 있는, 투과할 수 있는'을 뜻하는 ③이 빈칸에 적절하다.

discrete a. 분리된; 구별된 lusty a. 원기 왕성한; 몸집이 큰 permeable a. 스며들 수 있는, 투과할 수 있는 stainproof a. 얼룩이 지지 않는

쉽게 스며드는 흰색 셔츠는 색깔이 있는 옷들과 함께 세탁하면 파랗게 변할 수 있다.

04 2004 세종대 ④

'사고 소식을 듣고 평소에 그 홍조를 잃었다(lost its usual glow)'로 미루어, 평소의 안색은 좋았을 것이라 유추할 수 있다. 그러므로 '혈색이

좋은'이라는 의미의 ④가 정답으로 적절하다.

complexion n. 피부색, (특히) 안색; 양상 glow n. 백열; (몸·얼굴의) 달아오름, (볼의) 홍조 wan a. 창백한, 파랗게 질린 pallid a. 창백한, 핼쑥한 ashen a. 재의; 회색의; 창백한 sanguine a. 낙천적인; 혈색이 좋은

그녀가 남동생의 사고 소식을 들었을 때, 평상시 혈색이 좋던 그녀의 안색은 평소의 붉은 빛을 잃었다.

05 2012 국민대 ④

and 이하에서 '사소한 변화만을 권고했다'라고 했으므로, 조사를 통해 큰 문제점이 발견되지 않은 상황이라 봐야 하며, 문제가 없다면 비난을 받을 이유도 없는 셈이 된다. 그러므로 '곤란한 상황에서 벗어나게 해주다'는 의미를 가진 ④가 정답이 된다.

exhale v. (숨을) 내쉬다, (공기 등을) 내뿜다 expel v. 쫓아내다, 물리치다 execute v. 실행하다, 실시하다 exonerate v. 결백을[무죄를] 증명하다; ~의 혐의를 벗겨주다

철저한 조사를 통해 학교는 모든 비난으로부터 벗어났고, 몇 가지 사소한 변화를 권고 받았을 뿐이었다.

06 2022 수원대 ③

낙관주의(optimism)는 '미래에 좋은 일이 일어날 것이라는, 바라는 일이 일어날 것이라는 느낌이나 믿음 (a feeling or belief that good things will happen in the future, a feeling or belief that what you hope for will happen)'을 가리킨다. '할 수 있다', '모든 문제에는 해결책이 있다'는 태도는 이러한 '낙관주의'를 잘 반영하고 있다.

willingness n. 기꺼이 하려는 마음 trait n. 특성 can-do a. 할 수 있다는 pessimism n. 비관주의 vandalism n. 예술·문화의 고의적 파괴 chauvinism n. 맹목적 애국심, 국수주의

기꺼이 실험하고 발명하려는 적극성은 또 다른 미국인의 특성인 할 수 있다는 정신, 모든 문제에는 해결책이 있다는 낙관주의로 이어졌다.

07 2019 가톨릭대 ①

정부 기관이 마땅히 해야 할 일을 하지 않아서 유감이라는 내용인데,

빈칸 뒤에 그 일의 대상으로 '도심 지역의 열악한 환경'이 주어져 있으므로, 빈칸에는 '개선시키다'라는 의미의 ①이 들어가는 것이 적절하다.

agency n. 기능; 대리; (정부 따위의) 기관 appreciable a. 감지할 수 있는; 상당한 정도의, 분명한 contribution n. 기부, 기여, 공헌 harsh a. 거친; 사나운; 모진, 가혹한, 냉혹한 ameliorate v. 개선하다, 개량하다 camouflage v. 위장하다, 속이다 exaggerate v. 과장하다; 지나치게 강조하다 polarize v. 양극화하다; 편향시키다, 대립시키다

유감스럽게도, 어느 정부 기관도 도심 빈민지역의 열악한 환경을 개선하는 데 눈에 띄는 기여를 하지 못했다.

08 2021 경기대 ③

비용이 매우 많이 든다는 것은 재개발 계획이 가진 부정적인 요소이므로 그 계획의 실현을 어렵게 만들 것이다. 빈칸 앞에 부정어가 있으므로, 빈칸에는 '실현 가능한', '실행할 수 있는'이란 의미의 ③이 들어가야 한다.

committee n. 위원회 proposal n. 신청; 제안, 제의 redevelop v. 재개발하다 waterfront n. 강가[바닷가]의 토지; 해안 지구; 부두 candid a. 솔직한, 숨김없는 pompous a. 거만한, 건방진; 호화로운, 성대한 feasible a. 실행할 수 있는, 가능한 tenuous a. 희박한, 엷은

위원회의 위원들은 해안지구를 재개발하자는 제안은 비용이 극도로 많이 들기 때문에 실행가능성이 없다고 믿고 있다.

09 2022 서강대 ④

새로운 낱말을 만든다는 의미를 가진 단어는 coin이다.

term n. 용어 refer to 가리키다 virtual world 가상세계 inhabit v. 거주하다 compile v. 편집하다 cater v. 음식을 제공하다

닐 스티븐슨(Neal Stephenson)은 1992년 자신의 소설 <스노 크래시(Snow Crash)>에서 '메타버스'라는 용어를 처음 만들었는데, 그 소설에서 이 용어는 실제 인간들의 아바타가 거주하는 3차원 가상세계를 가리켰다.

10 2022 세종대 ①

집중호우가 가져올 결과로 적절한 것은 '침수'다. Torrential rains는 첫 문장의 it(=the storm)에 해당하고 the region은 말라위 남부와 짐바브웨 동부에 해당하므로, 빈칸에는 swamped에 해당하는 deluge가 적절하다.

swamp v. 물에 잠기게 하다 torrential rain 호우 misery n. 불행; 고통 deluge v. ~에 범람하다, 침수시키다 obviate v. (위험·곤란 따위를) 없애다, 제거하다; 미연에 방지하다 feign v. ~을 가장하다 substantiate v. 실체화하다, 구체화하다

태풍이 내륙으로 이동하면서 말라위 남부와 짐바브웨 동부도 물에 잠겼다. 집중호우가 그 지역을 계속해서 침수시켜 참상을 더하고 있다.

11 2018 숙명여대 ③

너무 비싸다는 것은 구입한 것이 '지불한 돈만큼의 값어치를 하지 못한다'는 의미이다. 빈칸 앞에 부정어 not이 있으므로 '지불한 돈만큼의 대가를 얻다', '본전을 뽑다'라는 의미를 만드는 worth가 빈칸에 들어가야 한다.

expensive a. 돈이 드는, 값비싼 expense n. 지출, 비용 price n. 가격, 대가(代價) worth n. 가치, 값어치 get one's money's worth 지불한 만큼의 대가를 얻다, 본전을 뽑다 quality n. 질, 품질; 특성 present n. 선물

캐시(Kathy)는 남자친구에게서 받은 생일선물이 정말 마음에 들었지만, 그 선물이 너무 비싸다고 생각했다. 캐시는 남자친구에게 그가 지불한 돈만큼의 대가를 얻지 못했다고 말했다.

12 2002 고려대 ①

'너의 제안을 받아들일 준비가 되어 있다'로 미루어, that절 이하의 내용은 '제안의 내용' 혹은 '제안을 수락하는 조건이나 단서'가 되어야 함을 유추할 수 있다.

proviso n. 단서; 조건 disbelief n. 믿지 않음, 불신, 의혹 misfortune n. 불운, 불행; 재난 insincerity n. 불성실, 부정직

나는 네가 2주 내로 너의 의무를 다한다는 조건 하에 너의 제안을 받아들일 준비가 되어 있다.

13 2014 중앙대 ①

'그 동네에 사는 어떤 사람도 그와 상관하고 싶어 하지 않았다'는 말에서 빈칸에는 '따돌림 받는 사람'이라는 의미의 표현이 적절함을 알 수 있다.

pariah n. 따돌림을 받는 사람, 부랑자; 하층민 vagabond n. 유랑자, 떠돌이 delegatee n. 권리나 의무를 양도 받은 자, 위임 받은 자 trailblazer n. 개척자, 새 길을 찾는 사람

집을 밝은 오렌지색으로 칠한 후에, 폴(Paul)은 그 동네에서 왕따가 되었다. 그 동네에 사는 어떤 사람도 그와 상관하고 싶어 하지 않아 했다.

14 2018 홍익대 ①

의회가 '기술혁신을 사용하지 못하게 위협할 수도 있는 모든 규제조치들을 저지한다'고 했다. 따라서 의회는 민간 기술혁신이 '잘 이뤄지도록' 보장해야 한다고 해야 적절하므로 ①이 정답이다.

congress n. 의회, 국회 innovation n. 혁신 flourish v. 번영하다, 번창하다, 성공하다 stammer v. 말을 더듬다 diminish v. 줄어들다, 감소하다, 축소되다 discontinue v. 그만두다, 중단되다

의회는 적어도 기술혁신의 이용을 (못하게) 위협할 수도 있는 모든 규제조치들을 저지함으로써 민간 기술혁신이 번성하도록 보장해야 한다.

15 2022 중앙대 ④

대통령 연설 때 대통령에게 소리를 지르는 기자는 보안요원이 기자회견실에서 내쫓을 것이므로 빈칸에는 ejected가 적절하다.

dejected a. 낙담한, 실의에 빠진 disject v. 분산시키다, 살포하다 inject v. 주입하다, 주사하다 eject v. 내쫓다

대통령이 연설하는 동안 그에게 고함을 지른 기자는 보안요원들에 의해 기자회견장에서 쫓겨났다.

16 2002 중앙대 ③

'단지 자기 친구들에게 감명을 주려고 최신기술을 갖고 싶어 한다'면, 필요에 의해서가 아니라 '남에게 자랑하기 위해' 기술을 습득하는 사람일 것이다.

impress v. ~에게 (깊은) 인상을 주다, ~을 감동시키다 obtrusive a. 강요하는, 주제넘게 참견하는 resolute a. 굳게 결심한, 결연한; 굳은, 단호한 ostentatious a. 화려한; 자랑해 보이는 discreet a. 신중한; 분별력 있는

어떤 사람들은 자신들의 기술을 과시하려 든다. 그들은 단지 자기 친구들에게 감명을 주려고 모든 최신기술을 갖고 싶어 한다.

17 2020 수원대 ②

너무나 많은 희생을 낳은 극악한 전쟁범죄를 저지른 이들의 죄를 사면할 경우, 사회 전반과 나라를 위해 열심히 봉사한 사람들에게 '악영향을 미칠' 것이므로, ②가 정답이다.

absolve v. 용서하다, 죄를 사면하다 serve v. 근무하다, 복무하다

이유가 어찌되었든 간에, 전쟁범죄를 저지른 사람들의 죄를 사면하는 것은 사회 전반과 (나라를 위해) 명예롭게 봉사한 사람들에게 큰 해를 끼친다.

18 2018 건국대 ④

특정 질병에 대한 면역을 갖게 하기 위해 환자에게 투여하는 것은 백신(vaccine)이다.

prepare v. 준비하다; (약품 따위를) 조제하다, 만들다 administer v. 관리하다; (약을) 투여하다 immunity n. 면역, 면역성; 면제 classify v. 분류[구분]하다 derive v. ~에서 비롯되다, 얻다 toxin n. 독소 antigen n. 항원 cure n. 치료, 의료; 치료법

백신은 해로운 바이러스나 박테리아로 만들어져 특정한 질병에 대한 면역력을 제공하기 위해 환자들에게 투여된다. 여러 유형의 백신들은 추출되는 방법에 따라 분류된다.

19 2022 이화여대 ①

'창의적으로 의사소통(communicative creativity)'을 해야 미국 언어가 생명력을 유지한다고 했으므로 빈칸에는 innovation이 가장 적절하다.

linguistic a. 언어의 subculture n. 하위문화 vitality n. 생기, 활기, 생명력 instinctual a. 본능적인, 직감에 따른 marginalized a. 주변화된 innovation n. 혁신 conformity n. 순응 inaccuracy n. 부정확함 incompetency n. 무능력 rigidity n. 엄격성, 경직성

미국 영어는 그 생명력을 유지하기 위해 하위문화의 언어적 혁신에 의존한다. 대개 이러한 혁신은 주변화된 지역사회 내의 강력하면서도 본능적인 창의적 의사소통 행위에서 비롯된다.

20 2021 아주대 ④

'상징'이란 '어떤 것을 표현하는 데 사용되는 모양이나 형상'으로서 그것을 이해하고 소통에 이용하는 데에는 사회적으로 합의된 '약속' 또는 '규칙'을 전제한다. 본문에 언급된 언어, 숫자, 몸짓, 이모티콘 등은 모두 이러한 사회적 약속에 따른 상징에 해당한다. 따라서 ④가 빈칸에 적절하다. 반면, '정보'는 '사람이나 사물에 관한 사실' 자체를 가리킨다.

be in touch with ~와 접촉하다

타인과 접촉함으로써 우리는 예를 들어 언어, 숫자, 몸짓, 이모티콘 등과 같은 상징과 모든 사람이 공유하고 이해하는 사회적 규칙으로 이루어진 사회적 우주를 창조할 수 있게 된다.

21 2021 숭실대 ③

첫 문장에 대한 이유가 두 번째 문장에 제시되었는데, 승리자의 관점에서 역사가 써져서 현실을 최소화한다는 것은 진실을 제대로 알리지 않는 것을 의미한다. 이 경우 진실을 말하는 사람들의 말은 고려되지 않았을 것이므로 빈칸에는 ③이 적절하다.

victor n. 승리자, 전승자 minimize v. 최소화하다 unheeded a. 고려[배려]되지 않는, 무시된 encourage v. 돋우다, 격려하다 publicize v. 선전하다, 공표하다 document v. 기록하다

수십 년 동안 진실을 말하는 사람들의 말은 무시되어 왔다. 승리자가 역사를 쓰는 것이기 때문에 서구의 역사는 유색인들이 경험하는 현실을, 그 현실을 직접 경험하는 사람들에게조차도, 최소화하도록 써졌다.

22 2017 광운대 ②

부사 still이 단서가 된다. 첫 번째 문장에서 "보안상의 이유로 인터넷 접속이 가능한 기기를 사용하지 못한다."라고 했는데, 빈칸 앞에 still이 있으므로, "무선을 통한 연락을 하는 경우에도 여전히 보안에 신경을 써야 한다."는 흐름이 되어야 할 것이다. 따라서 빈칸에는 '신중한', '조

심스러운'의 의미를 가진 ②가 들어가야 한다.

security n. 보안, 방위; 안전 accessible a. 접근하기 쉬운; 이용하기 쉬운; 이해하기 쉬운 facility n. 쉬움, 평이함; 시설, 설비 contact n. 접촉, 접속, 교신 via prep. ~을 거쳐, ~을 경유하여 dismal a. 음울한, 쓸쓸한, 적적한 discreet a. 분별 있는, 신중한, 조심스러운 discrete a. 따로따로의, 별개의, 분리된; 구별된; 불연속의 distractive a. 주의를 산만하게 하는 distinguished a. 눈에 띄는, 현저한; 유명한

인터넷 접속이 가능한 기기는 보안상 이 시설에 반입할 수 없습니다! 외부와의 연락은 무선 전신으로만 가능하며, 기기를 사용할 때에도 여전히 매우 조심해야 할 필요가 있습니다.

---

23 2013 국민대   ②

'왼쪽의', '불길한', '나쁜' 등의 의미를 지닌 단어가 빈칸에 들어가야 하므로 ②가 정답이다.

awkward a. 어색한; 곤란한 and so forth 기타 등등 ambient a. 주위의; 안락한 분위기를 만들어내는 sinister a. 사악한; 불길한; 왼쪽의 dexterous a. 솜씨 좋은, 손재주가 있는 precarious a. 불확실한; 위험한, 위태로운

라틴어 'sinister'는 '왼쪽', '왼쪽의'를 의미해서 '어색한', '불길한', '나쁜' 등의 의미를 나타낸다. 라틴어 'sinister'는 똑같은 형태와 똑같은 의미로 영어에 차용되었다.

---

24 2021 경희대   ①

수렵과 채집에 의존했던 이전 사회들과 보리를 재배한 메소포타미아 문명이 대비되고 있는 문장이므로, 빈칸에는 '~와는 대조적으로'라는 의미의 ①이 적절하다.

fixed a. 고정된, 일정불변한 settlement n. 정착, 정주(定住); 정주지 agriculture n. 농업 cultivate v. 경작하다; 재배하다 barley n. 보리 in contrast to ~와 대조적으로, ~와 대비하여 in spite of ~에도 불구하고 in addition to ~뿐만 아니라, ~에 더해서 similar to ~와 유사한 in order to ~하기 위해

고대 메소포타미아 사람들은 주로 농업을 기초로 한 발전된 경제 덕분에 최초로 고정된 정착지를 발달시킨 사람들에 속했다. 수렵채집 생활방식에 의존했던 이전 사회들과는 대조적으로, 메소포타미아 문명은 보리를 필수 식량자원으로 재배했다.

---

25 2021 한성대   ③

두 번째 문장에서 패스트푸드 업계는 글을 읽지 못하는 사람, 무질서한 삶을 살아온 사람, 주류에서 제외된 사람들에게 기본적인 직업 기술을 가르친다고 했는데, 이들은 취약계층 사람들일 것이다. 따라서 ③이 빈칸에 적절하다.

chaotic a. 대혼란의, 무질서한, 혼돈된 shut off ~을 (…에서) 제외하다, 차단하다 felicitous a. 아주 적절한, 절묘하게 어울리는 chivalrous a. 예의 바른, 정중한 disadvantaged a. 불리한, 취약한 prominent a. 중요한, 유명한

패스트푸드 업계는 현재 미국 사회에서 가장 취약한 사람들 중 일부를 고용한다. 이 업계는 종종 글을 읽지 못하는 사람들, 무질서한 삶을 살아온 사람들, 또는 주류에서 제외된 사람들에게 제시간에 출근하는 것과 같은 기본적인 직업기술을 가르친다.

TEST 28

01 ④	**02** ③	**03** ②	**04** ③	**05** ①	**06** ②	**07** ②	**08** ③	**09** ④	**10** ④
11 ③	**12** ①	**13** ③	**14** ②	**15** ④	**16** ②	**17** ④	**18** ②	**19** ②	**20** ①
21 ②	**22** ①	**23** ③	**24** ③	**25** ④					

01 2019 상명대 ④

접속사 because가 쓰였으므로 종속절과 주절의 내용은 인과관계를 이루어야 한다. 빈칸에 대한 이유가 because 이하에 언급되어 있는데, 무료 저녁 쿠폰을 받기 위해서는 100달러 이상을 써야 한다는 것이 명확하지 않다고 했으므로 그 광고는 '기만적'이라 할 수 있다. 따라서 ④가 정답이다.

organized a. 정리된; 조직화된 appealing a. 매력적인, 흥미를 끄는 revealing a. 흥미로운 사실을 드러내는[보여 주는] deceptive a. 기만적인, 현혹하는 explanatory a. 설명을 위한

그 가게 광고는 매우 기만적이었는데, 왜냐하면 무료 저녁 쿠폰을 받기 위해서는 100달러 이상을 써야 한다는 것이 명확하지 않았기 때문이다.

02 2020 서울여대 ③

정보가 알파벳으로(문자로) 표기되었다고 했는데 이는 종전에 정보를 나타내던 말이 글로 표기된 것이다. 문자를 보는 것은 눈이므로, 눈이 말을 듣는 귀를 '대체했다'고 해야 한다.

storage n. 저장, 보관 alter v. 변하다, 달라지다; 바꾸다 alphabetize v. 알파벳순으로 배열하다[표기하다] employ v. 쓰다, 사용하다 outlast v. ~보다 오래 가다[계속하다] constrict v. 수축되다; 위축시키다 supplant v. 대신[대체]하다 usher in ~을 안내하다

정보가 알파벳으로 표기되고 이 목적을 위해 사용되는 주요 기관으로서 눈이 귀를 대체함에 따라 저장 방식이 바뀌었다.

03 2022 서울여대 ②

벌레를 잡기 위해서는 혀를 밖으로 내밀어야 할 것이므로 ②가 빈칸에 적절하다.

toad n. 두꺼비 tongue n. 혀 fix v. 고정시키다 facilitate v. 손쉽게 하다; 돕다; 촉진하다 contract v. 수축시키다 project v. 불쑥 내밀다, 툭 튀어나오게 하다 vibrate v. 진동시키다 withdraw v. 움츠리다

개구리와 두꺼비는 좀 떨어진 곳에서 혀를 내미는 것을 용이하게 하기 위해 혀가 입의 앞쪽에 고정되어 있는데, 이는 벌레를 포획하는 데 큰 도움을 준다.

04 2020 가천대 ③

두 번째 think 다음의 that절은 첫 번째 think 다음의 that절을 재진술한 것이다. '행복과 성공이 공존할 수 없다'는 것은 '행복하기 위해서는 성공을 포기해야 하며, 성공하기 위해서는 행복을 포기해야 한다'는 것을 의미한다. 따라서 빈칸에는 '~을 희생하여'라는 뜻의 ③이 적절하다.

coexist v. 공존하다 author n. 저자, 작가 in terms of ~의 관점에서 in spite of ~에도 불구하고 at the cost of ~을 희생하고, ~을 비용으로 지급하고 at odds with ~와 사이가 좋지 않은, ~와 불화하여

사람들은 행복과 성공이 공존할 수 없다고 쉽게 생각할 것이다. 하지만 저자에 따르면, 성공이 대부분의 경우에 행복을 희생하고 얻어진다고 생각하는 것은 잘못된 것이다.

05 2022 홍익대 ①

'정체되고 있는' 패러다임에 대한 대안을 제공하기 위해 신경망과 유전자 알고리즘이 등장한 것이라면, 그것은 기대감으로 인해 흥분을 '자극할' 것이므로 빈칸에는 ①이 적절하다.

neural network 신경망 stagnating a. 침체되는, 정체되는 stimulate v. 자극하다, 촉진하다 tranquilize v. 진정시키다 deprive v. 박탈하다, 빼앗다 regress v. 퇴보하다, 퇴행하다

신경망과 유전자 알고리즘은 정체되고 있는 패러다임에 대한 대안을 제시하기 위해 등장함으로써 1990년대에 흥분을 자아낸 방법들의 예시이다.

06 2018 광운대 ②

빈칸 뒤에 '직책', '지위'라는 의미의 명사가 주어져 있으므로, NBA 코치 경력을 가진 인물이 NBA 안에서 새로운 중책을 맡게 되었다는 의미의 문장이 되는 것이 자연스럽다. 그러므로 빈칸에는 '인계받다', '양도받다'라는 뜻의 ②가 들어가야 한다.

put ~ behind (지난 일 따위를) 잊다, 뒤로 하다 up-and-down a. 기복[부침]이 있는 get over (곤란 따위를) 이겨내다, 극복하다 take over 이어[인계]받다, 양도받다 look over ~을 대충 훑어보다; ~을 조사하다; ~을 눈감아 주다, 봐 주다 come over ~을 건너오다; 갑작스레 방문하다 make over ~을 양도하다

마크 핑커(Mark Pinker) 코치는 그 동안의 부침(浮沈)이 있었던 지도자로서

의 경력을 뒤로 하고 NBA에서 가장 강력한 직책들 중 하나를 이어받을 것이다.

07 2005 명지대   ②

'협상이 원만하게 이루어지지 않았다'면 양국 간의 유대에 부정적인 영향을 끼칠 것이다. 따라서 '유대관계의 단절'이라는 의미를 만드는 ②가 정답으로 적절하다.

bring about ~을 일으키다, 유발하다 tie n. 끈; 넥타이; (pl.) 유대관계 sample v. ~의 견본을 뽑다 sever v. 절단하다; 가르다 savage v. 맹렬히 공격[비난]하다; 물어뜯다; 짓밟다 simmer v. (비등 직전의 온도에서) 서서히 끓다

협상의 결렬은 두 나라 간 유대관계의 단절을 불러일으킬 수 있다.

08 2019 가톨릭대   ③

'고용이 불안정하고, 임금이 낮으며, 근로 환경이 위험하다'고 했으므로, 이러한 직업을 설명하는 수식어로는 '불확실한, 위태로운, 불안정한'이란 의미를 가진 ③이 자연스럽다.

refugee n. 피난자, 난민; 도피자 expose v. 노출시키다; (공격·위험 따위에) 몸을 드러내다; (환경 따위에) 접하게 하다 unstable a. 불안정한; 변하기 쉬운 employment n. 고용; 직업 wage n. 임금, 급료 conspicuous a. 눈에 띄는, 현저한; 특징적인 fastidious a. 까다로운; 세심한, 꼼꼼한 precarious a. 불확실한, 불안정한, 위험한 tenacious a. 고집이 센, 집요한, 완강한

대부분의 난민들은 다양한 종류의 불확실한 직업을 오갔는데, 이 직업들은 그들을 불안정한 고용, 낮은 임금, 위험한 근로 환경에 노출시켰다.

09 2000 세종대   ④

빈칸 앞에 even이 있으므로, or 앞에 쓰인 동사와 유사한 성격의 단어로서 그 정도나 의미가 더 강한 단어가 빈칸에 들어가야 한다. 따라서 '인정받지 못했으며, 심지어 인식되지도 않았다'는 내용을 만드는 ④가 정답으로 가장 적절하다

distinctive a. 독특한, 특이한 appreciate v. 평가하다; ~의 진가를 인정하다; 감상하다 deplore v. 한탄[개탄]하다; 애도하다 ignore v. 무시[묵살]하다 neglect v. 무시하다, 경시하다 perceive v. 인식하다; 인지하다

아프리카 음악의 독특한 특징들은 꽤 최근까지도 서구인들에 의해 인정받지 못했을 뿐만 아니라, 심지어 인식되지도 않았다.

10 2014 한국외대   ④

because 이하의 내용이 가져왔을 결과를 나타내는 표현이 빈칸에 들어가야 한다. because 이하에서는 통일성 부족, 생각의 비논리적 전개, 표현상의 문제점을 언급하고 있으므로, 이것이 가져왔을 결과로 적절한 것은 '일관성이 없거나 비논리적인' 연설이다.

lack v. ~이 결핍되다, ~이 없다 unity n. 통일성, 일관성; 조화 organize v. 조직하다, 편성하다, 구성하다 illogically ad. 비논리적으로 impeccable a. 결함이 없는, 완벽한 infallible a. 결코 잘못이 없는; 전혀 틀림이 없는 impassive a. 감정이 없는, 냉정한; 무감각한 incoherent a. 일관되지 않는, 모순된

어젯밤 그의 연설은 통일성이 부족했고, 생각들을 비논리적으로 전개했으며, 격식을 갖춘 말과 구어체를 번갈아 가며 이야기했기 때문에 일관성이 없었다.

11 2019 경기대   ③

빈칸 앞의 desired는 '바람직한', '모두가 바라는' 등의 긍정적인 의미를 갖고 있으므로, 이것이 수식하는 대상도 긍정적인 의미를 가진 것이어야 한다. ③만이 이러한 조건을 충족한다.

commentator n. 주석자, 시사해설자 desired a. 원하고 바라던, 바람직한, 훌륭한 revision n. 개정, 수정 malaise n. (특정 상황·집단 내에 존재하는 설명·규명하기 힘든) 문제, 불안감 turpitude n. 간악, 비열한 행위 resuscitation n. 소생; 부활 trepidation n. 공포, 전율; 당황

모두가 바라는 경기 부활은 기존의 노동법을 광범위하게 수정한 후에라야 성취될 수 있다고 많은 시사평론가들은 말해왔다.

12 2004 경기대   ①

'확신에 찬 대담함'과 '신중한 현실주의'는 서로 상반되는 표현이다. 그러므로 '이 둘 사이에서 (마음·의견 따위가) 동요했다'고 하는 것이 가장 자연스럽다.

republic n. 공화국 audacity n. 대담; 뻔뻔스러움 prudent a. 신중한, 조심성 있는 oscillate v. (진자처럼) 진동하다; 동요하다, 흔들리다 metamorphose v. 변형하다; 변태하다 classify v. 분류하다, 등급으로 나누다 exaggerate v. 과장하다; 지나치게 강조하다

그 공화국의 대통령은 확신을 갖고 대담하게 나아가는 것과 신중하게 현실을 고려하는 것 사이에서 갈피를 잡지 못했다.

13 2022 한국외대   ③

인질을 구하기 위해 지불하는 몸값은 납치 범죄를 저지르는 동기가 될 수 있다. 이와 같이 나쁜 행동을 보상해 주면 악순환으로 이어질 것이므로, 인질을 구출하기 위해 몸값을 치르는 것은 '항상' 문제를 악화시킬 것이다.

horrific a. 끔찍한, 무시무시한 ransom n. 몸값 hostage n. 인질 bilaterally ad. 쌍방으로 implausibly ad. 믿기 어렵게 invariably ad. 반드시, 언제나 momentarily ad. 일시적으로

인질을 구출하기 위해 몸값을 지불하는 것이 장기적으로는 항상 문제를 악화시킬 것이라는 것은 끔찍하지만 이해할 수 있는 진실이다.

14 2022 한국외대   ②

의회가 추진하는 일이 자신들의 이익에 반한다면 그들은 그 일을 '방해하려고' 할 것이다. 따라서 빈칸에는 ②가 적절하다.

council n. 의회 support v. 지지하다, 지원하다 thwart v. 훼방 놓다; 좌절시키다 motivate v. 이유[원인]가 되다, 동기를 부여하다

그들은 의회의 일이 그들의 이익에 위협이 된다고 생각하기 때문에 그 일을 방해하려고 할지도 모른다.

15 2014 고려대   ④

금기란 당혹스럽거나, 불쾌한 언급을 회피하도록 사회적 관습으로 강제하는 것을 말한다. 특정 표현을 '금기시'하는 것은 그 대상이 나쁘거나, 수치스러운 것이라고 규정하는 것인데, 이는 곧 '낙인을 찍는' 하나의 방편이 된다고 말할 수 있다.

taboo n. 금기, 터부 a taboo against ~에 대한 금기 hatred n. 증오[혐오] said a. 앞에서 말한 unfetter v. ~을 자유롭게 하다, 해방하다 ennoble v. 귀족에 봉하다, 작위를 내리다 transfuse v. 수혈하다 stigmatize v. 오명을 씌우다, 낙인찍다

우리 사회는 집단 증오에 대해 낙인찍는 방편으로 집단 증오와 관련된 표현의 사용에 대한 금기(禁忌)를 발달시켜왔다.

16 2010 세종대   ②

rather than은 '~보다는 차라리'의 의미로, 이것을 전후해서는 서로 대조되는 의미의 표현이 온다. 따라서 빈칸에는 the living creature와 대조되는 표현이 와야 한다. 살아있는 것과 반대되는 것으로는 박물관의 진열용 표본(specimen)이 적절하다.

majesty n. 위엄, 장엄 grandeur n. 웅장, 장엄 spectrum n. 스펙트럼; (연속하는 것의) 범위, 연속체 specimen n. 견본, 실례; (생물학상의) 표본 speckle n. 작은 반점, 얼룩 speculation n. 사색, 심사숙고; 투기

고독한 위엄, 힘, 그리고 주변 환경의 황량한 장엄함이 독수리를 단순히 박물관의 표본이라기보다는 살아있는 생물로 만든다.

17 2020 숙명여대   ④

'낮은 출산율', '노인 증가', '근로자 감소' 등을 종합해 첫 번째 빈칸에는 인구의 '감소'를 뜻하도록 shrinking과 decreasing이 적절하다. 두 번째 빈칸에는 '노인 증가'와 대비되도록 하는 fewer workers와 fewer youths가 가능하다. 따라서 ④가 정답이 된다.

birthrate n. 출산율 consensus n. 의견일치, 합의 pension n. 연금 exile n. 망명, 타향살이 shrink v. 줄어들다

출산율이 낮은 선진국에서는, 합의적 통계가 노인 인구는 증가하지만, 의료

18 2021 가천대   ②

동사 feared를 고려하면 부정적인 의미의 동사가 빈칸에 들어가야 함을 알 수 있다. 자서전에 쓴 조국에 대한 신랄한 비판은 그 자서전을 쓴 사람의 명성에 나쁜 영향을 미치게 될 것이므로 빈칸에는 ②가 적절하다.

unexpurgated a. (검열에서 서적의 내용이) 삭제되지 않은, 삭제 없이 출판한 autobiography n. 자서전 flaw n. 결점, 흠, 결함 foible n. 약점, 결점, 흠 observation n. 관찰, 주목; 의견, 발언 acerbic a. (기질·태도·표현 등이) 거친, 표독한, 신랄한 heir n. 상속인; 후계자 editor n. 편집자, 편집발행인 reputation n. 평판; 명성 withhold v. 억제하다, 말리다; 보류하다 remedy v. 고치다, 치료하다 mar v. 손상시키다, 훼손하다 restore v. 복원하다, 수선하다 acknowledge v. 인정하다, 고백하다

자신의 무삭제판 자서전에서, 마크 트웨인(Mark Twain)은 조국이 가진 결함과 결점에 대해 자유롭게 언급했는데, 일부 발언들은 너무나도 신랄한 것이어서 그의 상속인들과 편집자들은 그 발언들이 보류되지 않으면 트웨인의 명성을 손상시킬 것이라고 우려했다.

19 2020 덕성여대   ②

빈칸 다음의 that은 the amount of vitamins and minerals를 대신한 대명사이므로, 빈칸 앞뒤로 두 가지 함량이 비교되고 있다. 따라서 둘을 비교하여 '같다'는 의미로 빈칸에는 equivalent가 적절하다.

nutrition n. 영양 separate a. 분리된; 별개의 equivalent a. ~와 같은, ~에 상응하는(to) permanent a. 영구한, 영속하는 impressive a. 인상적인

비록 작은 잔으로 한 잔의 주스에 불과했음에도 불구하고, 그 영양음료에는 하루치의 과일과 채소에서 발견되는 것과 동등한 양의 비타민과 미네랄이 포함되어 있다고 주장했다.

20 2021 동국대   ①

환경운동의 고귀한 목표들을 열거한 다음, 지구온난화라는 생태학적 문제와 다른 모든 문제를 비교하고 있다. '앞의 내용과 상반됨을 가리키는' but이 빈칸 앞에 나왔으므로, 앞에 열거한 목표의 중요성보다 지구온난화의 중요성이 더 크다는 것을 알 수 있다. 따라서 지구온난화가 다른 모든 문제들보다 '더 중대하다'고 해야 어울리므로 ①이 정답이다.

preserve v. 보존하다 watershed n. (강의) 유역 neutralize v. 중화시키다 acid rain 산성비 endangered species 멸종위기 종(種) laudable a. 칭찬할 만한 ecological a. 생태학적인 outweigh v. ~보다 중대하다 accomplish v. 성취하다 revamp v. 개조하다 investigate v. 조사하다

환경운동은 고귀한 목표에 있어서 부족했던 적이 단 한 번도 없었다. 야생의 공간을 보존하는 것, 해양을 정화하는 것, 강 유역을 보호하는 것, 산성비를 중화하는 것, 멸종위기 종(種)을 살리는 것 등은 모두 칭찬받을 만하다. 그러

나 오늘날, 한 가지 생태학적인 문제가 다른 모든 것보다 중요한데, 그것은 바로 지구온난화이다.

21 **2019 한국공학대** ②

'음식은 모든 생물에게 반드시 필요하며, 신체가 제대로 기능하기 위해서는 충분한 영양섭취를 해야 한다'고 했는데, 이어서 '음식을 거의 먹지 않는 동물이 가장 수명이 길다'고 했으므로 앞뒤의 내용이 서로 모순된다. 따라서 빈칸에는 ②가 적절하다.

nutrition n. 영양; 영양 공급 function v. 작용하다, 기능하다 starving a. 몹시 허기진, 배고픈 critical a. 비판적인 ironic a. 역설적인 plausible a. 그럴 듯한 conceptual a. 개념상의

음식은 모든 생물에게 반드시 필요하다. 신체는 제대로 기능하기 위해서 충분한 영양섭취를 필요로 한다. 따라서 겨우 생존할 만큼만 먹는 굶주린 동물들이 가장 수명이 긴 동물이라는 사실은 꽤 아이러니한 것처럼 보인다.

22 **2014 가톨릭대** ①

내부와 외부의 많은 위협을 안고 있다는 것은 결국 '취약한' 상태에 있다는 것을 뜻한다.

advocate v. 지지하다, 옹호하다 conservative a. 보수적인 argue v. 주장하다, 논쟁하다 internal a. 내부의 external a. 외부의 fragile a. 취약한, 깨지기 쉬운 robust a. 강건한, 확고한, 거친 contentious a. 논쟁하기 좋아하는 potent a. 강한, 강력한

아직도, 많은 저개발 국가들에서는 개발언론이 그 사회의 보수적인 지도자들에 의해 옹호되고 있는데, 그들은 자신의 국가가 내부와 외부의 많은 위협이 있는 취약한 민주국가라고 주장한다.

23 **2014 한국항공대** ③

기업조직이 환경에 신속하고 유연하게 대처해야 한다면 기업의 경영방식과 더불어 직원들의 작업 분위기도 고정적이고 항구적인 것이 아닌 일시적이고 변화가 많은 분위기일 것이다. 따라서 빈칸에는 '일시적인'의 의미를 가지는 ③이 들어가야 적절하다.

capacity n. 수용력; 재능, 역량 advance n. 진보, 향상, 발달 organization n. 단체, 조직, 조합 climate n. 경향, 추세; 환경, 분위기 characterize v. ~의 특징[특색]을 나타내다 industrious a. 부지런한, 근면한 consistent a. 일관된, 지속적인 temporary a. 임시의, 일시적인 indigent a. 궁핍한, 가난한

세계화, 생산능력의 증대, 그리고 기술 향상은 조직이 살아남기 위해 신속하고 유연해지도록 요구해 왔다. 그 결과 오늘날 대부분의 직장인들은 일시적인 것이 가장 큰 특징인 분위기에서 일하고 있다.

24 **2021 성균관대** ③

고용주의 관심을 끄는 것이 입사지원서의 목적이라고 했는데, 고용주의 관심은 회사 즉, 자신에게 유익을 주는 사원을 채용하는 일일 것이다. 따라서 ③이 빈칸에 적절하다.

a letter of application 입사지원서 sales letter 판매편지(인쇄물을 특정 사람들에게 우편으로 전달하는 직접 광고(DM)의 일종) grant v. 부여하다 present v. 제공하다, 주다; 내놓다

입사지원서는 당신이 판매원인 동시에 상품이 되는 판매 편지다. 왜냐하면, 지원서의 목적이 고용주의 관심을 끌고 고용주를 설득하여 당신에게 인터뷰 기회를 주도록 만드는 것이기 때문이다. 이를 위해, 그 편지는 당신이 고용주에게 무엇을 줄 수 있는지를 제시해야 한다.

25 **2021 동국대** ④

바다 생물도 두 마리의 먹이보다 한 마리의 먹이를 더 확실하게 잡게 된다는 것을 실제 경험으로 알게 되면, 외견상 불리해 보이는 선택을 할 것이라고 주장하고 있다. 그리고 빈칸이 들어가 있는 문장은 이와 같은 내용의 전제이므로 반드시 이러한 내용을 담고 있어야 한다. 따라서 빈칸에는 '보다 복잡한 계산'과 반대되는 단순하게 먹이의 수만을 계산한 ④가 들어가야 한다.

calculation n. 계산, 셈 complicated a. 복잡한 present v. 주다, 제공하다 shrimp n. 작은 새우 reward v. 보상하다 ingredient n. (요리의) 재료 contaminate v. 더럽히다, 오염시키다

바다 생물은 단순히 "더 많은 먹이가 더 좋다"는 것보다 더 복잡한 계산을 수행할 수 있는 능력이 있는 것처럼 보인다. 한 마리의 새우냐 두 마리의 새우냐를 선택해야 하는 상황이 제시되는 경우, 이 선택(한 마리 선택)에 대해 보상을 받는다는 것을 경험으로 알게 되었을 때, 그들은 실제로 한 마리의 새우를 선택하려고 한다.

TEST **29**									
01 ②	**02** ②	**03** ④	**04** ④	**05** ③	**06** ④	**07** ②	**08** ②	**09** ②	**10** ③
11 ①	**12** ②	**13** ②	**14** ③	**15** ②	**16** ⑤	**17** ①	**18** ①	**19** ④	**20** ③
21 ③	**22** ①	**23** ②	**24** ⑤	**25** ④					

01 2017 한국외대 ②

unless는 조건절을 이끄는 종속접속사로, if ~not(만약 ~이 아니라면)의 뜻으로 쓰인다. 주절에서 사법절차의 정지가 허용되지 않을 것이라고 했는데, 이는 '타당한' 증거를 제시하지 못하는 경우에 그러할 것이므로 빈칸에는 ②가 적절하다.

stay n. <법률> 연기, 유예, 중지(= suspension of judicial proceeding) appeal n. 간청; 호소; <법률> 항소 stifle v. 억누르다, 진압하다 ominous a. 불길한, 나쁜 징조의 cogent a. 적절한, 설득력이 있는 illusory a. 환영의; 착각의 obsolete a. 시대에 뒤진

항소가 기각될 것이라는 타당한 증거가 없으면, 사법절차의 정지는 허용되지 않을 것이다.

02 2018 홍익대 ②

학생들이 교복을 살 여유가 안 될 경우, 교복을 사야 하는 것은 아니라고 규정하고 있으므로, 학생이 경제적 여유가 안 되어 교복을 입지 않는다고 해도, 학교 측에서 그 학생에게 징계를 가하지 않을 것이다. 따라서 ②가 정답이다.

voluntary a. 자발적으로 하는 be required to ~을 해야 한다 afford v. ~을 살 여유가 있다 abdicate v. 포기하다 reprimand v. (공식적으로) 징계하다 subdivide v. 세분하다 distinguish v. 구별하다

자율 프로그램에서는, 학생들이 교복을 살 여유가 안 될 경우, 교복을 사야 하는 것은 아니다. 다시 말해, 학생들이 교복을 입지 않더라도, 징계 받지 않을 것이다.

03 2003 서울여대 ④

군사정변을 일으킨 지도자가 국민의 신망을 얻기 위해 무엇을 할 것인가를 유추한다. 자신이 세운 군사 정권의 '합법성' 혹은 '정당성'을 확립하려고 할 것이다.

cordiality n. 진심, 정중함; 온정 discrepancy n. 불일치; 어긋남 frugality n. 검약 legitimacy n. 합법, 적법; 정통(성)

권력을 찬탈하자마자 그 쿠데타의 지도자는 자신의 군사 정권의 정당성을 확립하고자 애썼다.

04 2005 명지대 ④

for 이하는 회의에 늦게 도착하게 된 구체적인 이유에 해당한다. 지각은 시간을 지체하여 약속된 장소에 나타나는 것이므로 ④가 정답으로 적절하다.

apologize v. 사과[사죄]하다 contain v. 포함하다; 참다 sustain v. (아래서) 떠받치다; 유지하다 maintain v. 지속[계속]하다, 유지하다 detain v. 붙들다; 억류[구류]하다

거의 한 시간 늦게 회의에 도착한 톰(Tom)은 교통체증으로 지체되었다고 사과했다.

05 2012 중앙대 ③

미국 등지에서는 일반적으로 대학 졸업식에서 최우등 졸업생이 고별사(valedictory speech)를 한다.

deliver v. 인도하다; (연설·강연 등을) 하다 commencement n. 시작; (대학 등의) 졸업식 summa cum laude 최우등으로[의] keynote n. (연설 등의) 요지, 주안점, 기조 inaugural a. 취임(식)의; 개시의 valedictory a. (연설 등에서) 고별의 plenary a. 충분한; 절대적인

그는 최우등으로 졸업했기 때문에 대학 졸업식에서 대학 고별연설을 했다.

06 2012 서울여대 ④

사람들로 하여금 음식을 더 먹게 하려면 운동이 배고픔을 촉발시켜야 할 것이므로, 빈칸에는 '유발하다'라는 뜻의 ④가 들어가야 한다.

appease v. 달래다; 요구를 들어주다 deplete v. 대폭 감소시키다, 고갈시키다 negate v. 무효화하다 prompt v. 촉구하다, 유발하다

운동은 칼로리를 태우는 것이고 체중을 감량하기 위해서는 칼로리를 태워야 하지만, 운동은 또한 배고픔을 유발해 우리가 음식을 더 먹게 한다.

07 2012 경희대 ②

but 앞의 self-esteem, confidence와 대조를 이루는 한편 arrogance와 순접의 관계에 있는 단어를 찾으면 된다. 그러므로 ②가 가장 적절하다.

lunacy도 arrogance처럼 부정적인 의미이긴 하지만, 부모의 편애를 받는 것이 정신 이상을 갖게 한다는 것은 글의 흐름상 부적절하다.

gratification n. 만족, 큰 기쁨 entitlement n. 권리, 자격 loyalty n. 성실, 충실; 충성 lunacy n. 정신 이상, 광기

부모의 편애를 받는 것은 자존감과 자신감을 높여줄지 모른다. 그러나 연구조사가 보여주는 바로는 그것은 또한 아이들에게 오만감과 당연시하는 권리의식을 갖게 한다.

08 2014 국민대   ②

콤마 앞의 분사구문에서 '활동을 현실세계의 영역에 국한하지 않았다'고 했는데, 이는 곧 다른 곳으로 활동영역을 넓히거나 그러한 영역으로 진출했다는 것을 의미한다. 따라서 빈칸에는 '침투하다', '잠입하다'라는 의미의 ②가 들어가는 것이 적절하다.

earthly a. 지구의, 지구상의; 현세의 realm n. 왕국, 국토; 범위, 영역 surveillance n. 감시; 감독 surmise v. 추측하다, 짐작하다 infiltrate v. 침투하다, 잠입하다 relegate v. 좌천시키다, 지위를 떨어뜨리다; 추방하다 obliterate v. 지우다, 말살하다, 흔적을 없애다

자신들의 활동을 현실세계의 영역에 국한하지 않은 스파이들은 온라인 게임이라는 공상 세계에 침투하여, 감시하고 자료를 수집해왔다.

09 2012 명지대   ②

빈칸 뒤에서 "현재 세대의 그 언어의 사용자들이 죽으면 그 언어도 함께 사라지게 된다."고 했는데, 이는 그 언어가 위태로운 상황에 있다는 것을 의미하므로, '사라져 가고 있는'의 뜻을 가진 moribund가 빈칸에 적절하다. extinct는 '멸종한, 폐지된'의 뜻으로, 현재 사용되고 있는 언어들 중 절반이 소멸 직전에 있다는 것이지 완전히 없어진 것은 아니므로 정답이 될 수 없다.

estimate n. 견적, 평가; 판단 extinct a. 멸종한; 폐지된 moribund a. 빈사상태의; 소멸하고 있는, 절멸 직전의 conserve v. 보존[보호]하다 mnemonic a. 기억을 돕는, 기억력 증진의

가장 낙관적인 추측에 따르면 현재 사용되고 있는 언어들 중 대략 절반이 사라져 가고 있는 것으로 예상되는데, 이는 그 언어들이 현재 세대의 언어 사용자들이 죽으면 함께 사라지게 된다는 것을 의미한다.

10 2002 고려대   ③

유산을 상속받을 수 없게 된 사람들이 '고인(故人)이 정상적인 상태가 아니었을 때 유언장에 서명했다'고 주장한다면, 그 유언장을 '효력이 없는 것'으로 만들려는 의도에서 그런 행동을 한다고 봐야 한다.

obey v. 복종하다, 따르다 submit v. 복종시키다; 제출하다 invalidate v. 무효로 하다 acquiesce v. 묵인하다; 묵묵히 따르다

유산을 거의 한 푼도 상속받지 못한 친척들은 고인이 서명할 때 정상적인 상

태가 아니었다고 주장함으로써 유언장을 무효로 만들려고 애썼다.

11 2012 중앙대   ①

암시적인 말(suggestion)을 하면 명시적 의미(denotation)가 모호해질 것이므로 빈칸에는 ①이 들어가야 한다.

suggestion n. 제안; 암시, 시사; 연상 denotation n. (단어를 통한) 지시; 명시적 의미 numeral n. 숫자 blur v. 흐릿해지다; 흐릿하게 만들다; 모호하게 만들다 buttress v. 지지하다 devise v. 고안하다 exhort v. 열심히 권하다, 촉구하다

과학자들은 정서적으로 중립적인 전문화된 어휘들을 개발하는데, 그것은 말에는 정확한 명시적 의미를 모호하게 만드는 암시의 힘이 있기 때문이다. 과학자들은 가장 정확한 진술을 하기 위해서 말을 포기하고 오직 숫자와 알파벳만을 사용한다.

12 2021 한성대   ②

'문제를 극복하게 만드는 이유가 된다'와 일맥상통하는 표현이 필요하므로, 빈칸에는 ②가 적절하다.

rise above 극복하다 flunking n. 낙제 come in 힘을 발휘하다, 개입하다 sanitize v. ~을 위생적으로 하다; 건전하게 보이도록 하다 motivate v. 동기를 부여하다 allocate v. 할당하다, 배분하다 demoralize v. 사기를 꺾다, 의기소침하게 만들다

나이에 상관없이 학생들은 그들의 문제를 극복할 수 있지만, 그들에게는 그렇게 할(극복할) 이유가 필요하다. 바로 이 점에서 효과적인 학교 정책으로서의 낙제제도가 힘을 발휘하는데, 잠재적인 실패에 대한 두려움이 확실히 학생들에게 동기를 부여할 수 있기 때문이다.

13 2022 가천대   ②

대인관계를 제거해야 할 대상으로 간주하고 그 외의 다른 것들에 전념하도록 강제하고 있는 상황은 대인관계를 '무시하거나 경멸하고' 있는 것으로 볼 수 있다.

urge v. 재촉하다, 촉구하다; 강제하다 get rid of 제거하다, 없애다 dedicate oneself to ~에 헌신하다 summon v. 소환하다 disdain v. 경멸하다, 멸시하다 revere v. 존경하다, 숭배하다 pamper v. 하고 싶은 대로 하게 하다, 애지중지하다

오늘날 대인관계는 멸시당하고 있다. 대인관계는 이제 지나간 좋았던 시절의 산물, 즉 부르주아적인 사치품으로 여겨지고 있으며, 우리는 그것을 없애고, 그 대신 어떤 운동이나 대의에 헌신할 것을 강요받고 있다.

14 2014 한양대   ③

일반적으로 콜론(:) 뒤의 문장은 콜론 앞의 문장의 내용을 보충하여 설명하는 역할을 한다. 앞에서 끈 이론이 매우 심오한 의미를 갖고 있다고 했으며, 빈칸도 그 이론의 의미를 설명하는 역할을 하므로, 빈칸에는 콜론 앞 문장에 쓰인 recondite와 유사한 의미를 가진 표현이 들어가

야 함을 알 수 있다. 따라서 ③이 정답이 된다.

string theory (물리학) 끈 이론 recondite a. 난해한, 심오한 implication n. 함축, 암시; (행동·결정이 초래할 수 있는) 영향 interconnect v. 상호연결하다 dimension n. 크기, 치수; 규모; 차원 lucid a. 명쾌한, 명료한 edifying a. 유익한, 의식 고양적인, 교화적인 abstruse a. 난해한, 심오한 enthralling a. 마음을 사로잡는, 아주 재미있는

끈 이론은 우주를 이해하고자 하는 대단히 심오한 모델이다. 많은 물리학자들은 10개의 차원이 서로 연결되어 있다는 그 이론의 심오한 함의를 이해하기 위해 분투를 벌이고 있다.

15 2020 가천대 ②

첫 번째 문장 속 인용문을 두 번째 문장에서 부연설명하고 있다. 따라서 빈칸에는 'to write the laws'의 의미를 내포하고 있는 표현이 들어가야 할 것이므로 ②가 정답으로 적절하다.

argue v. 주장하다; 설복시키다, 설득하다 unacknowledged a. 인정되지 않은, 대답이 없는 defender n. 방어자, 옹호자 legislator n. 입법자, 법률제정자 benefactor n. 자선을 베푸는 사람, 은인, 후원자

셸리(Shelley)의 <Defence>에서는 "시인들은 세상의 인정받지 못하는 입법자들"이라고 주장한다. 이 시구가 의미하는 바는 우리가 의지해서 살아가는 세상의 법칙을 시인들이 쓸 수 있다는 것이다.

16 2020 숙명여대 ⑤

화폐를 주조하기 위해서는 '권한(권위)' 또는 '권력(힘)'이 있어야 할 것이다. 문맥상 power와 동의어 관계에 있는 말을 고른다.

Congress n. 의회, 국회 coin v. 주조하다 regulate v. 규제하다 requirement n. 필요조건 determination n. 결심, 결정 arrangement n. 준비, 마련 investigation n. 조사, 연구 authority n. 권위, 권한

그 의회는 무슨 일이든 할 수 있는 힘이 거의 없었다. 세법을 통과시킬 수도 없었고, 주(州)들이 사용할 화폐를 주조할 수 있는 유일한 권한도 없었고, 주와 주 사이의 교역을 규제할 수도 없었다.

17 2020 한양대 에리카 ①

서머타임이 인간의 건강에 미치는 악영향이 있다고 했으므로, 수면 과학자들은 서머타임을 잠정적이거나 일시적으로 끝낼 것이 아니라, '영구적으로' 끝내야 한다는 입장을 보일 것이다. 따라서 ①이 정답이다.

seasonal a. 계절적인 daylight saving time 서머타임, 일광절약시간 circadian a. (대략 24시간 주기로 회귀하는 규칙적인) 생물학적 주기의, 일주기성(日周期性)의 potential a. 잠재적인 ill effect 부작용, 악영향 permanently ad. 영구적으로 tentatively ad. 시험적으로; 임시로 conditionally ad. 조건부로 drastically ad. 과감하게, 철저하게

서머타임 기간이 끝나감에 따라, 많은 수면 과학자들과 일주기성(日周期性)

을 연구하는 생물학자들은 서머타임이 인간의 건강에 미치는 잠재적인 악영향 때문에 영구적으로 종식되어야 한다고 말한다.

18 2021 홍익대 ①

양심으로서의 도덕을 주관적으로 내면화한 평범한 사람이 객관적이고 보편적인 도덕 감각을 상실한 채, 개인이 가지고 있는 기벽 같은 주관적인 성향에 빠지고 이로 인해, 평범한 사람도 평범한 사람으로서는 저지를 수 없는 죄를 저지를 수 있다는 것이다. 따라서 빈칸에는 죄를 수식하는 말로 평범한 정도를 넘는 ①이 들어가야 한다.

subjectivism n. 주관주의 prone a. ~하기 쉬운, 경향이 있는 idiosyncrasy n. 기벽, 별난 성격 banality n. 진부함 respectability n. 체면, 존중, 사회적 의례 heinous a. 악랄한, 극악무도한 lukewarm a. 미적지근한, 미온적인 invigorating a. 기운 나게 하는 anticipating a. 예상하는, 예견하는

아렌트(Arendt)는 양심으로서의 도덕의 주관주의를 극복하고 싶어 하는데, 그것은 개인적인 기벽과, 잠재적으로는 폭력과, 체면의 치명적인 진부함에 빠지기 쉽고, 이러한 것들이 아이히만(Eichmann) 같은 평범한 사람을 끔찍한 범죄에 이르게 할 수 있기 때문이다.

19 2014 가톨릭대 ④

빈칸 뒤에 주어져 있는 동사 absorb는 '(비용을) 부담하다'라는 의미로 쓰인 것이다. 운영경비를 감당할 수 없을 정도라면 그 경비는 과도한 것이라 할 수 있으므로, 빈칸에는 ④가 들어가야 한다.

threaten v. 위협하다; ~할 조짐을 보이다 arrangement n. 준비; 배열; 정리; 합의, 협의 claim v. 주장하다 absorb v. 흡수하다; (경비·손실 등을) 처리하다 vulnerable a. 상처받기 쉬운; 비난 받기 쉬운 enigmatic a. 불가사의한, 알기 어려운 prolific a. 다산의, 풍부한 exorbitant a. 과도한, 지나친

3개 통신회사는 정부가 당초의 합의를 취소한 것에 대해 정부를 고소할 조짐을 보여 왔는데, 그들은 최근에 운영경비의 증가가 감당할 수 없을 정도로 너무나 과도하다고 주장하고 있다.

20 2019 숭실대 ③

언어 자료는 글이나 말이라는 두 가지 일반적인 형태를 가지고 있다고 했는데, 두 번째 문장에서 이 두 가지 형태 사이의 특징을 이루고 있는 강연이나 연극의 텍스트(대본) 같은 것이 있다고 했으므로, 두 범주의 가운데에 있는 것을 의미하는 ③이 빈칸에 적절하다.

clear-cut a. 선명한, 명쾌한 variant n. 변화; 변형 distinctive a. 특이한, 특색 있는 immediate a. 즉각적인, 당면한 intermediate a. 중간의; 중급의 separate a. 분리된, 따로 떨어진

본질적으로, 언어 자료는 글이나 말이라는 두 가지 일반적인 형태로 되어 있다. 그러나 말해지도록(예를 들면, 강연과 연극 등) 써져있는 텍스트 같은 것으로 두 가지 분명한 형태 사이에 있는 특징들을 보여줄 수 있는 중간적 범주도 있다.

21 2014 가천대 ③

두 번째 문장은 첫 번째 문장의 내용을 보충해서 설명하는 역할을 하며, '독재자의 역량이나 영향력이 강화됐음'을 이야기하고 있다. 그러므로 첫 번째 문장도 그러한 관점에서 '기술적 진보 덕분에 빅 브라더는 어디서나 국민들의 사생활을 감시할 수 있게 됐다'는 의미가 되는 것이 적절하다. 따라서 '어디에나 존재하고 있다'는 뜻의 ③이 정답으로 적절하다.

would-be a. ~이 되려고 하는 strengthen v. 강화하다 dormant a. 휴면기의, 활동[성장]을 중단한 lenient a. 관대한; 인정 많은 omnipresent a. 편재하는, 동시에 어디든지 있는 oblivious a. 염두에 없는

기술적 진보 덕분에 현재 빅 브라더는 신(神)처럼 거의 어디에나 있을 수 있다. 또한 독재자가 되려는 사람의 영향력이 강화된 것은 기술적인 영역에서만도 아니다.

22 2015 가톨릭대 ①

가난과 폭력의 위험이 많은 국가에서는 젊은이들의 윤리적인 교육이 중요시될 것이다. 학교가 가르쳐야 할 사항이 빈칸 뒤에 열거되어 있으므로, '가르치다', '주입시키다'라는 의미의 ①이 빈칸에 적절하다.

peril n. (심각한) 위험 thrift n. 절약, 검약, 검소 civility n. 정중함, 공손함 inculcate v. (사상·지식 따위를) 가르치다 terminate v. 끝내다, 종결시키다 amplify v. 확장하다 dissipate v. 흩뜨리다; 낭비하다

빠르게 산업화되고 있는 국가에는 기회 뿐 아니라 가난과 폭력의 위험도 많이 있었는데, 그곳의 학교들은 젊은이들에게 검약, 공손함, 자제력을 가르칠 필요가 있었다.

23 2014 국민대 ②

seems 뒤에는 'A가 아니라 B이다'라는 의미의 'not A but B' 구문이 쓰였다. 이 표현에서 A와 B 자리에는 서로 반대되는 의미의 표현이 와야 한다. 따라서 빈칸에는 increase와 반대되는 의미의 ②가 적절하다.

evidence n. 증거; 흔적 rate n. 비율; 가격; 속도 chasm n. 깊게 갈라진 틈; 빈틈, 간격; 차이 fester v. (상처가) 곪다, 짓무르다 dwindle v. 줄다, 작아지다, 감소되다 vacillate v. 망설이다; 머뭇거리다 augment v. 늘다, 증대하다

우주의 광대함에 대한 증거는 엄청난 속도로 계속해서 늘어나고 있다. 우리가 알고 있는 것과 우리가 알 수 있는 모든 것 사이의 간극은 줄어들지 않고 모든 새로운 발견이 이뤄질 때마다 늘어나는 것 같다.

24 2012 성균관대 ⑤

예로 든 질문들(테니스를 잘 치는 것과 잘생김, 극작가인 셰익스피어와 야구선수 베이브 루스의 위대함 비교)은 차원이나 범주(dimensions)가 다른 것들을 서로 비교하는 진술들이다.

playwright n. 극작가, 각본가 dimension n. 크기, 치수; 규모; 차원

서로 다른 차원의 우수성을 비교하는 것은 어딘가 우스꽝스러운 데가 있다. "그녀가 테니스를 잘 치는 것보다 내가 더 잘생겼나?" 또는 "셰익스피어 (Shakespeare)가 극작가였던 것보다 베이브 루스(Babe Ruth)가 더 위대한 야구선수였나?"라고 묻는 것은 아예 말조차 되지 않는다.

25 2020 홍익대 ④

빈칸에는 명사 decline을 수식하는 형용사가 들어가야 하므로, '감소', '하락'의 의미를 부여 혹은 강조하는 역할을 할 수 있는 표현이 필요하다. 따라서 '가파른', '급격한'이란 의미를 가진 ④가 정답으로 적절하다.

fossil n. 화석 decline n. 쇠퇴, 감퇴; 하락 reflect v. 반사하다; 반영하다, 나타내다 shrink v. (수량·가치 등이) 줄다 accompany v. ~에 동반하다; (현상 따위가) ~에 수반하여 일어나다 dense a. 밀집한; (인구가) 조밀한 civilized a. 문명화된, 개화된 settlement n. 정착; 정착지 restrained a. 삼가는; 자제하는 fearful a. 무서운, 무시무시한 generous a. 관대한, 아량 있는 steep a. 가파른, 깎아지른 듯한

놀랍게도, 화석 기록은 지난 15,000년 동안 인간의 뇌의 크기가 다소 가파르게 줄어들었음을 시사하고 있는데, 이는 인구밀도가 높고 "문명화된" 인간 정착지가 도래한 것에 수반하여 일어난 것처럼 보이는 몸 크기의 축소를 전적으로는 아니더라도 부분적으로는 반영하는 것이다.

01 ②	02 ③	03 ③	04 ④	05 ④	06 ②	07 ③	08 ②	09 ③	10 ③
11 ②	12 ③	13 ③	14 ④	15 ④	16 ①	17 ④	18 ④	19 ④	20 ④
21 ③	22 ④	23 ①	24 ①	25 ②					

01 1996 고려대   ②

'세계 최초의' 전기 자동차는 이제까지 없던 전혀 새로운 것이며, 이것에 대한 디자인은 '이정표' 혹은 '획기적인 사건'으로 표현할 수 있을 것이다.

windfall n. 바람에 떨어진 과실; 뜻밖의 횡재 milestone n. 이정표; 획기적인 사건; 중대 시점 notoriety n. 악명, (나쁜 의미의) 평판 frustration n. 좌절, 실패

이것은 자동차 디자인 역사에 있어서 획기적인 사건이다. 세계 최초의 전기 자동차이다.

02 1998 동국대   ③

because of는 '이유'를 나타낸다. '날씨가 좋지 않다면' 기차 운행에 부정적인 영향을 줄 것이므로 '단축된다'를 뜻하는 ③이 정답으로 적절하다.

daub v. ~을 더덕더덕 칠하다; 더럽히다 initiate v. 시작하다 curtail v. 단축하다; 요약하다 deduce v. 추론하다, 연역하다

우리는 좋지 않은 날씨로 인해 그 도시로 가는 열차편이 약간 단축되어야 한다는 말을 들었다.

03 2017 서울여대   ③

행위의 주체가 환자들이고 빈칸 뒤에 질병 혹은 질환의 이름이 주어져 있으므로, 빈칸에는 '(질병 등에) 걸리다'는 의미를 가진 ③이 들어가야 한다.

neurological a. 신경의, 신경학의 symptom n. 징후, 조짐, 증상 syndrome n. 증후군, 일련의 징후 auto-immune dysfunction 자가 면역 장애 assign v. 할당하다, 배당하다; 지정하다 permeate v. 스며들다, 침투하다 contract v. 계약하다; 수축시키다; (병에) 걸리다 inhale v. 빨아들이다, 흡입하다

중증 신경증상을 보이고 있는 72명의 환자들 가운데, 40명이 위험한 자가 면역 장애 질환인 길랑-바레 증후군에 걸려 있었다.

04 2012 단국대   ④

'어느 누구도 그녀의 의향을 신뢰하기 어렵다'고 했는데, 신뢰를 하지 못하는 것과 가장 관련이 깊은 ④가 빈칸에 적절하다.

inclination n. 경향, 성향 pivotal a. 회전축의; 중추의, 중요한 stringent a. 절박한; 자금이 핍박한 judicious a. 현명한; 판단력 있는, 신중한 capricious a. 변덕스러운

안나(Anna)는 변덕스러운 결정을 많이 내려서, 어느 누구도 그녀의 의향을 신뢰하기 어렵게 만들었다.

05 2014 경희대   ④

콤마 전후의 표현은 인과관계를 이룬다. 우주가 다루기 힘든 대상이라면, 그것을 완전히 이해하기는 매우 어려울 것이다. 이것을 다른 말로 표현하면, 우주는 그것을 모두 이해하려는 인간의 노력이 범접할 수 없는 위치에 있다는 것이다. 따라서 빈칸에는 이러한 맥락을 만드는 ④가 들어가는 것이 자연스럽다.

intractable a. 말을 듣지 않는, 제어할 수 없는; 다루기 힘든 astonishingly ad. 놀랄 만큼, 몹시, 매우 relevant a. 관련된, 적절한, 타당한 pander v. 방조하다; (취미·욕망에) 영합하다 yield v. 지다, 굴복하다; 따르다 immune a. (공격·병독 등을) 면한, 면역성의; 영향을 받지 않는

그러므로 이런 의미에서 우주는 다루기 힘들며, 전부를 알고자 하는 인간의 그 어떤 시도에도 크게 영향을 받지 않는다.

06 2002 중앙대   ②

두 번째 문장은 첫 번째 문장에 대한 재진술이다. '편지가 길고 이전 편지에서 했던 말을 늘 반복한다'는 것은 그 편지가 장황하고 군더더기가 많다는 것이므로, 빈칸에는 ②가 들어가야 적절하다.

annoyingly ad. 성가시게, 지겹게 wordy a. 말이 많은 abundant a. 풍부한, 많은 redundant a. 여분의; 장황한 hyperbolic a. 과장된; 과장법을 쓴 reticent a. 과묵한, 말이 적은

나의 삼촌이 보내는 편지들은 귀찮은 정도로 장황하다. 편지에는 말이 많고 언제나 이전 편지들에 썼던 이야기들을 반복하곤 한다.

07 2012 중앙대 ②

천연자원의 소비가 사람들에게 위험을 가져오는 수준이 되려면 소비의 정도가 매우 심해야 한다.

alert v. 경고하다 stingy a. 인색한; 부족한, 근소한 profligate a. 방탕한; 낭비가 심한 sustainable a. 지속 가능한; (자원이) 고갈됨이 없이 이용할 수 있는 meager a. 빈약한

환경 연구는 환경오염과 천연자원의 무분별한 소비가 가져오는 위험에 대해 일반 대중들에게 지속적으로 경고해 오고 있다.

08 2021 국민대 ②

'bring ~ to a close'는 '~을 끝내다'는 의미로 사용되므로 빈칸에는 ②가 적절하다.

immunity n. 면역력 wretched a. 끔찍한, 형편없는 eliminate v. 없애다, 제거[삭제]하다

어떤 면에서 코로나 바이러스는 불가사의하다. 과학자들마저도 면역력이 얼마나 오랫동안 지속되는지 혹은 백신이 바이러스의 확산을 막고 이 끔찍한 역사의 장을 끝낼지를 알지 못한다.

09 2022 서강대 ③

세미콜론은 앞 내용을 부연 설명할 때 사용하는데, 세미콜론 다음에 화물 운송과 여행의 어려움이 언급되었으므로 이 둘을 어렵게 만드는 ③의 '열악한 기반시설(도로, 교량, 항만, 공항 등)'이 적절하다.

developing country 개발도상국 suffer from ~으로 고생하다 transport v. 수송하다 transference n. 이동 delivery n. 배달 infrastructure n. (도로·항만·비행장 등의) 기반시설 mediocre a. 보통의, 평범한; 이류의 management system 관리체계

많은 개발도상국이 형편없는 기반시설로 인해 어려움을 겪고 있다. 한 장소에서 다른 장소로 상품을 운송하기 어렵고 전국을 돌아다니기도 어렵다.

10 2020 가톨릭대 ③

의대생들이 체감하기에 의학 교육에 들어가는 비용이 어떠한지가 빈칸에 들어가야 한다. 의사가 되기 위해 들어가는 교육비가 '엄청나게 비싸다'고 해야, 돈벌이가 신통치 않은 전공이나 돈벌이가 잘 되지 않은 시골을 기피하는 이유가 될 수 있다.

low-paying a. 보수가 낮은 speciality n. 전문분야, 전공 pediatrics n. 소아과, 소아과학 psychiatry n. 정신과, 정신 의학 austere a. 소박한; 검소한 marginal a. 중요하지 않은; 주변적인 prohibitive a. (가격이) 엄청나게 비싼; 금지하는 것이나 다름없는 compensatory a. 보상의, 배상의

의학 교육에 들어가는 비용이 일부 의대생들에게는 엄청나게 비싸서, 젊은

의사들이 소아과나 정신과 같이 벌이가 잘되지 않는 전공과 시골이나 부유하지 않은 지역에서 일자리를 기피하게 만들 수 있다.

11 2022 광운대 ②

어둠이 밤낮으로 나를 갉아먹으면서 몇 달이나 지속되었다면, 그런 삭막하고 고통스런 상황은 '추운 겨울(cold winter)'과 같을 것이다.

consume v. 소비하다; (모조리) 먹어치우다 last v. 지속되다 crisp a. (공기나 날씨가) 상쾌한

나의 나날들은 무언의 고통으로 가득했다. 어렸을 적에 집에서 일이 잘 풀리지 않았을 때 그랬던 것처럼, 나는 자신을 고립시켰다. 어둠이 밤낮으로 나를 갉아먹었으며, 어둠은 매번 몇 달이나 추운 겨울처럼 지속되었다.

12 2021 서울여대 ③

첫 문장에서 '자제력을 통해, 즉각적인 욕구를 충족시키는 대신 장기적인 목표 달성에 도움을 얻을 수 있다'고 했는데, 이는 '만약 즉각적인 욕구를 충족시킨다면 장기적인 목표 달성을 할 수 없게 된다'는 것을 의미한다. 장기적인 목표는 '미래에 우리 자신이 누리게 될 것'과 관련이 있으므로 빈칸에는 ③이 적절하다. 즉 long-term은 미래를 의미하고 your는 이웃이나 세대가 아니라 개인 자신을 의미한다.

self-control n. 자제력 benefit v. ~에게 이익을 주다 satisfy v. 만족시키다; 충족시키다 satiation n. 포만, 만끽 irresistible a. 저항할 수 없는; 압도적인; 억누를 수 없는 end up ~ing 결국에는 ~이 되다 sacrifice v. 희생하다; 포기하다, 단념하다

자제력은 즉각적인 욕구를 충족시킬 수 있는 것 대신에 장기적인 목표에 도움이 되는 것을 할 수 있는 능력이다. 그러나 우리들 중 많은 사람들에게 단기적인 만족은 억누를 수 없는 것이어서, 결국 우리는 너무나도 쉽게 미래의 우리 자신이 누릴 행복을 포기하고 만다.

13 2001 고려대 ③

'현저한 차이(contrast)'라는 표현으로 미루어, between 이하는 상반된 두 부류가 쓰여야 한다. and 이하에 이어지는 내용은 '다른 모든 사람들'에 대한 설명으로 '매우 가난한 사람들'이다. 빈칸에는 그 반대에 해당되는 내용이 와야 하므로 '부유한 사람들'을 의미하도록 ③이 들어가야 적절하다.

contrast n. 대조; 현저한 차이 indigent a. 가난한, 곤궁한 shack n. (초라한) 오두막 pessimistic a. 비관적인, 염세적인 juvenile a. 젊은, 어린 affluent a. 풍부한; 유복한 innocuous a. 무해[무독]한; 악의가 없는

우리 학교에 온 초빙 강사는 아이티(Haiti)의 소수의 부유한 사람들과 다른 모든 사람들, 즉 너무 가난해서 언덕 위 삼면이 판잣집인 곳에서 사는 사람들 사이의 현저한 차이에 대해 연설했다.

14 2020 한국공학대 ④

중국 정부가 인터넷 활동을 감시하고 사용자들을 투옥하는 이유는 정부가 '못마땅하게 여길' 만한 비판적 언행을 단속하기 위함이라고 추론할 수 있다.

imprison v. 투옥하다, 수감하다 obligatory a. 의무적인 oblivious a. 알아차리지 못하는 objective a. 객관적인 objectionable a. 불쾌한, 무례한; 반대할만한

중국 정부는 수만 명을 고용하여 웹 활동을 감시하고 있는데, 수많은 웹 사용자들이 정부 당국이 불쾌하게 여길만한 이메일이나 포스팅을 올린 이유로 투옥되고 있다.

15 2013 경희대 ④

대등한 관계를 나타내는 or 앞에서 '혼란스럽게 하고, 불안하게 하거나'라고 했으므로 빈칸에도 이와 같은 맥락으로 '해로운, 해를 입히는'이라는 의미의 ④가 적절하다.

psychoanalytic a. 정신 분석의 double bind 이중 구속(모순된 메시지에 의해 이러지도 저러지도 못하는 상황(딜레마)에 빠지는 것) contradictory a. 모순된, 양립하지 않는, 자가 당착의 demotic a. 민중의; 통속적인 diminutive a. 아주 작은, 소형의 diminished a. 감소된; 권위가 떨어진 detrimental a. 해로운; 불리한

소위 '이중 구속'에 대한 정신 분석적 연구는 중요한 문제에 대한 성인들의 모순적인 메시지보다 아이를 더 혼란스럽게 하고 불안하게 하거나 해로운 영향을 미치는 것은 없다는 것을 보여주었다.

16 2013 경희대 ①

주어가 '군 장교들'이고 of 다음이 '쿠데타 음모'이므로 빈칸에는 '유죄판결을 받았다'는 의미가 되도록 ①이 들어가는 것이 적절하다. 한편, ② convince A of B는 'A에게 (논리적 주장·근거로) B에 대해 설득시키다'라는 의미이다. 수동태로 쓰였으므로 'B에 대해 설득되었다[확신하게 되었다]'라는 의미가 되는데, 2003년의 쿠데타 음모에 대해 지난주에 확신하게 되었다는 것은 부자연스러우며, 그 다음에 이어지는 군 장교 지지자들의 비난과도 자연스럽게 연결되지 않는다.

intrigue n. (은밀한·교활한) 음모 eternal a. 영원한, 영구한 conspiracy n. (조직적) 공모, 음모 coup n. 쿠데타; 대단한 성취 in turn 이번에는, 번갈아 decry v. 비난[중상]하다, 헐뜯다 secular a. 세속적인, 비종교적인 armed forces 군대 convict A of B A에게 B에 대해 유죄판결을 내리다 convince v. 확신시키다, 납득시키다 be composed of ~로 구성되다

터키에서 음모는 끝이 없다. 지난주에는 330명의 전·현직 군 장교들이 2003년에 쿠데타 결행을 공모한 혐의로 유죄판결을 받았다. 이번에는 군 장교 지지자들이 이것을 '비종교적인' 군대에 반대하는 '이슬람교' 정부에 의한 공모라고 비난하고 있다.

17 2014 한양대 ④

Unlike가 문제해결의 단서이다. 주절에서 포크너는 점점 더 은둔적이 되어갔고 사람들과의 교제를 피했다고 했으므로, 이와는 대조적으로 카포티는 사람들과 어울리는 것을 즐겼다고 하는 것이 적절하다.

celebrity n. 유명한 사람들, 명사, 연예인 reclusive a. 세상을 버린; 은둔한; 쓸쓸한, 적막한 shun v. 피하다 company n. 회사; 동석한 사람들; 교제, 사귐 austere a. 꾸밈없는, 소박한; 근엄한; 금욕적인 congenial a. (사람이) 마음이 맞는[통하는]; (상황·사물이) 마음에 드는 tenacious a. 집요한, 완강한 gregarious a. 남과 어울리기 좋아하는, 사교적인

명사(名士)들의 무리 한 가운데 있을 때 가장 행복해했던, 사교적인 카포티(Capote)와는 달리, 포크너(Faulkner)는 만년에 다소간 은둔적인 성향이 되었고 사람들과의 교제를 피했다.

18 2018 강남대 ④

슈퍼마켓에서 파는 토마토와 집 정원에서 키운 토마토의 차이를 두 번째 문장과 세 번째 문장에서 대조하고 있으므로, 빈칸에는 ④가 적절하다.

pale a. (빛깔 따위가) 엷은, 연한 yellow-red 황적색 juicy a. 즙이 많은, 수분이 많은 tender a. 부드러운, 연한; 즙[수분]이 많은 on the other hand 다른 한편으로는, 반면에

슈퍼마켓에서 파는 토마토와 집 정원에서 키운 토마토 사이에는 큰 차이가 있다. 슈퍼마켓에서 파는 토마토는 맛이 없고, 색깔이 연한 황적색이고, 그리고 바위같이 단단하다. 반면에, 집 정원에서 키운 토마토는 진홍색이고, 즙이 많으면서, 맛이 좋고, 부드럽다.

19 2012 경희대 ④

시원한 산바람을 이용해 포도를 생산한다면, 저지대의 지중해 열기 속에서는 시원한 바람을 이용하지 못하므로 포도가 시들고 말 것이다.

bluff n. 절벽, 벼랑 pine n. 솔, 소나무 pepper v. 흩뿌리다, 온통 뿌리다 thyme n. 사향초 swatch n. 견본; 작은 조각, 소수 thrive v. 번성[번영]하다; 성공하다 flourish v. 번영하다; 성장하다 proliferate v. 증식하다, 번식하다; 급증하다 wilt v. (초목 등이) 시들다; (사람이) 약해지다

야생 로즈메리와 사향초가 듬성듬성 피어 있는 소나무 밭이 마치 솔처럼 펼쳐진 높은 절벽 위에서, 익어가는 포도밭들은 저지대의 지중해 열기 속에서라면 시들어버릴 포도를 시원한 산 공기를 이용해 생산해낸다.

20 2014 경희대 ④

빈칸이 들어 있는 문장의 주어인 반도(半島)의 사전적 의미는 삼면이 바다로 둘러싸이고 한 면은 육지에 이어진 땅이므로, 지리적으로는 필연적으로 바다 쪽으로 튀어나와 있게 마련이다. 그러므로 빈칸에 적절한 표현은 ④이다.

peninsula n. 반도 project v. 불쑥 나오다 curiously ad. 기묘하게, 이상하게도 mountainous a. 산이 많은, 산지의 propound v. 제출하다 protract v. 오래 끌게 하다, 연장하다 protrude v. 내밀다; 불쑥 나오다

4개의 반도 중 가장 긴 반도의 최북동부 지역의 미나하사(Minahasa)는 기이한 형태에 산이 많은 인도네시아 셀레베스(술라웨시) 섬으로부터 불쑥 나와 있다. 그 반도는 셀레베스 섬과 몰루카해(海) 사이에 북동쪽으로 돌출해 있다.

---

21 2021 숭실대 ③

빈칸에 해당하는 것이 attacking people's character and their motivations인데, 이는 상대방을 사적으로 공격하는 것이다. 따라서 빈칸에는 '공격하다', '불쾌감을 주다' 의미의 ③이 적절하다.

criticize v. 비평하다, 비판하다 potentially ad. 잠재적으로 consult v. 상담하다 deceive v. 속이다, 기만하다 offend v. 공격하다; 불쾌감을 주다 praise v. 칭찬하다

그는 경쟁자에게 사적으로 불쾌감을 주지 말고 경쟁자의 정책을 비판하라고 젊은 정치인들에게 조언했다. "일단 여러분이 사람들의 인격과 동기를 공격하기 시작하면, 여러분은 그 사람들로 하여금 여러분이 제기한 정책상의 의견 차이를 극복할 수 없게 만들고, 여러분이 잠재적으로 함께 일할 수 있는 사람으로서의 그들을 잃게 됩니다."

---

22 2021 경희대 ④

어둠, 차가운 온도, 먹이 부족, 높은 수압 등은 모두 '거친 환경'을 이야기하고 있으며, '생명체가 존재하는 것이 사실상 불가능한 장소 같다'는 내용을 고려하면, 빈칸에는 '살기 힘든', '황량한'의 의미인 ④가 적절하다.

freezing a. 몹시 추운 relative a. 상대적인 crushing a. 눌러 터뜨리는, 박살내는, 분쇄하는; 압도적인 at first glance 처음에는, 언뜻 보기에는 exploratory a. (실지) 답사의; 탐험의; 조사[연구]를 위한 inflexible a. 구부러지지 않는; 불굴의, 강직한, 완고한 invisible a. 눈에 보이지 않는 incorrigible a. 상습적인, 고질적인 inhospitable a. (특히 기후 조건이) 사람이 지내기[살기] 힘든, 황량한 inflammable a. 타기 쉬운, 가연성의

바다 표면 아래의 깊은 지역은 완전한 어둠, 매우 차가운 온도, 상대적인 먹이 부족, 그리고 으스러뜨릴 것 같은 수압 때문에 생명체가 살기에 적합하지 않다. 얼핏 보기에는 생명체가 존재하는 것이 사실상 불가능한 장소 같지만, 바다 가장 깊은 곳에 대한 탐사 팀들이 발견했듯이, 실제로는 생명체가 존재한다.

---

23 2021 숙명여대 ①

빈칸 뒤에는 목적격 관계대명사가 생략되어 있으며, 대기 오염은 해를 끼칠 것이므로 ①이 빈칸에 적절하다.

pollutant n. 오염 물질, 오염원 harm n. 피해, 손해 justice n. 정당성 probability n. 개연성 retrospect n. 회상, 회고 advance n. 진전

이미 대기 중 오염 물질의 양은 거의 우리를 매장시키기에 충분한 것처럼 보이며, 해마다 증가하고 있다. 우리 정부의 많은 지도자들은 그 증가에 대해 걱정하고 있다. 대기 오염이 끼칠지도 모르는 모든 피해는 아무도 모르지만, 대기 오염이 이에 맞서 싸우려는 우리의 노력보다 더 빠르게 증가하고 있다는 것은 모두가 알고 있다.

---

24 2022 숙명여대

첫 번째 빈칸에는 '유전자 조작에 의해 새로 만들어진 종류'라는 의미가 들어가야 하므로 '이종, 변종, 품종' 등을 의미하는 variety의 복수형 varieties가 적절하다. 두 번째 빈칸에는 '어떤 노력이나 활동의 결과물'을 뜻하는 말이 들어가야 하므로 '산물'을 뜻하는 product가 적절하다.

alter v. 변경하다 gene n. 유전자 variety n. 변종; 품종 resistant to ~에 대해 저항하는 herbicide n. 제초제 product n. 산물

과학자들은 우리가 식용으로 사용하는 동물과 식물의 유전자를 변형시키라 분주하다. 옥수수의 유전자가 변형되어 해충과 제초제에 내성이 강한 새로운 품종을 만들어냈다. 비타민 A가 많이 함유된 새로운 황금빛 벼도 유전자 변형의 산물이다.

---

25 2021 광운대 ②

앞 문장의 내용과 마찬가지로, 빈칸에는 '감정에 따라 시간의 길이가 다르게 인식된다'는 내용의 예가 될 수 있는 것이 들어가야 한다. 따라서 '기다리는 동안에는 시간이 더디 가는 것 같고, 웃고 즐길 때에는 시간이 빨리 지나가는 것 같다'는 취지의 ②가 정답으로 가장 적절하다.

unsteady a. 불안정한; 변하기 쉬운 subjective a. 주관적인 shift n. 변천, 추이; 변화 present v. 나타내다, 생기게 하다 perceive v. 지각하다, 감지하다; 인식하다 neutral a. 중립의; 중용의; 감정을 드러내지 않는 lasting a. 영속하는, 오래 가는

시간에 대한 우리의 인식은 변하기 쉽고 주관적인 인식이다. 감정, 음악, 주변의 사건, 그리고 관심의 변화는 모두 우리가 인식하는 시간을 더 빠르게 하거나 더 느리게 하는 힘을 가지고 있다. 화면에 이미지가 제시될 때, 우리는 화난 얼굴이 무표정한 얼굴보다 더 오래 지속되는 것으로 인식하고, 빨간색이 파란색보다 더 오래 지속되는 것으로 인식한다. 지켜보고 있는 냄비는 좀처럼 끓지 않고, 재미있게 놀고 있을 때에는 시간이 빨리 간다.

TEST 31

01 ①	02 ③	03 ③	04 ③	05 ①	06 ③	07 ②	08 ⑤	09 ③	10 ①
11 ④	12 ⑤	13 ③	14 ②	15 ③	16 ③	17 ④	18 ④	19 ④	20 ④
21 ①	22 ②	23 ②	24 ③	25 ⑤					

01 2001 대구대   ①

'엔진에 생긴 문제 때문에'라는 표현이 있으므로, 시험 비행을 '중지시켰다'고 해야 자연스러운 문장이 된다.

abort v. 유산하다; 좌절하다; 중지되다 beleaguer v. 에워싸다; 포위 공격하다; 괴롭히다 accelerate v. 가속하다 usurp v. 강탈[횡령]하다; 불법 사용하다

기술자들은 엔진 문제 때문에 마지막 순간에 시험 비행을 중지시켰다.

02 2011 광운대   ③

'어떤 행보를 따를 것인지 예상할 수 없다'고 하였으므로, 그녀는 '충동적인' 성향을 지니고 있음을 알 수 있다.

inert a. 활발하지 못한, 생기가 없는 unusual a. 이상한, 보통이 아닌; 유별난 impulsive a. 충동적인 sentimental a. 감정적인; 감상적인 silent a. 조용한; 말 없는

그녀는 너무 충동적이기 때문에 그녀가 언제 어떠한 행보를 따를 것인지를 예상할 수 없다.

03 2006 단국대   ③

'so ~ that …' 구문은 원인과 결과의 관계를 나타낸다. 연극의 줄거리가 쉽게 예측할 수 있을 만큼 뻔한 것이었고 거기에 나오는 등장인물도 밋밋했다면, 당연히 그에 대한 반응은 좋지 않았을 것이라 추론할 수 있다. '무기력한'이란 의미의 ③이 빈칸에 쓰여야 적절한 인과관계가 성립된다.

predictable a. 예언[예상]할 수 있는 effusive a. 심정을 토로하는, 지나치게 감정적인; 과장된 lucrative a. 유리한 lethargic a. 무기력한; 둔감한 enthusiastic a. 열심인; 열광적인

줄거리가 너무 쉽게 예측할 수 있고 등장인물들 또한 활기가 없었기 때문에 그 연극이 그처럼 무기력한 반응을 얻은 것은 전혀 놀랄 일이 아니다.

04 2006 경기대   ③

'영구적인' 작품의 창작에 쓰이지 않는 것은 이 용액이 오래 지속되지

않기 때문으로 보는 것이 타당하다. '부패하기 쉽다'는 것이 앞서 언급한 성질에 부합되므로 ③이 빈칸에 적절하다.

enduring a. 지속하는; 내구성이 있는 perennial a. 지속하는; 영구적인 poignant a. 매서운, 날카로운, 통렬한 perishable a. 썩기 쉬운; 소멸하기 쉬운 prolific a. 다산의; (작가가) 다작의

이 용액의 부패하기 쉬운 성질 때문에, 예술가가 영구적인 작품을 창작하고자 할 때에는 쓰이지 않는다.

05 2012 중앙대

감옥에 갇히는 사람들은 일반적으로 범법행위를 저지른 사람들이다. 따라서 감옥에 갇히기 전에 그는 자신이 살던 나라에서 범법자였거나 그에 유사한 처지에 있었을 것이라는 점을 추론할 수 있다. 따라서 '추방됐다'라는 의미를 만드는 ①이 빈칸에 적절하다.

haven n. 안식처, 피난처 repentance n. 후회; 회개 proscribe v. 추방하다; 금지하다, 배척하다 perch v. (새가) 횃대에 앉다; (사람이) 앉다, 자리 잡다 perpetuate v. 영속시키다, 불멸하게 하다 precipitate v. 촉진시키다

그는 휴식을 취하고 자신의 삶을 회개하기 위한 장소가 되었어야 하는 감옥 섬에서 탈출해 자신이 추방됐던 나라로 되돌아왔다.

06 2013 인천대

has not made St. Andrew's the happiest of places라는 내용을 통해, 부정적인 내용이 빈칸에 들어가야 함을 알 수 있다. 빈칸 뒤에 'with + 사람'의 표현이 있으므로, ③이 들어가면 팀의 부진한 성적과 경영진과의 불화라는 부정적인 요소가 자연스럽게 완성될 수 있다. coupled with는 '~과 더불어, 결부된'의 뜻이므로, with 앞의 내용은 a faltering ~ the Premiership과 유사한 의미가 되어야 한다. 따라서 캐런 브래디와 극심한 불화가 있다고 하는 것이 글의 흐름상 자연스럽다.

bitter a. 격렬한; 신랄한 coupled with 더불어, 겹쳐, 관련한 falter v. 비틀거리다; 말을 더듬다; 불안정하게 되다 bid n. 입찰; 노력, 시도; 초대, 입회 권유 Premiership n. 수상의 지위[임기]; <축구> 프리미어리그 팀의 지위 St. Andrew's (버밍엄 시티 FC 팀의) 축구 경기장 이름 jihad n. (회교 옹호의) 성전(聖戰); (주의·정책 등의) 옹호[반대] 운동 feud n. 불화; 싸움 upheaval n. 대변동, 격변

프리미어리그에 진입하려는 시도가 좌절되고 있는데다 클럽 관리 이사인 캐런 브래디(Karren Brady)와의 극심한 불화까지 겹쳐져 그에게는 세인트 앤드류 경기장이 가장 행복한 곳이 되지 못했다.

07 2001 고려대 ②

작문이란 생각을 표현하는 것이므로, 생각이 혼란스러웠다면 작문도 그와 마찬가지일 것이라 추론할 수 있다. 혼란스러운 작문은 '일관성이 결여된' 작문으로 표현할 수 있을 것이므로 ②가 정답으로 적절하다.

disorganized a. 무질서한 adherence n. 집착, 고집 coherence n. 시종 일관성; 일치 transcendence n. 초월, 탁월 correspondence n. 서신교환; 일치; 유사

심슨(Simpson) 선생님은 마이크(Mike)에게 그의 생각이 무질서해서 작문의 일관성이 부족하다고 말했다.

08 2019 아주대 ⑤

주어진 문장에서 행위의 주체가 약에 대해 전문적인 지식을 갖춘 '의약품 분석기관'이므로, 이곳은 의료분쟁이 발생하는 경우에 적극적으로 개입하여 해결에 도움을 주어야 할 것이다.

pharmaceutical a. 제약의, 약학의; 약제의 analytics n. 분석학, 해석학 collaborate v. 공동으로 일하다, 협력하다 multiple a. 다수의, 다양한 stakeholder n. (사업 따위의) 출자자, 이해 관계자, 주주 accountability n. 책임 quality use 능률적이고 올바른 사용 medicine n. 약, 약물; 의학 medical disputes 의료분쟁 evolve v. 서서히 발전하다, 진화하다 consult v. 의논하다, 협의하다 concoct v. (음료 따위를) 혼합하여 만들다; (이야기 따위를) 조작하다; (음모 따위를) 꾸미다 legislate v. 법률을 제정하다 intervene v. 방해하다; 중재하다; 개입하다, 간섭하다

의약품 분석기관은 여러 이해관계자들과 협력하여 의약품의 능률적이고 올바른 사용에 대한 그들의 책임을 증대시켜야 하고, 또한 의료분쟁에도 개입해야 한다.

09 2005 영남대 ③

'그의 일생의 직업이 그가 쓴 첫 번째 책의 출판과 함께 시작되었다'는 것은 그가 작가로서 '새로운 돌파구, 획기적인 진전'을 이루어 낸 것이라 할 수 있다.

breakup n. 붕괴, 와해 discovery n. 발견 breakthrough n. 돌파(구); 획기적인 약진, 성공 advantage n. 유리한 점, 이점, 장점; 우세

그 젊은 작가의 성공은 마침내 이루어졌다. 자신의 첫 번째 책의 출판과 함께 그의 일생의 직업이 시작되었다.

10 2014 상명대 ①

예금을 통해 은행으로부터 얻을 수 있는 것은 '이자(interest)'이다.

saving n. (pl.) 저금, 저축 interest n. 관심, 흥미; 이익; 이자 expenditure n. 지출, 소비; 경비 investment n. 투자, 출자 insurance n. 보험(금) expansion n. 확장

예금을 통해 이자를 받길 원하는 고객에게도 앨버타(Alberta) 은행이 가장 알맞은 저축 예금을 다양하게 제공한다는 것을 알려 드리고 싶습니다.

11 2022 한성대 ④

사소한 일에 집중하도록 하는 것은 어떤 것을 주의하여 자세히 살펴보는 것이므로 빈칸에는 ④가 적절하다.

practical a. 현실적인, 실제적인 irrational a. 비이성적인 confident a. 자신감 있는 observant a. 관찰력 있는; 준수하는

관찰력이 있다는 것은 단순히 대단한 것들만 보는 것이 아니다. 그것은 또한 사소한 일에 집중하도록 자신을 훈련하는 것에 관한 것이다. 어떤 상황에 대해 다른 사람들은 놓치고 있는데 당신은 보는 것은 무엇인가?

12 2020 숙명여대 ⑤

'자원의 희소성'은 그 자원의 쟁취를 둘러싼 경쟁을 '치열하게' 만들 것이라고 추론할 수 있다.

resource n. 자원 scarce a. 부족한 thereby ad. 그렇게 함으로써, 그것 때문에 adjacent a. 접근한, 인접한 irrelevant a. 부적절한, 무관계한 inductive a. 귀납적인 reasonable a. 타당한 intense a. 강렬한, 치열한

식량, 물, 연료 자원이 부족해지면서, 이러한 자원을 지배하려는 경쟁은 더욱 치열해지고, 그렇게 해서 분쟁과 환경 파괴가 발생한다.

13 2014 국민대 ③

여론조사 결과 '반미감정의 고조'가 드러났다는 것은 외국에서의 여론이 그러하다는 것을 의미한다. 따라서 '여론'에 대한 외교적 노력을 다시 기울이려 한다는 것은 비등하는 반미 여론에 '상응하는' 조치를 늘린 것이라고 할 수 있다. 따라서 빈칸에는 '비례한', '상응한'이란 의미를 갖는 ③이 적절하다.

poll n. 투표, 여론조사 indicate v. 가리키다, 지적하다, 보이다 reinvigorate v. 다시 활기 띠게 하다, 소생시키다 public diplomacy 공공외교 stationary a. 움직이지 않는, 정지된; 변화하지 않는 paradoxical a. 역설적인, 모순된 commensurate a. 비례한, 균형이 잡힌, 상응한 inexplicable a. 설명할 수 없는, 불가해한

여론조사가 전 세계적으로 반미감정이 고조되고 있음을 보여주는 가운데, 그에 상응하여 미국의 공공외교 노력을 다시 활기차게 진행하는 것에 관한 논의가 정부 관리들 사이에서 증가해 왔다.

Methodism n. 감리교파 discord n. 불화 unison n. 조화 creed n. 교리, 신념

종교의 25개 조항(Twenty-five Articles of Religion)은 미국 감리교회를 위해 감리교 창시자인 존 웨슬리(John Wesley)에 의해서 작성되었다. 그 교리는 미국 감리교회가 공식적으로 조직된 1784년에 메릴랜드 주 볼티모어에서 열린 회의에서 채택되었다.

14 **2016 가톨릭대** ②

첫 문장에서 체육관을 선택한다면 집이나 직장에서 걸어갈 수 있는 거리에 위치해야 한다고 했는데, 이는 '근접성'에 관한 내용이므로 ②가 정답으로 적절하다.

dweller n. 거주자, 주민 end up ~ing 결국에는 ~하게 되다 walkable a. 걸어서 갈 수 있는 demonstrate v. 증거를 보여주다, 입증하다 correlate v. 연관성[상관관계]이 있다 reliability n. 신빙성, 확실성 proximity n. 가까움, 근접성 compatibility n. 양립[공존] 가능성 affordability n. 여유[자격] 있음; 구매 가능성

당신이 도시인이라면 결국 선택하게 되는 체육관은 집이나 직장에서 걸어갈 수 있는 거리에 위치해야 하는데, 연구에 따르면 이런 근접성은 (체육관의) 이용률과 직접적인 상관관계에 있다.

15 **2014 경희대** ③

세미콜론(;) 이하에서는 첫 문장에서 언급한 엄마와 자신과의 거리를 부연하여 설명하고 있다. 여기서 그 거리감을 '거의 명백한 것'으로 이야기하고 있으므로, 빈칸에도 이와 유사한 의미의 단어가 들어가야만 자연스럽다. 그러므로 palpable의 동의어에 해당하는 ③이 적절하다.

palpable a. 손으로 만질 수 있는; 명백한 intensity n. 격렬; 긴장, 집중, 전념 desperate a. 자포자기의; 절망적인; 필사적인 longing n. 동경, 갈망, 열망 tenuous a. 희박한; 엷은; 미약한 vague a. 막연한, 애매한 tangible a. 실체적인, 확실한, 명백한 subtle a. 미묘한, 포착하기 힘든

엄마가 나와 함께 방에 있을 때조차도, 그러나 이것은 (둘 사이의) 거리감을 훨씬 더 확실하게 해줄 뿐이었다. 어디든 다른 곳에 있기를 강렬하게 바라는 우리의 필사적인 갈망 위에 형성된 거의 명백한 거리감이었다.

16 **2015 고려대** ③

용감한(brave) 사람은 두려움(fear)이 없는 사람이 아니라, 그것을 적절히 '다룰 줄(deal with)' 아는 사람이라는 내용이다. 따라서 빈칸에는 courage, brave와 동등한 의미를 지니는 어휘가 와야 하므로 '대담함', '겁 없음'을 의미하는 ③이 적절하다.

commensurate a. (크기·중요도 등에) 어울리는, 상응하는 peril n. 위험 reluctance n. 싫음, 마지못해 함, 꺼림, 마음 내키지 않음 cowardice n. 겁, 비겁 intrepidity n. 대담, 용맹, 겁 없음 diffidence n. 자신이 없음; 기가 죽음

용감한 사람이 다루는 두려움과 용기는 분명히 인간의 힘과 상응하는 것들이다. 대부분의 사람들 혹은 모든 사람들이 두려워하는 위험의 와중에 대담함을 보여주는 그 사람이 용감하다.

17 **2012 경희대** ④

감리교라는 종교에 대한 설명이므로 '(종교상의) 교리, 신념'을 뜻하는 creed가 정답이다.

18 **2020 가천대** ④

두 번째 문장은 첫 번째 문장의 내용에 대한 부연 설명에 해당한다. 첫 번째 문장의 내용을 두 번째 문장에 적용시키면, '대학이 돈을 확보하는 데 도움이 되도록 같은 조건이라면 동문의 아이들을 입학시키는 쪽을 택한다'고 할 수 있다. 그러므로 빈칸에는 첫 문장의 favor의 의미를 내포하고 있는 표현이 필요하며, 따라서 ④가 정답으로 적절하다.

comparable a. 필적하는; 비슷한, 동등한 applicant n. 지원자, 출원자 favor v. ~에게 호의를 보이다; 찬성하다; 편애하다 affluent a. 풍부한; 유복한 widespread a. 보급된, 만연된; 광범위한 alumnus n. 동창생, 졸업생 donation n. 기부, 기증, 증여; 기부금 inclusively ad. 계산에 넣어서, 전부 통틀어 impartially ad. 공평하게, 편견 없이 allegedly ad. 주장하는 바에 의하면, 전해진 바에 의하면 preferentially ad. 우선적으로

비슷한 지원자들을 고려할 때조차도, 대학은 부유한 사람들을 선호한다. 동문의 자녀들을 우선적으로 입학시키는 일반적인 관행은 일종의 모금 기법이다. 그리고 진정한 부자들에게는 많은 기부를 할 수 있는 선택의 자유가 항상 있다.

19 **2021 동국대** ④

사람들이 농작물을 재배하고 가축을 키우게 된 결과, 농작물과 가축의 수량을 계속 잊지 않고 파악해둘 필요성이 생겼다고 진술하고 있다. 그리고 이렇게 하는 데는 연월일과 품목과 수량을 나타내는 문자와 숫자가 필요했을 것이며, 이는 곧 농업의 시작이 문자의 발명을 초래했음을 의미한다. 따라서 빈칸에는 '도래', '출현'이라는 의미의 ④가 들어가야 한다.

nomadic a. 유목의, 방랑의 agrarian a. 농업의, 토지의 keep track of 추적하다, 계산을 해두다, 계속 기억하고 있다 inventory n. 물품목록 adversity n. 역경, 불행 adamant n. 단단한 물질[것] adherence n. 고수, 집착 advent n. 도래(到來), 출현

학자들은 이제 문자의 도래가 유목민적 생활양식에서 영구적으로 정착하는 농경적 생활양식으로의 전환과 일치한다는 것에 동의한다. 사람들이 식량을 재배하고 가축을 돌보았기 때문에 물품목록과 재산을 계속 파악해두는 방법을 개발해야 할 필요가 생겼던 것이다.

20 **2021 성균관대** ④

빈칸을 포함한 문장은 결론에 해당하는데, 앞에서 '비판이 비판받는 사람의 개선을 목적으로 해야 함'을 이야기했으므로, '개선'의 의미를 포함하고 있는 표현이 빈칸에 들어가야 한다. 따라서 '건설적인'이라는 의미의 ④가 정답으로 적절하다.

criticism n. 비평, 비판 fault-finding n. 흠잡기 statement n. 말, 진술 influence n. 영향, 영향력 condemn v. 비난하다, 나무라다 improvement n. 개량, 개선 careful a. 조심스러운; 신중한 logical a. 논리적인 retrospective a. 회고하는, 회상하는 constructive a. 건설적인, 적극적인 generous a. 관대한, 아량 있는

비판은 흠잡기가 아니라 균형 잡힌 의견이다. 이유와 설명을 제시하지 않고는 그 어떤 말도 해선 안 된다. 이것은 비판이, 마땅히 그래야 하듯이, 안내자로서의 영향력을 행사하기 위해 반드시 필요하다. 개선 방법을 설명하지 않고 비난하는 것은 아무에게도 도움이 되지 않는다. 그러므로 모든 비판은 건설적이어야 한다.

21 2022 이화여대 ①

한국의 영향을 받았을 '가능성'이 있다는 의미로 첫 빈칸에는 chances나 odds가 적절하고, 둘째 빈칸에는 옥스퍼드 사전을 가리키는 표현으로 영어의 '권위자'라는 의미로 authority가 가장 적절하다. 따라서 정답은 ①이다. (The) chances are (that) ~와 (The) odds are (that) ~는 모두 '아마도 ~일 것이다, ~일 가능성이 있다'라는 표현이다.

chance n. 가능성, 확률 odds n. 가능성, 확률 authority n. 권위, 권위자 basis n. 기초 edition n. (출간된 책의 형태로 본) 판, (출간 횟수를 나타내는) 판(版)

'오징어 게임' 같은 드라마를 보는 것이든, '버터'나 '다이너마이트' 같은 BTS의 히트곡을 듣는 것이든, 아마도 당신은 살면서 모종의 한국의 영향을 받은 적이 있을 것이다. 그 한국의 영향력은 현재 <옥스퍼드 영어사전>에까지 도달했다. 그 인정받는 영어의 권위자(옥스퍼드 사전을 가리킴)는 그 최신판에 한국어에서 온 26개의 단어를 새로 추가했다.

22 2022 이화여대 ②

고문을 거부하고 고문이 인권을 침해한다고 생각한다고 했으므로 첫 번째 빈칸에는 '반대한다'는 의미의 전치사 against를 넣어야 하고, 고문 반대가 공리주의에 기대지 않는다는 내용으로 보아 공리를 넘어서는 도덕적 기초를 갖고 있다는 내용으로 만들기 위해 '~을 넘어서는'이라는 의미의 전치사 beyond를 두 번째 빈칸에 넣어야 한다.

torture n. 고문 on principle 원칙적으로 violate v. 위반하다 intrinsic a. 내재적인 dignity n. 존엄성 utilitarian a. 실용적인, 공리주의의

일부 사람들은 원칙적으로 고문을 거부한다. 이들은 고문이 인권을 침해하며 인간의 내재적 존엄성을 존중하지 않는다고 생각한다. 이들의 고문 반대 주장은 공리주의적 고려에 기대지 않는다. 이들은 인권과 인간의 존엄성은 공리(=효용)를 넘어서는 윤리적 기초를 갖고 있다고 주장한다.

23 2022 홍익대 ②

역사상 가장 포괄적인 장기간의 연구 기록 내용은 연구한 사람의 정신을 깊이 있게 이해할 수 있게 해줄 것이므로 빈칸에는 '깊은'이라는 뜻의 ②가 적절하다.

gain access to ~에 접근하다 comprehensive a. 포괄적인, 종합적인; 이해력이 있는 longitudinal a. 경도(經度)의; (성장·변화 따위의) 장기적인 insight n.

통찰력 pretentious a. 허세부리는, 과장된 profound a. 깊은; 뜻 깊은, 심원한 ambiguous a. 애매모호한, 알쏭달쏭한 superficial a. 피상적인

여기서, 처음으로 한 언론인이 역사상 가장 포괄적인 장기간의 연구 기록에 접근하게 된다. 과학만큼이나 문학이기도 한 그것의 내용은 인간이 처해 있는 상황에 대한, 그리고 그 연구를 오랫동안 이끌어온 조지 애쉬번(George Ashburn)의 재기 넘치면서도 복잡한 정신에 대한 깊은 통찰력을 제공한다.

24 2021 국민대 ③

다른 나라들에서 알렉산드라이트가 여전히 채굴되고 있는데도 러시아산 원석의 가치를 더 높게 평가하는 것은 러시아산 알렉산드라이트를 그만큼 구하기 힘들기 때문일 것이다. 따라서 빈칸에는 '고갈됐다'라는 의미를 만드는 ③이 적절하다.

alexandrite n. 알렉산드라이트(짙은 초록색의 보석) chrysoberyl n. 금록옥(金綠玉) mine v. 채광하다, 채굴하다 n. 광산 gemstone n. 보석의 원석(原石) prize v. 높이 평가하다; 소중히 여기다 rarity n. 아주 드묾; 진품(珍品) thrive v. 번창하다, 번영하다 sprawl v. 손발을 쭉 뻗다; (건물·필적 등이) 보기 흉하게 퍼지다 deplete v. (세력·자원 따위를) 고갈[소모]시키다 befuddle v. 어리둥절하게 하다

러시아의 황제 알렉산더 2세의 이름을 딴 알렉산드라이트는 희귀한 종류의 금록옥(金綠玉)이며 러시아의 우랄 산맥에서 처음으로 발견되었다. 그것은 현재 스리랑카, 동아프리카, 브라질에서 채굴되고 있지만, 러시아산 원석은 그 품질 때문에, 그리고 러시아 광산이 고갈되었기에 그 희귀성 때문에 더욱, 그 가치를 가장 높게 평가받고 있다.

25 2022 아주대 ⑤

jobs를 뒤에서 수식하는 that 관계절의 내용이 jobs의 성격을 규정하고 있는데, 신기술을 옛 포맷에 통합한다고 했으므로 새로운 것과 옛 것이 혼합된 성격의 직업이라 할 수 있다. 따라서 '혼합형의'라는 뜻의 ⑤가 빈칸에 적절하다.

as was the case with ~의 경우와 마찬가지로, ~의 경우에 그랬듯이 rollout n. 출시, 발표, 시작 parlor n. 응접실, 거실 a. 실내의; 말뿐인 academic a. 학구적인 engineering n. 공학 기술, 공학 field n. 현장 high-tech a. 첨단 기술의 hybrid a. 혼성의

인공 지능은 실제로 어떤 범주의 직업들을 없애버릴 수 있지만, 또한 신기술을 기존의 옛 형식에 통합하는 혼합형 직업들을 낳을 수도 있다. 20세기로의 전환기에 전기가 등장한 경우와 마찬가지로, 새로운 연구 분야들도 생겨난다. 전기가 말뿐인 호기심 이상의 무언가가 되기 전에는 전기 공학 기술자들은 실제로 필요하지 않았다.

01 ①	**02** ①	**03** ⑤	**04** ②	**05** ①	**06** ④	**07** ③	**08** ①	**09** ③	**10** ②
11 ①	**12** ③	**13** ①	**14** ④	**15** ②	**16** ④	**17** ①	**18** ④	**19** ③	**20** ③
21 ④	**22** ②	**23** ②	**24** ③	**25** ③					

01 2005 경기대 ①

의사의 수고에 대한 사례 방법은 일반적으로 '금전적인' 것으로 한다. 그러므로 ①이 빈칸에 적절하다.

reward n. 보수; 사례금; 보답 pecuniary a. 금전적인, 재정상의 inceptive a. 처음의 invalid a. 병약한; 효력 없는 haphazard a. 우연한, 되는 대로의

모든 의사가 금전적 보답을 전혀 기대하지 않고 어떤 환자들을 치료하기도 한다.

02 2019 덕성여대 ①

첫 번째 빈칸의 경우, talent(재능, 솜씨)에 해당하는 구체적인 행위가 들어가야 하므로 irony가 아닌 understatement가 적절하다. 한편, 양보절을 이끄는 while의 앞에 '분위기를 가볍게 하는 것'이 제시됐으므로 while 이하는 '태도는 가벼워지지 않는 것'이란 의미가 되어야 한다. 그것은 곧 진지한 태도를 유지하는 것이므로, 두 번째 빈칸에는 maintaining이 적절하다.

talent n. 재주, 재능 subtle a. 미묘한; 포착하기 힘든; 솜씨 있는, 교묘한 lighten v. 밝게 하다, 비추다; 가볍게 하다 mood n. 기분; 분위기 attitude n. (사람들의) 태도, 마음가짐; 자세, 몸가짐 understatement n. 절제된 표현; 삼가서 하는 말 maintain v. 지속하다, 유지하다; 주장하다 provoke v. 화나게 하다; 도발하다, 선동하다 exaggerate v. 과장하다 aggravate v. 악화시키다; 화나게 하다

삼가고 줄여서 말하는 우리 교수님의 솜씨는 진지한 태도를 여전히 유지하면서도 분위기를 밝게 하는 미묘한 방법이다.

03 2018 숙명여대 ⑤

Because로 시작하는 종속절과 주절이 원인과 결과의 관계여야 한다. '애니메이션이 아이들의 흥미를 끌고 가르치는 힘이 크기(enormous) 때문에, 저속하고 폭력적인 애니메이션이 아이들에게 미치는 영향을 간과하지/과소평가하지(disregard/underestimate) 말아야 한다.'고 말하는 것이 자연스럽다. 따라서 ⑤가 정답이 된다.

animation n. 만화영화, 애니메이션 attract v. (주의·흥미 등을) 끌다, 끌어당기다; ~의 마음을 끌다, 매혹하다 diet n. (TV프로·오락 등의) 규칙적으로 제공되는 것 vulgar a. 저속한, 통속적인 obvious a. 명백한, 분명한 inhibit v. 억제하다,

방해하다; 금하다, (~하지) 못하게 하다 limited a. 한정된, 유한한 disregard v. 무시하다, 경시하다 universal a. 보편적인, 일반적인 absorb v. 흡수하다 dangerous a. 위험한 estimate v. 어림잡다, 견적하다 enormous a. 거대한, 막대한 underestimate v. 과소평가하다, 얕잡아보다

애니메이션은 아이들의 흥미를 끌고 가르치는 힘이 너무나도 크기 때문에, 매일 보는 저속하고 폭력적인 (애니메이션) 프로그램들이 어린 아이들에게 미치는 영향을 우리는 과소평가하지 말아야 한다.

04 2022 한국외대 ②

실제보다 더 안전하게 보이도록 하는 것은 안전테스트의 결과를 '왜곡' 혹은 '조작'하는 것과 관련이 있다.

unethical a. 비윤리적인 transcend v. 초월하다 skew v. 비뚤어지게 하다, 왜곡하다 compile v. 편집하다, 편찬하다 refrain v. 그만두다, 삼가다

비윤리적인 연구원들은 안전테스트의 결과를 왜곡하고 자동차를 실제보다 더 안전하게 보이게 할 것으로 알고 있는 도구를 사용했다.

05 2020 홍익대 ①

적극적 안락사는 환자의 요청에 따라 인위적으로 죽음을 앞당기는 행위이고, 소극적 안락사는 생명 유지에 필수적인 영양공급, 약물 투여 등을 중단함으로 결국 죽음에 이르게 하는 것이다. 첫 문장에서 '적극적 안락사와 소극적 안락사를 구별하는 것이 의료 윤리에 매우 중요하다'고 한 것은 이 둘을 구분함으로써 소극적 안락사를 '허용해야' 함을 이야기하고자 한 것으로 봐야 한다.

distinction n. 구별, 구별 짓기; 대조, 대비 active a. 적극적인, 능동적인 passive a. 수동적인, 소극적인 euthanasia n. 안락사 crucial a. 결정적인, 중대한 ethics n. 윤리학; 도덕 withhold v. 보류하다; 억제하다 treatment n. 치료, 치료법 permissive a. 허가하는, 허용된; 관대한 drastic a. (치료·변화 따위가) 격렬한, 맹렬한, 강렬한; (수단 따위가) 과감한, 철저한 emphatic a. 어조가 강한; 힘준, 강조한; 명확한; 단호한 discredit v. 믿지 않다, 의심하다

적극적 안락사와 소극적 안락사를 구별하는 것이 의료 윤리에 매우 중요하다고 여겨지고 있다. 이는 적어도 어떤 경우에는 치료를 보류하고 환자가 죽도록 두는 것이 허용된다는 생각에서이다.

06 2013 경희대 ④

순접관계인 and 앞에 '죽은 것으로 위장한다'라는 표현이 있으므로, 빈칸에는 '신분을 숨기고'라는 의미의 표현이 들어가면 앞서 언급한 내용과 자연스럽게 호응한다.

take a bullet 총에 맞다 tumble v. 넘어지다, 굴러 떨어지다 ravine n. 협곡, 산골짜기, 계곡 berserk a. 미쳐 날뛰는, 광포한 ad. 광포하게 aloof a. 냉담한 ad. 떨어져 apace ad. 급히, 빨리, 빠른 속도로 incognito ad. 익명으로, 신분을 숨기고

누군가가 영국에 있는 모든 비밀요원들의 신원을 드러내는 유튜브 동영상을 업로드한 후에, 제임스 본드(James Bond)는 총에 맞아 기차에서 바위가 많은 협곡으로 굴러 떨어져 죽은 것으로 위장하여 신분을 숨기고 돌아다닌다.

07 2016 경기대 ③

첫 두 문장에서 안전벨트를 매지 않아 사상자가 발생했다고 했으므로, 안전벨트를 한 사람은 큰 부상을 입지 않았을 것이라 짐작할 수 있다. 빈칸 뒤에 '경미한 부상'이라는 표현이 주어져 있으므로, 빈칸에는 '(손해 따위를) 받다, 입다'는 의미의 표현이 들어가야 한다.

spine n. 등뼈, 척추 minor injury 경미한 부상 foster v. 기르다, 양육하다; 조장하다, 육성하다 neglect v. 무시하다; 간과하다, 방치하다 sustain v. 떠받치다; 부양하다; (손해 따위를) 받다, 입다 hide v. 숨기다, 감추다

톰(Tom)과 짐(Jim)은 안전벨트를 매고 있지 않았기 때문에 차에서 내동댕이쳐졌다. 짐은 사망했고 톰은 척추가 부러졌다. 안전벨트를 매고 있던 제3의 인물은 오직 가벼운 부상만을 입었다.

08 2003 숭실대 ①

빈칸을 포함하고 있는 문장의 다음 문장에서 '죽음을 피할 수 없다'고 했으므로, 빈칸에는 '치료할 수 없다'는 의미의 단어가 들어가야 한다. 따라서 '불치의, 낫지 않는'이라는 의미의 ①이 정답으로 적절하다.

cope with ~을 처리하다; 대처하다, 극복하다 incurable a. 낫지 않는, 불치의; 교정할 수 없는 unavoidable a. 피할 수 없는 venereal a. 성병의; 성병에 감염된

병상 일기를 써보라. 당신이 암, 에이즈, 또는 어떤 다른 불치병으로 죽어가고 있다고 가정해보라. 당신은 아직 젊지만 죽음을 피할 수는 없다. 죽음에 대처하기 위해 당신은 병상 일기를 쓰기로 결심해야 한다.

09 2013 경희대 ③

첫 문장에서 '~을 잊어버려라'고 말하고 둘째 문장에서 '사실은 …이다'라고 말을 하므로, ~와 …는 서로 상반된 내용이어야 한다. 첫 문장의 a digital divide나 "info haves" and "info have nots"는 불평등을 의미하므로 빈칸에는 '평등'이 적절하다. 한편, ①의 반대 의미는 '불안정'이므로 적절치 않으며, ④의 반대 의미는 '속박, 구속'이므로 정답이 될

수 없다.

digital divide 정보격차, 디지털 양극화(PC나 인터넷을 사용하는 계층 또는 국가 간에 생기는 격차) splinter v. 쪼개지다, 깨지다; 쪼개다, 깨다 info haves 정보유산자 info have nots 정보무산자 mundane a. 이승의; 세속적인; 평범한, 흔히 있는 stability n. 안정, 확고; 안정성 equality n. 같음; 평등

정보격차에 대해 들어보았을지 모르는 말 혹은 세상은 '정보유산자'와 '정보무산자'로 나뉘어지고 있다는 걱정의 말들은 잊어버려라. 사실, 기술은 평등을 촉진하며, 가장 도움이 되는 것이 상대적으로 저렴하고 일상적인 장치인 경우가 종종 있다.

10 2015 국민대 ②

두 번째 문장의 주어인 "Happily ever after" and "Till death do us part"는 첫 번째 문장에서 언급한 가장 성스러운 맹세들의 예에 해당한다. 결혼이 이혼으로 끝나는 경우가 너무나도 잦아서 이러한 맹세들이 더 이상 진실하게 들리지 않는다고 했으므로, 결국 결혼식 때 하는 맹세들은 지금의 세태를 반영하지 못하는 '낡고 진부한' 표현이 되었다고 할 수 있을 것이다.

ring v. (종·벨 등이) 울리다; ~하게 들리다 on the way to ~하는 중인 pertinent a. 타당한, 적절한 obsolete a. 쓸모없게 된; 시대에 뒤진, 진부한, 구식의 recurrent a. 재발하는; 정기적으로 되풀이되는 scrupulous a. 빈틈없는; 양심적인

요즘에는 너무나도 많은 결혼이 결국 이혼으로 끝나버리기 때문에 (결혼식 때 하는) 가장 성스러운 맹세들이 더 이상 진실하게 들리지 않는다. "평생 행복하게"와 "죽음이 우리를 갈라놓을 때까지" 등은 진부해지고 있는 듯한 표현이다.

11 2016 경기대 ①

despite 이하에서 '사회 전반적으로 음주를 멀리하는 분위기가 있음'을 언급하고 있으므로, 이와 양보적 관계에 있는 주절에서는 '캠퍼스에서는 아직도 과음하는 문화가 남아 있음'을 언급해야 한다. 따라서 빈칸에는 ①이 들어가야 한다.

binge drinking 폭음(暴飮) define v. (성격·내용 따위를) 규정짓다, 한정하다; (말의) 정의를 내리다, 뜻을 밝히다 episodic a. 일시적인, 우연적인 consumption n. (에너지·식품·물질의) 소비량; (상품의) 소비 abstainer n. 금주가, 금연가 persist v. 지속하다, 존속하다; 집착하다, 고집하다 disappear v. 사라지다, 소멸되다 dwindle v. 줄다, 작아지다, 축소[감소]되다; (명성 따위가) 약화되다 insist v. 주장하다, 강요하다; 고집하다

미국인들 사이에 술 소비량이 전반적으로 감소하고 있고 금주하는 사람들의 수가 늘어나고 있음에도 불구하고, 일시적인 과음으로 정의되는 폭음(暴飮)이 캠퍼스에서는 계속 있어 왔다.

12 2021 건국대 ③

두 번째 문장은 첫 번째 문장을 부연 설명하는데, 모든 것이 긴급하고,

분초를 다투고, 마감시한에 쫓기는 상황은 우선시해야하는 몇 가지 일들이 한 번에 몰려 들 때이므로, 빈칸에는 '모이다', '집중하다' 의미의 ③이 적절하다.

at once 동시에, 한꺼번에 priority n. 우선 사항, 우선권 urgent a. 긴급한, 시급한 deadline n. 기한, 마감 시간 dissipate v. 소멸되다 mitigate v. 완화하다 converge v. 모여들다, 집중되다 deteriorate v. 악화되다 augment v. 늘리다, 증가시키다

모든 사람의 인생에는 여러 가지 위기가 동시에 닥치고 우선시해야 할 몇 가지 일들이 한데 모일 때가 있다. 당신이 아무리 계획적이고 침착한 사람이더라도, 때때로 당신은 모든 것이 긴급하고, 분초를 다투며, 마감시한에 쫓기는 상황에 처하게 될 것이다.

---

13 2022 경희대   ①

삭막하고 척박한 풍경이 사람들이 상상했던 화성의 모습과 거리가 멀었다고 했으므로, 사람들은 화성을 '삭막하고 척박하지 않은' 곳으로 생각해 왔다고 할 수 있다. 따라서 빈칸에는 stark and barren과 상반되는 의미를 가진 표현이 들어가야 할 것이므로, ①이 정답으로 적절하다.

harbor v. 은신처를 제공하다; 숨기다 probe n. 무인 우주 탐사선 stark a. 뚜렷한, 두드러진; 삭막한, 황량한 barren a. 불모의, 메마른 a far cry 심한 격차[차이] envision v. 마음속에 그리다, 상상하다 fertile a. 비옥한, 기름진 desolate a. 황폐한; 황량한 feasible a. 실행할 수 있는, 가능한 secular a. 세속의; 비종교적인 eclectic a. 취사선택하는, 절충의; (취미 따위가) 폭넓은

생명체가 살고 있을 가능성이 있는 곳으로서의 화성의 이러한 이미지는 1965년 7월에 마리너(Mariner) 탐사선이 화성 표면을 찍은 22장의 근접촬영 사진을 보내올 때까지 지속되었다. 이 사진들은 많은 사람들이 상상하는 비옥한 화성과는 크게 다른 삭막하고 척박한 풍경을 보여주었다.

---

14 2022 이화여대   ④

두 번째 문장에서 상품 브랜드는 많고 브랜드 소유 기업은 한두 곳이라고 했는데, 브랜드가 많으면 선택지가 많을 것으로 오해할 수 있으므로 첫 번째 빈칸에는 '많다'는 의미의 vast가 적절하고, 두 번째 문장의 두 상품이 같은 경우이므로 Many of와 같은 의미의 a large percentage of가 되도록 두 번째 빈칸에는 percentage가 적절하다.

misleading a. 오해의 여지가 있는, (여론을) 호도하는(잘못된 방향으로 이끄는) vast a. 어마어마하게 큰 slim a. 빈약한, 보잘 것 없는 miscalculation n. 오산, 계산착오 percentage n. 백분율, 비율 corporation n. 기업, 법인 laundry detergent 세탁용 세제

소비자들은 브랜드 사이에 어마어마한 선택지가 있다는 인상을 받지만, 이건 대개 오해의 소지가 있다. 가장 큰 가구점 중 많은 곳은 대개 한 기업의 소유이고, 슈퍼마켓에서 파는 수십 개의 세탁용 세제 대부분은 단 두 기업이 만든다.

---

15 2022 광운대   ②

미국이 특정 산업을 도와주는 행위를 하지 말도록 중국을 압박해 왔다는 것은 미국은 그러한 행위에 반대하는 입장이라는 것이므로, 미국이 자국의 반도체 산업에 보조금을 지급하기로 결의한 것은 '매우 이례적이거나 전례가 없는' 일이라 할 수 있다.

ally n. 동맹국 press v. 강요하다 favor v. 호의를 보이다, 은혜를 베풀다; 편애하다 subsidy n. 보조금, 장려금 preference n. 더 좋아함, 편애 intervention n. 조정, 중재; 개입 copy v. 베끼다; 모방하다 semiconductor n. 반도체 fabrication n. 제작; 조립 senior n. 연장자; 선배 precedent n. 선례, 전례 as usual 평상시처럼 amount n. 총계, 총액; 양(量)

미국과 동맹국들은 오랫동안 중국에게 보조금과 정부제공 특혜와 그 밖의 개입으로 우대 산업을 도와주는 것을 중단하라고 압박을 가해왔다. 이제는 그들이 중국을 모방하기 시작하고 있다. 지난달에, 미국 상원은 거의 전례 없는 직접 산업 보조금을 가결시켰는데, 새 반도체 제조 공장을 위한 520억 달러의 산업 보조금이었다.

---

16 2021 성균관대   ④

앞에서 정체성 형성과 성장이 사춘기에 국한되지 않는다고 했으므로, '평생에 걸쳐 성장한다'라는 의미의 ④가 빈칸에 적절하다.

identity n. 정체성 be confined to ~에 국한되다 adolescence n. 사춘기 tackle v. (일·문제 따위에) 달려들다, 달라붙다, 씨름하다

정체성 의식의 발달이 십대 시절의 중요한 부분이기는 하지만, 에릭슨(Erickson)은 정체성의 형성과 성장이 사춘기에만 국한된다고 믿지 않았다. 그 대신, 정체성은 사람들이 새로운 도전에 직면하고, 다양한 경험과 씨름하면서 평생에 걸쳐 변화하며 성장한다는 것이었다.

---

17 2020 한국공학대   ①

앞서 줄기세포는 '다양한 다른 세포로 바뀔 수 있는 능력을 갖추고 있다'고 하였으므로 이 내용을 재진술하는 ①이 정답으로 적절하다.

embryonic stem cell 배아줄기세포

배아줄기세포 연구는 일부 중증 질환에 대한 더 나은 처치와 가능한 치료를 위한 열쇠를 간직한 것으로 여겨진다. 줄기세포는 원시 세포로서, 다양한 다른 세포로 바뀔 수 있는 능력을 갖추고 있다. 인체에는 300여 가지를 넘는 다양한 세포 유형들이 존재하는데, 줄기세포는 다른 종류의 세포로 성장할 수 있는 유일한 유형이다.

---

18 2021 한국공학대   ④

낭비하는 습관을 바꾼다는 것은 필수품의 소비를 줄인다는 것인데, 가격을 올리면 소비, 즉 수요를 감소시킬 수 있다. 따라서 빈칸에는 ④가 적절하다.

household n. 가정 essential commodity 필수품 consume v. 소비하다 exempt v. 면제하다 expensive a. 돈이 드는, 값비싼

우리는 예를 들어 에너지 절약형 전구와 수도 계량기와 같은 에너지 절약 장치를 가정에 도입할 수 있다. 사람들에게 에너지와 물을 덜 사용하라거나 음식을 덜 먹으라고 설득하기는 힘든 일이다. 사람들이 낭비하는 습관을 바꾸도록 자극할 수 있는 가장 효과적인 방법은 이 필수품을 훨씬 더 비싸게 하는 것이다.

---

19 2022 이화여대 ③

고품질의 종자가 건강한 토양 회복에 좋은 영향을 미칠 것이므로 necessary나 vital이 첫 번째 빈칸에 와야 하고, 종자 수집이 자연계에 나쁜 영향을 미쳐서는 안 되므로 without 다음의 빈칸에는 부정적인 의미의 depleting이나 trespassing이 적절하다. 따라서 정답은 ③이 된다.

seed n. 씨앗, 종자 high-quality n. 고품질, 양질 restoration n. 회복, 복구 properly ad. 제대로, 올바르게 entertain v. 여흥을 제공하다 vital a. 중요한 deplete v. 고갈시키다 trespass v. 침입[침해]하다 forbidden a. 금지된

종자 수집가들은 야생으로 들어가서 충분한 종의 고품질 종자를 얻어야 하는데, 이는 건강한 토양 회복에 매우 중요하다. 그러나 이런 일을 제대로 하는 데에는, 종자를 쉽게 수집할 정확한 주를 예측하는 것에서부터 자연계를 고갈시키지 않고 충분한 종자를 수집하는 법을 이해하는 것에 이르기까지 과학이 작용한다.

---

20 2021 한성대 ③

형제자매가 서로에 대한 지식을 축적해야 할 필요가 있다는 내용인데, 세 번째 문장은 상대방을 울게 하거나 움츠리게 만드는 방법에 대한 것이고, 마지막 문장은 상대방을 기분 좋게 하거나 애정을 얻는 방법에 대한 것이므로, affection과 비슷한 긍정적인 의미의 ③ approval이 빈칸에 적절하다.

sibling n. 형제, 자매 amass v. 모으다, 축적하다 what makes somebody tick ~가 그런 행동을 하는 이유 cringe v. 움츠리다, 민망하다 resentment n. 분함, 억울함 sanction n. 허가, 승인 approval n. 인정, 찬성 persistence n. 고집

형제자매는 서로에 대한 지식을 축적해야 할 절실한 필요가 있다. 각자는 다른 형제가 왜 그렇게 행동하는지를 알고 싶어 한다. 각자는 다른 형제를 울게 하거나 움츠리게 하기 위해 어느 버튼을 눌러야 하는지 알려고 한다. 각자는 다른 형제를 웃게 하는 방법과 다른 형제의 애정과 인정을 얻는 방법을 알기 원한다.

---

21 2022 이화여대 ④

욕구에 hierarchy가 있다고 했으므로 첫 번째 빈칸에는 pyramid가 적절하고, 먹고 마시는 욕구라 했으므로 두 번째 빈칸에는 '생리적'이라는 의미의 physiological이 들어가야 한다.

---

hierarchy n. 서열, 위계 envisage v. 그리다, 상상하다 infinitude n. 무한, 무궁 outline n. 개요, 개괄 physiological a. 생리적인 psychotic a. 정신병의, 정신이상의 selfish a. 이기적인 superficial a. 피상적인 psychological a. 정신적인, 심리적인

매슬로의 욕구 위계 이론은 1943년 처음 발표되었으며, 욕구의 다섯 단계 피라미드를 그려 보인다. 다섯 단계 각각은 그다음 단계로 올라가기 전에 충족되어야 한다. 첫 단계는 먹을 것과 마실 것 같은 생리적 욕구, 그다음은 안전과 애정과 존경과 자아실현이 뒤따른다.

---

22 2022 덕성여대 ②

역사적으로 제너가 우두 물질을 사용한 것은 천연두에 대한 면역(immunity)을 얻게 하기 위함이었으며, 이것이 성공한 뒤에 의학적, 기술적으로 발전했다면 천연두는 근절(eradication)됐을 것이다.

innovation n. 혁신 cowpox n. 우두(牛痘) smallpox n. 천연두 undergo v. (영향·변화·검사 따위를) 받다; (시련 등을) 경험하다, 겪다 result in ~을 초래하다 cure n. 치료; 치료법 disapproval n. 불찬성; 반대의견 immunity n. 면역 eradication n. 근절, 박멸 therapy n. 치료; 치료법 enclosure n. 담, 울타리 resistance n. 저항 adjustment n. 조절, 조정

1796년에 천연두에 대한 면역을 만들어내기 위해 우두(牛痘) 물질을 성공적으로 사용한 에드워드 제너(Edward Jenner)의 혁신은 이 관행을 널리 빠르게 확산시켰다. 그의 방법은 그다음 200년 동안 의학적, 기술적 변화를 겪은 후에, 마침내 그 질병을 근절하는 결과를 낳았다.

---

23 2018 한국공학대 ②

분열(fission)은 대상을 '쪼개는(split)' 것이고, 융합(fusion)은 대상을 '결합하는(combine)' 것이다.

atomic a. 원자의; 원자력의 fission n. 분열 chain reaction 연쇄반응 release v. 풀어놓다; 방출하다; 해방하다 fusion n. 융합 contrast v. 대조시키다, 대비시키다 structure v. 조직하다, 구조화하다 split v. 쪼개다 combine v. 결합시키다, 연합시키다

원자폭탄은 플루토늄 혹은 우라늄을 더 작은 원자로 쪼개는 분열 과정과 엄청난 양의 에너지를 방출하는 연쇄반응을 이용했다. 수소폭탄은 수소와 같은 작은 원자를 결합하는 융합 과정을 이용했다. 본질적으로 하나 안에 두 개의 폭탄이 있는 것이다.

---

24 2021 동국대 ③

새로운 습관을 만드는 방식을 '습관 쌓기'라고 부르면서, 그 구체적인 예로 제때 약을 챙겨 먹기 위해 약 먹기를 이를 닦거나 모닝커피 마시기 같은 기존의 습관적인 행동과 동시에 하라는 의사의 충고를 제시하고 있다. 동시에 한다는 것은 둘을 하나로 묶는 것이므로, 빈칸에는 ③ '묶다'가 들어가야 한다. 그러면 기존의 습관에 약 먹기라는 새로운 습관이 쌓이게 된다.

stack v. 쌓다; 채우다 piggyback v. 업혀가다, 편승하다 separate v. 분리하다
confine v. 제한하다; 가두다 bundle v. 묶다, 다발[꾸러미]로 하다 exaggerate
v. 과장하다

연구는 행동을 바꾸고 새로운 습관을 형성하는 가장 좋은 방법 중 하나가 새
로운 습관을 기존의 행동과 하나로 묶는 것이라는 것을 보여준다. 이는 습관
형성 과학에서 "습관 쌓기"라고 부르는 것이다. 이것이 바로, 예를 들어, 의
사가 새로운 약을 먹으면서 동시에 이를 닦거나 모닝커피를 마시라고 제안
하는 이유다. 기존의 습관에 편승하는 경우, 당신은 약을 먹는 것을 더 잘 기
억하게 된다.

25 2021 숭실대   ③

"Black Lives Matter" 운동에 대한 여론이 처음에는 부정적이었지만,
인기를 끌며 지지를 얻었다가, 다시 지지율이 떨어졌다고 했으므로, 이
운동에 대한 인기는 시간이 지나면서 '바뀌었다'고 볼 수 있다.

net a. 순(純)~ evaporate v. 사라지다, 증발하다 improve v. 개선되다, 나아지
다 shift v. 바뀌다, 변화하다 worsen v. 악화되다

"흑인의 생명도 소중하다(Black Lives Matter)"의 인기는 시간이 지나면서
빠르게 바뀌었다. 2018년에는 이 운동에 대한 여론이 아주 부정적이었지
만, 2019년과 2020년을 지나면서 점점 인기가 많아졌다. 2020년 6월의
여론 조사에 따르면 미국 성인의 67%는 그 운동에 대한 지지를 표명했다.
그 후 2020년 9월에 실시된 여론 조사는 미국 성인의 지지가 55%로 떨어
졌다는 것을 보여주었다.

MEMO

MEMO